ସ୍ୱାମୀ ରାମାନୁଜାଚାର୍ଯ୍ୟ

ସ୍ୱାମୀ ରାମାନୁଜାଚାର୍ଯ୍ୟ

ଡାକ୍ତର ସୌମ୍ୟରଂଜନ ଦାସ

ବ୍ଲାକ୍ ଈଗଲ୍ ବୁକ୍ସ
ଭୁବନେଶ୍ୱର, ଓଡ଼ିଶା

BLACK EAGLE BOOKS
Dublin, USA

ସ୍ୱାମୀ ରାମାନୁଜାଚାର୍ଯ୍ୟ / ଡାକ୍ତର ସୌମ୍ୟରଂଜନ ଦାସ

ବ୍ଲାକ୍ ଈଗଲ୍ ବୁକ୍ସ : ଭୁବନେଶ୍ୱର, ଓଡ଼ିଶା • ଡବ୍‌ଲିନ୍, ଯୁକ୍ତରାଷ୍ଟ୍ର ଆମେରିକା

BLACK EAGLE BOOKS

USA address:
7464 Wisdom Lane
Dublin, OH 43016

India address:
E/312, Trident Galaxy, Kalinga Nagar,
Bhubaneswar-751003, Odisha, India

E-mail: info@blackeaglebooks.org
Website: www.blackeaglebooks.org

First International Edition Published by
BLACK EAGLE BOOKS, 2023

SWAMI RAMANUJACHARYA
by **Dr. Saumya Ranjan Das**

Copyright © **Dr. Saumya Ranjan Das**

All rights reserved. No part of this publication may be reproduced, stored in a retrieval system, or transmitted, in any form or by any means, electronic, mechanical, photocopying, recording or otherwise without the prior permission of the publisher.

Cover & Interior Design: Ezy's Publication

ISBN- 978-1-64560-345-0 (Paperback)

Printed in the United States of America

ମଦୀୟ ଆଚାର୍ଯ୍ୟଚରଣ ଅନନ୍ତ ଶ୍ରୀସମଳଂକୃତ ଶ୍ରୀକ୍ଷେତ୍ରସ୍ଥ
ଶ୍ରୀ ଜୀୟରସ୍ୱାମୀ ପୀଠାଧୀଶ୍ୱର ଶ୍ରୀ ଇନ୍ଦିରାରମଣାଚାର୍ଯ୍ୟଙ୍କ
ଶ୍ରୀଚରଣକମଳରେ ସମର୍ପିତ

ଉପକ୍ରମଣିକା

ସାଧାରଣ ମନୁଷ୍ୟ ସୀମିତ ଶକ୍ତି ଓ ସ୍ୱଳ୍ପ ଆୟୁଷର ଅଧିକାରୀ ହୋଇଥିବା ହେତୁ, ସେ ନିଜସ୍ୱ ବୁଦ୍ଧି ଓ ଉଦ୍ୟମ ଦ୍ୱାରା ଜଗତର ସ୍ରଷ୍ଟା ପରମତତ୍ତ୍ୱଙ୍କୁ ନିରୂପଣ କରିପାରିବା ଅତି କଷ୍ଟସାଧ୍ୟ ଅଟେ । ପରତତ୍ତ୍ୱଙ୍କ ବିଷୟରେ ଜାଣିବାକୁ ହେଲେ, ପରତତ୍ତ୍ୱଦର୍ଶୀ ମହାମାନବ ମାନଙ୍କ ଦ୍ୱାରା ପ୍ରଦତ୍ତ ଭଗବଦ୍ ଜ୍ଞାନର ଆଶ୍ରୟ ନେବା ହିଁ ଉତ୍ତମ ପନ୍ଥା ଅଟେ । ସେହିପରି ମହାପୁରୁଷ ମାନଙ୍କ ମଧ୍ୟରେ ଅଗ୍ରଗଣ୍ୟ, ଜଗତଗୁରୁ ସ୍ୱାମୀ ରାମାନୁଜାଚାର୍ଯ୍ୟ ଭାରତବର୍ଷରେ ଜଣେ ମହାନ୍ ଦାର୍ଶନିକ ତଥା 'ଶ୍ରୀ ସଂପ୍ରଦାୟ'ର ଜଣେ ବିଶିଷ୍ଟ ଆଚାର୍ଯ୍ୟ ରୂପେ ସୁପ୍ରସିଦ୍ଧ । ତାଙ୍କର ଅନେକ ନାମମାନଙ୍କ ମଧ୍ୟରେ ରାମାନୁଜ, ଯତିରାଜ ଓ ଭାଷ୍ୟକାର ଆଦି ନାମରେ ସେ ଜନମାନସରେ ଖ୍ୟାତିଲାଭ କରିଛନ୍ତି । ବିଶେଷ ମାନ୍ୟତା ଅଛି ଯେ, ବୈକୁଣ୍ଠ ଅଧିପତି ଶ୍ରୀ ନାରାୟଣଙ୍କ ଅନ୍ତରଙ୍ଗ ପାର୍ଷଦ ଅନନ୍ତଶେଷ ହିଁ କଳିଯୁଗର ମନୁଷ୍ୟସମାଜକୁ ଭଗବଦ୍ ଶରଣାଗତିର ପଥ ପ୍ରଦର୍ଶନ କରିବାପାଇଁ ରାମାନୁଜଙ୍କ ରୂପରେ ଅବତାର ଗ୍ରହଣ କରିଥିଲେ । ସ୍ୱୟଂ ଭଗବାନ ନାରାୟଣ କଳିଯୁଗର ମନୁଷ୍ୟମାନଙ୍କ ଉଦ୍ଧାର ନିମନ୍ତେ ଶ୍ରୀବୈଷ୍ଣବ ସଂପ୍ରଦାୟର ଆରମ୍ଭ କରିଥିଲେ । ଭଗବତୀ ମହାଲକ୍ଷ୍ମୀ ଏହି ସଂପ୍ରଦାୟର ଦ୍ୱିତୀୟ ଗୁରୁ ଅଟନ୍ତି । ତାଙ୍କରି ମହିମା ଧାରଣ କରିଥିବାରୁ, ଏହି ଗୁରୁ ପରମ୍ପରା ଶ୍ରୀ ସଂପ୍ରଦାୟ ନାମରେ ସୁପରିଚିତ । ମାତା ମହାଲକ୍ଷ୍ମୀଙ୍କ ଠାରୁ ଏହି ଶରଣାଗତି ଜ୍ଞାନ ବୈକୁଣ୍ଠଧାମର ସେନାଧ୍ୟକ୍ଷ ବିଶ୍ୱକ୍ସେନ ଗ୍ରହଣ କରିଥିଲେ । ପୃଥିବୀ ପୃଷ୍ଠରେ ସର୍ବପ୍ରଥମେ ଶଠକୋପ ମୁନି ବିଶ୍ୱକ୍ସେନଙ୍କ ଠାରୁ ଏହାକୁ ଲାଭ କରିଥିଲେ ଏବଂ ତାଙ୍କରି ଉଦ୍ୟମରେ ଏହି 'ଶ୍ରୀ ସଂପ୍ରଦାୟ' ଆଜି ପର୍ଯ୍ୟନ୍ତ ପ୍ରଚଳିତ ହୋଇ ଆସିଛି । ସ୍ୱାମୀ ରାମାନୁଜ ଏହି ସଂପ୍ରଦାୟର ପ୍ରମୁଖ ଆଚାର୍ଯ୍ୟ ରୂପରେ ପରିଗଣିତ । ସହସ୍ର ସହସ୍ର ନରନାରୀ ରାମାନୁଜଙ୍କ ଦ୍ୱାରା ଅନୁପ୍ରାଣିତ ହୋଇ ଶରଣାଗତି ମାର୍ଗକୁ ଆପଣାଇ ନେଇଥିଲେ ଏବଂ ନିଜର ମନୁଷ୍ୟ ଜନ୍ମକୁ ସାର୍ଥକ କରିପାରିଥିଲେ ।

ରାମାନୁଜଙ୍କ ଦ୍ୱାରା ପ୍ରଦର୍ଶିତ ଭଗବଦ୍ ଦର୍ଶନଶାସ୍ତ୍ର ସମୂହ ଆଜି ପର୍ଯ୍ୟନ୍ତ ମାନବ ସମାଜକୁ ଭଗବାନ ଶ୍ରୀହରିଙ୍କ ପାଦପଙ୍କଜର ଆଶ୍ରୟ ନେଇ ଜନ୍ମମୃତ୍ୟୁର ଏହି ଭବସାଗରକୁ ଅତିକ୍ରମ କରିବା ପାଇଁ ଅଶେଷ ପ୍ରେରଣା ପ୍ରଦାନ କରିଆସିଛନ୍ତି। ଇହଲୀଳା ସମ୍ପନ୍ନ କରିବାର ପ୍ରାୟ ଏକହଜାର ବର୍ଷ ପରେ, ସେ ଆଜି ମଧ୍ୟ ସ୍ୱଶରୀରରେ ତାମିଲନାଡୁର ଶ୍ରୀରଙ୍ଗନାଥ ନାମରେ ଖ୍ୟାତ ବିଷ୍ଣୁ ମନ୍ଦିରରେ ବିରାଜିତ ହୋଇ ଜନ ସମାଜକୁ ଦର୍ଶନ ଦେଉଅଛନ୍ତି। ଜଗଦୀଶ୍ୱର ଶ୍ରୀ ନାରାୟଣ, ଜଗନ୍ମାତା ମହାଲକ୍ଷ୍ମୀ, ଗୁରୁଶ୍ରେଷ୍ଠ ସ୍ୱାମୀ ରାମାନୁଜାଚାର୍ଯ୍ୟ, ମୋର ପୂଜ୍ୟ ଗୁରୁଦେବ ଶ୍ରୀପୁରୁଷୋତ୍ତମକ୍ଷେତ୍ର ପୁରୀଧାମ ସ୍ଥିତ ଜୀୟରସ୍ୱାମୀ ମଠର ଅଧ୍ୟକ୍ଷ ଶ୍ରୀ ଇନ୍ଦିରାରମଣ ରାମାନୁଜଦାସଙ୍କ କୃପା ତଥା ମୋର ବନ୍ଧୁ ଡାକ୍ତର ଆଶୁତୋଷ ମିଶ୍ରଙ୍କ ପ୍ରେରଣା ଦ୍ୱାରା ମୁଁ ସ୍ୱାମୀ ରାମାନୁଜାଚାର୍ଯ୍ୟଙ୍କ ଜୀବନୀ ମୋର ମାତୃଭାଷା ଓଡ଼ିଆରେ ଲେଖିବା ପାଇଁ ଚେଷ୍ଟା କରିଛି। ଯଦି ଏହି ଲେଖନୀରେ କୌଣସି ଦୋଷତ୍ରୁଟି ରହିଥାଏ, ତେବେ ସେଥିପାଇଁ ମୁଁ କ୍ଷମା ପ୍ରାର୍ଥନା କରୁଛି। ଆଶା କରେ, ଅନେକ ଅଲୌକିକ ଘଟଣାରେ ପରିପୂର୍ଣ୍ଣ ସ୍ୱାମୀ ରାମାନୁଜଙ୍କ ଏହି ଜୀବନ ବୃତ୍ତାନ୍ତକୁ ପାଠ କରି, ପାଠକବୃନ୍ଦ କରୁଣାସିନ୍ଧୁ ଶ୍ରୀ ନାରାୟଣଙ୍କ ଶରଣାଗତ ବାତ୍ସଲ୍ୟକୁ ଅନୁଭବ କରିବା ସହିତ ଦିବ୍ୟ ଆନନ୍ଦଲାଭ କରିପାରିବେ। ଜୟ ଜଗନ୍ନାଥ।

— ଡାକ୍ତର ସୌମ୍ୟରଂଜନ ଦାସ

ସୂଚିପତ୍ର

ରାମାନୁଜଙ୍କ ଆବିର୍ଭାବ	୧୩
କାଞ୍ଚିପୂର୍ଣ୍ଣଙ୍କ ସହିତ ସାକ୍ଷାତ	୧୪
କାଞ୍ଚିପୁରମ୍ କ୍ଷେତ୍ରରେ ଅବସ୍ଥାନ	୧୫
ଯାଦବପ୍ରକାଶଙ୍କ ବିଦ୍ୟାଳୟ	୧୫
ପ୍ରଥମ ବିରୋଧ	୧୬
ସ୍ପଷ୍ଟ ମତଭେଦ	୧୭
ଯାଦବପ୍ରକାଶଙ୍କ ଷଡ଼ଯନ୍ତ୍ର	୧୮
ବିପଦପୂର୍ଣ୍ଣ ଅରଣ୍ୟ	୧୯
ଶବର ଦମ୍ପତି	୨୦
ଭକ୍ତରକ୍ଷକ ନାରାୟଣ	୨୩
ଗୃହକୁ ପ୍ରତ୍ୟାବର୍ତ୍ତନ	୨୩
ଶାସ୍ତ୍ର ଅଧ୍ୟୟନ	୨୪
ଯମୁନାଚାର୍ଯ୍ୟଙ୍କ ପ୍ରାର୍ଥନା	୨୫
ରାଜକନ୍ୟାଙ୍କ ଉଦ୍ଧାର	୨୬
ବିଦ୍ୟାଳୟରୁ ବହିଷ୍କାର	୨୭
କାଞ୍ଚିପୂର୍ଣ୍ଣ	୨୮
କାଞ୍ଚିପୂର୍ଣ୍ଣଙ୍କ ଉପଦେଶ	୨୯
ଯମୁନାଚାର୍ଯ୍ୟଙ୍କ ଅସୁସ୍ଥତା	୩୦
ଭକ୍ତବତ୍ସଳ ଶ୍ରୀ ରଙ୍ଗନାଥ	୩୧
ମହାପୂର୍ଣ୍ଣଙ୍କ କାଞ୍ଚି ଯାତ୍ରା	୩୨
ଯମୁନାଚାର୍ଯ୍ୟଙ୍କ ମହାପ୍ରୟାଣ	୩୨
ମହାପୂର୍ଣ୍ଣଙ୍କ ସହିତ ସାକ୍ଷାତ	୩୩
ଶ୍ରୀରଙ୍ଗମ୍ କ୍ଷେତ୍ରକୁ ଆଗମନ	୩୫
ତିନୋଟି ପ୍ରତିଜ୍ଞା	୩୬
କାଞ୍ଚିକୁ ପ୍ରତ୍ୟାବର୍ତ୍ତନ	୩୭
ପତ୍ନୀଙ୍କ ଅଜ୍ଞାନତା	୩୮
କାଞ୍ଚିପୂର୍ଣ୍ଣଙ୍କ ତିରୁପତି ଯାତ୍ରା	୩୯
ରାମାନୁଜଙ୍କୁ ଶ୍ରୀ ବରଦରାଜଙ୍କ ନିର୍ଦ୍ଦେଶ	୪୦
ମହାପୂର୍ଣ୍ଣଙ୍କ ପୁନର୍ବାର କାଞ୍ଚି ଯାତ୍ରା	୪୧
ରାମାନୁଜଙ୍କ ଦୀକ୍ଷା ଗ୍ରହଣ	୪୨
ରକ୍ଷାକମ୍ବଳଙ୍କ ଅହଙ୍କାର	୪୩
ମହାପୂର୍ଣ୍ଣଙ୍କ ପ୍ରସ୍ଥାନ	୪୪

ରାମାନୁଜଙ୍କ ଯୋଜନା	୪୫
ସନ୍ୟାସ ଗ୍ରହଣ	୪୭
ଆଚାର୍ଯ୍ୟ ପଦ ଗ୍ରହଣ	୪୭
ମୁକ୍ତିପଥରେ ଯାଦବପ୍ରକାଶ	୪୮
ଶ୍ରୀ ରଙ୍ଗନାଥଙ୍କ ନିର୍ଦ୍ଦେଶ	୫୦
ଶ୍ରୀରଙ୍ଗମ୍ କ୍ଷେତ୍ରକୁ ଯାତ୍ରା	୫୧
ଗୋବିନ୍ଦଙ୍କ ଉଦ୍ଧାର	୫୨
ଆଚାର୍ଯ୍ୟ ଗୋଷ୍ଠୀପୂର୍ଣ୍ଣ	୫୪
ରହସ୍ୟପୂର୍ଣ୍ଣ ମନ୍ତ୍ରର ବିତରଣ	୫୭
ଗୋଷ୍ଠୀପୂର୍ଣ୍ଣଙ୍କ କ୍ରୋଧ	୫୮
କୁରେଶଙ୍କ ବୈରାଗ୍ୟ	୬୦
କୁରେଶଙ୍କୁ ଜ୍ଞାନୋପଦେଶ	୬୨
ଦାଶରଥିଙ୍କ ଅନୁରୋଧ	୬୩
ଦାଶରଥିଙ୍କ ବିନମ୍ରତା	୬୪
ମାଲାଧରଙ୍କଠାରୁ ଶିକ୍ଷା	୬୬
ଧର୍ମ ବିଷୟରେ ଶିକ୍ଷା	୬୬
ମନ୍ଦିରର ମୁଖ୍ୟ ପୂଜାରୀ	୬୮
ପୂଜାରୀଙ୍କ ପଶ୍ଚାତାପ	୭୦
ଯକ୍ଷମୂର୍ତ୍ତିଙ୍କ ସହିତ ତର୍କ	୭୧
ଯକ୍ଷମୂର୍ତ୍ତିଙ୍କ ପରିବର୍ତ୍ତନ	୭୩
ଦେବରାଜ ମୁନିଙ୍କ ବିନମ୍ରତା	୭୫
ଅନନ୍ତାଚାର୍ଯ୍ୟ	୭୬
ବାଳକ ରୂପଧାରୀ ବାଲାଜୀ	୭୭
ବରଦାଚାର୍ଯ୍ୟ ଓ ଲକ୍ଷ୍ମୀଙ୍କ ଗୁରୁଭକ୍ତି	୭୮
ପ୍ରସାଦର ମହିମା	୭୯
ଯଜ୍ଞେଶଙ୍କ ପଶ୍ଚାତାପ	୮୧
ତିରୁପତି ଧାମକୁ ଆଗମନ	୮୨
ଶୈଲପୂର୍ଣ୍ଣଙ୍କ ସହିତ ସାକ୍ଷାତ	୮୩
ଗୋବିନ୍ଦଙ୍କ ଅଦ୍ଭୁତ ବ୍ୟବହାର	୮୪
ଗୋବିନ୍ଦଙ୍କ ପ୍ରତି ଶୈଲପୂର୍ଣ୍ଣଙ୍କ ବ୍ୟବହାର	୮୫
ଗୋବିନ୍ଦଙ୍କ ନିର୍ମଳ ସ୍ୱଭାବ ଓ ବୈରାଗ୍ୟ	୮୭
କାଶ୍ମୀରକୁ ଯାତ୍ରା	୮୮
'ଶ୍ରୀ ଭାଷ୍ୟ' ରଚନା	୯୧
ସାରା ଭାରତ ଭ୍ରମଣ	୯୩

ଶ୍ରୀ ଜଗନ୍ନାଥ ପୁରୀ ଧାମ	୯୪
ଶ୍ରୀ ଭେଙ୍କଟେଶ୍ୱରଙ୍କ ପ୍ରକୃତ ପରିଚୟ	୯୬
କୁରେଶଙ୍କ ମହାନ୍ ପୁତ୍ର	୯୯
ମୋହଗ୍ରସ୍ତ ଧନୁର୍ଦାସ	୧୦୧
ଧନୁର୍ଦାସଙ୍କ ଉଦ୍ଧାର	୧୦୪
ବ୍ରାହ୍ମଣ ଶିଷ୍ୟମାନଙ୍କ ଈର୍ଷା	୧୦୫
ମହାପୂର୍ଷଙ୍କ ଉଦାରତା	୧୦୭
ଶ୍ରୀରଙ୍ଗମ୍ କ୍ଷେତ୍ରରୁ ପ୍ରସ୍ଥାନ	୧୦୯
ରାଜା କୋଲ୍ଲୁରୁଙ୍କ ଦରବାର	୧୧୦
କୋଲ୍ଲୁରୁଙ୍କ ନିଷ୍ଠୁରତା	୧୧୨
ଅରଣ୍ୟ ମଧ୍ୟସ୍ଥ ମାର୍ଗ	୧୧୩
ରାଜା ବିଠଲଦେବଙ୍କ ପରିବର୍ତ୍ତନ	୧୧୫
ଶ୍ରୀ ଯାଦବାଦ୍ରି ପତିଙ୍କୁ ଆବିଷ୍କାର	୧୧୬
ଶ୍ରୀ ରାମପ୍ରିୟଙ୍କୁ ଦର୍ଶନ	୧୧୮
ରାଜକନ୍ୟାଙ୍କ ଦୁଃଖ	୧୧୯
ବିବି ଲଚିମାରଙ୍କ ଶ୍ରୀ ରାମପ୍ରିୟଙ୍କୁ ଦର୍ଶନ	୧୨୦
କୁବେରଙ୍କ ଭକ୍ତି	୧୨୧
ଦୟାବାନ୍ କୁରେଶ	୧୨୨
କୁରେଶ ଓ ପ୍ରଭୁ ବରଦରାଜ	୧୨୪
ଶ୍ରୀରଙ୍ଗମ୍ କ୍ଷେତ୍ରକୁ ପ୍ରତ୍ୟାବର୍ତ୍ତନ	୧୨୫
କୁରେଶଙ୍କ ମହାପ୍ରୟାଣ	୧୨୬
ଆଣ୍ଡ୍ରପୂର୍ଷ ଓ ବ୍ରାହ୍ମଣଙ୍କ ନିର୍ମଳ ଭକ୍ତି	୧୨୭
ଜୀବନର ସଫଳତା	୧୨୯
ଶେଷ ଉପଦେଶ	୧୩୦
ସ୍ୱାମୀ ରାମାନୁଜଙ୍କ ମହାପ୍ରୟାଣ	୧୩୨

ରାମାନୁଜଙ୍କ ଆବିର୍ଭାବ

'ଶ୍ରୀ ସଂପ୍ରଦାୟ'ର ମହାନ୍ ଗୁରୁ ସ୍ୱାମୀ ଯମୁନାଚାର୍ଯ୍ୟଙ୍କର ପ୍ରମୁଖ ଶିଷ୍ୟ ଶ୍ରୀ ଶୈଳପୂର୍ଣ୍ଣ ତିରୁପତି କ୍ଷେତ୍ରରେ ବାସ କରୁଥିଲେ। ତାଙ୍କର କାନ୍ତିମତି ଓ ଦୀପ୍ତିମତି ନାମରେ ଦୁଇଜଣ ଭଗିନୀ ଥିଲେ। କାନ୍ତିମତି ଆସୁରି କେଶବାଚାର୍ଯ୍ୟ ନାମରେ ଜଣେ ନିଷ୍ଠାପର ବ୍ରାହ୍ମଣଙ୍କୁ ବିବାହ କରିଥିଲେ। ସେହି ଦମ୍ପତି ତାମିଲନାଡୁର ଭୂତପୁରୀ ନାମକ ଏକ ଗ୍ରାମରେ ବାସ କରୁଥିଲେ, ଯାହାକୁ କି ଆଜି ଶ୍ରୀପେରୁମ୍ବୁଦୁର୍ ବୋଲି କୁହାଯାଏ। ବିବାହର ଅନେକ ବର୍ଷ ପରେ ମଧ୍ୟ କୌଣସି ସନ୍ତାନପ୍ରାପ୍ତି ନ ହେବାରୁ କେଶବାଚାର୍ଯ୍ୟ ବହୁତ ଦୁଃଖିତ ରହୁଥିଲେ। ସେ ଏକ ଯଜ୍ଞର ଅନୁଷ୍ଠାନ କରି ଭଗବାନଙ୍କଠାରୁ ଏକ ପୁତ୍ରସନ୍ତାନ ପାଇଁ ପ୍ରାର୍ଥନା କରିବାକୁ ସ୍ଥିର କଲେ। ସେହି ଉଦ୍ଦେଶ୍ୟରେ ସେ କାନ୍ତିମତିଙ୍କ ସହିତ ସାଗରତଟରେ ବିରାଜିତ ଭଗବାନ ପାର୍ଥସାରଥୀଙ୍କୁ ଦର୍ଶନ କରିବା ପାଇଁ ଯାତ୍ରା କଲେ। ସେହି ମନ୍ଦିରଟି ଆଜିର ଚେନ୍ନାଇ ସହର ମଧ୍ୟରେ ଅବସ୍ଥିତ। ସେଠାରେ ସେ ପୂଜା, ଅର୍ଚ୍ଚନା ତଥା ଏକ ଯଜ୍ଞର ଆୟୋଜନ କରି ଭଗବାନଙ୍କୁ ଏକ ପୁତ୍ରସନ୍ତାନ ନିମନ୍ତେ ପ୍ରାର୍ଥନା କଲେ। ସେଥିରେ ପ୍ରସନ୍ନ ହୋଇ ଭଗବାନ ପାର୍ଥସାରଥୀ କେଶବାଚାର୍ଯ୍ୟଙ୍କୁ ସ୍ୱପ୍ନରେ ଦର୍ଶନ ଦେଲେ ଏବଂ ଖୁବ୍ ଶୀଘ୍ର ତାଙ୍କରି ପୁତ୍ର ରୂପରେ ଜନ୍ମ ନେବେ ବୋଲି କହିଲେ। ଭଗବାନ ବିଷ୍ଣୁଙ୍କ ଆଶୀର୍ବାଦରୁ ପ୍ରାୟ ଏକ ବର୍ଷ ପରେ ୧୦୧୮ ଖ୍ରୀଷ୍ଟାବ୍ଦରେ କାନ୍ତିମତି ଦିବ୍ୟ ଲକ୍ଷଣଯୁକ୍ତ ଏକ ଶିଶୁପୁତ୍ରକୁ ଜନ୍ମ ଦେଇଥିଲେ। ଏହି ଶିଶୁ ହିଁ ପରମ ବିଷ୍ଣୁଭକ୍ତ ଶ୍ରୀ ରାମାନୁଜାଚାର୍ଯ୍ୟ ନାମରେ ସାରା ବିଶ୍ୱରେ ପ୍ରସିଦ୍ଧି ଅର୍ଜନ କରିଥିଲେ। କାନ୍ତିମତିଙ୍କ ସାନ ଭଗିନୀ ଦୀପ୍ତିମତି ମଧ୍ୟ ଏକ ପୁତ୍ରସନ୍ତାନକୁ ଜନ୍ମ ଦେଇଥିଲେ। ଦୁଇଜଣ ଭଣଜାଙ୍କର ଜନ୍ମ ସମ୍ବାଦ ପାଇ ଶୈଳପୂର୍ଣ୍ଣ ସେ ଦୁହିଁଙ୍କୁ ଦେଖିବା ପାଇଁ ସେମାନଙ୍କ ପାଖରେ ଆସି ପହଞ୍ଚିଲେ। କାନ୍ତିମତିଙ୍କ ପୁତ୍ରଙ୍କ

ଶରୀରରେ ଅଦ୍ଭୁତ ଦିବ୍ୟ ଚିହ୍ନମାନ ଦେଖି, ସେ ତାଙ୍କର ନାମ ରାମାନୁଜ ଦେଇଥିଲେ, ଯାହାର ଅର୍ଥ ହେଉଛି ରାମଙ୍କ ସାନଭାଇ ଲକ୍ଷ୍ମଣ। ଦୀପ୍ତିମତିଙ୍କ ପୁତ୍ରଙ୍କୁ ସେ ଗୋବିନ୍ଦ ନାମ ଦେଇଥିଲେ।

କାଞ୍ଚିପୂର୍ଣ୍ଣଙ୍କ ସହିତ ସାକ୍ଷାତ

ଶୈଶବ ସମୟରେ ରାମାନୁଜଙ୍କ ମଧ୍ୟରେ ବିଚକ୍ଷଣ ଜ୍ଞାନ ଓ ପାଣ୍ଡିତ୍ୟ ପ୍ରକାଶିତ ହୋଇଥିଲା। ବିଦ୍ୟାଳୟରେ ଅଧ୍ୟୟନ ସମୟରେ, ସେ ଥରେ ମାତ୍ର ଶ୍ରବଣ କରି ମଧ୍ୟ ସମସ୍ତ ପାଠ୍ୟ ବିଷୟବସ୍ତୁକୁ ସ୍ମରଣ କରି ପାରୁଥିଲେ। ବିଦ୍ୟା ଅର୍ଜନରେ ଦକ୍ଷତା ସହିତ ତାଙ୍କର ଭଦ୍ର ଓ ସୁଶୀଳ ବ୍ୟବହାର ପାଇଁ ସମସ୍ତ ଶିକ୍ଷକମାନେ ତାଙ୍କୁ ଖୁବ୍ ଭଲ ପାଉଥିଲେ। ସେହି ସମୟରେ କାଞ୍ଚିପୂର୍ଣ୍ଣ ନାମରେ ଜଣେ ପ୍ରସିଦ୍ଧ ବିଷ୍ଣୁଭକ୍ତ ନିକଟସ୍ଥ କାଞ୍ଚିପୁରମ୍ କ୍ଷେତ୍ରରେ ବାସ କରୁଥିଲେ। ସେ ସ୍ୱାମୀ ଯମୁନାଚାର୍ଯ୍ୟଙ୍କର ଶିଷ୍ୟ ଥିଲେ। ଯଦିଓ ସେ ଏକ ଶୁଦ୍ର ପରିବାରରେ ଜନ୍ମଗ୍ରହଣ କରିଥିଲେ, ତାଙ୍କର ଭଗବାନଙ୍କ ପ୍ରତି ଥିବା ତୀବ୍ରଭକ୍ତି ପାଇଁ ଉଚ୍ଚ କୂଳର ବ୍ରାହ୍ମଣମାନେ ମଧ୍ୟ ତାଙ୍କୁ ସମ୍ମାନ ଜଣାଉଥିଲେ। ପ୍ରତିଦିନ ସେ କାଞ୍ଚି ସହରରୁ ଚାଲି ଚାଲି ପୁନାମାଲି ନାମକ ଏକ ଗ୍ରାମକୁ ସେଠାରେ ଥିବା ଭଗବାନଙ୍କ ବିଗ୍ରହପୂଜା କରିବା ପାଇଁ ଯାଉଥିଲେ। ଭୂତପୁରୀ ଗ୍ରାମଟି ତାଙ୍କର ଯିବା ବାଟରେ ଥିବା ହେତୁ, ସେ ପ୍ରତିଦିନ ରାମାନୁଜଙ୍କ ଗୃହ ସମ୍ମୁଖରେ ଅତିକ୍ରମ କରୁଥିଲେ। ଦିନେ ସନ୍ଧ୍ୟା ସମୟରେ, ରାମାନୁଜ ବିଦ୍ୟାଳୟରୁ ଫେରିବା ବାଟରେ ତାଙ୍କୁ ସମ୍ମୁଖରେ ଦେଖିବାକୁ ପାଇଲେ ଏବଂ ତାଙ୍କର ପବିତ୍ର ତେଜକୁ ଅନୁଭବ କରି ତତକ୍ଷଣାତ୍ ତାଙ୍କ ପ୍ରତି ଆକର୍ଷିତ ହୋଇଗଲେ। ରାମାନୁଜ ବିନମ୍ରତାର ସହିତ କାଞ୍ଚିପୂର୍ଣ୍ଣଙ୍କୁ ନିଜ ଗୃହକୁ ଭୋଜନ କରିବା ପାଇଁ ନିମନ୍ତ୍ରଣ କଲେ ଏବଂ କାଞ୍ଚିପୂର୍ଣ୍ଣ ମଧ୍ୟ ରାମାନୁଜଙ୍କ ସରଳ ବ୍ୟବହାର ଦେଖି ତାଙ୍କ ଅନୁରୋଧ ସ୍ୱୀକାର କଲେ। ସେହି ଅତିଥିଙ୍କୁ ଭୋଜନ କରାଇବା ପରେ ରାମାନୁଜ ତାଙ୍କର ପାଦସେବା କରିବାକୁ ଲାଗିଲେ। ଏହା ଦେଖି କାଞ୍ଚିପୂର୍ଣ୍ଣ ସଂକୋଚର ସହିତ କହିଲେ, 'ମୁଁ ନୀଚ ଜାତିରେ ଜନ୍ମିତ ଏକ ଶୁଦ୍ର ଅଟେ। ଆପଣଙ୍କ ପରି ଜଣେ ବ୍ରାହ୍ମଣଙ୍କ ପାଇଁ ମୋର ପାଦସେବା କରିବା ଉଚିତ୍ ନୁହେଁ।' ଏହା ଶୁଣି ରାମାନୁଜ କହିଲେ, 'ଯଦି ମୋର ବ୍ରାହ୍ମଣ ଜନ୍ମ ଆପଣଙ୍କ ପରି ଜଣେ ମହାତ୍ମାଙ୍କ ସେବା କରିବାକୁ ବାରଣ କରୁଛି, ତେବେ ମୁଁ ମୋର ଜନ୍ମକୁ ଅମଙ୍ଗଳ ମନେକରୁଛି। କଣ ଏକ ଉପବିତ ସୂତ୍ରକୁ ଧାରଣ କରିବା ହିଁ ଜଣକୁ ବ୍ରାହ୍ମଣ ପଦବାଚ୍ୟ କରାଇଥାଏ ? କେବଳ ସେହି ମନୁଷ୍ୟ, ଯେକି ଭଗବାନ ବିଷ୍ଣୁଙ୍କ ପ୍ରତି ସମ୍ପୂର୍ଣ୍ଣ ରୂପେ

ସମର୍ପିତ ହୋଇଥାଏ, ସେ ହିଁ ପ୍ରକୃତ ବ୍ରାହ୍ମଣ ଅଟେ, ଅନ୍ୟ କେହି ନୁହେଁ।' କାଞ୍ଚିପୂର୍ଣ୍ଣ ସେହି ବାଳକର ଦୃଢ଼ ଭଗବଦ୍ ବିଶ୍ୱାସ ଦେଖି ଅତି ଆଶ୍ଚର୍ଯ୍ୟାନ୍ୱିତ ଓ ହର୍ଷିତ ହେଲେ। ରାତ୍ରିର ବିଳମ୍ବିତ ପ୍ରହର ପର୍ଯ୍ୟନ୍ତ ସେ ଦୁହେଁ ଭଗବଦ୍ ଭକ୍ତି ସମ୍ବନ୍ଧୀୟ ଅନେକ ବିଷୟରେ ବାର୍ତ୍ତାଳାପ କଲେ। ସେହି ରାତ୍ରିରେ କାଞ୍ଚିପୂର୍ଣ୍ଣ ରାମାନୁଜଙ୍କ ଗୃହରେ ବିଶ୍ରାମ ନେଲେ ଓ ପରଦିନ ପ୍ରଭାତରେ ସେ ତାଙ୍କର ଗନ୍ତବ୍ୟସ୍ଥଳକୁ ଯାତ୍ରା କଲେ। ସେହଦିନଠାରୁ ସେ ଦୁଇଜଣ ମହାନ୍ ଭକ୍ତଙ୍କ ମଧ୍ୟରେ ଏକ ଗଭୀର ସମ୍ବନ୍ଧ ସୃଷ୍ଟି ହୋଇଥିଲା।

କାଞ୍ଚିପୁରମ୍ କ୍ଷେତ୍ରରେ ଅବସ୍ଥାନ

ରାମାନୁଜ ମାତ୍ର ଷୋହଳ ବର୍ଷ ବୟସର ହୋଇଥିଲାବେଳେ, ତାଙ୍କର ପିତା କେଶବାଚାର୍ଯ୍ୟ ରାମାନୁଜଙ୍କର ବିବାହ କରାଇବାକୁ ସ୍ଥିର କଲେ। ସେଥିପାଇଁ ସେ ଏକ ସୁନ୍ଦରୀ କନ୍ୟାକୁ ଚୟନ କଲେ ଏବଂ ବିବାହ ଉତ୍ସବ ପାଇଁ ସମସ୍ତ ପ୍ରସ୍ତୁତି ଚୂଡାନ୍ତ କଲେ। ଏକ ସପ୍ତାହ ପର୍ଯ୍ୟନ୍ତ ସେହି ଉତ୍ସବ ଅନୁଷ୍ଠିତ ହୋଇଥିଲା ଏବଂ ଆଖପାଖର ସମସ୍ତ ଦରିଦ୍ର ଜନଙ୍କୁ ସେ ଭୁରି ଭୋଜନ କରାଇଥିଲେ। କିନ୍ତୁ ସେହି ବିବାହ ଉତ୍ସବର ଏକ ମାସ ପରେ କେଶବାଚାର୍ଯ୍ୟଙ୍କର ଦେହାନ୍ତ ହୋଇଗଲା। ମାତା କାନ୍ତିମତି ଓ ରାମାନୁଜ ତାଙ୍କୁ ହରାଇ ଦୁଃଖରେ ମ୍ରିୟମାଣ ହୋଇପଡିଲେ। କେଶବାଚାର୍ଯ୍ୟଙ୍କ ଦେହତ୍ୟାଗ ପରେ ସେହି ପରିବାର ପାଇଁ ଭୂତପୁରୀ ଗ୍ରାମରେ ବାସ କରିବା କଷ୍ଟକର ହେବାରୁ ସେମାନେ କାଞ୍ଚି ସହରରେ ବାସ କରିବାକୁ ନିଷ୍ପତ୍ତି ନେଲେ। ରାମାନୁଜ ପ୍ରଥମେ କାଞ୍ଚିରେ ଏକ ଗୃହ ନିର୍ମାଣ କଲେ ଏବଂ ପରେ ସେ ପରିବାର ସହ ସେଠାରେ ଅବସ୍ଥାନ କରିବାକୁ ଲାଗିଲେ।

ଯାଦବପ୍ରକାଶଙ୍କ ବିଦ୍ୟାଳୟ

ଯାଦବପ୍ରକାଶ ନାମରେ ଜଣେ ବିଖ୍ୟାତ ପଣ୍ଡିତ କାଞ୍ଚିରେ ବାସ କରୁଥିଲେ। ତାଙ୍କର ଜ୍ଞାନ ଓ ପାଣ୍ଡିତ୍ୟ ପାଇଁ ବହୁ ସଂଖ୍ୟାରେ ଛାତ୍ରମାନେ ତାଙ୍କ ପାଖକୁ ବିଦ୍ୟା ଅର୍ଜନ କରିବାକୁ ଆସୁଥିଲେ। ରାମାନୁଜ ମଧ୍ୟ ବୈଦିକ ଜ୍ଞାନଲାଭ ଉଦ୍ଦେଶ୍ୟରେ ତାଙ୍କର ଛାତ୍ର ହେଲେ। ଖୁବ୍ ଶୀଘ୍ର ନିଜର ଉତ୍ତମ ବ୍ୟବହାର ଓ ଦକ୍ଷତା ପାଇଁ ସେ ଯାଦବପ୍ରକାଶଙ୍କ ପ୍ରିୟଭାଜନ ହୋଇଥିଲେ। କିନ୍ତୁ ସେ ଦୁହିଁଙ୍କର ଭଗବଦ୍ ଜ୍ଞାନର ଦୃଷ୍ଟିକୋଣରେ ବୃହତ୍ ପାର୍ଥକ୍ୟ ପ୍ରକାଶ ପାଇଲା। ଯାଦବପ୍ରକାଶ ଜଣେ ଶାସ୍ତ୍ରଜ୍ଞ ପଣ୍ଡିତ

ହୋଇଥିବା ସତ୍ତ୍ୱେ, ନିର୍ଗୁଣ ବ୍ରହ୍ମବାଦୀ ଥିଲେ। ସେ ଶିକ୍ଷା ଦେଉଥିଲେ ଯେ, ସର୍ବବ୍ୟାପୀ ବ୍ରହ୍ମ ହିଁ ପରମ ସତ୍ୟ। ଭଗବାନ ଗୁଣହୀନ ଓ ରୂପହୀନ। ବିଷ୍ଣୁଙ୍କ ରୂପ ଏକ ମାୟାର ପ୍ରକାଶ ଅଟେ। ଯାଦବପ୍ରକାଶଙ୍କ ଏହି ଶିକ୍ଷା, ଯାହାକି ରାମାନୁଜଙ୍କ ପ୍ରିୟ ଆରାଧ୍ୟ ଶ୍ରୀ ବିଷ୍ଣୁଙ୍କୁ ଭଗବାନଙ୍କ ମୂଳ ସ୍ୱରୂପ ବୋଲି ମାନିବାକୁ ଅସ୍ୱୀକାର କରୁଥିଲା, ତାହା ରାମାନୁଜଙ୍କ ପରି ଜଣେ ଶୁଦ୍ଧଭକ୍ତଙ୍କ ହୃଦୟକୁ ବ୍ୟଥିତ କରିବାରେ ଲାଗିଲା। ଗୁରୁଙ୍କ ପ୍ରତି ଥିବା ସମ୍ମାନ ଦୃଷ୍ଟିରୁ ସେ ପ୍ରଥମେ ସେହି ବିଷୟରେ କିଛି ପ୍ରତିବାଦ କଲେନାହିଁ। କିନ୍ତୁ ଧୀରେ ଧୀରେ ସେହି ଶିକ୍ଷାଗ୍ରହଣ ତାଙ୍କ ପାଇଁ ଅସହ୍ୟ ହୋଇପଡ଼ିଲା।

ପ୍ରଥମ ବିରୋଧ

ଦିନେ ଯେତେବେଳେ ବିଦ୍ୟାଳୟର ସମସ୍ତ ଛାତ୍ରମାନେ ମଧ୍ୟାହ୍ନଭୋଜନ ପାଇଁ ନିଜ ନିଜର ଗୃହକୁ ଯାଇଥିଲେ, ଯାଦବପ୍ରକାଶ ରାମାନୁଜଙ୍କୁ ତାଙ୍କ ଶରୀରରେ ତୈଳ ଲେପନ କରିବାକୁ କହିଲେ। ସେହି ସମୟରେ ଅନ୍ୟ ଏକ ଛାତ୍ର ବିଦ୍ୟାଳୟକୁ ଫେରି ଆସିଲେ ଏବଂ ଯାଦବପ୍ରକାଶଙ୍କୁ ସେହିଦିନ ପୂର୍ବାହ୍ନରେ ସେମାନେ ଅଧ୍ୟୟନ କରିଥିବା ଛାନ୍ଦୋଗ୍ୟ ଉପନିଷଦର କିଛି ଶ୍ଳୋକମାନଙ୍କ ବିଷୟରେ ଜିଜ୍ଞାସା କଲେ। ବିଶେଷ କରି ପ୍ରଥମ ଅଧ୍ୟାୟର ଷଷ୍ଠ ଭାଗର ସପ୍ତମ ଶ୍ଳୋକ 'କପ୍ୟାସମ୍ ପୁଣ୍ଡରୀକମ୍ ଏବମ୍ ଅକ୍ଷୀଣି' ମଧ୍ୟରେ ଥିବା 'କପ୍ୟାସମ୍' ଶବ୍ଦର ଅର୍ଥକୁ ବ୍ୟାଖ୍ୟା କରିବାକୁ ସେ ତାଙ୍କୁ ଅନୁରୋଧ କଲେ। ଯାଦବପ୍ରକାଶ କହିଲେ, 'କପ୍ୟାସମ୍ ଶବ୍ଦର ଅର୍ଥ ହେଲା, ମର୍କଟର ପଶ୍ଚାତ୍ ଭାଗ। ତେଣୁ ଏହି ଶ୍ଳୋକର ଅର୍ଥ ହେଉଛି, ଭଗବାନଙ୍କ ନେତ୍ର ପଦ୍ମପୁଷ୍ପ ପରି, ଯାହାର ରଙ୍ଗ ମର୍କଟର ପଶ୍ଚାତ୍ ଭାଗ ପରି ଲାଲ୍ ଅଟେ।' ନିଜର ପ୍ରିୟ ଭଗବାନଙ୍କ ରୂପର ଏପରି ବିକୃତ ବ୍ୟାଖ୍ୟା ଶୁଣି ଗୁରୁଙ୍କ ଶରୀରରେ ତୈଳ ଲେପନ କରୁଥିବା ରାମାନୁଜଙ୍କ ନେତ୍ରରୁ ଅଶ୍ରୁର ଧାରା ପ୍ରବାହିତ ହେବାରେ ଲାଗିଲା। ଯେତେବେଳେ ଯାଦବପ୍ରକାଶଙ୍କ ଶରୀରରେ ସେହି ଅଶ୍ରୁବିନ୍ଦୁ ପଡ଼ିଲା, ସେ ଆଶ୍ଚର୍ଯ୍ୟ ହୋଇ ଉପରକୁ ଚାହିଁଲେ। ସେ ରାମାନୁଜଙ୍କ ଦୁଃଖପୂର୍ଣ୍ଣ ଅବସ୍ଥା ଦେଖି ତାହାର କାରଣ ଜାଣିବାକୁ ଚାହିଁଲେ। ରାମାନୁଜ କହିଲେ, 'ହେ ଗୁରୁଦେବ! ଆପଣଙ୍କ ପରି ଜଣେ ମହାତ୍ମାଙ୍କ ଠାରୁ ଏପରି ଅଗ୍ରାହ୍ୟ ବ୍ୟାଖ୍ୟା ଶୁଣି ମୁଁ ବ୍ୟଥିତ। ଭଗବାନଙ୍କ ଦିବ୍ୟରୂପକୁ ମର୍କଟର ପଶ୍ଚାତ୍ ଭାଗ ସହିତ ତୁଳନା କରିବା ଏକ ଘୃଣ୍ୟକର୍ମ। ମୋ ଗୁରୁ ଏପରି କାର୍ଯ୍ୟ କରିବେ ବୋଲି ମୁଁ କେବେ ଆଶା କରି ନଥିଲି।' ଏହା ଶୁଣି ଯାଦବପ୍ରକାଶ କ୍ରୋଧାନ୍ୱିତ ହୋଇ କହିଲେ, 'ମୁଁ ମଧ୍ୟ ତୁମ ପରି ଏକ ଛାତ୍ରର ଦମ୍ଭ ଓ ଅହଂକାର

ଦେଖି ଦୁଃଖିତ । ତୁମେ ଯଦି ନିଜକୁ ମୋ ଠାରୁ ମଧ୍ୟ ଅଧିକ ଦକ୍ଷ ଶିକ୍ଷକ ବୋଲି ଭାବୁଛ, ତେବେ ଆମ ସମସ୍ତଙ୍କୁ ମୋର ଏହି ବ୍ୟାଖ୍ୟା ଠାରୁ ଅଧିକ ଉତ୍ତମ ବ୍ୟାଖ୍ୟା କରି ଦେଖାଇଦିଅ ।' ରାମାନୁଜ ବିନମ୍ରତାର ସହିତ କହିବା ଆରମ୍ଭ କଲେ, 'କପି ଶବ୍ଦର ଅର୍ଥ କେବଳ ମର୍କଟ ନୁହେଁ । କପି - କମ୍ ଜଲମ୍ ପିବତି । ଅର୍ଥାତ୍, ଯାହା ଜଳ ପାନ କରେ । ଏହାର ଅନ୍ୟ ଅର୍ଥ ହେଲା, ସୂର୍ଯ୍ୟ । ଆସମ୍ ଶବ୍ଦର ଅନ୍ୟ ଅର୍ଥ ହେଉଛି, ବିକଶିତ ହେବା । ତେଣୁ, କପ୍ୟାସମ୍ ଶବ୍ଦର ଅର୍ଥ ହେଉଛି, ସୂର୍ଯ୍ୟଙ୍କ ଦ୍ୱାରା ଯାହା ବିକଶିତ ହୋଇଥାଏ, ଅର୍ଥାତ୍, ପଦ୍ମପୁଷ୍ପ । ଉପନିଷଦର ଏହି ମନ୍ତ୍ରରୁ ଆମେ ବୁଝିପାରିବା ଯେ, ଭଗବାନଙ୍କ ନେତ୍ର ଯୁଗଳ ଲାଲ୍ ପଦ୍ମପୁଷ୍ପ ପରି ସୁନ୍ଦର ।' ଯାଦବପ୍ରକାଶ ରାମାନୁଜଙ୍କ ପରି ଏକ ଛାତ୍ରର ଏପରି ଉଚ୍ଚକୋଟୀର ବର୍ଣ୍ଣନା ଶୁଣି ଚକିତ ହୋଇଗଲେ । ସେ ଜାଣିପାରିଲେ ଯେ, ତାଙ୍କର ସଗୁଣ ଭକ୍ତି ମାର୍ଗରେ ଦୃଢ଼ ବିଶ୍ୱାସ ରହିଛି । ବିଷ୍ଣୁଙ୍କ ଭକ୍ତମାନେ ନିଷ୍କାମ ଭାବରେ ଭଗବାନଙ୍କ ସ୍ୱରୂପକୁ ପୂଜାର୍ଚ୍ଚନା କରିବାକୁ ଭଗବଦ୍ ସେବା ବୋଲି ଗ୍ରହଣ କରିଥାନ୍ତି । ସେମାନେ ବ୍ରହ୍ମବାଦୀଙ୍କ ପରି ନିର୍ଗୁଣ ବ୍ରହ୍ମଙ୍କ ସହିତ ଲୀନ ହୋଇଯିବାକୁ ଇଚ୍ଛା କରନ୍ତି ନାହିଁ । ଯାଦବପ୍ରକାଶଙ୍କ ଦ୍ୱାରା ଦିଆଯାଉଥିବା ଶିକ୍ଷାଠାରୁ ରାମାନୁଜଙ୍କ ବିଚାରଧାରା ସମ୍ପୂର୍ଣ୍ଣ ଭିନ୍ନ ଥିଲା । ଏହି ଘଟଣା ପରେ ରାମାନୁଜଙ୍କ ପ୍ରତି ତାଙ୍କର ଥିବା ସ୍ନେହ ହ୍ରାସ ପାଇବାରେ ଲାଗିଲା ।

ସ୍ପଷ୍ଟ ମତଭେଦ

କିଛିଦିନ ପରେ ଯାଦବପ୍ରକାଶ ଛାତ୍ରମାନଙ୍କୁ ତୈତ୍ତରୀୟ ଉପନିଷଦ ଶିକ୍ଷା ଦେବା ସମୟରେ କହିଲେ ଯେ, ଈଶ୍ୱର ସତ୍ୟ, ଜ୍ଞାନ ଓ ଅନନ୍ତ ବ୍ରହ୍ମ ଅଟନ୍ତି । ଭଗବାନଙ୍କ ବିଷୟରେ ଏପରି ନିରାକାରବାଦୀ ବର୍ଣ୍ଣନା ଶୁଣି ରାମାନୁଜ ଚୁପ୍ ରହି ପାରିଲେ ନାହିଁ । ସେ ତତକ୍ଷଣାତ୍ ବିରୋଧ କରି କହିଲେ, 'ନା, ଏହି ଶ୍ଳୋକର ଅର୍ଥ ହେଉଛି, ସତ୍ୟ, ଜ୍ଞାନ ଓ ଅନ୍ତହୀନତା ପରମେଶ୍ୱରଙ୍କର ଗୁଣ ସମୂହ ଅଟନ୍ତି । ତଥାପି ତାଙ୍କର ଏହି ଗୁଣମାନଙ୍କଠାରୁ ଊର୍ଦ୍ଧ୍ୱରେ ନିଜସ୍ୱ ସ୍ଥିତି ରହିଛି ।' ଏହି ଅପ୍ରତ୍ୟାଶିତ ବିରୋଧରୁ କ୍ରୋଧିତ ହୋଇ ଯାଦବପ୍ରକାଶ କହିଲେ, 'ହେ ଧୃଷ୍ଟ ବାଳକ ! ଯଦି ମୋର ବ୍ୟାଖ୍ୟା ଗୁଡ଼ିକ ତୁମପାଇଁ ଗ୍ରହଣୀୟ ନୁହେଁ, ତେବେ ତୁମେ ଏଠାକୁ କାହିଁକି ଆସୁଛ ? ଘରକୁ ଯାଇ ନିଜର ଏକ ବିଦ୍ୟାଳୟ ଆରମ୍ଭ କରୁନାହଁ କାହିଁକି ?' କିଛି ସମୟ ପରେ କିଞ୍ଚିତ ଶାନ୍ତ ହେଲାପରେ ସେ ପୁଣି କହିଲେ, 'ତୁମର ବ୍ୟାଖ୍ୟା ମାନଙ୍କର ଶଙ୍କରାଚାର୍ଯ୍ୟ କିମ୍ବା ପୂର୍ବର ଅନ୍ୟ ଆଚାର୍ଯ୍ୟ ମାନଙ୍କ ମତ ସହିତ ସମନ୍ୱୟ

ନାହିଁ। ଦୟାକରି ତୁମର ଦୁଃସାହସକୁ ପ୍ରକାଶ କରନାହିଁ।' ରାମାନୁଜ ସ୍ୱଭାବରେ ନମ୍ର ଓ ସୁଶୀଳ ହୋଇଥିବାରୁ ସେ ଗୁରୁଙ୍କ ସହିତ ଏପରି ବିବାଦକୁ ଏଡ଼ାଇ ଦେବାକୁ ଚେଷ୍ଟା କରୁଥିଲେ। କିନ୍ତୁ ସେ ପରମ ସତ୍ୟଙ୍କ ପ୍ରତି ସମର୍ପିତ ଥିବାରୁ, ଯାଦବପ୍ରକାଶଙ୍କ ଅଦ୍ୱୈତମତ ପରିପୂର୍ଣ୍ଣ ବ୍ୟାଖ୍ୟାକୁ ସମୟ ସମୟରେ ବିରୋଧ କରିବାକୁ ବାଧ ହେଉଥିଲେ। ଅନ୍ୟ ଛାତ୍ରମାନଙ୍କ ସମ୍ମୁଖରେ ଅପ୍ରୀତିକର ପରିସ୍ଥିତିକୁ ସାମାନ୍ୟ କରିବାକୁ ଚେଷ୍ଟା କରୁଥିବା ସତ୍ତ୍ୱେ, ଯାଦବପ୍ରକାଶଙ୍କ ମନରେ ରାମାନୁଜଙ୍କ ପ୍ରତି ଭୟ ଓ ଘୃଣା ଭାବ ବୃଦ୍ଧି ପାଇବାରେ ଲାଗିଲା। ସେ ମନେ ମନେ ଚିନ୍ତା କଲେ, 'ଏ ବାଳକ ବୟସରେ ବୃଦ୍ଧି ପାଇବା ସହିତ ନିଶ୍ଚୟ ଭକ୍ତି ଓ ଦ୍ୱୈତବାଦକୁ ଦୃଢ଼ତାର ସହିତ ସ୍ଥାପନ କରିବାରେ ସମର୍ଥ ହୋଇଯିବ। କଦାପି ଏପରି ହେବାକୁ ଦିଆଯିବା ଉଚିତ୍ ନୁହେଁ। ଅଦ୍ୱୈତବାଦକୁ ରକ୍ଷା କରିବାପାଇଁ ମୁଁ ଯଥାସମ୍ଭବ ପ୍ରୟାସ କରିବି। ଏହା ହାସଲ କରିବାକୁ ମୁଁ ଏହି ବାଳକକୁ ହତ୍ୟା ମଧ୍ୟ କରିପାରେ।'

ଯାଦବପ୍ରକାଶଙ୍କ ଷଡ଼ଯନ୍ତ୍ର

ରାମାନୁଜଙ୍କ ବିଶୁଦ୍ଧ ଜ୍ଞାନ ଓ ବୁଦ୍ଧିମତ୍ତାର ସ୍ତର ନିଜଠାରୁ ଉଚ୍ଚତର ବୋଲି ଅନୁଭବ କରିବା ହେତୁ, ଯାଦବପ୍ରକାଶଙ୍କ ହୃଦୟ ରାମାନୁଜଙ୍କ ପ୍ରତି ଈର୍ଷ୍ୟାରେ ଭରିଗଲା। ଦିନେ ସେ କିଛି ଛାତ୍ରଙ୍କୁ ଡକାଇ ଏକ ଗୁପ୍ତ ମନ୍ତ୍ରଣା କରିବାକୁ ଲାଗିଲେ। ସେମାନଙ୍କୁ ସେ କହିଲେ, 'ମୋର ପ୍ରିୟ ଛାତ୍ରଗଣ! ଆଜି ପର୍ଯ୍ୟନ୍ତ ତୁମେମାନେ କେବେହେଲେ ମୋର ଶିକ୍ଷାଦାନରେ କୌଣସି ଦୋଷ ଦର୍ଶନ କରିନାହଁ। କିନ୍ତୁ ଏହି ନିର୍ଲଜ୍ଜ ରାମାନୁଜ ବାରମ୍ବାର ମୋ ସହିତ ବିବାଦ କରିବାକୁ ଆହ୍ୱାନ କରିଚାଲିଛି। ସେ ଏକ ବୁଦ୍ଧିମାନ ବାଳକ ହୋଇଥାଇପାରେ, କିନ୍ତୁ ତାହାର ବିଚାରଧାରା ମିଥ୍ୟା ଦ୍ୱୈତ ମତବାଦରେ ଆଧାରିତ, ଯାହାକି ଜୀବକୁ ଈଶ୍ୱରଙ୍କ ଠାରୁ ଭିନ୍ନ ବୋଲି ଦର୍ଶାଇଥାଏ। ସେ ଜଣେ ସଂପୂର୍ଣ୍ଣ ବିଧର୍ମୀ ଅଟେ, ଯିଏକି ତାହାର ଶିକ୍ଷାଦ୍ୱାରା ସମାଜକୁ ନାଶ କରିଦେବ। ଆମେମାନେ ତାହାଠାରୁ ମୁକ୍ତି ପାଇବା ପାଇଁ ଏକ ଉପାୟ ଖୋଜିବା ଉଚିତ୍।' ଜଣେ ଛାତ୍ର କହିଲେ, 'ମହାଶୟ, ଆପଣ ତାଙ୍କୁ ବିଦ୍ୟାଳୟକୁ ଆସିବାକୁ ନିଶ୍ଚୟ ମନା କରିଦେବା ଉଚିତ୍।' ଅନ୍ୟ ଜଣେ ଛାତ୍ର କହିଲେ, 'କିନ୍ତୁ ଏପରି କଲେ, ଆମ ଗୁରୁଙ୍କର ଆଶଙ୍କା ସତ୍ୟରେ ପରିଣତ ହେବ। ରାମାନୁଜ ନିଜର ଏକ ବିଦ୍ୟାଳୟ ଆରମ୍ଭ କରିଦେବେ ଏବଂ ତାଙ୍କର ସେହି ମିଥ୍ୟା ବିଚାରକୁ ଆହୁରି ଅଧିକ ମାତ୍ରାରେ ପ୍ରଚାର କରିଚାଲିବେ। ପୂର୍ବରୁ ମଧ୍ୟ ସେ ସତ୍ୟମ୍ ଜ୍ଞାନମ୍ ଅନନ୍ତମ୍ ବ୍ରହ୍ମ ମନ୍ତ୍ରର ଏକ

ଭାଷ୍ୟ ରଚନା କରିଛନ୍ତି, ଯାହାକି ଆମର ଗୁରୁଙ୍କ ପ୍ରଦତ୍ତ ସମସ୍ତ ଶିକ୍ଷାର ବିପରୀତ ଅଟେ।' ଏହା ସତ୍ୟ ଥିଲା ଯେ, ରାମାନୁଜଙ୍କ ବ୍ୟାଖ୍ୟାସମୂହ ପୂର୍ବ ସମୟର ଶ୍ରୀ ଶଙ୍କରାଚାର୍ଯ୍ୟଙ୍କ ଦ୍ୱାରା ଲିଖିତ 'ଅଦ୍ୱୈତ' ମତବାଦ ଠାରୁ ଭିନ୍ନ 'ବିଶିଷ୍ଟାଦ୍ୱୈତ' ମତକୁ ସ୍ଥାପିତ କରୁଥିଲା ଏବଂ ସେଗୁଡ଼ିକ ସେହି ସମୟରେ ଶ୍ରୀରଙ୍ଗମ୍ କ୍ଷେତ୍ରବାସୀ ସ୍ୱାମୀ ଯମୁନାଚାର୍ଯ୍ୟଙ୍କ ପରି ଦକ୍ଷିଣ ଭାରତର ଅନେକ ବୈଷ୍ଣବ ଓ ଆଚାର୍ଯ୍ୟମାନଙ୍କ ଦ୍ୱାରା ପଠିତ ତଥା ଆଦୃତ ହେଉଥିଲା। କିଛି ସମୟ ଧରି ଆଲୋଚନା କରିବାପରେ, ଯାଦବପ୍ରକାଶ ଓ ସେହି ଛାତ୍ରମାନେ ସ୍ଥିର କଲେ ଯେ, ରାମାନୁଜଙ୍କୁ ଅଟକାଇବା ପାଇଁ ଏକ ମାତ୍ର ଉପାୟ ହେଉଛି, ତାଙ୍କୁ ହତ୍ୟା କରିବା। ଯାଦବପ୍ରକାଶ ଏକ ପ୍ରସ୍ତାବ ଦେଲେ, 'ଆମେ ସମସ୍ତେ ଗଙ୍ଗାସ୍ନାନ କରିବାପାଇଁ ଏକ ତୀର୍ଥଯାତ୍ରାରେ ଯିବା। ସେହି ପଥରେ ଅନେକ ଦୁର୍ଗମ ଓ ନିର୍ଜନ ସ୍ଥାନ ରହିଛି। ସେଠାରେ ଆମେ ଆମର ଏହି ଉଦ୍ଦେଶ୍ୟ ପୂରଣ କରିପାରିବା, ଯାହାକୁ କି କେହି ଜାଣି ପାରିବେ ନାହିଁ। ଗଙ୍ଗାର ପବିତ୍ର ଜଳରେ ସ୍ନାନକରି ଆମେମାନେ ବ୍ରହ୍ମହତ୍ୟା ପାପରୁ ନିଜକୁ ରକ୍ଷା କରିଦେବା। ଏଠାକୁ ଫେରିବାପରେ ଆମେମାନେ ସମସ୍ତଙ୍କୁ କହିବା ଯେ, ରାମାନୁଜ ଯାତ୍ରା ସମୟରେ ଅସୁସ୍ଥ ହୋଇ ପ୍ରାଣତ୍ୟାଗ କରିଦେଲେ।' ସମସ୍ତ ଛାତ୍ର ଯାଦବପ୍ରକାଶଙ୍କ ଏହି ପ୍ରସ୍ତାବରେ ରାଜି ହୋଇଗଲେ ଏବଂ ସେମାନେ ରାମାନୁଜଙ୍କ ପାଖକୁ ଯାଇ ତାଙ୍କୁ ସେମାନଙ୍କ ସହିତ ତୀର୍ଥଯାତ୍ରା କରିବାକୁ ପ୍ରବର୍ତ୍ତାଇଲେ। ରାମାନୁଜ ଗଙ୍ଗାସ୍ନାନର ସୌଭାଗ୍ୟ ବିଷୟରେ ଚିନ୍ତାକରି ରୋମାଞ୍ଚିତ ହୋଇଗଲେ ଏବଂ ସେମାନଙ୍କ ଅନୁରୋଧକୁ ସ୍ୱୀକାର କଲେ। ରାମାନୁଜଙ୍କ ମାଉସୀ ଓ ତାଙ୍କ ପୁତ୍ର ଗୋବିନ୍ଦ ସେହି ସମୟରେ କାଞ୍ଚିପୁରମ୍ ସହରରେ ବାସ କରୁଥିଲେ। ଗୋବିନ୍ଦ ମଧ୍ୟ ରାମାନୁଜଙ୍କ ସହିତ ଯାଦବପ୍ରକାଶଙ୍କ ବିଦ୍ୟାଳୟରେ ଅଧ୍ୟୟନ କରୁଥିଲେ। ଯେତେବେଳେ ସେ ଜାଣିଲେ ଯେ ରାମାନୁଜ ତୀର୍ଥଯାତ୍ରାରେ ଉତ୍ତରଭାରତକୁ ଯାଉଛନ୍ତି, ସେ ତତକ୍ଷଣାତ୍ ତାଙ୍କର ପ୍ରିୟ ବନ୍ଧୁ ତଥା ଆତ୍ମୀୟ ରାମାନୁଜଙ୍କ ସହିତ ଯାତ୍ରା କରିବାକୁ ସ୍ଥିର କଲେ।

ବିପଦପୂର୍ଣ୍ଣ ଅରଣ୍ୟ

ଅନେକ ମାସ ପର୍ଯ୍ୟନ୍ତ ପୁତ୍ରଠାରୁ ବିଚ୍ଛେଦ ହେବା କଥା ଚିନ୍ତାକରି ମାତା କାନ୍ତିମତି ଦୁଃଖିତ ହୋଇଗଲେ, କିନ୍ତୁ ତୀର୍ଥଯାତ୍ରାର ବିଶେଷତ୍ୱ ଦୃଷ୍ଟିରୁ ସେ ରାମାନୁଜଙ୍କୁ ଯିବାପାଇଁ ଅନୁମତି ଦେଲେ। ଏକ ନିର୍ଦ୍ଦିଷ୍ଟ ଦିନରେ ଯାଦବପ୍ରକାଶଙ୍କ ତତ୍ତ୍ୱାବଧାନରେ ସମସ୍ତ ଛାତ୍ର ତୀର୍ଥଯାତ୍ରା ଆରମ୍ଭ କଲେ। କିଛି ଦିନ ଯାତ୍ରା କରିବା ପରେ ସେମାନେ

ବିନ୍ଧ୍ୟ ପର୍ବତ ନିକଟବର୍ତ୍ତୀ ଏକ ନିର୍ଜନ ଅରଣ୍ୟରେ ପହଞ୍ଚିଲେ । ଯାଦବପ୍ରକାଶ ସେହି ସ୍ଥାନଟିକୁ ତାଙ୍କର ମନ୍ଦ ଉଦ୍ଦେଶ୍ୟକୁ ପୂରଣ କରିବାକୁ ଉଚିତ୍ ମନେକରି ଛାତ୍ର ମାନଙ୍କୁ ପ୍ରସ୍ତୁତ ହୋଇଯିବାକୁ କହିଲେ । କିନ୍ତୁ ସେହି ଛାତ୍ରମାନେ ଯେତେବେଳେ ସେମାନଙ୍କ ଚୂଡ଼ାନ୍ତ ପ୍ରସ୍ତୁତି ବିଷୟରେ ଗୋପନରେ ବାର୍ତ୍ତାଳାପ କରୁଥିଲେ, ଗୋବିନ୍ଦ ସେମାନଙ୍କର ସମସ୍ତ କଥାବାର୍ତ୍ତା ଶୁଣିଦେଲେ । ସୁଯୋଗ ପାଇବା ମାତ୍ରେ, ସେ ରାମାନୁଜଙ୍କୁ ତାଙ୍କ ସମ୍ମୁଖରେ ଥିବା ବିଶାଳ ବିପଦ ବିଷୟରେ ଜଣାଇଦେଲେ । ନିଜର ଗୁରୁ ଓ ମିତ୍ର ମାନଙ୍କର ଏପରି ହୀନ ଚକ୍ରାନ୍ତକୁ ବୁଝିପାରି ରାମାନୁଜ ତତକ୍ଷଣାତ୍ ସେମାନଙ୍କଠାରୁ ଲୁଚି ଘନ ଅରଣ୍ୟ ମଧ୍ୟକୁ ପଳାଇଗଲେ । ଯେତେବେଳେ ଯାଦବପ୍ରକାଶ ରାମାନୁଜଙ୍କ ଅନୁପସ୍ଥିତି ବିଷୟରେ ଜାଣିଲେ, ସେ ତାଙ୍କୁ ଖୋଜିବା ପାଇଁ କିଛି ଛାତ୍ରଙ୍କୁ ଅରଣ୍ୟ ମଧ୍ୟକୁ ପଠାଇଲେ । କିନ୍ତୁ ସେମାନେ ରାମାନୁଜଙ୍କୁ ଠାବ କରିପାରିଲେ ନାହିଁ । ଶେଷରେ ସମସ୍ତେ ଚିନ୍ତା କଲେ, ବୋଧହୁଏ ରାମାନୁଜ କୌଣସି ହିଂସ୍ର ବନ୍ୟଜନ୍ତୁର ଶିକାର ହୋଇ ଯାଇଛନ୍ତି । ଯଦିଓ ଯାଦବପ୍ରକାଶ ଓ ତାଙ୍କ ଅନୁଗତ ଛାତ୍ରମାନେ ସେହି ଘଟଣାରୁ ମନେମନେ ବହୁତ ଖୁସି ହେଲେ, କିନ୍ତୁ ଗୋବିନ୍ଦଙ୍କ ଉପସ୍ଥିତି ଯୋଗୁଁ ସେମାନେ ଦୁଃଖରେ ମ୍ରିୟମାଣ ହେବାପରି ଅଭିନୟ କଲେ । ଯାଦବପ୍ରକାଶ ଗୋବିନ୍ଦଙ୍କୁ ମନୁଷ୍ୟ ଶରୀରର ଓ ପରିଜନଙ୍କ ନାଶବାନ୍ ସ୍ଥିତି ବିଷୟରେ ଉପଦେଶ ଦେଲେ ମଧ୍ୟ ଗୋବିନ୍ଦ ତାଙ୍କର ପ୍ରକୃତ ଚରିତ୍ରକୁ ଚିହ୍ନି ପାରିଲେ ।

ଶବର ଦମ୍ପତି

ଘଞ୍ଚ ଅରଣ୍ୟକୁ ରାତ୍ରିର ଅନ୍ଧକାର ଗ୍ରାସ କରିବାକୁ ଯାଉଥିଲା । ଅଠର ବର୍ଷ ବୟସର ରାମାନୁଜ ନିଜ ଆତ୍ମୀୟ ସ୍ୱଜନଙ୍କଠାରୁ ଦୂରରେ ସେହି ଅପରିଚିତ ସ୍ଥାନରେ ଏକାକୀ ହୋଇଯାଇଥିଲେ । ସେ ମନେମନେ ଚିନ୍ତା କଲେ, 'ମୁଁ କାହିଁକି ଭୟଭୀତ ହେବି ? କଣ ଭଗବାନ ନାରାୟଣ ଶରଣାଗତରକ୍ଷକ ନୁହଁନ୍ତି କି ? ତେଣୁ ମୁଁ ଏହି ଅରଣ୍ୟର ଅନ୍ଧକାରକୁ ଭୟ କରିବା ଉଚିତ୍ ହେବ କି ?' ଏପରି ଚିନ୍ତାକରି ସେ ଦକ୍ଷିଣ ଦିଗକୁ ମୁଖ କଲେ ଓ ସେହି ଅରଣ୍ୟ ମଧ୍ୟଦେଇ ଶୀଘ୍ର ଚାଲିବାରେ ଲାଗିଲେ । ଦୂରରୁ କ୍ଷୀଣ ସ୍ୱରମାନ ବେଳେବେଳେ ତାଙ୍କ ନାମକୁ ଡାକିବା ପରି ତାଙ୍କୁ ବୋଧ ହେଉଥିଲା, କିନ୍ତୁ ସେସବୁକୁ ଭ୍ରୂକ୍ଷେପ ନକରି ସେ ଆଗକୁ ଅଗ୍ରସର ହେଲେ । ରାତ୍ରିର ବିଳମ୍ବିତ ପ୍ରହର ପର୍ଯ୍ୟନ୍ତ ସେ ଚାଲିବାକୁ ଲାଗିଲେ । ଯେତେବେଳେ ସେ କ୍ଷୁଧାର୍ତ୍ତ ଓ ଶକ୍ତିହୀନ ହେବାପରି ଅନୁଭବ କଲେ, ସେ ଏକ ବିଶାଳ ବୃକ୍ଷ ତଳେ ବିଶ୍ରାମ ନେଲେ । ପରଦିନ

ଶବର ଦମ୍ପତି ରୂପରେ ଲକ୍ଷ୍ମୀ ନାରାୟଣ

ତାଙ୍କର ନିଦ୍ରାଭଙ୍ଗ ହେବାପରେ ସେ ନିଜକୁ ସତେଜ ମନେକଲେ ଓ ଅପରାହ୍ନରେ ପୁଣି ଥରେ ଯାତ୍ରା ଆରମ୍ଭ କରିବାକୁ ପ୍ରସ୍ତୁତ ହେଲେ। ଯେତେବେଳେ ସେ କେଉଁ ପଥରେ ଯାତ୍ରା କରିବେ ବୋଲି ଚିନ୍ତା କରୁଥାନ୍ତି, ସେହି ସମୟରେ ଏକ ଶବର ଦମ୍ପତିଙ୍କୁ ସେ ତାଙ୍କ ନିକଟକୁ ଆସୁଥିବାର ଦେଖିଲେ। ଶବରଙ୍କ ପତ୍ନୀ ତାଙ୍କୁ କହିଲେ, 'ତୁମେ ବାଟବଣା ହୋଇଯିବାରୁ ଏହି ଅରଣ୍ୟରେ ଏକାକୀ ବସି ରହିଛ କି? ତୁମେ ଏକ ବ୍ରାହ୍ମଣପୁତ୍ର ପରି ଜଣା ପଡୁଛ। ତୁମର ଗୃହ କେଉଁଠାରେ ଅଛି?' ରାମାନୁଜ କହିଲେ, 'ମୋର ଗୃହ ଏଠାରୁ ବହୁତ ଦୂରରେ ଅଛି। ଆପଣ ଦକ୍ଷିଣ ଦିଗରେ ଥିବା କାଞ୍ଚିପୁରମ୍ ନଗର ବିଷୟରେ ଶୁଣିଛନ୍ତି?' ଏହା ଶୁଣି ଶବର ଜଣକ କହିଲେ, 'ତୁମେ ଏହି ଦସ୍ୟୁ ଓ ହିଂସ୍ରଜନ୍ତୁରେ ପୂର୍ଣ୍ଣ ଅରଣ୍ୟ ମଧ୍ୟଦେଇ ଏକାକୀ କାହିଁକି ଯାତ୍ରା କରୁଛ? ମୁଁ କାଞ୍ଚିପୁରମ୍ ନଗରକୁ ଭଲ ଭାବରେ ଜାଣିଛି। ଆମେମାନେ ମଧ୍ୟ ସେହି ଦିଗକୁ ଯାତ୍ରା କରୁଛୁ।' ରାମାନୁଜ ଆଶ୍ଚର୍ଯ୍ୟ ହୋଇ ପଚାରିଲେ, 'ଆପଣମାନେ କେଉଁଠାରୁ ଆସିଛନ୍ତି ଏବଂ କାଞ୍ଚିପୁରମ୍ କାହିଁକି ଯାଉଛନ୍ତି?' ଶବର ଉତ୍ତର ଦେଲେ, 'ଆମେମାନେ ବନବାସୀ ଅଟୁ ଏବଂ ବିନ୍ଧ୍ୟ ପର୍ବତ ନିକଟରେ ଏକ କ୍ଷୁଦ୍ର ଗ୍ରାମରେ ବାସକରୁ। ଆମର ଭରଣ ପୋଷଣ ପାଇଁ ଆମେ ପକ୍ଷୀମାନଙ୍କୁ ଧରିଥାଉ। ସେହି କର୍ମରୁ ଅନେକ ପାପ ଅର୍ଜନ କରିଥିବାରୁ, ସେଥିରୁ ମୁକ୍ତି ପାଇବା ପାଇଁ ବର୍ତ୍ତମାନ ଆମେ ରାମେଶ୍ୱରମ୍ ଓ କାଞ୍ଚିପୁରମ୍ କ୍ଷେତ୍ରକୁ ତୀର୍ଥଯାତ୍ରା କରୁଛୁ। ଜଣାପଡୁଛି ଯେ, ସର୍ବଆଶ୍ରୟ ପରମେଶ୍ୱର ଆପଣଙ୍କୁ ବିପଦରୁ ରକ୍ଷା କରିବାପାଇଁ ଆମ ପାଖକୁ ନେଇଆସିଛନ୍ତି।' ପ୍ରଥମେ ରାମାନୁଜ ସେହି କୃଷ୍ଣବର୍ଣ୍ଣର ଦୀର୍ଘକାୟ ଅଜଣା ବ୍ୟକ୍ତିଙ୍କୁ ଦେଖି କିଞ୍ଚିତ ଭୟଭୀତ ହୋଇଯାଇଥିଲେ, କିନ୍ତୁ ଶବରଙ୍କ ସ୍ନେହପୂର୍ଣ୍ଣ ମୁଖ ଓ ମଧୁର ବଚନରେ ତାଙ୍କର ଭୟ ଦୂର ହୋଇଗଲା। ସନ୍ଧ୍ୟା ସମୟ ହେବାକୁ ଯାଉଥିଲା। ଶବର କହିଲେ, 'ଏହି ଅରଣ୍ୟରେ ଆମକୁ ଶୀଘ୍ର ଗତି କରିବାକୁ ହେବ। କିଛି ଦୂରରେ ଥିବା ଏକ ନଦୀ ନିକଟରେ ଆମେ ରାତ୍ରିରେ ଆଶ୍ରୟ ନେଇ ପାରିବା।' ଏକ ଘଣ୍ଟା ପର୍ଯ୍ୟନ୍ତ ଶୀଘ୍ର ଚାଲିବା ପରେ ସେମାନେ ସେହି ନଦୀକୂଳରେ ପହଞ୍ଚିଗଲେ। ଶବର ଜଣକ କିଛି କାଠ ସଂଗ୍ରହ କଲେ ଏବଂ ସେଥିରୁ ନିଆଁ ଜଳାଇଲେ। ତାହାପରେ ସେ ସେହି ସ୍ଥାନଟିକୁ ରାତ୍ରିଯାପନ କରିବାପାଇଁ ପ୍ରସ୍ତୁତ କଲେ। ଶୟନ କରିବା ପୂର୍ବରୁ ରାମାନୁଜ ଶବରପତ୍ନୀଙ୍କୁ ସେହି ଶବରଙ୍କୁ କହିବାର ଶୁଣିଲେ, 'ସ୍ୱାମୀ! ମୁଁ ତୃଷାର୍ତ୍ତ ହୋଇ ପଡ଼ିଛି। ତୁମେ ମୋ ପାଇଁ କିଛି ଜଳ ଆଣିପାରିବ କି?' ଶବର କହିଲେ, 'ରାତ୍ରି ସମୟରେ ଏହି ସ୍ଥାନରେ ଜଳୁଥିବା ନିଆଁଠାରୁ ଦୂରକୁ ଯିବା ଉଚିତ୍ ନୁହେଁ। କାଲି ପ୍ରଭାତରେ ନିକଟରେ ଥିବା ଏକ କୂପର ଶୀତଳ ଜଳଦ୍ୱାରା ତୁମେ ତୁମର ତୃଷା ନିବାରଣ କରିପାରିବ।'

ଭକ୍ତରକ୍ଷକ ନାରାୟଣ

ପରଦିନ ଭୋର ସମୟରେ ସେମାନେ ପୁଣିଥରେ ଯାତ୍ରା ଆରମ୍ଭ କଲେ ଏବଂ କିଛି ସମୟ ପରେ ଶବର କହିଥିବା ସେହି କୂପ ନିକଟରେ ପହଞ୍ଚିଲେ। ରାମାନୁଜ କୂପ ମଧ୍ୟକୁ ପାହାଚରେ ଓହ୍ଲାଇ ଶବରପତ୍ନୀଙ୍କ ପାଇଁ କିଛି ଜଳ ନେଇ ଆସିଲେ। ତିନିଥର ଜଳ ଆଣି ଶବରପତ୍ନୀଙ୍କୁ ଦେଲାପରେ ମଧ୍ୟ ତାଙ୍କର ତୃଷା ମେଣ୍ଟିପାରିଲା ନାହିଁ। ଯେତେବେଳେ ରାମାନୁଜ ଚତୁର୍ଥଥର ପାଇଁ ଜଳ ଆଣିଲେ, ସେ ସେହି ଶବର ଦମ୍ପତିଙ୍କୁ ଆଉ ଦେଖିବାକୁ ପାଇଲେ ନାହିଁ। ସେମାନେ ହଠାତ୍ ଅଦୃଶ୍ୟ ହୋଇ ଯାଇଥିଲେ। ସେତେବେଳେ ସେ ଜାଣି ପାରିଲେ ଯେ, ସେହି ଶବର ଦମ୍ପତି ଆଉ କେହି ନୁହଁନ୍ତି, ସେମାନେ ସ୍ୱୟଂ ଲକ୍ଷ୍ମୀ ନାରାୟଣ ଅଟନ୍ତି। ତାଙ୍କର ଭକ୍ତକୁ ସେହି ବିପଦପୂର୍ଣ୍ଣ ଅରଣ୍ୟରୁ ରକ୍ଷା କରିବାପାଇଁ ସେମାନେ ଶବର ଦମ୍ପତି ରୂପ ଧାରଣ କରିଥିଲେ। ସେହି ସମୟରେ ରାମାନୁଜ କିଛି ମନ୍ଦିର ଶିଖର ଓ ଗୃହମାନଙ୍କୁ ଦେଖିପାରିଲେ ଏବଂ ନିକଟରେ ଯାଉଥିବା ଜଣେ ପଥଚାରୀଙ୍କୁ ପଚାରିଲେ, 'ମହାଶୟ! ଏହି ନଗରଟିର ନାମ କଣ?' ସେହି ବ୍ୟକ୍ତି ଜଣକ ଆଶ୍ଚର୍ଯ୍ୟ ହୋଇ କହିଲେ, 'ତୁମେ କଣ ଏହି ପ୍ରସିଦ୍ଧ ନଗରଟି କାଞ୍ଚିପୁରମ୍ ବୋଲି ଜାଣି ପାରୁନାହଁ? ତୁମେ ଅଚିହ୍ନା ବ୍ୟକ୍ତିଙ୍କ ପରି ବ୍ୟବହାର କରୁଛ କାହିଁକି? ମୁଁ ଜାଣେ ଯେ, ତୁମେ ଯାଦବପ୍ରକାଶଙ୍କର ଜଣେ ଛାତ୍ର ଏବଂ ମୁଁ ତୁମକୁ ଅନେକ ଥର ନଗରରେ ଦେଖିଛି।' ଏହାକହି ସେ ବ୍ୟକ୍ତି ଜଣକ ସେଠାରୁ ଚାଲିଗଲେ। ତାଙ୍କ କଥା ଶୁଣି ରାମାନୁଜ ପ୍ରଥମେ ଚକିତ ଓ ଅବାକ୍ ହୋଇଗଲେ, କିନ୍ତୁ ତତକ୍ଷଣାତ୍ ସେ ଲକ୍ଷ୍ମୀ ଓ ନାରାୟଣଙ୍କର ତାଙ୍କ ପ୍ରତି ଥିବା ଅନୁକମ୍ପାକୁ ହୃଦୟଙ୍ଗମ କଲେ। ତାଙ୍କର ହୃଦୟ ଦିବ୍ୟ ଆନନ୍ଦରେ ଦ୍ରବିଭୂତ ହୋଇଗଲା। ଚକ୍ଷୁରୁ ଅବିରତ ଅଶ୍ରୁଧାରା ବହିବାରେ ଲାଗିଲା। ସେ ବାରମ୍ବାର ଭଗବାନଙ୍କ ପାଦସ୍ପର୍ଶ ପାଇଥିବା ସେହି ଭୂମିକୁ ପ୍ରଣାମ କରିବାକୁ ଲାଗିଲେ।

ଗୃହକୁ ପ୍ରତ୍ୟାବର୍ତ୍ତନ

ରାମାନୁଜ ଭଗବାନଙ୍କୁ ସ୍ମରଣ କରି ଭାବବିହ୍ୱଳ ହୋଇଗଲେ ଏବଂ ଭାଗବତରେ ବର୍ଣ୍ଣିତ ରାଣୀ କୁନ୍ତିଙ୍କ ଭଗବଦ୍ ସ୍ତୁତିକୁ ଗାନ କରି ପ୍ରାୟ ଏକ ଘଣ୍ଟାରୁ ଅଧିକ ସମୟ ସେହି କୂପ ନିକଟରେ ବିତାଇଲେ। ଯେତେବେଳେ ସେ ଦେଖିଲେ

ଯେ କିଛି ମହିଳା ସେଠାକୁ ଜଳ ନେବା ପାଇଁ ଆସିଛନ୍ତି, ସେତେବେଳେ ସେ ନିଜକୁ ନିୟନ୍ତ୍ରଣ କଲେ ଓ ସେଠାରୁ ନିଜର ଗୃହ ଅଭିମୁଖେ ଚାଲିଗଲେ। ରାମାନୁଜଙ୍କ ବିଚ୍ଛେଦରୁ ମାତା କାନ୍ତିମତି ଅନେକ ଦିନଧରି ଦୁଃଖଭୋଗ କରୁଥିଲେ। ଯେତେବେଳେ ସେ ରାମାନୁଜଙ୍କୁ ଦ୍ୱାର ନିକଟରେ ଦେଖିଲେ, ସେ ହଠାତ୍ ବିଶ୍ୱାସ କରିପାରିଲେ ନାହିଁ। ରାମାନୁଜ ତାଙ୍କୁ ପ୍ରଣାମ କରିବା ପରେ ସେ ଅତ୍ୟନ୍ତ ପ୍ରସନ୍ନ ହେଲେ ଓ ଆଶ୍ଚର୍ଯ୍ୟ ହୋଇ ତାଙ୍କୁ ଶୀଘ୍ର ଫେରି ଆସିବାର କାରଣ ପଚାରିଲେ। ଯେତେବେଳେ ସେ ରାମାନୁଜଙ୍କଠାରୁ ତୀର୍ଥଯାତ୍ରା ମଧ୍ୟରେ ଘଟିଥିବା ସମସ୍ତ ଘଟଣା ବିଷୟରେ ଜାଣିଲେ, ସେ ଭୟଭୀତ ହୋଇପଡ଼ିଲେ ଏବଂ ରାମାନୁଜଙ୍କ ଜୀବନରକ୍ଷା ପାଇଁ ଭଗବାନ ନାରାୟଣଙ୍କୁ ମନେମନେ ଅଶେଷ ଧନ୍ୟବାଦ ଅର୍ପଣ କଲେ। ସେହି ସମୟରେ ଗୋବିନ୍ଦଙ୍କ ମାତା ତଥା ରାମାନୁଜଙ୍କ ମାଉସୀ ଦୀପ୍ତିମତି ରାମାନୁଜଙ୍କ ପତ୍ନୀଙ୍କ ସହିତ ସେଠାରେ ପହଞ୍ଚିଲେ। ସେମାନେ ମଧ୍ୟ ରାମାନୁଜଙ୍କୁ ସୁରକ୍ଷିତ ହୋଇ ଫେରି ଆସିବାର ଦେଖି ଆହ୍ଲାଦିତ ହେଲେ ଏବଂ ଭଗବାନ ନାରାୟଣଙ୍କୁ ପୂଜାକରି ନୈବେଦ୍ୟ ଅର୍ପଣ କଲେ। ସେତେବେଳେ ରାମାନୁଜଙ୍କ ପ୍ରତ୍ୟାବର୍ତ୍ତନ ସମ୍ବାଦ ପାଇ କାଞ୍ଚିପୂର୍ଣ୍ଣ ସେମାନଙ୍କ ଗୃହରେ ଆସି ପହଞ୍ଚିଲେ। ସେହି ଦୁଇ ଜଣ ଆନନ୍ଦରେ ପରସ୍ପରକୁ ଆଲିଙ୍ଗନ କଲେ ଏବଂ ସମସ୍ତେ ଭଗବାନଙ୍କ ପ୍ରସାଦ ସେବନ କଲେ। ସେ ଦିନଟି ସେହି ପରିବାର ପାଇଁ ଅସୀମ ହର୍ଷ ଓ ଉଲ୍ଲାସର ଦିନ ଥିଲା।

ଶାସ୍ତ୍ର ଅଧ୍ୟୟନ

ରାମାନୁଜ ଗୃହରେ ରହି ନିଜେ ଶାସ୍ତ୍ର ଅଧ୍ୟୟନ କରିବା ଜାରି ରଖିଲେ। ସେ ପରିବାରବର୍ଗଙ୍କୁ ଯାଦବପ୍ରକାଶଙ୍କ ହୀନ କର୍ମ ବିଷୟରେ କାହାକୁ କିଛି କହିବାକୁ ମନାକଲେ। କିଛି ମାସ ପରେ ଯାଦବପ୍ରକାଶ ଗୋବିନ୍ଦଙ୍କ ବ୍ୟତୀତ ଅନ୍ୟ ଛାତ୍ରମାନଙ୍କ ସହିତ କାଞ୍ଚିପୁରମ୍ ନଗରରେ ଆସି ପହଞ୍ଚିଲେ। ଯେତେବେଳେ ଦୀପ୍ତିମତି ତାଙ୍କୁ ପୁତ୍ର ଗୋବିନ୍ଦଙ୍କ ବିଷୟରେ ପଚାରିଲେ, ସେ କହିଲେ ଯେ, ରାମାନୁଜ ନିଖୋଜ ହେଲାପରେ ସେମାନେ ଯାତ୍ରାପଥରେ ଅଗ୍ରସର ହେଲେ ଏବଂ ବାରାଣାସୀରେ ଯାଇ ପହଞ୍ଚିଲେ। ସେଠାରେ ସେମାନେ ଗଙ୍ଗାସ୍ନାନ କଲେ ଓ କାଶୀ ବିଶ୍ୱନାଥଙ୍କୁ ଦର୍ଶନ କଲେ। ଦୁଇ ସପ୍ତାହ ପର୍ଯ୍ୟନ୍ତ ସେମାନେ କାଶୀରେ ଅବସ୍ଥାନ କଲେ। ଦିନେ ଗଙ୍ଗାନଦୀରେ ସ୍ନାନ କରୁଥିବା ସମୟରେ ଗୋବିନ୍ଦ ଏକ ଶିବଲିଙ୍ଗଙ୍କୁ ପାଇଲେ। ଏହା ଭଗବାନଙ୍କ ଇଚ୍ଛା ବୋଲି ଭାବି ସେହି ଦିନରୁ ସେ ଶିବଙ୍କୁ ଉପାସନା କରିବାକୁ

ଲାଗିଲେ। ଦିନକୁ ଦିନ ତାଙ୍କର ଶିବଭକ୍ତି ସୁଦୃଢ଼ ହେବାକୁ ଲାଗିଲା। ଏଠାକୁ ଫେରିବା ପଥରେ ଯେତେବେଳେ ସମସ୍ତେ ଶୈବକ୍ଷେତ୍ର କାଳାହସ୍ତୀରେ ପହଞ୍ଚିଲେ, ସେ ସମସ୍ତଙ୍କୁ କହିଲେ ଯେ ସେ ଆଉ କାଞ୍ଚିପୁରମ୍ ନ ଯାଇ ସେହିଠାରେ ହିଁ ରହିବେ ଏବଂ ଶୈବ ମାନଙ୍କ ଗହଣରେ ରହି ଶ୍ରୀ ଶଙ୍କରଙ୍କ ଆରାଧନାରେ ତାଙ୍କର ଜୀବନ ଅତିବାହିତ କରିବେ। ଦୀପ୍ତିମତି ଜଣେ ଅସାଧାରଣ ନାରୀ ଥିଲେ। ସେ ଗୋବିନ୍ଦଙ୍କ ବିଷୟରେ ଶୁଣି ଦୁଃଖୀ ହେବା ପରିବର୍ତ୍ତେ ଏପରି ଏକ ମହାନ୍ ପୁତ୍ରର ମାତା ହୋଇଥିବାରୁ ନିଜକୁ ଧନ୍ୟ ମନେ କଲେ। ସେ କିଛିଦିନ ପରେ କାଳାହସ୍ତୀ ଯାଇ ଗୋବିନ୍ଦଙ୍କୁ ସାକ୍ଷାତ କଲେ ଏବଂ ତାଙ୍କର ଅନାସକ୍ତ ଭାବ ଓ ବିଶୁଦ୍ଧ ଶିବଭକ୍ତି ଦେଖି ଆନନ୍ଦିତ ହେଲେ। ଯାଦବପ୍ରକାଶ ପ୍ରଥମେ ରାମାନୁଜ ଜୀବିତ ଥିବା କଥା ଶୁଣି ଭୟଭୀତ ହୋଇଯାଇଥିଲେ, କିନ୍ତୁ ପରେ ସେ ଭାବିଲେ ଯେ ବୋଧହୁଏ ସେ ରାମାନୁଜଙ୍କୁ ହତ୍ୟା କରିବା ପାଇଁ ଯୋଜନା କରିଥିଲେ ବୋଲି ରାମାନୁଜ ଜାଣି ନାହାଁନ୍ତି। କାନ୍ତିମତିଙ୍କ ସମ୍ମୁଖରେ ସେ ରାମାନୁଜଙ୍କୁ ସୁରକ୍ଷିତ ଦେଖି ଅତ୍ୟନ୍ତ ଆନନ୍ଦିତ ହେବାପରି ଅଭିନୟ କଲେ ଏବଂ କହିଲେ, 'ପୁତ୍ର, ତୁମେ କଳ୍ପନା କରି ପାରିବ ନାହିଁ ଯେ ତୁମକୁ ଅରଣ୍ୟରେ ନ ପାଇ ଆମେ ସମସ୍ତେ କେତେ ମ୍ରିୟମାଣ ହୋଇପଡ଼ିଥିଲୁ। ତୁମେ ଆଜିଠାରୁ ପୁଣି ଥରେ ମୋ ବିଦ୍ୟାଳୟକୁ ଆସି ଶିକ୍ଷା ଗ୍ରହଣ କରି ପାରିବ। ଭଗବାନ ତୁମର ମଙ୍ଗଳ କରନ୍ତୁ।' ସେହଦିନଠାରୁ ରାମାନୁଜ ପୁନର୍ବାର ଯାଦବପ୍ରକାଶଙ୍କ ବିଦ୍ୟାଳୟକୁ ଯିବା ଆରମ୍ଭ କଲେ।

ଯମୁନାଚାର୍ଯ୍ୟଙ୍କ ପ୍ରାର୍ଥନା

କିଛିଦିନ ପରେ ମହାନ୍ ବୈଷ୍ଣବଗୁରୁ ଯମୁନାଚାର୍ଯ୍ୟ ତାଙ୍କର ଶିଷ୍ୟ ମାନଙ୍କ ସହିତ କାଞ୍ଚିପୁରମ୍ ନଗରରେ ଶ୍ରୀ ବରଦରାଜ ନାମରେ ସୁପ୍ରସିଦ୍ଧ ଭଗବାନ ବିଷ୍ଣୁଙ୍କ ମନ୍ଦିର ଦର୍ଶନ କରିବାକୁ ଆସି ପହଞ୍ଚିଲେ। ମନ୍ଦିରରୁ ଫେରୁଥିବା ସମୟରେ ସେ ଯାଦବପ୍ରକାଶଙ୍କୁ ତାଙ୍କର ଛାତ୍ର ମାନଙ୍କ ସହିତ ଆସୁଥିବାର ଦେଖିଲେ। ସେତେବେଳେ ଯାଦବପ୍ରକାଶ ତାଙ୍କର ହାତକୁ ରାମାନୁଜଙ୍କ କାନ୍ଧ ଉପରେ ରଖି ଚାଲୁଥିଲେ। ରାମାନୁଜଙ୍କ ଅପୂର୍ବ ତେଜ ଓ ରୂପକୁ ଦେଖି ଯମୁନାଚାର୍ଯ୍ୟ ତାଙ୍କ ପରିଚୟ ବିଷୟରେ ନିଜ ଶିଷ୍ୟମାନଙ୍କୁ ପଚାରିଲେ। ଯେତେବେଳେ ସେ ଜାଣିଲେ ଯେ ସେ ସେହି ରାମାନୁଜ, ଯେ କି ଉପନିଷଦର 'ସତ୍ୟମ୍ ଜ୍ଞାନମ୍ ଅନନ୍ତମ୍ ବ୍ରହ୍ମ' ମନ୍ତ୍ରର ଅତି ସୁନ୍ଦର ବ୍ୟାଖ୍ୟା ରଚନା କରିଥିଲେ, ସେ ଅତ୍ୟନ୍ତ ଆନନ୍ଦିତ ହେଲେ। କିନ୍ତୁ ରାମାନୁଜ ଯାଦବପ୍ରକାଶଙ୍କ ପରି ଜଣେ ନିରାକାରବାଦୀଙ୍କ ତତ୍ତ୍ୱାବଧାନରେ ଥିବା ଦେଖି ସେ

ଚିନ୍ତାଗ୍ରସ୍ତ ହୋଇଗଲେ। ରାମାନୁଜଙ୍କୁ ତାଙ୍କ କବଳରୁ ଉଦ୍ଧାର କରିବା ପାଇଁ ସେ ଭଗବାନ ବରଦରାଜଙ୍କୁ ପ୍ରାର୍ଥନା କଲେ, 'ହେ ପଦ୍ମଲୋଚନ, ହେ ଲକ୍ଷ୍ମୀପତି, ଦୟାକରି ରାମାନୁଜଙ୍କ ଉପରେ ଆପଣଙ୍କ ପୂର୍ଣ୍ଣ କୃପା ବୃଷ୍ଟି କରନ୍ତୁ, ଯେପରିକି ସେ ବିନା ବାଧାବିଘ୍ନରେ ଆପଣଙ୍କ ସେବା ଓ ଆରାଧନା କରିବାରେ ସଫଳ ହୋଇପାରିବେ।' ଯମୁନାଚାର୍ଯ୍ୟ ରାମାନୁଜଙ୍କ ସହିତ ବାର୍ତ୍ତାଳାପ କରିବା ପାଇଁ ଅତ୍ୟନ୍ତ ଇଚ୍ଛୁକ ଥିଲେ, କିନ୍ତୁ ସେ ଯାଦବପ୍ରକାଶଙ୍କୁ ସାକ୍ଷାତ କରିବାକୁ ଚାହୁଁ ନ ଥିଲେ। ସେହି ସମୟରେ ଯମୁନାଚାର୍ଯ୍ୟଙ୍କ ବୟସ ଶହେବର୍ଷରୁ ଅଧିକ ଥିଲା ଏବଂ ସେ ଦକ୍ଷିଣ ଭାରତର ବୈଷ୍ଣବଗୁରୁ ମାନଙ୍କ ମଧ୍ୟରେ ଅଗ୍ରଗଣ୍ୟ ଥିଲେ। ସେ ବୁଝି ପାରିଲେ ଯେ, ଯଦି ପ୍ରଭୁଙ୍କର ଇଚ୍ଛା ଥାଏ, ତେବେ ଦିନେ ନା ଦିନେ ତାଙ୍କୁ ରାମାନୁଜଙ୍କ ସହିତ ସାକ୍ଷାତ କରିବାକୁ ସୁଯୋଗ ମିଳିବ। ଏହା ଚିନ୍ତାକରି ସେ ଶ୍ରୀରଙ୍ଗମ୍ କ୍ଷେତ୍ରକୁ ଫେରିଗଲେ।

ରାଜକନ୍ୟାଙ୍କ ଉଦ୍ଧାର

ବେଦାନ୍ତ ଜ୍ଞାନ ହାସଲ କରିଥିବା ସହିତ ଯାଦବପ୍ରକାଶ ତନ୍ତ୍ରବିଦ୍ୟାରେ ମଧ୍ୟ ପାରଙ୍ଗମ ଥିଲେ, ଯାହାଦ୍ୱାରା କି ସେ ଭୂତ ଓ ପ୍ରେତ ଆଦିଙ୍କୁ ଦୂରେଇ ଦେଇ ପାରୁଥିଲେ। ଥରେ କାଞ୍ଚିପୁରମ୍ ରାଜାଙ୍କ କନ୍ୟା ଏକ ମାରାତ୍ମକ ବ୍ରହ୍ମରାକ୍ଷସ ଦ୍ୱାରା କବଳିତ ହୋଇଯାଇଥିଲେ। ଏପରି ସ୍ଥିତିରୁ ରକ୍ଷା କରିବାକୁ ଯାଦବପ୍ରକାଶ ପୂର୍ବରୁ ଖ୍ୟାତି ଅର୍ଜନ କରିଥିବାରୁ, ଖୁବ୍ ଶୀଘ୍ର ତାଙ୍କୁ ରାଜପ୍ରାସାଦକୁ ଡକାଗଲା। କିନ୍ତୁ, ତାଙ୍କର ସମସ୍ତ ମନ୍ତ୍ରର ପ୍ରୟୋଗ ସତ୍ତ୍ୱେ, ସେହି ପ୍ରେତାତ୍ମାଟି ଯଥାବତ୍ ଅବିଚଳିତ ରହିଲା। ବିକଟାଳ ହାସ୍ୟ ଓ ସ୍ୱରରେ ସେ ରାଜକନ୍ୟାଙ୍କ ଶରୀର ମଧ୍ୟରୁ ଚିତ୍କାର କରି କହିଲା, 'ଯାଦବପ୍ରକାଶ ! ଏତେ ମନ୍ତ୍ର ପ୍ରୟୋଗ କରି ତୁମେ କି ଲାଭ ପାଇଲ ? ତୁମେ ତୁମର ସମୟ ବ୍ୟର୍ଥ କରୁଛ। ଗୃହକୁ ଫେରିଯାଅ।' କିନ୍ତୁ ଯାଦବପ୍ରକାଶ ହାର୍ ନ ମାନି ଆହୁରି ପ୍ରୟାସ କଲେ। ବ୍ରହ୍ମରାକ୍ଷସ ପୁଣିଥରେ କହିଲା, 'ତୁମେ କାହିଁକି ତୁମର ଶକ୍ତିକୁ ଅପଚୟ କରୁଛ ? ତୁମର ସାମର୍ଥ୍ୟ ମୋ ଠାରୁ ଯଥେଷ୍ଟ କମ୍। ଯଦି ତୁମେ ଏହି ସୁନ୍ଦରୀ ରାଜକନ୍ୟାଙ୍କ ଶରୀରରୁ ମୋତେ ନିଶ୍ଚୟ ବାହାର କରିବାକୁ ଚାହୁଁଛ, ତେବେ ଏହାର କେବଳ ଗୋଟିଏ ଉପାୟ ଅଛି। ତାହା ହେଉଛି, ତୁମର ଶିଷ୍ୟ ରାମାନୁଜ। ସେହି ମହାତ୍ମାଙ୍କୁ ଏଠାକୁ ଆଣ। ତାଙ୍କର ନିର୍ମଳତା ହିଁ ଏକମାତ୍ର ଶକ୍ତି, ଯାହାକି ମୋ ଠାରୁ ମଧ୍ୟ ଅଧିକ ବଳଶାଳୀ।' ଏହା ଶୁଣି ଯାଦବପ୍ରକାଶ ଯଥାଶୀଘ୍ର ରାମାନୁଜଙ୍କୁ ରାଜପ୍ରାସାଦକୁ ଡକାଇ ପଠାଇଲେ। ସେହି ମହାନ୍ ବିଷ୍ଣୁଭକ୍ତ ସେଠାରେ ପହଞ୍ଚି ପରିସ୍ଥିତିକୁ ସମୀକ୍ଷା କଲେ ଓ ସେ ସେହି ଦୁଷ୍ଟାତ୍ମାକୁ

ରାଜକନ୍ୟାଙ୍କୁ ଛାଡ଼ି ଚାଲିଯିବାକୁ କହିଲେ। ବ୍ରହ୍ମରାକ୍ଷସ ରାଜକନ୍ୟାଙ୍କ ଶରୀର ମଧ୍ୟରୁ କହିଲା, 'ଯଦି ଆପଣ ମୋ ମସ୍ତକ ଉପରେ ଆପଣଙ୍କ ପାଦକୁ ସ୍ପର୍ଶ କରିବେ, ତେବେ ମୁଁ ଏହି ଶରୀରଟିକୁ ଛାଡ଼ି ଚାଲିଯିବି।' ଯାଦବପ୍ରକାଶଙ୍କ ଅନୁମତି ନେଇ ରାମାନୁଜ ତାଙ୍କର ପାଦଦ୍ୱୟକୁ କନ୍ୟାର ମସ୍ତକ ଉପରେ ରଖିଲେ ଏବଂ କହିଲେ, 'ଏହିକ୍ଷଣି ଏ ସ୍ଥାନକୁ ତ୍ୟାଗକରି ଅନ୍ୟତ୍ର ଚାଲିଯାଅ ଏବଂ ଆମମାନଙ୍କୁ ଏପରି କିଛି ଲକ୍ଷଣ ଦେଖାଅ, ଯେପରିକି ଆମେମାନେ ଜାଣିପାରିବୁ ଯେ ତୁମେ ବାସ୍ତବିକ ଭାବେ ଏଠାରୁ ଚାଲି ଯାଇଛ।' ପ୍ରେତାତ୍ମା ଉତ୍ତର ଦେଲା, 'ଏବେ ଦେଖନ୍ତୁ। ମୁଁ ଏହି ସୁନ୍ଦରୀ କନ୍ୟାକୁ ଛାଡ଼ି ଚାଲିଯାଉଛି ଏବଂ ଗଲାବେଳେ ମୁଁ ନିକଟରେ ଥିବା ସେହି ବଟବୃକ୍ଷର ସର୍ବୋଚ୍ଚ ଡାଳକୁ ଭାଙ୍ଗିଦେଇ ଯିବି।' ତତକ୍ଷଣାତ୍ ବଟବୃକ୍ଷର ସର୍ବୋଚ୍ଚ ଡାଳଟି ଭାଙ୍ଗି ତଳେ ପଡ଼ିଗଲା ଏବଂ ରାଜକନ୍ୟା ନିଦରୁ ଉଠିବା ପରି ଆଶ୍ଚର୍ଯ୍ୟ ହୋଇ ଚାରିଆଡ଼କୁ ଚାହିଁବାକୁ ଲାଗିଲେ। ଯେତେବେଳେ ସେ ତାଙ୍କ ଦାସୀଙ୍କ ଠାରୁ ସମସ୍ତ ଘଟଣାକ୍ରମ ବିଷୟରେ ଶୁଣିଲେ, ସେ ଲାଜରେ ମୁଖ ତଳକୁ କରି ଅନ୍ତପୁରକୁ ପଳାଇଗଲେ। ଯେତେବେଳେ କାଞ୍ଚିର ରାଜା ତାଙ୍କର କନ୍ୟା ସଂପୂର୍ଣ୍ଣ ସୁସ୍ଥ ହୋଇଯିବା ବିଷୟ ଜାଣିଲେ, ସେ ସଙ୍ଗେସଙ୍ଗେ ରାମାନୁଜଙ୍କ ଚରଣକମଳର ସେବା ତଥା ଧନ୍ୟବାଦ ଅର୍ପଣ କରିବା ପାଇଁ ଆସି ପହଞ୍ଚିଲେ। ସେହିଦିନଠାରୁ ରାମାନୁଜଙ୍କର ଖ୍ୟାତି ସାରା ରାଜ୍ୟରେ ବ୍ୟାପିଗଲା ଏବଂ ତାଙ୍କର ନାମ ଜନମାନସରେ ସୁପରିଚିତ ହୋଇଗଲା।

ବିଦ୍ୟାଳୟରୁ ବହିଷ୍କାର

ଯାଦବପ୍ରକାଶ ଓ ରାମାନୁଜଙ୍କ ମଧ୍ୟରେ ଅନ୍ତିମ ବିବାଦର ଦିନଟି ବେଶି ଦୂର ନ ଥିଲା। ରାମାନୁଜ ରାଜକନ୍ୟାଙ୍କୁ ଉଦ୍ଧାର କରିବାର ମାତ୍ର କିଛି ସପ୍ତାହ ପରେ, ଦିନେ ବିଦ୍ୟାଳୟର ଛାତ୍ରମାନେ ଯାଦବପ୍ରକାଶଙ୍କ ଠାରୁ 'ସର୍ବମ୍ ଖଲୁ ଇଦମ୍ ବ୍ରହ୍ମ, ନେହ ନାନସ୍ତି କିଞ୍ଚନ' ମନ୍ତ୍ରର ବ୍ୟାଖ୍ୟା ଶୁଣିବାକୁ ଏକତ୍ରିତ ହୋଇଥିଲେ। ସେ ନିରାକାର ତତ୍ତ୍ୱରେ ବିଚକ୍ଷଣ ଭାବରେ 'ଜୀବାତ୍ମା ଓ ପରଂବ୍ରହ୍ମ ଏକ' ବୋଲି ଦର୍ଶାଇ ଏହାର ବ୍ୟାଖ୍ୟା କରୁଥିଲେ, ଯାହା ସମସ୍ତ ଛାତ୍ର ମାନଙ୍କ ଚିତ୍ତକୁ ଆକର୍ଷିତ କରୁଥିଲା। ଏକମାତ୍ର ରାମାନୁଜ ହିଁ ଗୁରୁଙ୍କର ସେହି ବାକ୍ୟମାନଙ୍କୁ ଶୁଣି ଅସନ୍ତୁଷ୍ଟ ଜଣା ପଡୁଥିଲେ। ଯାଦବପ୍ରକାଶଙ୍କ ବ୍ୟାଖ୍ୟା ସମାପ୍ତ ହେଲା ପରେ ସେ କହିବା ଆରମ୍ଭ କଲେ, 'ସର୍ବମ୍ ଖଲୁ ଇଦମ୍ ବ୍ରହ୍ମର ଅର୍ଥ ଏହା ନୁହେଁ ଯେ ପରମେଶ୍ୱର କେବଳ ଏହି ସୃଷ୍ଟି ଓ ବ୍ରହ୍ମାଣ୍ଡ ସହିତ ସମାନ ଅଟନ୍ତି। ବରଂ, ଏ ସମଗ୍ର ବିଶ୍ୱ ବ୍ରହ୍ମାଣ୍ଡ ତାଙ୍କର ଏକ ଶକ୍ତି ପରି

ତାଙ୍କଠାରୁ ଆବିର୍ଭୂତ ତଥା ପ୍ରତିପାଳିତ ହୋଇଥାଏ ଏବଂ ଏହାର ଅନ୍ତ ସମୟରେ ତାଙ୍କରି ଠାରେ ଲୀନ ହୋଇଥାଏ। ସବୁକିଛି ତାଙ୍କଠାରୁ ପରିବ୍ୟାପ୍ତ ଶକ୍ତି ହେଲେ ମଧ୍ୟ, ସେ ଏ ସୃଷ୍ଟିଠାରୁ ଭିନ୍ନ ଓ ସ୍ୱତନ୍ତ୍ର। ନେହ ନାନସ୍ତି କିଞ୍ଚନ ବାକ୍ୟର ଅର୍ଥ ଏହା ନୁହେଁ ଯେ, ଏହି ସୃଷ୍ଟିରେ କିଛି ବିବିଧତା ନାହିଁ। ପରନ୍ତୁ, ଆମେ ଏହା ବୁଝିବା ଉଚିତ୍ ଯେ, ଏ ସୃଷ୍ଟିର ସମସ୍ତ ବିବିଧତାକୁ ଏକ ସୂତ୍ରରେ ବନ୍ଧା ଯାଇଥିବା ମୁକ୍ତା ମାନଙ୍କ ପରି ପରମାତ୍ମା ଧାରଣ କରିଛନ୍ତି। ତେଣୁ ଆମେ ଦେଖି ପାରିବା ଯେ, ଅଖିଳ ଜଗତରେ ସବୁକିଛି ତତ୍ତ୍ୱତଃ ଏକ ଏବଂ ଭିନ୍ନଭିନ୍ନ ମଧ୍ୟ।' ନିଜର ଅଧ୍ୟାପନାକୁ ରାମାନୁଜଙ୍କ ଦ୍ୱାରା ଅଗ୍ରାହ୍ୟ ଓ ଖଣ୍ଡିତ ହେବା ଦେଖି ଯାଦବପ୍ରକାଶ ଅତ୍ୟନ୍ତ କ୍ରୋଧିତ ହୋଇ ରୁକ୍ଷ ଭାବରେ କହିଲେ, 'ଯଦି ତୁମେ ମୋର ଶାସ୍ତ୍ର ବ୍ୟାଖ୍ୟା ଗୁଡ଼ିକୁ ପସନ୍ଦ କରୁନାହଁ, ତେବେ ତୁମେ ଆଉ ମୋ ପାଖକୁ ଆସନାହିଁ।' ରାମାନୁଜ କହିଲେ, 'ଯାହା ଆପଣଙ୍କ ଇଚ୍ଛା।' ଏହା କହି ସେ ଗୁରୁଙ୍କ ଚରଣ ସ୍ପର୍ଶ କରି ପ୍ରଣାମ କଲେ ଏବଂ ସେହି ବିଦ୍ୟାଳୟରୁ ଚିର ଦିନ ପାଇଁ ବିଦାୟ ନେଲେ।

କାଞ୍ଚିପୂର୍ଣ୍ଣ

ବିଦ୍ୟାଳୟକୁ ତ୍ୟାଗ କରିବାର ପରଦିନ ରାମାନୁଜ ଗୃହରେ ବସି ଶାସ୍ତ୍ର ଅଧ୍ୟୟନ କରୁଥିଲେ। ସେହି ସମୟରେ କାଞ୍ଚିପୂର୍ଣ୍ଣ ତାଙ୍କୁ ସାକ୍ଷାତ କରିବାକୁ ସେଠାରେ ଆସି ପହଞ୍ଚିଲେ। କାଞ୍ଚିପୂର୍ଣ୍ଣ ବାଲ୍ୟକାଳରୁ ହିଁ ଭଗବାନ ବରଦରାଜଙ୍କ ଭକ୍ତିପୂର୍ଣ୍ଣ ସେବାରେ ନିଜକୁ ନିୟୋଜିତ କରିଆସୁଥିଲେ। ଉତ୍ତପ୍ତ ଗ୍ରୀଷ୍ମ ଦିନ ମାନଙ୍କରେ ହସ୍ତଚାଳିତ ପଙ୍ଖାକୁ ଜଳରେ ଓଦା କରି ଓ ତାହା ଦ୍ୱାରା ଶୀତଳ ବାୟୁ ପ୍ରବାହ କରି ସେ ଭଗବାନଙ୍କ ସେବା କରୁଥିଲେ ଏବଂ ସର୍ବଦା ଉତ୍ତମ ଫଳ ଓ ପୁଷ୍ପ ଆଦି ସଂଗ୍ରହ କରି ଭଗବାନଙ୍କୁ ଅର୍ପଣ କରିବା ପାଇଁ ସେ ବ୍ୟସ୍ତ ରହୁଥିଲେ। କାଞ୍ଚିର ସମସ୍ତ ବାସିନ୍ଦାମାନେ ତାଙ୍କର ସରଳ ଭକ୍ତି ଓ ବିନମ୍ର ବ୍ୟବହାର ପାଇଁ ତାଙ୍କୁ ଖୁବ୍ ଭଲ ପାଉଥିଲେ। ସେ ଯେଉଁଆଡ଼େ ଯାଉଥିଲେ ସେଠାକାର ଲୋକମାନଙ୍କ ମନରୁ ଦୁର୍ଭାବନା ଓ ଦୁଶ୍ଚିନ୍ତା ଦୂରେଇ ଯାଉଥିଲା। ବେଳେବେଳେ ସେ ପଥରେ ଚାଲୁଚାଲୁ ହଠାତ୍ ଅଟକି ଯାଇ ଆଶ୍ଚର୍ଯ୍ୟ ଓ ଆନନ୍ଦିତ ହୋଇ ଦୂରକୁ ଚାହିଁ ରହୁଥିଲେ। କୁହାଯାଉଥିଲା ଯେ ସେ ସ୍ୱୟଂ ଭଗବାନ ବରଦରାଜଙ୍କ ସହିତ ବାର୍ତ୍ତାଳାପ କରୁଥିଲେ ଏବଂ ଭଗବାନ ତାଙ୍କ ମାଧ୍ୟମରେ ନିଜର ଇଚ୍ଛାକୁ ପ୍ରକାଶ କରୁଥିଲେ। ତାଙ୍କର ଏକ ଶୁଦ୍ର ପରିବାରରେ ଜନ୍ମ ହୋଇଥିବା ସତ୍ତ୍ୱେ, କାଞ୍ଚିର ଅଧିକାଂଶ ବ୍ରାହ୍ମଣ ତାଙ୍କର ଉଚ୍ଚ ସ୍ତରର ଭକ୍ତିକୁ ଚିହ୍ନି ପାରିଥିଲେ ଏବଂ ତାଙ୍କୁ ସମ୍ମାନ

ଜଣାଉ ଥିଲେ। ଯାଦବପ୍ରକାଶଙ୍କ ପରି କେବଳ ଅଳ୍ପ କିଛି ବ୍ରାହ୍ମଣମାନେ ଥିଲେ, ଯେଉଁମାନେ କି ନିଜର ଉଚ୍ଚ କୂଳ ଓ ଶାସ୍ତ୍ରଜ୍ଞାନର ଅହଙ୍କାରରୁ ତାଙ୍କୁ ଏକ ପାଗଳ କିମ୍ବା ଛଳନାକାରୀ ବୋଲି କହୁଥିଲେ।

କାଞ୍ଚିପୂର୍ଣ୍ଣଙ୍କ ଉପଦେଶ

ରାମାନୁଜ କାଞ୍ଚିପୂର୍ଣ୍ଣଙ୍କ ପରି ଜଣେ ମହାନ୍ ଭକ୍ତଙ୍କୁ ଅତିଥି ରୂପରେ ପାଇ ବହୁତ ଆନନ୍ଦିତ ହେଲେ। ତାଙ୍କୁ ସେ ଆଦରର ସହିତ ସ୍ୱାଗତ କଲେ ଓ କହିଲେ, 'ଆପଣଙ୍କର ଏଠାକୁ ଆସିବା ମୋ ପାଇଁ ସୌଭାଗ୍ୟର ବିଷୟ। ଅସୀମ କୃପାମୟ ଶ୍ରୀ ବରଦରାଜ ମୋତେ ମାର୍ଗଦର୍ଶନ କରାଇବାକୁ ଆପଣଙ୍କୁ ଏଠାକୁ ପଠାଇଛନ୍ତି। ଯାଦବପ୍ରକାଶଙ୍କ ବିଦ୍ୟାଳୟରୁ ମୁଁ ବହିଷ୍କୃତ ହେବା ବିଷୟ ତ ଆପଣ ଜାଣିଥିବେ। ଏବେ ମୁଁ ଦେଖି ପାରୁଛି ଯେ, ଏହା ମୋ ପାଇଁ ଆଦୌ ଅନୁତାପର କାରଣ ନୁହେଁ, କାହିଁକି ନା ମୁଁ ଆପଣଙ୍କୁ ହିଁ ମୋର ଗୁରୁ ତଥା ଶିକ୍ଷକ ଭାବରେ ଗ୍ରହଣ କରିବି।' କାଞ୍ଚିପୂର୍ଣ୍ଣ ବିନମ୍ରତାର ସହିତ କହିଲେ, 'ରାମାନୁଜ, ଏହା ସମ୍ଭବ ନୁହେଁ। ମୁଁ ଜଣେ ଶୁଦ୍ର ଓ ଅଜ୍ଞ ବ୍ୟକ୍ତି ଅଟେ। ମୋର ଶାସ୍ତ୍ର ମାନଙ୍କ ବିଷୟରେ କିଛି ଜ୍ଞାନ ନାହିଁ। ମୁଁ ମୋର ଜୀବନ କେବଳ ଭଗବାନ ବରଦରାଜଙ୍କ ପାଇଁ ଅଳ୍ପ କିଛି ସେବା କରି ଅତିବାହିତ କରୁଅଛି। ତୁମେ ଜଣେ ବ୍ରାହ୍ମଣ ହୋଇଥିବାରୁ ତୁମେ ମୋର ପ୍ରଭୁ ଅଟ ଓ ମୁଁ ତୁମର ସେବକ ଅଟେ।' ରାମାନୁଜ କହିଲେ, 'ମହାନୁଭବ, ମୁଁ ଜାଣିଥିବା ମନୁଷ୍ୟ ମାନଙ୍କ ମଧ୍ୟରେ ଆପଣ ସର୍ବଶ୍ରେଷ୍ଠ ଜ୍ଞାନୀ ଅଟନ୍ତି। ଶାସ୍ତ୍ରଜ୍ଞାନ ଯଦି ଭକ୍ତି ପରିବର୍ତ୍ତେ ଅହଙ୍କାର ସୃଷ୍ଟି କରେ, ତେବେ ତାହାର କି ଉପଯୋଗିତା ଅଛି ? ଆପଣଙ୍କ ବିନମ୍ର ଭଗବଦ୍ ସେବା ଦ୍ୱାରା ମୁଁ ଦେଖି ପାରୁଛି ଯେ, ଆପଣ ସମସ୍ତ ଶାସ୍ତ୍ର ମାନଙ୍କର ସାର ଓ ନିଷ୍କର୍ଷକୁ ଉତ୍ତମ ଭାବରେ ଜାଣିଛନ୍ତି।' ଏହା କହି ରାମାନୁଜ ଭକ୍ତ କାଞ୍ଚିପୂର୍ଣ୍ଣଙ୍କ ପାଦ ତଳେ ଦଣ୍ଡବତ ପ୍ରଣାମ କଲେ। ଏହା ଦେଖି ସେହି ସାଧୁ ପୁରୁଷ ରାମାନୁଜଙ୍କୁ ପାଦତଳୁ ଉଠାଇଲେ ଓ କହିଲେ, 'ତୁମର ଦୃଢ଼ ଭଗବଦ୍ ଭକ୍ତିକୁ ଦେଖି ମୁଁ ନିଜକୁ ଧନ୍ୟ ମନେ କରୁଛି। ପ୍ରତିଦିନ ତୁମେ ଶ୍ରୀ ବରଦରାଜଙ୍କ ସେବା ନିମନ୍ତେ ଏକ କଳସ ଜଳ ନେଇ ମନ୍ଦିରକୁ ଆସିବ। ଏପରି କଲେ ତୁମେ ଖୁବ୍ ଶୀଘ୍ର ଭଗବାନଙ୍କ କୃପା ଲାଭ କରିପାରିବ ଓ ତୁମର ସମସ୍ତ ମନୋବାଞ୍ଛା ପୂରଣ ହେବ।' ରାମାନୁଜଙ୍କୁ ଏହି ଉପଦେଶ ଦେଇ କାଞ୍ଚିପୂର୍ଣ୍ଣ ଶ୍ରୀ ବରଦରାଜଙ୍କ ପୂଜା କରିବା ପାଇଁ ଚାଲିଗଲେ। ତାଙ୍କ ନିର୍ଦ୍ଦେଶ ଅନୁସାରେ ରାମାନୁଜ ସେହି ପବିତ୍ର କୂପ ଯେଉଁଠାରେ କି ସେ ପୂର୍ବରୁ ଶବରରୂପଧାରୀ ନାରାୟଣଙ୍କୁ

ଦର୍ଶନ କରିଥିଲେ, ସେଠାରୁ ପ୍ରତିଦିନ ଶ୍ରୀ ବରଦରାଜଙ୍କ ମନ୍ଦିରକୁ ଏକ କଳସ ଜଳ ଆଣି ଭଗବାନଙ୍କ ସେବା କରିବାକୁ ଲାଗିଲେ।

ଯମୁନାଚାର୍ଯ୍ୟଙ୍କ ଅସୁସ୍ଥତା

ବୟୋବୃଦ୍ଧ ଯମୁନାଚାର୍ଯ୍ୟ ରାମାନୁଜଙ୍କୁ କାଞ୍ଚିରେ ଦେଖିବା ପରେ ତାଙ୍କୁ ମନେ ମନେ ସ୍ମରଣ କରୁଥିଲେ ଏବଂ ତାଙ୍କୁ ଉଦ୍ଧାର କରିବା ପାଇଁ ଭଗବାନ ବିଷ୍ଣୁଙ୍କୁ ପ୍ରାର୍ଥନା କରୁଥିଲେ। ସେ ସେହି ଦିନକୁ ଚାହିଁ ରହିଥିଲେ, ଯେବେ ରାମାନୁଜ ଯାଦବପ୍ରକାଶଙ୍କ ସଙ୍ଗତିରୁ ମୁକ୍ତି ପାଇବେ ଏବଂ ବୈଷ୍ଣବମାନଙ୍କ ସମ୍ପୂର୍ଣ୍ଣ ଶରଣ ଗ୍ରହଣ କରିବେ। ଏହି ଆଶାର ସହିତ ସେ ଭଗବାନଙ୍କ ଉଦ୍ଦେଶ୍ୟରେ 'ସ୍ତୋତ୍ର ରତ୍ନ' ନାମରେ ଏକ ଅତି ସୁନ୍ଦର ସ୍ତୋତ୍ର ରଚନା କରିଥିଲେ, ଯାହାକି ଆଜି ପର୍ଯ୍ୟନ୍ତ ଭକ୍ତ ମାନଙ୍କ ଦ୍ୱାରା ପଠିତ ଓ ଆଦୃତ ହୋଇଆସିଛି। ସ୍ତୋତ୍ର ରତ୍ନ ରଚନା କରିବାର କିଛି ଦିନ ପରେ ଯମୁନାଚାର୍ଯ୍ୟ ଅତ୍ୟଧିକ ଅସୁସ୍ଥ ହୋଇ ପଡ଼ିଲେ ଏବଂ ଶଯ୍ୟାରୁ ଆଉ ଉଠି ପାରିଲେ ନାହିଁ। ଜୀବନ ଓ ମୃତ୍ୟୁର ସେହି ଘଡ଼ିସନ୍ଧି ସମୟରେ ମଧ୍ୟ ସେ ଭଗବାନଙ୍କ ମହିମା ବର୍ଣ୍ଣନା ଓ ଜ୍ଞାନ ବିତରଣ ଜାରି ରଖିଲେ। ଗୁରୁଙ୍କର ସମ୍ଭାବିତ ଦେହତ୍ୟାଗକୁ ଭୟ କରି ଅନେକ ଶିଷ୍ୟ ତାଙ୍କ ପାଖକୁ ଆସିଲେ ଓ ଭଗବଦ୍ ତତ୍ତ୍ୱ ବିଷୟରେ ଅନେକ ପ୍ରଶ୍ନ ପଚାରିଲେ। ତିରୁବରଙ୍ଗ ନାମକ ଶିଷ୍ୟ ପଚାରିଲେ, 'ଭଗବାନ ନାରାୟଣ ଯଦି ମନ ଓ ବଚନର ସୀମାରୁ ଅତୀତ, ତେବେ ତାଙ୍କର ସେବା କିପରି ସମ୍ଭବ ହେବ?' ଯମୁନାଚାର୍ଯ୍ୟ କହିଲେ, 'ଭଗବାନ ନାରାୟଣଙ୍କ ସର୍ବୋତ୍ତମ ସେବା ହେଉଛି ତାଙ୍କର ଶୁଦ୍ଧ ଭକ୍ତ ମାନଙ୍କର ସେବା କରିବା। ଏହା ଛଡ଼ା, ଯେପରି କୃପାପ୍ରାପ୍ତ କାଞ୍ଚିପୂର୍ଣ୍ଣ ଶ୍ରୀ ବରଦରାଜଙ୍କ ସେବା କରୁଛନ୍ତି, ତୁମେ ମାନେ ମଧ୍ୟ ଭଗବାନଙ୍କର ଅର୍ଚ୍ଚା ବିଗ୍ରହଙ୍କର ସେବା କରିବା ଉଚିତ୍। ମହାଭାରତରେ ଲିଖିତ ଅଛି, ମହାପୁରୁଷ ମାନେ ଯେଉଁ ପଥରେ ଯାଇଛନ୍ତି, ସେହି ପଥକୁ ହିଁ ଅନୁସରଣ କରିବା ଉଚିତ୍। ଏହି ସମୟରେ ମୋ ପାଇଁ ଏକ ମାତ୍ର ଆଶ୍ରୟ ହେଉଛି, ମହାତ୍ମା ତିରୁମଙ୍ଗାଇଙ୍କ ପାଦପଦ୍ମ, ଯିଏ କି ପୂର୍ବ କାଳରେ ଶ୍ରୀ ରଙ୍ଗନାଥଙ୍କର ଅତି ସୁନ୍ଦର ସେବା କରିଥିଲେ।' ଗୁରୁଙ୍କର ଏହି ବାକ୍ୟ ଶୁଣି ତିରୁବରଙ୍ଗଙ୍କ ଚକ୍ଷୁ ଅଶ୍ରୁରେ ପରିପୂର୍ଣ୍ଣ ହୋଇଗଲା। ସେ ଶୋକପୂର୍ଣ୍ଣ ଓ କଣ୍ଠରୁଦ୍ଧ ହୋଇ କହିଲେ, 'ଆପଣ କଣ ଏ ସଂସାରରୁ ନିଶ୍ଚିତ ଭାବେ ବିଦାୟ ନେବା ପାଇଁ ସ୍ଥିର କରିସାରିଲେଣି?' ଯମୁନାଚାର୍ଯ୍ୟ ସ୍ମିତହାସ୍ୟ ଓ ଧୀର ଭାବରେ କହିଲେ, 'ତୁମେ ଜଣେ ଜ୍ଞାନୀ ପୁରୁଷ ହୋଇ ମଧ୍ୟ କିପରି ତାହା ପାଇଁ ଶୋକ କରୁଛ ଯାହାକି ଅପରିହାର୍ଯ୍ୟ ଅଟେ। ତୁମେ

କଣ ଏପର୍ଯ୍ୟନ୍ତ ଜାଣିନାହଁ ଯେ, ଯାହାକିଛି ଘଟୁଅଛି, ତାହା ଶ୍ରୀ ନାରାୟଣଙ୍କ ଇଚ୍ଛାରେ ହିଁ ହେଉଅଛି ? ଆମେମାନେ ସୁଖଦୁଃଖ ଆଦି ଦ୍ୱନ୍ଦ ତ୍ୟାଗ କରି କେବଳ ତାଙ୍କର କରୁଣା ଓ ସଂକଳ୍ପକୁ ହିଁ ଗ୍ରହଣ କରିନେବା ଉଚିତ୍ ।' ସେହି ସମୟରେ ଆଉ ଦୁଇ ଜଣ ଶିଷ୍ୟ ସ୍ଥିର କଲେ ଯେ, ଯମୁନାଚାର୍ଯ୍ୟ ଦେହତ୍ୟାଗ କଲା କ୍ଷଣି ସେମାନେ ଆତ୍ମହତ୍ୟା କରିଦେବେ । ସେ ଦୁହେଁ ଥିଲେ, ମହାପୂର୍ଣ୍ଣ ଓ ତିରୁକଚ୍ଚିନିୟୁରପୂର୍ଣ୍ଣ । ଆଉ ଜଣେ ଶିଷ୍ୟ କାନ୍ଦି କାନ୍ଦି ପଚାରିଲେ, 'ଆପଣ ଚାଲିଗଲେ ଆମେମାନେ କାହା ଆଶ୍ରୟରେ ବଞ୍ଚିବୁ ? କାହାର ସୁମଧୁର ବଚନ ଆମମାନଙ୍କୁ ଭକ୍ତିପଥରେ ଅଗ୍ରଗତି କରିବାକୁ ପ୍ରେରଣା ଦେବ ?' ଯମୁନାଚାର୍ଯ୍ୟ ନିଜର ହାତକୁ ସେହି ଶିଷ୍ୟର ମୁଣ୍ଡ ଉପରେ ରଖି କହିଲେ, 'ବତ୍ସ, ତୁମେ କଦାପି ଚିନ୍ତିତ ହୁଅନାହିଁ । ଶ୍ରୀ ରଙ୍ଗନାଥ ଏଠାରେ ଅବସ୍ଥାନ କରୁଛନ୍ତି । ସେ ଅତୀତ, ବର୍ତ୍ତମାନ ଓ ଭବିଷ୍ୟତ, ସବୁ ସମୟରେ ତୁମର ଦାୟିତ୍ୱ ନେଉ ଅଛନ୍ତି । ସର୍ବଦା ତାଙ୍କୁ ପ୍ରାର୍ଥନା କର ଏବଂ ସମୟ ସମୟରେ ତିରୁପତିରେ ଶ୍ରୀ ଭେଙ୍କଟେଶ ଓ କାଞ୍ଚିରେ ଶ୍ରୀ ବରଦରାଜଙ୍କ ଦର୍ଶନ କରିବାକୁ ଯାଅ । ଏପରି କଲେ ତୁମେ କିପରି ଆଶ୍ରୟହୀନ ହୋଇ ପାରିବ ?' ତିରୁବରଙ୍ଗ ପଚାରିଲେ ଯେ, ଦେହତ୍ୟାଗ ପରେ ଯମୁନାଚାର୍ଯ୍ୟଙ୍କ ଶରୀରକୁ ଅଗ୍ନିରେ ଦାହ କରାଯିବ କି ଭୂମିରେ ସମାଧି ଦିଆଯିବ, କିନ୍ତୁ ଯମୁନାଚାର୍ଯ୍ୟ ଏହାର କିଛି ଉତ୍ତର ଦେଲେ ନାହିଁ । ତାଙ୍କର ମନ ଶ୍ରୀ ନାରାୟଣଙ୍କ ଠାରେ ତଲ୍ଲୀନ ଅବସ୍ଥାରେ ଥିଲା ।

ଭକ୍ତବତ୍ସଳ ଶ୍ରୀ ରଙ୍ଗନାଥ

ପରଦିନ ଶ୍ରୀରଙ୍ଗମ୍ କ୍ଷେତ୍ରରେ ଏକ ସ୍ୱତନ୍ତ୍ର ପର୍ବ ପାଳିତ ହେଉଥିଲା । ଶ୍ରୀ ରଙ୍ଗନାଥଙ୍କ ଚଳନ୍ତି ବିଗ୍ରହ ମନ୍ଦିରରୁ ଏକ ଶୋଭାଯାତ୍ରାରେ ବାହାରିଥିଲେ । ଯାତ୍ରାପଥର ଦୁଇ ପାର୍ଶ୍ୱରେ ଆଖପାଖର ଗ୍ରାମମାନଙ୍କରୁ ଆସିଥିବା ଲୋକଙ୍କ ଦ୍ୱାରା ବିଶାଳ ଜନସମାଗମ ହୋଇଥିଲା । ଯମୁନାଚାର୍ଯ୍ୟଙ୍କ ଶିଷ୍ୟଗଣ ମଧ୍ୟ ସେଠାରେ ଉପସ୍ଥିତ ଥିଲେ । ହଠାତ୍ ଶୋଭାଯାତ୍ରାର ଜଣେ ପୂଜାରୀଙ୍କ ଉପରେ ଶ୍ରୀ ରଙ୍ଗନାଥଙ୍କର ଆବେଶ ହେଲା । ସେ ଉଚ୍ଚ ସ୍ୱରରେ ମହାପୂର୍ଣ୍ଣ ଓ ତିରୁକଚ୍ଚିନିୟୁରପୂର୍ଣ୍ଣଙ୍କୁ ଲକ୍ଷ୍ୟ କରି ସମ୍ବୋଧନ କଲେ, 'ତୁମେ ମାନେ ଆତ୍ମହତ୍ୟା କରିବା ଅଭିପ୍ରାୟକୁ ତ୍ୟାଗ କର । ଏହା ମୋ ଦ୍ୱାରା ସ୍ୱୀକୃତ ନୁହେଁ ।' ଏହି ଚମତ୍କାର ଘଟଣା ପରେ ସମସ୍ତ ଶିଷ୍ୟ ତୁରନ୍ତ ଯମୁନାଚାର୍ଯ୍ୟଙ୍କ ଶଯ୍ୟା ନିକଟକୁ ଫେରିଗଲେ ଓ ତାଙ୍କୁ ଏହି ବିଷୟରେ ଜଣାଇଦେଲେ । ଏହା ଶୁଣି ଯମୁନାଚାର୍ଯ୍ୟ କହିଲେ, 'ଆତ୍ମହତ୍ୟା କରିବା ମହାପାପ ଅଟେ । ଏଥିରୁ ରକ୍ଷା କରିବା ପାଇଁ ଶ୍ରୀ

ରଙ୍ଗନାଥ ସ୍ୱୟଂ ତୁମମାନଙ୍କ ପାଇଁ ଏହି କଥା କହିଲେ। ଦେଖୁଛ ତ ସେ କେତେ କରୁଣାମୟ !' ଏହା କହି ଯମୁନାଚାର୍ଯ୍ୟ ଚୁପ୍ ହୋଇଗଲେ ଓ ଆଖି ବନ୍ଦ କରି ଧ୍ୟାନମଗ୍ନ ରହିଲେ। କିଛି ସମୟ ପରେ ସେ ପୁଣି କହିଲେ, 'ତୁମ ସମସ୍ତଙ୍କ ପାଇଁ ଏହା ମୋର ଶେଷ ନିର୍ଦ୍ଦେଶ। ଭଗବାନଙ୍କ ଶ୍ରୀଚରଣରେ ପୁଷ୍ପ ଅର୍ପଣ କରିବ ଓ ସର୍ବଦା ଗୁରୁଙ୍କ ଆଦେଶ ପାଳନ କରିବାକୁ ଚେଷ୍ଟା କରିବ। ବୈଷ୍ଣବ ମାନଙ୍କ ସେବା କରି ନିଜର ଅହଙ୍କାରକୁ ଦୂର କରିବ।' ଏହା କହି ସେ ସମସ୍ତ ଶିଷ୍ୟଙ୍କ ଦାୟିତ୍ୱ ତିରୁବରଙ୍ଗଙ୍କୁ ସମର୍ପି ଦେଲେ ଓ ଆଉଥରେ ଚୁପ୍ ହୋଇଗଲେ।

ମହାପୂର୍ଣ୍ଣଙ୍କ କାଞ୍ଚି ଯାତ୍ରା

କିଛି ଦିନ ପରେ ଯମୁନାଚାର୍ଯ୍ୟ ଆରୋଗ୍ୟ ଲାଭ କରିବା ଦେଖି ସମସ୍ତେ ଆଶ୍ଚର୍ଯ୍ୟ ହୋଇଗଲେ। ସେ ପୂର୍ବ ପରି ଆଶ୍ରମରୁ ମନ୍ଦିରକୁ ଯାଇ ଶ୍ରୀ ରଙ୍ଗନାଥଙ୍କ ଦର୍ଶନ କଲେ। ତାଙ୍କ ଠାରୁ ଭଗବାନ ବିଷ୍ଣୁଙ୍କର ମହିମା ଶ୍ରବଣ କରି ପୁଣିଥରେ ଲୋକମାନେ ପ୍ରେରଣା ଲାଭ କରିବାକୁ ଲାଗିଲେ। ଦିନେ କାଞ୍ଚିରୁ ଦୁଇଜଣ ବ୍ରାହ୍ମଣ ଯମୁନାଚାର୍ଯ୍ୟଙ୍କ ସମ୍ଭାବ୍ୟ ଦେହତ୍ୟାଗ ସମ୍ବାଦ ପାଇ ତାଙ୍କୁ ଅନ୍ତିମ ଦର୍ଶନ କରିବାକୁ ଆସିଲେ। ସେମାନେ ଯମୁନାଚାର୍ଯ୍ୟଙ୍କୁ ସୁସ୍ଥ ହୋଇ ଶାସ୍ତ୍ର ଆଲୋଚନା କରୁଥିବାର ଦେଖି ବିସ୍ମିତ ହେଲେ। ଯମୁନାଚାର୍ଯ୍ୟ ସେମାନଙ୍କ ପରିଚୟ ପାଇଲାକ୍ଷଣି ସେମାନଙ୍କୁ ରାମାନୁଜଙ୍କ ବିଷୟରେ ପଚାରିଲେ। ଯେତେବେଳେ ସେ ଜାଣିବାକୁ ପାଇଲେ ଯେ, ରାମାନୁଜ ଯାଦବପ୍ରକାଶଙ୍କ ସଙ୍ଗ ତ୍ୟାଗ କରି ଏକାକୀ ଶାସ୍ତ୍ର ଅଧ୍ୟୟନ କରୁଛନ୍ତି, ସେ ଅତ୍ୟନ୍ତ ପ୍ରସନ୍ନ ହେଲେ ଏବଂ ସେହି କ୍ଷଣରେ ହିଁ ଭକ୍ତ ପାଇଁ ଭଗବାନଙ୍କ କୃପାକୁ ମହିମାନ୍ୱିତ କରୁଥିବା ଆଠଟି ଶ୍ଳୋକ ରଚନା କଲେ। ଏହାପରେ ସେ ତାଙ୍କର ବରିଷ୍ଠ ଶିଷ୍ୟ ମହାପୂର୍ଣ୍ଣଙ୍କୁ ନିର୍ଦ୍ଦେଶ ଦେଲେ, 'ଦୟାକରି କାଞ୍ଚିକୁ ଯାଅ ଓ ରାମାନୁଜଙ୍କୁ ଏଠାକୁ ଆଣ। ମୁଁ ତାଙ୍କୁ ଆମର ବୈଷ୍ଣବ ମାନଙ୍କ ଗହଣରେ ଦେଖିବାକୁ ଇଚ୍ଛା କରୁଛି।' ମହାପୂର୍ଣ୍ଣ ଗୁରୁଙ୍କ ଚରଣରେ ପ୍ରଣାମ କଲେ ଓ ସେହିଦିନ ହିଁ ତାଙ୍କ ନିର୍ଦ୍ଦେଶ ପାଳନ କରି ଯାତ୍ରା ଆରମ୍ଭ କଲେ।

ଯମୁନାଚାର୍ଯ୍ୟଙ୍କ ମହାପ୍ରୟାଣ

ମହାପୂର୍ଣ୍ଣଙ୍କ କାଞ୍ଚି ଅଭିମୁଖେ ଯାତ୍ରା କରିବାର କିଛି ଦିନ ପରେ ଯମୁନାଚାର୍ଯ୍ୟ ପୁଣି ଥରେ ଅସୁସ୍ଥ ହୋଇପଡ଼ିଲେ। ଅସହ୍ୟ ଯନ୍ତ୍ରଣା ଅନୁଭବ କରିବା ସତ୍ତ୍ୱେ ସେ ସ୍ନାନ

କରି ତାଙ୍କର ପ୍ରିୟ ଶ୍ରୀ ରଙ୍ଗନାଥଙ୍କୁ ଦର୍ଶନ କରିବା ପାଇଁ ମନ୍ଦିରକୁ ଗଲେ। ସେଠାରୁ କିଛି ପ୍ରସାଦ ଆଣି ସେ ଆଶ୍ରମକୁ ଫେରିଲେ ଏବଂ ତାଙ୍କର ସମସ୍ତ ଗୃହସ୍ଥ ଶିଷ୍ୟ ମାନଙ୍କୁ ତାଙ୍କ ପାଖକୁ ଡକାଇଲେ। ପ୍ରଥମେ ସେ ସେମାନଙ୍କ ପ୍ରତି ଯଦି କିଛି ଅପରାଧ କରିଥାନ୍ତି, ତେବେ ତାଙ୍କୁ କ୍ଷମା କରିବାକୁ ସେମାନଙ୍କୁ ଅନୁରୋଧ କଲେ। ତାହାପରେ ସେ ସେମାନଙ୍କୁ ଆଶ୍ରମରେ ରହୁଥିବା ସମସ୍ତ ବ୍ରହ୍ମଚାରୀ ଓ ସନ୍ୟାସୀ ମାନଙ୍କ ଯତ୍ନ ନେବା ପାଇଁ ପରାମର୍ଶ ଦେଲେ ଏବଂ ସେମାନଙ୍କୁ ସେ ଶେଷଥର ପାଇଁ ଉପଦେଶ ଦେଇ କହିଲେ, 'ପ୍ରତିଦିନ ତୁମେମାନେ ପ୍ରାତଃ ସମୟରେ ଶ୍ରୀ ରଙ୍ଗନାଥଙ୍କ ମନ୍ଦିରକୁ ଯାଇ ତାଙ୍କର ପୂଜା କରିବ ଓ ତାଙ୍କର ଚରଣରେ ଅର୍ପିତ ହୋଇଥିବା ପୁଷ୍ପ ଆଘ୍ରାଣ କରିବ। ଏପରି କଲେ ତୁମମାନଙ୍କ ମନ ଓ ବୁଦ୍ଧି ବିଶୁଦ୍ଧ ହେବ ଏବଂ ତୁମେମାନେ ଶ୍ରୀ ନାରାୟଣଙ୍କ ଭକ୍ତିରେ ସ୍ଥିରତା ଲାଭ କରିବ। ଏହା ସହିତ ତୁମେମାନେ ସର୍ବଦା ଗୁରୁଙ୍କ ପ୍ରତି ସମର୍ପିତ ରହିବା ଓ ଅତିଥିଙ୍କ ସେବା କରିବା ଉଚିତ୍।' ଗୃହସ୍ଥ ଶିଷ୍ୟମାନେ ସେଠାରୁ ପ୍ରସ୍ଥାନ କରିବା ପରେ, ଯମୁନାଚାର୍ଯ୍ୟ ପଦ୍ମାସନରେ ଆସୀନ ହେଲେ ଓ ମନକୁ ଶ୍ରୀହରିଙ୍କ ଚରଣ କମଳରେ ନିବେଶ କଲେ। ସେଠାରେ ଉପସ୍ଥିତ ଶିଷ୍ୟମାନେ ଏକତ୍ରିତ ହୋଇ ବଂଶୀ ଓ ଅନ୍ୟ ବାଦ୍ୟଯନ୍ତ୍ର ସହିତ ସୁମଧୁର ସ୍ୱରରେ ଶ୍ରୀ ନାରାୟଣଙ୍କ ନାମ ସଂକୀର୍ତ୍ତନ କଲେ। ଭଗବାନଙ୍କ ପ୍ରଗାଢ଼ ଚିନ୍ତନ କରିବା ସହିତ ତାଙ୍କର ନୟନରୁ ଦିବ୍ୟାନନ୍ଦର ଅଶ୍ରୁ ନିର୍ଗତ ହେଲା ଓ ଶରୀର କମ୍ପିତ ହେବାକୁ ଲାଗିଲା। ଭଗବଦ୍ ପ୍ରେମ ଓ ଭକ୍ତିଭାବରେ ପରିପୂର୍ଣ୍ଣ ଅବସ୍ଥାରେ ସେହି ମହାନ୍ ଆଚାର୍ଯ୍ୟ ଦେହତ୍ୟାଗ କଲେ ଓ ତାଙ୍କର ପ୍ରିୟ ଶାଶ୍ୱତ ପ୍ରଭୁ ଶ୍ରୀ ନାରାୟଣଙ୍କ ଶ୍ରୀଚରଣକୁ ପ୍ରତ୍ୟାବର୍ତ୍ତନ କଲେ। ଏହା ଦେଖି ଶିଷ୍ୟଗଣ ସଂକୀର୍ତ୍ତନକୁ ସମାପନ କଲେ ଏବଂ ଦୁଃଖ ଓ ଶୋକର ସହିତ କ୍ରନ୍ଦନ କରିବାକୁ ଲାଗିଲେ। କିଛି ଶିଷ୍ୟ ଅଚେତ ହୋଇ ଭୂମିରେ ପଡ଼ିଗଲେ। କିଛି ସମୟ ପରେ ସନ୍ୟାସୀ ମାନେ ଓ ଯମୁନାଚାର୍ଯ୍ୟଙ୍କ ପୁତ୍ର ପୂର୍ଣ୍ଣ ଆସି ସେମାନଙ୍କୁ ଉଠାଇଲେ ଏବଂ ଗୁରୁଙ୍କ ଶେଷକୃତ୍ୟ ପାଇଁ ପ୍ରସ୍ତୁତି କଲେ। ସେମାନେ ଯମୁନାଚାର୍ଯ୍ୟଙ୍କ ଶରୀରକୁ ସ୍ନାନ ଓ ନୂତନ ବସ୍ତ୍ର ପରିଧାନ କରାଇ ସମାଧି କ୍ରିୟା ନିମନ୍ତେ ପାଲିଙ୍କିରେ ଏକ ଶୋଭଯାତ୍ରାରେ କାବେରୀ ନଦୀ କୂଳକୁ ନେଲେ। ଶ୍ରୀରଙ୍ଗମ୍ ସହରର ପ୍ରାୟ ସମସ୍ତ ଅଧିବାସୀ ସେଥିରେ ଯୋଗ ଦେଇଥିଲେ।

ମହାପୂର୍ଣ୍ଣଙ୍କ ସହିତ ସାକ୍ଷାତ

ଗୁରୁଙ୍କ ନିର୍ଦ୍ଦେଶ ଅନୁସାରେ ମହାପୂର୍ଣ୍ଣ କାଞ୍ଚିପୁରମ୍ ଅଭିମୁଖେ ଚାରି ଦିନ ଧରି ଯାତ୍ରା କରିବା ପରେ ସେଠାରେ ପହଞ୍ଚିଲେ ଏବଂ ଅବିଳମ୍ୱେ ଶ୍ରୀ ବରଦରାଜଙ୍କୁ ଦର୍ଶନ

କରିବାକୁ ମନ୍ଦିରକୁ ଗଲେ। ସେଠାରୁ ଫେରିବା ସମୟରେ ତାଙ୍କର କାଞ୍ଚିପୂର୍ଣ୍ଣଙ୍କ ସହିତ ସାକ୍ଷାତ ହେଲା। କାଞ୍ଚିପୂର୍ଣ୍ଣ ତାଙ୍କୁ ନିଜ ଆଶ୍ରମରେ ବିଶ୍ରାମ ନେବାକୁ ଆମନ୍ତ୍ରଣ କଲେ। ସେ ଦୁହେଁ ସନ୍ଧ୍ୟା ସମୟରେ ଭଗବଦ୍ ତତ୍ତ୍ୱ ଆଲୋଚନା କଲେ। ପରଦିନ ଭୋର ସମୟରେ ସେମାନେ ସେହି ପବିତ୍ର କୂପ ନିକଟକୁ ଗଲେ। ସେଠାରେ ସେମାନେ ରାମାନୁଜଙ୍କୁ ଶ୍ରୀ ବରଦରାଜଙ୍କ ସେବା ପାଇଁ ଜଳପୂର୍ଣ୍ଣ କଳସ କାନ୍ଧରେ ବହନ କରି ଆସୁଥିବାର ଦେଖିଲେ। କାଞ୍ଚିପୂର୍ଣ୍ଣ ମହାପୂର୍ଣ୍ଣଙ୍କୁ କହିଲେ, 'ମୋର ଏବେ ମନ୍ଦିରକୁ ଯାଇ ଭଗବାନଙ୍କ ପୂଜା କରିବାର ସମୟ ହୋଇଗଲାଣି। ଆପଣ ରାମାନୁଜଙ୍କ ପାଖକୁ ଯାଇ ଆପଣଙ୍କ ଅଭିପ୍ରାୟ ଜଣାଇ ଦିଅନ୍ତୁ।' ମହାପୂର୍ଣ୍ଣ ସେହି ତେଜସ୍ୱୀ, ସଂସାରଦୋଷରୁ ମୁକ୍ତ ଓ ଯୁବ ବୟସର ବିଶୁଦ୍ଧ ଭକ୍ତଙ୍କୁ ଆସୁଥିବାର ଦେଖି ଅତ୍ୟନ୍ତ ପ୍ରସନ୍ନ ହେଲେ। ସେ ସଙ୍ଗେସଙ୍ଗେ ଯମୁନାଚାର୍ଯ୍ୟଙ୍କ ଦ୍ୱାରା ରଚିତ ସ୍ତୋତ୍ରରତ୍ନର କିଛି ଶ୍ଳୋକ ଆବୃତ୍ତି କରିବାକୁ ଲାଗିଲେ। ଏପରି ମଧୁର ସ୍ୱରରେ ଶ୍ରୀ ନାରାୟଣଙ୍କର ସେହି ସୁନ୍ଦର ସ୍ତୁତି ଗାନ ଶୁଣିବା ମାତ୍ରେ ରାମାନୁଜ ଚୁପ୍ ହୋଇ ଦଣ୍ଡାୟମାନ ରହିଲେ ଓ ଧ୍ୟାନର ସହିତ ତାହାକୁ ଶେଷ ପର୍ଯ୍ୟନ୍ତ ଶୁଣିବାକୁ ଲାଗିଲେ। ଏହା ପରେ ସେ ମହାପୂର୍ଣ୍ଣଙ୍କୁ ପଚାରିଲେ, 'ମହାଶୟ! ଭଗବାନଙ୍କ ଗୁଣଗାନ କରୁଥିବା ଏପରି ସୁନ୍ଦର ଓ ଅଦ୍ଭୁତ ଶ୍ଳୋକ ମାନଙ୍କୁ କିଏ ରଚନା କରିଛନ୍ତି ? ପ୍ରଭାତ ସମୟରେ ଆପଣଙ୍କର ଏହି ସଂକୀର୍ତ୍ତନ ଶୁଣି ମୋର ହୃଦୟ ବିଭୋର ହୋଇଗଲା। ମହାପୂର୍ଣ୍ଣ କହିଲେ, 'ଏହି ସ୍ତୋତ୍ର ସମୂହଙ୍କୁ ମୋର ପୂଜ୍ୟ ଗୁରୁ ଶ୍ରୀ ଯମୁନାଚାର୍ଯ୍ୟ ରଚନା କରିଛନ୍ତି।' ରାମାନୁଜ ସେହି ପ୍ରସିଦ୍ଧ ଓ ମହାନ୍ ଭକ୍ତଙ୍କ ନାମ ଶୁଣି ଆନନ୍ଦିତ ହେଲେ। କିନ୍ତୁ ଏହା ପରେ ସେ ଚିନ୍ତିତ ହୋଇ ପଚାରିଲେ, 'ମୁଁ ଶୁଣିଛି ଯେ, ସେ ଏବେ ରୋଗଗ୍ରସ୍ତ ହୋଇଯାଇଛନ୍ତି। ସେ କଣ ସେଥିରୁ ଆରୋଗ୍ୟ ଲାଭ କରିଛନ୍ତି ? ଆପଣ କେତେଦିନ ପୂର୍ବରୁ ତାଙ୍କୁ ଦର୍ଶନ କରିଥିଲେ ?' ମହାପୂର୍ଣ୍ଣ କହିଲେ, 'ପାଞ୍ଚ ଦିନ ପୂର୍ବରୁ ମୁଁ ତାଙ୍କ ନିକଟରେ ଉପସ୍ଥିତ ଥିଲି। ସେତେବେଳେ ସେ ସୁସ୍ଥ ହୋଇଆସୁଥିଲେ।' ଏ ସମ୍ବାଦ ପାଇ ରାମାନୁଜ ଆଶ୍ୱସ୍ତ ହେଲେ। ସେ ମହାପୂର୍ଣ୍ଣଙ୍କର ଆଉ କିଛି ସଙ୍ଗ ଲାଭ କରିବାକୁ ତାଙ୍କୁ ନିଜ ଗୃହକୁ ଆମନ୍ତ୍ରଣ କଲେ। ସେତେବେଳେ ମହାପୂର୍ଣ୍ଣ ତାଙ୍କୁ ନିଜର କାଞ୍ଚି ଆଗମନର କାରଣ ଜଣାଇ କହିଲେ, 'ମୁଁ ସେହି ମହାତ୍ମା ଯମୁନାଚାର୍ଯ୍ୟଙ୍କ ନିର୍ଦ୍ଦେଶ ଅନୁସାରେ କେବଳ ତୁମକୁ ସାକ୍ଷାତ କରିବା ପାଇଁ ଓ ତୁମକୁ ରଙ୍ଗକ୍ଷେତ୍ରରେ ଥିବା ଆମ ଆଶ୍ରମକୁ ନିମନ୍ତ୍ରଣ କରିବା ପାଇଁ ଏହି ପବିତ୍ର ସ୍ଥାନକୁ ଆସିଛି। ଆମେ ସମସ୍ତେ ତୁମର ସଙ୍ଗ ଲାଭ କରିବାକୁ ଇଚ୍ଛା କରୁଛୁ।' ରାମାନୁଜ ଏହା ଶୁଣି ବିଶ୍ୱାସ କରିପାରିଲେ ନାହିଁ ଯେ, ଯମୁନାଚାର୍ଯ୍ୟଙ୍କ ପରି ଏତେ ଉଚ୍ଚ କୋଟୀର ଭକ୍ତ ତାଙ୍କୁ ଜାଣିଛନ୍ତି। ସେ ନିଜେ ମଧ୍ୟ ସେହି ମହାନ୍ ଆଚାର୍ଯ୍ୟଙ୍କ ଦର୍ଶନ କରିବାକୁ ଅତ୍ୟନ୍ତ ଇଚ୍ଛୁକ

ଥିଲେ । ମହାପୂର୍ଣ୍ଣ କହିଲେ, 'ମୋ ଗୁରୁ ତୁମକୁ ସାକ୍ଷାତ କରିବାକୁ ଚାହାଁନ୍ତି । ଯଦିଓ ସେ ସାମାନ୍ୟ ଆରୋଗ୍ୟ ଲାଭ କରିଛନ୍ତି, ବାରମ୍ବାର ରୋଗଗ୍ରସ୍ତ ହେବାରୁ ତାଙ୍କର ସ୍ୱାସ୍ଥ୍ୟର ଅବନତି ଘଟିଛି । ତୁମେ ଯଦି ତାଙ୍କର ଇଚ୍ଛାକୁ ପୂରଣ କରିବାକୁ ଚାହଁ, ତେବେ ଆମକୁ ତତକ୍ଷଣାତ୍ ସେଠାକୁ ଯାତ୍ରା କରିବାକୁ ହେବ ।' ରାମାନୁଜ ଏହି ସମ୍ବାଦ ଶୁଣି ଶ୍ରୀ ବରଦରାଜଙ୍କର ତାଙ୍କ ପ୍ରତି ଥିବା କୃପାକୁ ଅନୁଭବ କଲେ । ସେ ମହାପୂର୍ଣ୍ଣଙ୍କୁ କହିଲେ, 'ଦୟାକରି କିଛି କ୍ଷଣ ଅପେକ୍ଷା କରନ୍ତୁ । ମୁଁ ଏହି ଜଳ କଳସକୁ ମନ୍ଦିରରେ ଅର୍ପଣ କରି ଓ ଯାତ୍ରା କରିବା ପାଇଁ ପ୍ରଭୁଙ୍କର ଅନୁମତି ନେଇ ଆସୁଛି ।' ଏହା କହି ସେ ଶୀଘ୍ର ମନ୍ଦିରକୁ ଗଲେ ଓ କିଛି ସମୟପରେ ଯାତ୍ରା କରିବା ପାଇଁ ପ୍ରସ୍ତୁତ ହୋଇ ଆସିଲେ । ମହାପୂର୍ଣ୍ଣ ପଚାରିଲେ, 'ତୁମ ପରିବାର ବର୍ଗଙ୍କୁ ତୁମର ଅଭିପ୍ରାୟ ଜଣାଇବା ଉଚିତ୍ ନୁହେଁ କି ?' ରାମାନୁଜ କହିଲେ, 'ଗୃହସ୍ଥ ଜୀବନର କୌଣସି ବିଷୟ ଅପେକ୍ଷା ଆଧ୍ୟାତ୍ମିକ ଗୁରୁଙ୍କର ଆଦେଶ ଅଧିକ ଗୁରୁତ୍ୱପୂର୍ଣ୍ଣ ଅଟେ । ମୁଁ ଶ୍ରୀ ଯମୁନାଚାର୍ଯ୍ୟଙ୍କ ଦର୍ଶନ କରିବାକୁ ଅତ୍ୟନ୍ତ ଉତ୍କଣ୍ଠିତ । ଚାଲନ୍ତୁ ଶୀଘ୍ର ଯାତ୍ରା ଆରମ୍ଭ କରିବା ।'

ଶ୍ରୀରଙ୍ଗମ୍ କ୍ଷେତ୍ରକୁ ଆଗମନ

ମହାପୂର୍ଣ୍ଣ ଓ ରାମାନୁଜ ଚାରିଦିନ ଧରି ଯାତ୍ରା କରିବା ପରେ କାବେରୀ ନଦୀ କୂଳରେ ପହଞ୍ଚିଲେ ଏବଂ ତାହାକୁ ଅତିକ୍ରମ କରି ଶ୍ରୀରଙ୍ଗମ୍ ସହରରେ ପ୍ରବେଶ କଲେ । ସେମାନେ ସିଧାସଳଖ ଶ୍ରୀ ରଙ୍ଗନାଥଙ୍କ ମନ୍ଦିର ନିକଟସ୍ଥ ଯମୁନାଚାର୍ଯ୍ୟଙ୍କ ଆଶ୍ରମକୁ ଯିବାକୁ ଚାହୁଁଥିଲେ । କିନ୍ତୁ ସେହି ପଥଟି ବିଶାଳ ଜନସମାଗମରେ ପୂର୍ଣ୍ଣ ହୋଇଯାଇଥିଲା । ମହାପୂର୍ଣ୍ଣ ଜଣେ ବ୍ୟକ୍ତିଙ୍କୁ ତାହାର କାରଣ ପଚାରିବାରୁ ସେ କହିଲେ, 'ମହାଶୟ ! ମୁଁ କଣ କହିବି ? ଏ ପୃଥିବୀ ତାହାର ସୁନ୍ଦରତମ ରତ୍ନକୁ ହରାଇ ଦେଇଛି । ମହାତ୍ମା ଯମୁନାଚାର୍ଯ୍ୟ ଭଗବାନଙ୍କ ଧାମକୁ ଫେରିଯାଇଛନ୍ତି ।' ଏହି ବାକ୍ୟ ଶୁଣି ରାମାନୁଜ ଅଚେତ ହୋଇ ଭୂମିରେ ପଡ଼ିଗଲେ । ମହାପୂର୍ଣ୍ଣ ମୁଣ୍ଡରେ ହାତ ରଖି ଘୋର ଦୁଃଖରେ କାନ୍ଦିବାକୁ ଲାଗିଲେ । କିଛି ସମୟ ପରେ ସେ ନିଜକୁ ଆୟତ୍ତ କଲେ । ରାମାନୁଜଙ୍କୁ ଅଚେତ ଦେଖି ସେ କିଛି ଜଳ ଆଣି ତାଙ୍କ ମୁଖରେ ଛିଞ୍ଚିଲେ । ରାମାନୁଜ ଯେତେବଳେ ସ୍ୱାଭାବିକ ଅବସ୍ଥାକୁ ଆସିଲେ ମହାପୂର୍ଣ୍ଣ ତାଙ୍କୁ କହିଲେ, 'ଶୋକରେ ମ୍ରିୟମାଣ ହୁଅନାହିଁ । ଆମେମାନେ ଜାଣିବା ଉଚିତ୍ ଯେ ସବୁ କିଛି ଭଗବାନ ନାରାୟଣଙ୍କ ଇଚ୍ଛାରେ ହେଉଅଛି । ଏବେ ଚାଲ ଯିବା ଓ ଅଦୃଶ୍ୟ ହୋଇଯିବା ପୂର୍ବରୁ ସେହି ନିର୍ମଳ ରୂପଟିକୁ ଦର୍ଶନ କରିନେବା ।'

ତିନୋଟି ପ୍ରତିଜ୍ଞା

ରାମାନୁଜ ମହାପୂର୍ଣ୍ଣଙ୍କ ସହିତ କାବେରୀ ନଦୀ କୂଳକୁ ଗଲେ । ଯେତେବେଳେ ସେମାନେ ଯମୁନାଚାର୍ଯ୍ୟଙ୍କ ଶରୀରକୁ ଦର୍ଶନ କଲେ, ମହାପୂର୍ଣ୍ଣ ତାଙ୍କ ଚରଣରେ ମଥାସ୍ପର୍ଶ କରି ପ୍ରଣାମ କଲେ । ତାଙ୍କର ଅଶ୍ରୁରେ ଯମୁନାଚାର୍ଯ୍ୟଙ୍କ ପାଦ ଦୁଇଟି ଓଦା ହୋଇଗଲା । ରାମାନୁଜ ସ୍ତମ୍ଭିଭୂତ ହୋଇ ସେହି ମହାନ୍ ବୈଷ୍ଣବଙ୍କୁ ଚାହିଁ ରହିଲେ । ଶରୀରରୁ ପ୍ରାଣବାୟୁ ଚାଲିଯାଇଥିବା ସତ୍ତ୍ୱେ ଯମୁନାଚାର୍ଯ୍ୟଙ୍କ ମୁଖମଣ୍ଡଳ ମୃତ୍ୟୁର ଛାୟା ଦ୍ୱାରା ସ୍ପର୍ଶ ପାଇ ନ ଥିବା ପରି ସତେଜ ଦିଶୁଥିଲା । ରାମାନୁଜ ଏକ ଲୟରେ ସେହି ମହାନ୍ ଭକ୍ତଙ୍କ ମୁଖକୁ ଚାହିଁ ଗଭୀର ଚିନ୍ତନରେ ମଗ୍ନ ହୋଇଯାଇଥିଲେ । ତତକ୍ଷଣାତ୍ ସେଠାରେ ଉପସ୍ଥିତ ଜନସମୂହ ନୀରବ ହୋଇ ରାମାନୁଜଙ୍କୁ ନିରୀକ୍ଷଣ କରିବାରେ ଲାଗିଲେ । ମନେ ହେଉଥିଲା, ସତେ ଯେପରି ସେ ମୃତ୍ୟୁର ସୀମାରେଖାକୁ ଅତିକ୍ରମ କରି ଯମୁନାଚାର୍ଯ୍ୟଙ୍କ ସଙ୍ଗ ଲାଭ କରୁଛନ୍ତି । କିଛି ସମୟ ପରେ ରାମାନୁଜ କହିଲେ, 'ମୁଁ ଦେଖୁଛି ଯେ ଯମୁନାଚାର୍ଯ୍ୟଙ୍କ ଦକ୍ଷିଣ ହସ୍ତର ତିନୋଟି ଆଙ୍ଗୁଠି ଭିତର ପଟକୁ ଶକ୍ତ ଭାବରେ ମୋଡ଼ିହୋଇ ରହିଛି । ସେ ଜୀବିତ ଥିବାବେଳେ କଣ ସେଗୁଡ଼ିକ ସେପରି ଥିଲେ କି ?' ଯମୁନାଚାର୍ଯ୍ୟଙ୍କ ଅନ୍ତରଙ୍ଗ ଶିଷ୍ୟମାନେ କହିଲେ, 'ନା, ତାଙ୍କର ଆଙ୍ଗୁଠି ଗୁଡ଼ିକ ସାମାନ୍ୟ ଓ ସଳଖ ଥିଲେ । ସେଗୁଡ଼ିକ ଏବେ ମୋଡ଼ି ହେବାର କାରଣ ଆମେମାନେ ବୁଝି ପାରୁନାହୁଁ ।' ରାମାନୁଜ ଉଚ୍ଚ ସ୍ୱରରେ ଘୋଷଣା କଲେ, 'ଭଗବାନ ବିଷ୍ଣୁଙ୍କ ଭକ୍ତିରେ ସୁଦୃଢ଼ ରହି ମୁଁ ସମଗ୍ର ଦେଶରେ ଭଗବାନଙ୍କ ମହିମା ପ୍ରଚାର କରି ଜନ ସମାଜକୁ ଅଜ୍ଞାନରୁ ମୁକ୍ତ କରିବି ।' ସେ ଏହି ବାକ୍ୟ କହିବା କ୍ଷଣି ଯମୁନାଚାର୍ଯ୍ୟଙ୍କ ସେହି ତିନୋଟି ଆଙ୍ଗୁଠି ମଧ୍ୟରୁ ଗୋଟିଏ ଆଙ୍ଗୁଠି ଖୋଲିଯାଇ ସଳଖ ହୋଇଗଲା । ରାମାନୁଜ ପୁଣିଥରେ କହିଲେ, 'ଭଗବାନ ବିଷ୍ଣୁ ହିଁ ପରମ ସତ୍ୟ ଓ ତାଙ୍କଠାରୁ ଉଚ୍ଚତର କୌଣସି ସତ୍ୟ ନାହିଁ, ଏହି ତତ୍ତ୍ୱକୁ ସ୍ଥାପନ କରିବା ପାଇଁ ମୁଁ ବେଦାନ୍ତ ସୂତ୍ରର ଏକ ବ୍ୟାଖ୍ୟା ରଚନା କରିବି ଯାହାକି ଶ୍ରୀଭାଷ୍ୟ ନାମରେ ନାମିତ ହେବ ।' ଯମୁନାଚାର୍ଯ୍ୟଙ୍କ ଦ୍ୱିତୀୟ ଆଙ୍ଗୁଠିଟି ଖୋଲିଗଲା । ରାମାନୁଜ ଆଉଥରେ ଘୋଷଣା କଲେ, 'ଅତି ସୁନ୍ଦର ଭାବରେ ଭଗବାନଙ୍କ ଗୁଣଗାନ କରିଥିବା ଶ୍ରୀ ବିଷ୍ଣୁ ପୁରାଣର ରଚୟିତା ଶ୍ରୀ ପରାଶର ଋଷିଙ୍କୁ ସମ୍ମାନ ଜ୍ଞାପନ କରିବା ଉଦ୍ଦେଶ୍ୟରେ ମୁଁ ଜଣେ ବିଦ୍ୱାନ୍ ବୈଷ୍ଣବଙ୍କୁ ପରାଶର ନାମରେ ନାମିତ କରିବି ।' ଏହି ତୃତୀୟ ବାକ୍ୟଟି ଶେଷ ହେବା ମାତ୍ରେ ଯମୁନାଚାର୍ଯ୍ୟଙ୍କ ତୃତୀୟ ଆଙ୍ଗୁଠିଟି ଖୋଲିଯାଇ ସଳଖ ହୋଇଗଲା । ଏହି ଅଦ୍ଭୁତ ଘଟଣାକୁ ଦେଖି ସେଠାରେ ଉପସ୍ଥିତ ସମସ୍ତ ଲୋକମାନେ ଆଶ୍ଚର୍ଯ୍ୟ ଚକିତ ହୋଇଗଲେ । ସେମାନେ

ବୁଝି ପାରିଲେ ଯେ, ଯମୁନାଚାର୍ଯ୍ୟଙ୍କ ସେହି ତିନୋଟି ଆଶା ପୂରଣ ହୋଇପାରି ନ ଥିବାରୁ ତାଙ୍କର ତିନୋଟି ଆଙ୍ଗୁଠି ମୋଡ଼ିହୋଇ ରହିଥିଲା। ଏବେ ରାମାନୁଜଙ୍କର ସେହି ତିନୋଟି ପ୍ରତିଜ୍ଞା ଦ୍ୱାରା ସମସ୍ତଙ୍କ ମନରେ ବିଶ୍ୱାସ ଜାଗ୍ରତ ହେଲା ଯେ, ସେ ହିଁ ଯମୁନାଚାର୍ଯ୍ୟଙ୍କ ମନସ୍କାମନା ପୂର୍ଣ୍ଣ କରିବାକୁ ଯୋଗ୍ୟ ଅଟନ୍ତି।

କାଞ୍ଚିକୁ ପ୍ରତ୍ୟାବର୍ତ୍ତନ

ଯମୁନାଚାର୍ଯ୍ୟଙ୍କ ଶରୀରକୁ କାବେରୀ ନଦୀ କୂଳରେ ସମାଧିସ୍ଥ କରାଯିବା ପୂର୍ବରୁ ରାମାନୁଜ ଶ୍ରୀରଙ୍ଗମ୍ କ୍ଷେତ୍ରରୁ ପ୍ରସ୍ଥାନ କରି କାଞ୍ଚିକୁ ଫେରିବାପାଇଁ ବାହାରିଲେ। ଯମୁନାଚାର୍ଯ୍ୟଙ୍କ ଶିଷ୍ୟମାନେ ତାଙ୍କୁ ଶ୍ରୀ ରଙ୍ଗନାଥଙ୍କୁ ଦର୍ଶନ କରିବାକୁ କହିଲେ। କିନ୍ତୁ ସେମାନଙ୍କୁ ମନାକରି ସେ କହିଲେ, 'ମୁଁ ପ୍ରଭୁଙ୍କର ସେହି ନିଷ୍ଠୁର ରୂପକୁ ଦର୍ଶନ କରିବାକୁ ଚାହୁଁନାହିଁ, ଯେ କି ମୋର ପୂଜ୍ୟ ଶ୍ରୀ ଯମୁନାଚାର୍ଯ୍ୟଙ୍କୁ ନେଇଗଲେ। ଏହା ଫଳରେ ମୋ ହୃଦୟର ଏକ ବୃହତ୍ ଆକାଂକ୍ଷା ଅପୂରଣୀୟ ହୋଇ ରହିଗଲା।' ଏହା ପରେ ସେ ଆଉ କିଛି ନ କହି କାଞ୍ଚିକୁ ଫେରିଆସିଲେ। ସେହଦିନଠାରୁ ରାମାନୁଜଙ୍କ ବ୍ୟକ୍ତିତ୍ୱରେ ପରିବର୍ତ୍ତନ ଦେଖା ଦେଲା ଏବଂ ସେ ଅଧିକ ଗମ୍ଭୀର ଓ ଚିନ୍ତାଶୀଳ ହେବାକୁ ଲାଗିଲେ। ସେ ଧୀରେ ଧୀରେ ଅଭକ୍ତ ମାନଙ୍କ ଠାରୁ ଦୂରେଇ ରହିଲେ। ଦୀର୍ଘ ସମୟ ଧରି ସେ ଏକାନ୍ତରେ ରହି ଶାସ୍ତ୍ର ଅଧ୍ୟୟନ କରୁଥିଲେ। କେବଳ କାଞ୍ଚିପୂର୍ଣ୍ଣଙ୍କ ସହିତ ସମୟ ଅତିବାହିତ କରିବାରେ ସେ ଆନନ୍ଦ ଅନୁଭବ କରୁଥିଲେ। ଯମୁନାଚାର୍ଯ୍ୟଙ୍କ ଦେହତ୍ୟାଗ କରିବାର ପ୍ରାୟ ଛଅ ମାସ ପୂର୍ବରୁ ରାମାନୁଜଙ୍କ ମାତା କାନ୍ତିମତିଙ୍କ ଦେହାନ୍ତ ହୋଇଯାଇଥିଲା। ଏବେ ତାଙ୍କ ପତ୍ନୀ ରକ୍ଷାକମ୍ବଲ ଗୃହର ଦାୟିତ୍ୱ ତୁଲାଉଥିଲେ। ସେ ଏକ ଅପ୍ସରା ପରି ସୁନ୍ଦରୀ ଥିଲେ ଏବଂ ପତିପରାୟଣା ହେବା ସହିତ ସେ ରୀତିନୀତି ଓ ପରିଷ୍କାର ପରିଚ୍ଛନ୍ନତା ପ୍ରତି ବିଶେଷ ଧ୍ୟାନ ଦେଉଥିଲେ। ଦୁର୍ଭାଗ୍ୟବଶତଃ ସେ ପତିଙ୍କର ବିଶୁଦ୍ଧ ଭଗବଦ୍ ପ୍ରେମ ଓ ଭକ୍ତିରେ ଅନୁପ୍ରାଣୀତ ନ ହୋଇ ବାହ୍ୟ ଆଡ଼ମ୍ବରପୂର୍ଣ୍ଣ ଧାର୍ମିକ କ୍ରିୟାକୁ ଗୁରୁତ୍ୱ ଦେଉଥିଲେ। ଶ୍ରୀରଙ୍ଗମ୍ କ୍ଷେତ୍ରରୁ ଫେରିବା ପରେ ରାମାନୁଜଙ୍କ ଭକ୍ତିଭାବରେ ଅଧିକ ବୃଦ୍ଧି ହେବାକୁ ସେ ପସନ୍ଦ କରୁ ନ ଥିଲେ। ରାମାନୁଜ କାଞ୍ଚିପୂର୍ଣ୍ଣଙ୍କ ସହିତ ଅଧିକ ସମୟ କଟାଉଥିଲେ ଏବଂ ହୃଦୟରେ ଯମୁନାଚାର୍ଯ୍ୟଙ୍କୁ ହରାଇବାର ଦୁଃଖ ଅନୁଭବ କରୁଥିଲେ। ଦିନେ କାଞ୍ଚିପୂର୍ଣ୍ଣ ରାମାନୁଜଙ୍କୁ କହିଲେ, 'ତୁମେ ଦୁଃଖ କର ନାହିଁ। ଶ୍ରୀ ବରଦରାଜଙ୍କ ଭକ୍ତିରେ ହିଁ ସ୍ଥିର ରୁହ ଏବଂ ତାଙ୍କରି ସେବାରେ ନିଜକୁ ନିୟୋଜିତ କର। ଯମୁନାଚାର୍ଯ୍ୟ ଶ୍ରୀ ନାରାୟଣଙ୍କ ଧାମକୁ ଫେରିଯାଇଛନ୍ତି। ତାଙ୍କ

ସମ୍ମୁଖରେ ତୁମେ କରିଥିବା ପ୍ରତିଜ୍ଞାକୁ ପୂର୍ଣ୍ଣ କରିବା ତୁମର କର୍ତ୍ତବ୍ୟ ଅଟେ।' ଏହି ଉପଦେଶକୁ ଶୁଣି ରାମାନୁଜ କାଞ୍ଚିପୂର୍ଣ୍ଣଙ୍କ ଚରଣରେ ନତମସ୍ତକ ହୋଇ କହିଲେ, 'ଦୟାକରି ମୋତେ ଆପଣଙ୍କ ଶିଷ୍ୟ ରୂପରେ ଗ୍ରହଣ କରନ୍ତୁ ଏବଂ ମୋତେ ଆପଣଙ୍କ ଚରଣର ଆଶ୍ରୟ ପ୍ରଦାନ କରନ୍ତୁ।' କାଞ୍ଚିପୂର୍ଣ୍ଣ ତାଙ୍କୁ ଭୂମିରୁ ଉଠାଇ କହିଲେ, 'ତୁମେ ଜଣେ ବ୍ରାହ୍ମଣ ଓ ମୁଁ ଜଣେ ଶୁଦ୍ର। ମୁଁ କିପରି ତୁମ ପରି ଜଣେ ପ୍ରଭୁତୁଲ୍ୟ ବ୍ୟକ୍ତିଙ୍କ ଗୁରୁ ହୋଇ ତୁମକୁ ଦୀକ୍ଷା ପ୍ରଦାନ କରିବି ଓ ତୁମର ପ୍ରଣାମ ସ୍ୱୀକାର କରିବି ? ଭଗବାନଙ୍କ ଉପରେ ବିଶ୍ୱାସ ରଖ। ସେ ନିଶ୍ଚୟ ଜଣେ ଯୋଗ୍ୟ ଗୁରୁଙ୍କ ସହିତ ତୁମର ସାକ୍ଷାତ କରାଇବେ।' ଏହା କହି କାଞ୍ଚିପୂର୍ଣ୍ଣ ଶ୍ରୀ ବରଦରାଜଙ୍କ ପୂଜା କରିବା ପାଇଁ ଚାଲିଗଲେ। ରାମାନୁଜ ମନେ ମନେ ଭାବିଲେ, 'ମୋର ହୃଦୟ ଭକ୍ତିଭାବଶୂନ୍ୟ ବୋଲି ଜାଣିପାରି ସେ ମୋତେ ଶିଷ୍ୟ ରୂପରେ ଗ୍ରହଣ କରିବାକୁ ଚାହୁଁନାହାନ୍ତି। ଜନ୍ମ ଓ ଜାତି କିପରି ସେହି ବ୍ୟକ୍ତିଙ୍କୁ ପ୍ରଭାବିତ କରି ପାରିବ, ଯେ କି ଶ୍ରୀ ବରଦରାଜଙ୍କର ଅତି ନିକଟତର ଅଟନ୍ତି ? କାଞ୍ଚିପୂର୍ଣ୍ଣଙ୍କ ଦୃଷ୍ଟି ପଡ଼ିଗଲେ ଏକ ଶ୍ୱାନ ଭକ୍ଷଣକାରୀ ଚଣ୍ଡାଳ ମଧ୍ୟ ବ୍ରାହ୍ମଣର ସ୍ତରକୁ ଉନ୍ନୀତ ହୋଇପାରିବ। ଯଦି ମୁଁ ଥରେ ମାତ୍ର ତାଙ୍କର ଉଚ୍ଛିଷ୍ଟ ପ୍ରସାଦ ଗ୍ରହଣ କରିବାରେ ସମର୍ଥ ହେବି, ତେବେ ମୋର ଅତ୍ୟନ୍ତ କଲ୍ୟାଣ ହେବ।'

ପତ୍ନୀଙ୍କ ଅଜ୍ଞାନତା

ସେହିଦିନ ରାମାନୁଜ କାଞ୍ଚିପୂର୍ଣ୍ଣଙ୍କ ପାଖକୁ ଯାଇ ତାଙ୍କୁ ପରଦିନ ନିଜ ଗୃହରେ ମଧ୍ୟାହ୍ନ ଭୋଜନ କରିବା ପାଇଁ ଅନୁରୋଧ କଲେ ଏବଂ କାଞ୍ଚିପୂର୍ଣ୍ଣ ଏହାକୁ ସ୍ୱୀକାର କଲେ। ପରଦିନ ପ୍ରଭାତରେ ରାମାନୁଜ ପତ୍ନୀଙ୍କୁ ବିଶିଷ୍ଟ ଅତିଥି କାଞ୍ଚିପୂର୍ଣ୍ଣଙ୍କ ନିମନ୍ତେ ଉତ୍ତମ ଭୋଜନ ପ୍ରସ୍ତୁତ କରିବା ପାଇଁ କହିଲେ। ରକ୍ଷାକମ୍ବଲ ସଙ୍ଗେସଙ୍ଗେ ରୋଷେଇ କରିବା ଆରମ୍ଭ କଲେ ଏବଂ ମଧ୍ୟାହ୍ନ ପୂର୍ବରୁ ଅନେକ ପ୍ରକାରର ବ୍ୟଞ୍ଜନ ପ୍ରସ୍ତୁତ କରିଦେଲେ। ଏହା ଦେଖି ରାମାନୁଜ ଅତି ପ୍ରସନ୍ନ ହେଲେ ଏବଂ କାଞ୍ଚିପୂର୍ଣ୍ଣଙ୍କୁ ନିମନ୍ତ୍ରଣ କରିବା ପାଇଁ ତାଙ୍କ ଆଶ୍ରମକୁ ଗଲେ। କିନ୍ତୁ କାଞ୍ଚିପୂର୍ଣ୍ଣ ରାମାନୁଜଙ୍କ ମନକଥା ପୂର୍ବରୁ ଜାଣିପାରିଥିଲେ। ତେଣୁ ସେ ଅନ୍ୟ ଏକ ମାର୍ଗ ଦେଇ ରାମାନୁଜଙ୍କ ଗୃହରେ ଆସି ପହଞ୍ଚିଲେ ଓ ରକ୍ଷାକମ୍ବଲଙ୍କୁ କହିଲେ, 'ମାତା, ଆଜି ମୋର ଅତି ଶୀଘ୍ର ମନ୍ଦିରକୁ ଯିବାର ଅଛି। ଯାହା କିଛି ଭୋଜନ ପ୍ରସ୍ତୁତ ହୋଇଛି ତାହାକୁ ନେଇ ଆସନ୍ତୁ। ଅଳ୍ପ ସମୟ ମଧ୍ୟରେ ମୁଁ ଏଠାରୁ ଚାଲିଯିବି।' ରକ୍ଷାକମ୍ବଲ କହିଲେ, 'ମୋର ସ୍ୱାମୀ ଆପଣଙ୍କୁ ଆଣିବା ପାଇଁ ଆପଣଙ୍କ ଆଶ୍ରମକୁ ଯାଇଛନ୍ତି। ଆପଣ ଯଦି କିଛି ସମୟ ଅପେକ୍ଷା

କରନ୍ତେ, ତେବେ ସେ ଆସି ପହଞ୍ଚିଯିବେ।' କାଞ୍ଚିପୂର୍ଣ୍ଣ କହିଲେ, 'କ୍ଷମା କରିବେ ମାତା, ମୁଁ ଆଜି ଅପେକ୍ଷା କରିପାରିବି ନାହିଁ। ମୋର ଭୋଜନ ପାଇଁ ଶ୍ରୀ ବରଦରାଜଙ୍କ ସେବାକୁ ମୁଁ କିପରି ଅବହେଳା କରି ପାରିବି?' ରକ୍ଷାକମ୍ବଲ କାଞ୍ଚିପୂର୍ଣ୍ଣଙ୍କୁ ବସିବା ପାଇଁ ଆସନ ତଥା ପ୍ରସ୍ତୁତ ହୋଇଥିବା ଭୋଜନ ପ୍ରଦାନ କଲେ। ଭୋଜନ କରିସାରିବା ମାତ୍ରେ କାଞ୍ଚିପୂର୍ଣ୍ଣ ସେ ସ୍ଥାନଟିକୁ ଜଳ ଓ ଗୋବର ଦ୍ୱାରା ପରିଷ୍କାର କଲେ ଏବଂ ରକ୍ଷାକମ୍ବଲଙ୍କୁ ପ୍ରଣାମ କରି ଭୋଜନ ପାଇଁ ବ୍ୟବହାର କରିଥିବା ପତ୍ରଟିକୁ ସାଙ୍ଗରେ ନେଇ ଯଥାଶୀଘ୍ର ସେଠାରୁ ଚାଲିଗଲେ। ଏହାପରେ ରକ୍ଷାକମ୍ବଲ ବଳକା ଭୋଜନ ପଦାର୍ଥକୁ ଏକ ଶୁଦ୍ର ସ୍ତ୍ରୀଲୋକକୁ ଦେଇଦେଲେ ଓ ସ୍ନାନ କରି ରାମାନୁଜଙ୍କ ପାଇଁ ପୁଣି ଥରେ ରୋଷେଇ କରିବା ଆରମ୍ଭ କଲେ। ଯେତେବେଳେ ରାମାନୁଜ ଗୃହକୁ ଫେରିଆସି ପତ୍ନୀଙ୍କୁ ଆଉଥରେ ରୋଷେଇ କରୁଥିବାର ଦେଖିଲେ, ସେ ଆଶ୍ଚର୍ଯ୍ୟ ହୋଇଗଲେ। ସେ ତାଙ୍କୁ ପଚାରିଲେ, 'କାଞ୍ଚିପୂର୍ଣ୍ଣ କଣ ଆସି ନାହାଁନ୍ତି କି? ତୁମେ ପୁଣି ଥରେ କାହିଁକି ରୋଷେଇ କରୁଛ? ଏହା ପୂର୍ବରୁ ତୁମେ ପ୍ରସ୍ତୁତ କରିଥିବା ପ୍ରସାଦ କେଉଁଠାରେ ଅଛି?' ରକ୍ଷାକମ୍ବଲ କହିଲେ, 'ମହାତ୍ମା କାଞ୍ଚିପୂର୍ଣ୍ଣ ଏଠାକୁ ଆସିଥିଲେ। କିନ୍ତୁ ସେ କହିଲେ ଯେ, ମନ୍ଦିରରେ ତାଙ୍କର ସେବା କାର୍ଯ୍ୟ ଥିବାରୁ ସେ ଆପଣଙ୍କ ପାଇଁ ଅପେକ୍ଷା କରିପାରିବେ ନାହିଁ। ତେଣୁ ମୁଁ ତାଙ୍କୁ ପ୍ରସାଦ ଅର୍ପଣ କଲି ଓ ବଳକା ପ୍ରସାଦତକ ଏକ ଶୁଦ୍ର ସ୍ତ୍ରୀଲୋକକୁ ପ୍ରଦାନ କରିଦେଲି। ମୁଁ କିପରି ଆପଣଙ୍କ ପାଇଁ ଏକ ଶୁଦ୍ରଙ୍କ ବଳକା ପ୍ରସାଦ ରଖିଥାନ୍ତି?' ପତ୍ନୀଙ୍କ ଏପରି ବାକ୍ୟ ଶୁଣି ରାମାନୁଜ ମର୍ମାହତ ହୋଇଗଲେ। ସେ କହିଲେ, 'ହେ ଅଜ୍ଞ ନାରୀ ! ତୁମେ କିପରି କାଞ୍ଚିପୂର୍ଣ୍ଣଙ୍କୁ ଏକ ଶୁଦ୍ର ବୋଲି ଭାବି ପାରିଲ? ତୁମର ଏହି କାର୍ଯ୍ୟ ପାଇଁ ମୁଁ ତାଙ୍କ ପରି ଜଣେ ନିର୍ମଳ ହୃଦୟବାନ ଭକ୍ତଙ୍କ ପ୍ରସାଦ ଗ୍ରହଣ କରିବାକୁ ଅସମର୍ଥ ହେଲି। ଏହା ମୋର ମହା ଦୁର୍ଭାଗ୍ୟ ଅଟେ।' ଏହାକହି ସେ ଦୁଃଖୀ ହୋଇ ମୁଣ୍ଡରେ ହାତ ରଖି ବସି ପଡ଼ିଲେ।

କାଞ୍ଚିପୂର୍ଣ୍ଣଙ୍କ ତିରୁପତି ଯାତ୍ରା

ଦିନେ ଶ୍ରୀ ବରଦରାଜଙ୍କୁ ପଙ୍ଖା ଦ୍ୱାରା ସେବା କରୁଥିବା ସମୟରେ କାଞ୍ଚିପୂର୍ଣ୍ଣ ଭଗବାନଙ୍କୁ କହିଲେ, 'ପ୍ରଭୁ, ଆପଣ ମୋ ସହିତ ଏ କଣ କରିବାକୁ ଇଚ୍ଛା କରୁଛନ୍ତି? ମୁଁ କେବଳ ଆପଣଙ୍କ ଓ ଆପଣଙ୍କ ଭକ୍ତମାନଙ୍କ ସେବା କରି ମୋର ଜୀବନ ଶାନ୍ତିରେ ଅତିବାହିତ କରିବାକୁ ଚାହୁଁଛି। କିନ୍ତୁ ଆପଣ ମୋତେ ଏକ ପ୍ରସିଦ୍ଧ ଗୁରୁ ରୂପେ ସ୍ଥାପିତ କରାଇବାକୁ ଚାହୁଁଛନ୍ତି। ଏପରିକି ଆପଣଙ୍କ ପ୍ରିୟ ଭକ୍ତ ରାମାନୁଜ ଏବେ ମୋତେ

ପ୍ରଣାମ କରୁଅଛନ୍ତି। ମୁଁ ଜଣେ ପୂଜ୍ୟ ବ୍ୟକ୍ତି ହେବାକୁ ଚାହୁଁନାହିଁ। ତେଣୁ ମୋତେ ଦୟାକରି କାଞ୍ଚିକୁ ତ୍ୟାଗ କରି ତିରୁପତି ଯିବାପାଇଁ ଅନୁମତି ଦିଅନ୍ତୁ। ସେଠାରେ ରହି ମୁଁ ଆପଣଙ୍କ ବାଲାଜୀ ସ୍ୱରୂପଙ୍କୁ ପୂଜା କରିପାରିବି। ଏହା ଶୁଣି ଶ୍ରୀ ବରଦରାଜ ତାଙ୍କୁ ଅନୁମତି ପ୍ରଦାନ କଲେ ଏବଂ କାଞ୍ଚିପୂର୍ଣ୍ଣ ତିରୁପତିକୁ ଯାତ୍ରା କଲେ। ସେଠାରେ ସେ ଛଅ ମାସ ପର୍ଯ୍ୟନ୍ତ ଶ୍ରୀବିଷ୍ଣୁଙ୍କ ବାଲାଜୀ ବିଗ୍ରହଙ୍କୁ ସେବା କରିବାରେ ତଲ୍ଲୀନ ରହିଲେ। ଦିନେ ରାତ୍ରିରେ ଶୟନ କରୁଥିବା ସମୟରେ ଶ୍ରୀ ବରଦରାଜ ତାଙ୍କୁ ସ୍ୱପ୍ନରେ ଦର୍ଶନ ଦେଇ କହିଲେ, 'ମୁଁ ଏହି କାଞ୍ଚିରେ ଅତ୍ୟନ୍ତ ଉତ୍ତାପ ଯୋଗୁଁ କଷ୍ଟ ଅନୁଭବ କରୁଛି। ତୁମେ ଏଠାକୁ ଫେରିଆସି ପୁଣି ଥରେ ତୁମ ପଙ୍ଖା ଦ୍ୱାରା ମୋତେ ଶୀତଳତା ପ୍ରଦାନ କରୁନାହଁ କାହିଁକି ?' ପରଦିନ ପ୍ରଭାତରେ କାଞ୍ଚିପୂର୍ଣ୍ଣ ଶଯ୍ୟାତ୍ୟାଗ କରି ସଙ୍ଗେସଙ୍ଗେ କାଞ୍ଚିକୁ ଫେରିଗଲେ।

ରାମାନୁଜଙ୍କୁ ଶ୍ରୀ ବରଦରାଜଙ୍କ ନିର୍ଦ୍ଦେଶ

ଯେତେବେଳେ ରାମାନୁଜ ଶୁଣିଲେ ଯେ କାଞ୍ଚିପୂର୍ଣ୍ଣ ଫେରିଆସିଛନ୍ତି, ସେ ତାଙ୍କୁ ସାକ୍ଷାତ କରିବାକୁ ଗଲେ। ସେହି ଦୁଇ ଭକ୍ତ ଅନେକ ଦିନ ପରେ ପରସ୍ପରର ସଙ୍ଗଲାଭ କରି ଅତ୍ୟନ୍ତ ଆନନ୍ଦ ଅନୁଭବ କଲେ। ଦୀର୍ଘ ସମୟ ଧରି ବାର୍ତ୍ତାଳାପ କଲାପରେ ରାମାନୁଜ କାଞ୍ଚିପୂର୍ଣ୍ଣଙ୍କ ସମ୍ମୁଖରେ ନିଜ ମନର ସମ୍ପୂର୍ଣ୍ଣ ଅଭିଳାଷ ପ୍ରକାଶ କରି କହିଲେ, 'ଯାଦବପ୍ରକାଶଙ୍କ ବିଦ୍ୟାଳୟ ତ୍ୟାଗ କଲା ପରେ ମୁଁ ଏକାକୀ ଶାସ୍ତ୍ର ଅଧ୍ୟୟନ କରୁଅଛି। କିନ୍ତୁ କିଛି ବିଷୟବସ୍ତୁ ଅଛି ଯାହାକୁ କି ମୁଁ ବୁଝି ପାରୁନାହିଁ ଏବଂ ଏହା ମୋ ମନକୁ ଅତି ବ୍ୟଥିତ କରୁଛି। ଦୟାକରି ମୋ ଉପରେ କୃପାଦୃଷ୍ଟି ପ୍ରଦାନ କରିବା ପାଇଁ ଭଗବାନଙ୍କୁ ପ୍ରାର୍ଥନା କରନ୍ତୁ। ମୁଁ ଜାଣିଛି ଯେ ଶ୍ରୀ ବରଦରାଜ ଆପଣଙ୍କ ପ୍ରାର୍ଥନାକୁ କେବେହେଲେ ଅଗ୍ରାହ୍ୟ କରନ୍ତି ନାହିଁ।' କାଞ୍ଚିପୂର୍ଣ୍ଣ ରାମାନୁଜଙ୍କର ସେହି ଅନୁରୋଧକୁ ସ୍ୱୀକାର କଲେ। ପରଦିନ ଯେତେବେଳେ ରାମାନୁଜ କାଞ୍ଚିପୂର୍ଣ୍ଣଙ୍କ ନିକଟକୁ ଗଲେ, ସେ ତାଙ୍କୁ ଗୋପନରେ କହିଲେ ଯେ, ପୂର୍ବ ରାତ୍ରିରେ ତାଙ୍କୁ ଶ୍ରୀ ବରଦରାଜ ରାମାନୁଜଙ୍କୁ ତାଙ୍କର ଛଅଟି ନିର୍ଦ୍ଦେଶ ଜଣାଇ ଦେବାକୁ କହିଛନ୍ତି। ଶ୍ରୀ ବରଦରାଜ କହିଥିଲେ, 'ମୁଁ ହିଁ ପରଂବ୍ରହ୍ମ, ପ୍ରକୃତିର ମୂଳ କାରଣ, ଯାହାଠାରୁ ଏ ସମଗ୍ର ଜଗତ ସୃଷ୍ଟି ହୋଇଛି। ଜୀବାତ୍ମା ମୋର ଅଂଶ ହୋଇଥିଲେ ମଧ୍ୟ ଜୀବାତ୍ମାର ଓ ମୋର ସ୍ୱରୁପରେ ଭିନ୍ନତା ରହିଛି। ଯେଉଁମାନେ ସଂସାର ବନ୍ଧନରୁ ମୁକ୍ତି ଓ ମୋକ୍ଷ ପ୍ରାପ୍ତି ପାଇଁ ଇଚ୍ଛା କରନ୍ତି, ସେମାନେ କେବଳ ମୋର ଶରଣାଗତ ହେବା ଆବଶ୍ୟକ। ମୋର

ଭକ୍ତମାନେ ମୃତ୍ୟୁ ସମୟରେ ମୋତେ ସ୍ମରଣ କରି ନ ପାରିଲେ ମଧ୍ୟ, ମୁଁ ସେମାନଙ୍କୁ ମୋକ୍ଷ ରୂପକ ପରମପଦ ପ୍ରଦାନ କରିଥାଏ। ମୋ ଭକ୍ତମାନେ ଦେହତ୍ୟାଗ କରିବା ପରେ ମୁଁ ସେମାନଙ୍କୁ ମୋର ପରମଧାମକୁ ନେଇ ଆସିଥାଏ। ତୁମେ ଅବିଳମ୍ବେ ମହାତ୍ମା ମହାପୂର୍ଣ୍ଣଙ୍କ ଶରଣ ନିଅ, ଯେ କି ସମସ୍ତ ଉତ୍ତମ ଗୁଣର ଅଧିକାରୀ ଅଟନ୍ତି। ରାମାନୁଜଙ୍କୁ ମୋର ଏହି ନିର୍ଦ୍ଦେଶ ଶୀଘ୍ର ଜଣାଇ ଦିଅ।' ରାମାନୁଜ ଏହି ବାକ୍ୟ ଶୁଣି ଆନନ୍ଦରେ ବିଭୋର ହୋଇ ନୃତ୍ୟ କରିବାରେ ଲାଗିଲେ। ସେପର୍ଯ୍ୟନ୍ତ ସେ କାଞ୍ଚିପୂର୍ଣ୍ଣଙ୍କୁ ତାଙ୍କ ମନରେ ଥିବା ଛଅଟି ପ୍ରଶ୍ନକୁ ଜଣାଇ ନ ଥିଲେ। କିନ୍ତୁ ଭଗବାନ ସେହି ସମସ୍ତ ପ୍ରଶ୍ନର ଉତ୍ତର ତାଙ୍କ ପାଖକୁ ପହଞ୍ଚାଇ ଦେଲେ। ଶ୍ରୀ ବରଦରାଜ ଓ କାଞ୍ଚିପୂର୍ଣ୍ଣଙ୍କୁ ପ୍ରଣାମ କରି ସେ ଗୃହକୁ ଫେରିଲେ ଏବଂ ଶ୍ରୀରଙ୍ଗମ୍ କ୍ଷେତ୍ରକୁ ଯାତ୍ରା କରିବାକୁ ପ୍ରସ୍ତୁତି ଆରମ୍ଭ କଲେ। ସେ ସ୍ଥିର କଲେ ଯେ, ସେଠାରେ ପହଞ୍ଚିବା ପରେ ସେ ଯମୁନାଚାର୍ଯ୍ୟଙ୍କ ଶିଷ୍ୟ ମହାପୂର୍ଣ୍ଣଙ୍କ ନିକଟକୁ ଯାଇ ତାଙ୍କଠାରୁ ଦୀକ୍ଷା ଗ୍ରହଣ କରିବେ।

ମହାପୂର୍ଣ୍ଣଙ୍କ ପୁନର୍ବାର କାଞ୍ଚି ଯାତ୍ରା

ଯମୁନାଚାର୍ଯ୍ୟଙ୍କ ଦେହତ୍ୟାଗ ପରେ ତାଙ୍କର ଶିଷ୍ୟ ମାନଙ୍କ ମଧ୍ୟରୁ କେହି ହେଲେ ତାଙ୍କ ପରି ସୁନ୍ଦର ଭାବରେ ଶାସ୍ତ୍ରୀୟ ଜ୍ଞାନର ବ୍ୟାଖ୍ୟା ଓ ପ୍ରବଚନ କରିବାରେ ସମର୍ଥ ହେଲେ ନାହିଁ। ତିରୁବରଙ୍ଗ ସେତେବେଳେ ଆଶ୍ରମର ଅଧ୍ୟକ୍ଷ ଥିଲେ। କିନ୍ତୁ ସେ ଗୁରୁଙ୍କ ପରି ଶାସ୍ତ୍ର ମାନଙ୍କ ପ୍ରକୃତ ଅର୍ଥକୁ ବର୍ଣ୍ଣନା କରିପାରୁ ନ ଥିଲେ। ସେ ଅଧିକ ସମୟ ଭଗବାନଙ୍କ ପୂଜାର୍ଚ୍ଚନାରେ ବିତାଉଥିଲେ। ସମସ୍ତେ ତାଙ୍କର ଭକ୍ତିଭାବକୁ ପ୍ରଶଂସା କରୁଥିଲେ। ସେହି ସମୟରେ ଆଶ୍ରମର ବାତାବରଣ ପୂର୍ବ ପରି ନ ଥିଲା। ବିବାହିତ ଭକ୍ତମାନେ ଅବିବାହିତ ଭକ୍ତ ମାନଙ୍କ ସହିତ ଆଶ୍ରମରେ ରହୁଥିଲେ ଏବଂ ସେମାନଙ୍କ ପତ୍ନୀ ମାନେ ନଗରର ବାହାରେ ଗୃହ ମାନଙ୍କରେ ରହୁଥିଲେ। ବିଗ୍ରହଙ୍କ ପୂଜାର୍ଚ୍ଚନା ଓ ନାମ ସଂକୀର୍ତ୍ତନରେ ସମସ୍ତଙ୍କ ସମୟ ଅତିବାହିତ ହେଉଥିଲା। ଏହିପରି ଭାବରେ ଏକ ବର୍ଷ ସମୟ ବିତିଗଲା। ଦିନେ ଯମୁନାଚାର୍ଯ୍ୟଙ୍କ ପ୍ରୟାଣର ପ୍ରଥମ ଶ୍ରାଦ୍ଧ ବାର୍ଷିକୀ ଅବସରରେ ସମସ୍ତେ ଏକତ୍ରିତ ହୋଇଥିଲେ। ତିରୁବରଙ୍ଗ ସେହି ସଭାକୁ ସମ୍ବୋଧନ କରି କହିଲେ, 'ଆଜିଠାରୁ ଏକ ବର୍ଷ ପୂର୍ବରୁ ଆମ ଗୁରୁଦେବ ଆମମାନଙ୍କୁ ଛାଡି ଶ୍ରୀ ନାରାୟଣଙ୍କ ଧାମକୁ ଚାଲି ଯାଇଥିଲେ। ସେ ଜୀବିତ ଥିବାବେଳେ ତାଙ୍କ ମୁଖରୁ ଅମୃତମୟ ବାଣୀ ଶ୍ରବଣ କରିବା ଆମମାନଙ୍କ ପରମ ସୌଭାଗ୍ୟ ଥିଲା। କିନ୍ତୁ ତାଙ୍କର ଦେହତ୍ୟାଗ ପରେ କେହିହେଲେ ତାଙ୍କ ପରି ଉତ୍କୃଷ୍ଟ ଭାବରେ ଭଗବାନଙ୍କ ଗୁଣଗାନ

ତଥା ଶାସ୍ତ୍ର ମାନଙ୍କ ଅନ୍ତର୍ନିହିତ ରହସ୍ୟମାନ ବର୍ଣ୍ଣନା କରିବାରେ ସମର୍ଥ ହୋଇ ପାରିନାହାଁନ୍ତି। ଯଦିଓ ସେ ମୋତେ ଏହି ଆଶ୍ରମରେ ତାଙ୍କର ସ୍ଥାନ ଗ୍ରହଣ କରିବାକୁ ନିର୍ଦ୍ଦେଶ ଦେଇଥିଲେ, ମୁଁ ଜାଣିଛି ଯେ ଏହି କର୍ତ୍ତବ୍ୟ ପାଳନ କରିବାରେ ମୁଁ ଅସମର୍ଥ ହୋଇଛି। ଆପଣ ସମସ୍ତଙ୍କ ମନେ ଥିବ, ଦେହତ୍ୟାଗ କରିବା ପୂର୍ବରୁ କିପରି ଆମ ଗୁରୁ କାଞ୍ଚିରେ ଅବସ୍ଥାନ କରୁଥିବା ରାମାନୁଜଙ୍କୁ ସାକ୍ଷାତ କରିବାକୁ ଇଚ୍ଛୁକ ଥିଲେ ଏବଂ ତାଙ୍କୁ ଏଠାକୁ ଆଣିବା ପାଇଁ ମହାପୂର୍ଣ୍ଣଙ୍କୁ ପଠାଇଥିଲେ। କାଞ୍ଚିପୂର୍ଣ୍ଣଙ୍କ ଘନିଷ୍ଠ ମିତ୍ର ଓ ସ୍ୱୟଂ ଶ୍ରୀ ଯମୁନାଚାର୍ଯ୍ୟଙ୍କ ଦ୍ୱାରା ନିର୍ଦ୍ଧାରିତ କେବଳ ସେହି ମହାନ୍ ଆତ୍ମା ହିଁ ଏହି ଆଶ୍ରମର ଆଚାର୍ଯ୍ୟ ହେବାପାଇଁ ଯୋଗ୍ୟ ଅଟନ୍ତି। ତେଣୁ ଆମମାନଙ୍କ ମଧ୍ୟରୁ କେହି ଜଣେ କାଞ୍ଚିକୁ ଯାଇ ଓ ତାଙ୍କୁ ଦୀକ୍ଷା ପ୍ରଦାନ କରି ଶ୍ରୀରଙ୍ଗମ୍ କ୍ଷେତ୍ରକୁ ଆଣିବା ଉଚିତ୍। ସେ ହିଁ ସମଗ୍ର ଭାରତବର୍ଷରେ ଶ୍ରୀ ଯମୁନାଚାର୍ଯ୍ୟଙ୍କ ସିଦ୍ଧାନ୍ତକୁ ପ୍ରସାର କରିପାରିବେ, ଯାହାକି ସେ ଆମ ଗୁରୁଙ୍କ ଶରୀରକୁ ଚାହିଁ ପ୍ରତିଜ୍ଞା କରିଥିଲେ।' ସେଠାରେ ଉପସ୍ଥିତ ଥିବା ସମସ୍ତ ଭକ୍ତ ଏକ ସ୍ୱରରେ ତିରୁବରଙ୍ଗଙ୍କ ପ୍ରସ୍ତାବକୁ ସମର୍ଥନ କଲେ। ମହାପୂର୍ଣ୍ଣଙ୍କୁ କାଞ୍ଚିକୁ ଯାଇ ରାମାନୁଜଙ୍କୁ ଦୀକ୍ଷା ପ୍ରଦାନ କରି ତାଙ୍କୁ ଶ୍ରୀରଙ୍ଗମ୍ କ୍ଷେତ୍ରକୁ ଆଣିବା ଦାୟିତ୍ୱ ଦିଆଗଲା। ସମସ୍ତେ ତାଙ୍କୁ କହିଲେ, 'ଯଦି ରାମାନୁଜ ବର୍ତ୍ତମାନ କାଞ୍ଚିପୂର୍ଣ୍ଣଙ୍କ ସଙ୍ଗ ତ୍ୟାଗ କରି ଏଠାକୁ ଆସିବାକୁ କୁଣ୍ଠା ବୋଧ କରନ୍ତି, ତେବେ ତାଙ୍କୁ ବାଧ୍ୟ କରିବେ ନାହିଁ। ଆପଣ କାଞ୍ଚିରେ ଏକ ବର୍ଷ ପର୍ଯ୍ୟନ୍ତ ରହି ତାଙ୍କୁ ସମସ୍ତ ଭକ୍ତି ଶାସ୍ତ୍ରର ଶିକ୍ଷା ପ୍ରଦାନ କରିପାରନ୍ତି। ଆପଣ ତାଙ୍କୁ ଏଠାକୁ ଆଣିବା ଉଦ୍ଦେଶ୍ୟରେ କାଞ୍ଚିକୁ ଯାଇଛନ୍ତି ବୋଲି ଜଣାଇବାର ଆବଶ୍ୟକତା ନାହିଁ।'

ରାମାନୁଜଙ୍କ ଦୀକ୍ଷା ଗ୍ରହଣ

ମହାପୂର୍ଣ୍ଣ ତାଙ୍କ ପତ୍ନୀଙ୍କ ସହିତ କାଞ୍ଚିପୁରମ୍ ଅଭିମୁଖେ ଯାତ୍ରା କଲେ। ଚାରି ଦିନ ପରେ ସେମାନେ ମଧୁରାନ୍ତକମ୍ ନାମକ ସହରରେ ପହଞ୍ଚିଲେ। ସେଠାରେ ଶ୍ରୀ ବିଷ୍ଣୁଙ୍କର ଏକ ମନ୍ଦିର ଥିଲା ଓ ମନ୍ଦିର ସମ୍ମୁଖରେ ଥିବା ହ୍ରଦଟି ସେହି ସ୍ଥାନର ଶୋଭାକୁ ଆହୁରି ବୃଦ୍ଧି କରୁଥିଲା। ଯେତେବେଳେ ମହାପୂର୍ଣ୍ଣ ତାଙ୍କ ପତ୍ନୀଙ୍କ ସହିତ ସେହି ହ୍ରଦ ନିକଟରେ ବିଶ୍ରାମ ନେଉଥିଲେ, ସେହି ସମୟରେ ହଠାତ୍ ରାମାନୁଜ ସେଠାରେ ପହଞ୍ଚିଲେ ଓ ତାଙ୍କୁ ପ୍ରଣାମ କଲେ। ମହାପୂର୍ଣ୍ଣ ତାଙ୍କୁ ଦେଖି ଅତ୍ୟନ୍ତ ଆଶ୍ଚର୍ଯ୍ୟ ଓ ଆନନ୍ଦିତ ହୋଇଗଲେ। ସେ ରାମାନୁଜଙ୍କୁ କହିଲେ, 'ତୁମକୁ ଏହି ସ୍ଥାନରେ ସାକ୍ଷାତ କରିବା ଏକ ଆଶ୍ଚର୍ଯ୍ୟର ବିଷୟ ଅଟେ। ଭଗବାନ ନାରାୟଣଙ୍କ କୃପାଶକ୍ତି ଅସମ୍ଭବକୁ

ମଧ୍ୟ ସମ୍ଭବ କରିପାରେ। ତୁମେ ଏଠାକୁ କେଉଁ ଉଦ୍ଦେଶ୍ୟରେ ଆସିଛ ?' ରାମାନୁଜ କହିଲେ, 'ଏହା ନିଶ୍ଚିତ ଭାବେ ଶ୍ରୀ ନାରାୟଣଙ୍କ ଯୋଜନା ଅଟେ। ମୁଁ କେବଳ ଆପଣଙ୍କୁ ହିଁ ସାକ୍ଷାତ କରିବା ପାଇଁ କାଞ୍ଚିରୁ ଯାତ୍ରା ଆରମ୍ଭ କରିଥିଲି। ଆପଣଙ୍କୁ ମୋର ଗୁରୁ ରୂପେ ଗ୍ରହଣ କରିବା ପାଇଁ ଶ୍ରୀ ବରଦରାଜ ସ୍ୱୟଂ ମୋତେ ନିର୍ଦ୍ଦେଶ ଦେଇଛନ୍ତି। ଦୟା କରି ଏହି କ୍ଷଣରେ ମୋତେ ଦୀକ୍ଷା ପ୍ରଦାନ କରି ମୋ ଉପରେ ଆପଣଙ୍କ କୃପା ପ୍ରଦର୍ଶନ କରନ୍ତୁ।' ମହାପୂର୍ଣ୍ଣ ତାଙ୍କର ଏହି ଅନୁରୋଧକୁ ସ୍ୱୀକାର କଲେ ଏବଂ କହିଲେ, 'ଚାଲ, ଏବେ କାଞ୍ଚିକୁ ଯାତ୍ରା କରିବା ଏବଂ ଶ୍ରୀ ବରଦରାଜଙ୍କ ସମ୍ମୁଖରେ ତୁମର ଦୀକ୍ଷା ଗ୍ରହଣ ପ୍ରକ୍ରିୟା ଅନୁଷ୍ଠିତ କରିବା।' କିନ୍ତୁ ରାମାନୁଜ କହିଲେ, 'ଆପଣ ଜାଣନ୍ତି ଯେ, ମୃତ୍ୟୁ କେବେହେଲେ ସମୟ ଓ ଅସମୟ ମଧ୍ୟରେ ପାର୍ଥକ୍ୟ ଦେଖେ ନାହିଁ। ଆପଣଙ୍କ ମନେ ଥିବ, କିପରି ଅନେକ ଆଶା ନେଇ ମୁଁ ଆପଣଙ୍କ ସହିତ ଶ୍ରୀ ଯମୁନାଚାର୍ଯ୍ୟଙ୍କୁ ଦର୍ଶନ କରିବାକୁ ଯାଇଥିଲି। କିନ୍ତୁ ନିୟତି ମୋର ଆକାଂକ୍ଷାକୁ ଅପୂରଣୀୟ କରିଦେଲା। ତେଣୁ ମୁଁ କାହିଁକି ସେହି ନିୟତିକୁ ଏବେ ବିଶ୍ୱାସ କରି ଆହୁରି ବିଳମ୍ବ କରିବି ? କୃପା କରି ଏହି ମୁହୂର୍ତ୍ତରେ ହିଁ ମୋତେ ଆପଣଙ୍କ ଚରଣର ଆଶ୍ରୟ ପ୍ରଦାନ କରନ୍ତୁ।' ମହାପୂର୍ଣ୍ଣ ରାମାନୁଜଙ୍କ ଏହି ବାକ୍ୟ ଶୁଣି ଅତି ହର୍ଷିତ ହେଲେ ଏବଂ ସେହି ହ୍ରଦକୂଳରେ ଥିବା ଏକ ବକୁଳ ବୃକ୍ଷ ତଳେ ଯଜ୍ଞ ପାଇଁ ଅଗ୍ନି ଜଳାଇଲେ। ସେହି ଅଗ୍ନିରେ ସେ ଧାତୁ ନିର୍ମିତ ଶ୍ରୀବିଷ୍ଣୁଙ୍କ ଚକ୍ର ଓ ଶଙ୍ଖ ଚିହ୍ନକୁ ଉତ୍ତପ୍ତ କରି ତାହା ଦ୍ୱାରା ରାମାନୁଜଙ୍କ ଦକ୍ଷିଣ ଓ ବାମ ସ୍କନ୍ଧକୁ ଚିହ୍ନିତ କରାଇଲେ। ଶେଷରେ ଶ୍ରୀ ଯମୁନାଚାର୍ଯ୍ୟଙ୍କ ପାଦପଦ୍ମକୁ ସ୍ମରଣ କରି ସେ ରାମାନୁଜଙ୍କ କାନରେ ବୈଷ୍ଣବ ମନ୍ତ୍ରକୁ ଉଚ୍ଚାରଣ କଲେ। ଦୀକ୍ଷା ଗ୍ରହଣ କରିସାରିବା ପରେ ଗୁରୁ ଓ ଗୁରୁପତ୍ନୀଙ୍କ ସହିତ ରାମାନୁଜ କାଞ୍ଚିକୁ ଫେରି ଆସିଲେ। ସେଠାରେ କାଞ୍ଚିପୂର୍ଣ୍ଣ ସେମାନଙ୍କୁ ସ୍ୱାଗତ କଲେ ଏବଂ ମହାପୂର୍ଣ୍ଣଙ୍କ ସଙ୍ଗ ପାଇ ଆନନ୍ଦ ଲାଭ କଲେ। ଏହାପରେ ରାମାନୁଜଙ୍କ ଅନୁରୋଧ ରକ୍ଷା କରି ମହାପୂର୍ଣ୍ଣ ରକ୍ଷାକମ୍ୱଳଙ୍କୁ ମଧ୍ୟ ଦୀକ୍ଷା ପ୍ରଦାନ କଲେ। ରାମାନୁଜ ତାଙ୍କ ଗୃହର ଅର୍ଦ୍ଧେକ ଅଂଶ ମହାପୂର୍ଣ୍ଣ ଓ ତାଙ୍କ ପତ୍ନୀଙ୍କୁ ବାସ କରିବା ପାଇଁ ଅର୍ପଣ କଲେ ଏବଂ ପ୍ରତିଦିନ ସେ ମହାପୂର୍ଣ୍ଣଙ୍କଠାରୁ ବୈଷ୍ଣବ ଶାସ୍ତ୍ର ଅଧ୍ୟୟନ କରିବାକୁ ଲାଗିଲେ।

ରକ୍ଷାକମ୍ୱଳଙ୍କ ଅହଙ୍କାର

ରାମାନୁଜ ମହାପୂର୍ଣ୍ଣଙ୍କଠାରୁ ସମସ୍ତ ବୈଷ୍ଣବ ସିଦ୍ଧାନ୍ତ ଶ୍ରବଣ କରି ଅତି ପ୍ରସନ୍ନତା ଅନୁଭବ କରୁଥିଲେ। ଏହିପରି ଛଅ ମାସ ସମୟ ବିତିଗଲା। ଦିନେ ଯେତେବେଳେ

ରାମାନୁଜ ଓ ମହାପୂର୍ଣ୍ଣ ଗୃହରୁ ବାହାରକୁ ଯାଇଥିଲେ, ରକ୍ଷାକମ୍ବଲ ନିକଟସ୍ଥ କୂପରୁ ଜଳ ଆଣିବାକୁ ଗଲେ। ସେହି ସମୟରେ ମହାପୂର୍ଣ୍ଣଙ୍କ ପତ୍ନୀ ମଧ୍ୟ ସେହି କୂପରୁ ଜଳ ସଂଗ୍ରହ କରୁଥିଲେ। ତାଙ୍କ କଳସରୁ କିଛି ବୁନ୍ଦା ଜଳ ରକ୍ଷାକମ୍ବଲଙ୍କ ଜଳପୂର୍ଣ୍ଣ କଳସରେ ପଡ଼ିଗଲା। ଏଥିରେ ରକ୍ଷାକମ୍ବଲ ଅତ୍ୟନ୍ତ କ୍ରୋଧିତ ହୋଇ ଉଚ୍ଚ ସ୍ୱରରେ କହିଲେ, 'ଆପଣ କଣ ଅନ୍ଧ ଅଟନ୍ତି? ଦେଖନ୍ତୁ ଆପଣ କଣ କଲେ। ଆପଣଙ୍କ ଯତ୍ନହୀନତା ପାଇଁ ମୋର କଳସର ସମ୍ପୂର୍ଣ୍ଣ ଜଳ ଦୂଷିତ ହୋଇଗଲା। ଆପଣ କଣ ଭାବୁଛନ୍ତି ଯେ ଆମ ଗୁରୁଙ୍କ ପତ୍ନୀ ହୋଇଥିବାରୁ ଆପଣ ବିନା ଦ୍ୱିଧାରେ ମୋ କାନ୍ଧ ଉପରେ ବସି ପାରିବେ? ମନେ ରଖନ୍ତୁ ଯେ ମୋର ପିତାଙ୍କ ପରିବାର ଆପଣଙ୍କ ଠାରୁ ଉଚ୍ଚ କୂଳର ଅଟେ। ମୁଁ କିପରି ଆପଣ ସ୍ପର୍ଶ କରିଥିବା ଜଳକୁ ବ୍ୟବହାର କରିବି? ମୁଁ ଆପଣଙ୍କୁ କାହିଁକି ଦୋଷ ଦେଉଛି? ମୋର ସ୍ୱାମୀଙ୍କ କାର୍ଯ୍ୟକଳାପ ପାଇଁ ହିଁ ମୋର ସମ୍ପୂର୍ଣ୍ଣ ଜାତି ଓ ପ୍ରତିଷ୍ଠା ନଷ୍ଟ ହୋଇଯାଇଛି।' ଏପରି କର୍କଶ ବଚନ ଶୁଣି ମହାପୂର୍ଣ୍ଣଙ୍କ ପତ୍ନୀ, ଯେ କି ସରଳ ଓ ଶାନ୍ତ ସ୍ୱଭାବଯୁକ୍ତା ଥିଲେ, ରକ୍ଷାକମ୍ବଲଙ୍କୁ କ୍ଷମା ପ୍ରାର୍ଥନା କଲେ। କିନ୍ତୁ ସେ ଏତେ ମର୍ମାହତ ହୋଇଗଲେ ଯେ, ସେ ତାଙ୍କର କଳସ ଭୂମିରେ ରଖି ଚୁପ୍ ହୋଇ କ୍ରନ୍ଦନ କରିବାକୁ ଲାଗିଲେ। ଯେତେବେଳେ ମହାପୂର୍ଣ୍ଣ ଫେରିଆସିଲେ, ସେ ପତ୍ନୀଙ୍କ ଅବସ୍ଥା ଦେଖି ତାଙ୍କ ଦୁଃଖର କାରଣ ବିଷୟରେ ପଚାରିଲେ। ସେ ଯେତେବେଳେ କୂପ ନିକଟରେ ଘଟିଥିବା ସମ୍ପୂର୍ଣ୍ଣ ଘଟଣା ବିଷୟରେ ଜାଣିଲେ, ସେ କିଛି ସମୟ ଚିନ୍ତା କଲେ। ଏହାପରେ ସେ କହିଲେ, 'ଶ୍ରୀ ନାରାୟଣ ଆମର ଏଠାରେ ରହିବାକୁ ଆଉ ଇଚ୍ଛା କରୁନାହାଁନ୍ତି। ସେଥିପାଇଁ ସେ ରକ୍ଷାକମ୍ବଲଙ୍କ ମୁଖରୁ ତୁମକୁ ଅପଶବ୍ଦ ଶ୍ରବଣ କରାଇଲେ। ଏହି ଘଟଣା ପାଇଁ ମନସ୍ତାପ କରନାହିଁ। ଭଗବାନ ଆମର ମଙ୍ଗଳ ବିଧାନ ନିମନ୍ତେ ହିଁ ସବୁକିଛି କରାଇଥାନ୍ତି। ଯେହେତୁ ଆମେ ଅନେକ ଦିନ ହେଲା ଶ୍ରୀ ରଙ୍ଗନାଥଙ୍କ ପାଦପଦ୍ମକୁ ପୂଜା କରିନାହୁଁ, ସେ ଏବେ ଆମକୁ ତାଙ୍କ ନିକଟକୁ ଫେରାଇ ନେବାକୁ ଚାହୁଁଛନ୍ତି।'

ମହାପୂର୍ଣ୍ଣଙ୍କ ପ୍ରସ୍ଥାନ

ରାମାନୁଜଙ୍କ ଫେରିବା ପାଇଁ ଅପେକ୍ଷା ନ କରି ମହାପୂର୍ଣ୍ଣ ଓ ତାଙ୍କ ପତ୍ନୀ ନିଜର କିଛି ବ୍ୟବହାର୍ଯ୍ୟ ସାମଗ୍ରୀ ନେଇ ଶ୍ରୀରଙ୍ଗମ୍ କ୍ଷେତ୍ରକୁ ଚାଲିଗଲେ। ବିଗତ ଛଅ ମାସ ଧରି ମହାପୂର୍ଣ୍ଣଙ୍କ ସାଥିରେ ବାସ କରିବା ଦ୍ୱାରା ରାମାନୁଜଙ୍କ ମନ ପ୍ରସନ୍ନ ରହୁଥିଲା। ସେ ଗୁରୁଙ୍କୁ ନାରାୟଣଙ୍କ ପ୍ରତିନିଧି ରୂପେ ଦର୍ଶନ କରୁଥିଲେ। ମହାପୂର୍ଣ୍ଣଙ୍କଠାରୁ ସେ

ଦକ୍ଷିଣ ଭାରତର ପ୍ରସିଦ୍ଧ ବୈଷ୍ଣବ ମାନଙ୍କ ଦ୍ୱାରା ରଚିତ ଚାରି ହଜାର ଶ୍ଲୋକ ଶିକ୍ଷା କରିସାରିଥିଲେ। ସେହିଦିନ ପ୍ରଭାତରେ ସେ ଗରୁଙ୍କୁ ଅର୍ପଣ କରିବାକୁ ଫଳ, ପୁଷ୍ପ ଓ ନୂତନ ବସ୍ତ୍ର ଆଣିବା ପାଇଁ ବାହାରକୁ ଯାଇଥିଲେ। କିନ୍ତୁ ଫେରିବା ପରେ ମହାପୂର୍ଣ୍ଣଙ୍କ ଗୃହଟି ସମ୍ପୂର୍ଣ୍ଣ ରୂପେ ଖାଲି ହୋଇଯାଇଥିବାର ସେ ଦେଖିଲେ। ସେ ଗୃହ ଚାରିପଟେ ଖୋଜିଲେ ମଧ୍ୟ ଗୁରୁଙ୍କ ପରିବାରକୁ ପାଇଲେ ନାହିଁ। ଜଣେ ପଡ଼ଶୀଙ୍କଠାରୁ ସେ ମହାପୂର୍ଣ୍ଣ ଓ ତାଙ୍କ ପତ୍ନୀ ଶ୍ରୀରଙ୍ଗମ୍ ଚାଲିଯାଇଛନ୍ତି ବୋଲି ଜାଣିବାକୁ ପାଇଲେ। ଆଶ୍ଚର୍ଯ୍ୟ ହୋଇ ସେ ନିଜ ଗୃହକୁ ଆସି ରକ୍ଷାକମ୍ବଲଙ୍କୁ ଏହାର କାରଣ ପଚାରିଲେ। ରକ୍ଷାକମ୍ବଲ କହିଲେ, 'ଆଜି ପ୍ରଭାତରେ କୂପରୁ ଜଳ ଆଣୁଥିବା ବେଳେ ଆପଣଙ୍କ ଗୁରୁଙ୍କ ପତ୍ନୀ ଓ ମୋ ମଧ୍ୟରେ କଳହ ହୋଇଗଲା। ମୁଁ ତାଙ୍କୁ କୌଣସି କଟୁ ବଚନ କହିନାହିଁ। କିନ୍ତୁ ସେହି ମହାପୁରୁଷ ଏଥିରେ ଏତେ କ୍ରୋଧିତ ହୋଇଗଲେ ଯେ, ସେ ତତକ୍ଷଣାତ୍ ଆମ ଗୃହ ପରିତ୍ୟାଗ କରି ଚାଲିଗଲେ। ମୁଁ ଶୁଣିଛି ଯେ, ଜଣେ ସାଧୁ ବ୍ୟକ୍ତି ସମସ୍ତ କ୍ରୋଧଭାବକୁ ତ୍ୟାଗ କରିସାରିଥାଏ। କିନ୍ତୁ ନିଶ୍ଚିତ ଭାବେ ଇଏ ଜଣେ ନୂତନ ପ୍ରକାରର ସାଧୁ ବ୍ୟକ୍ତି ହୋଇଥିବେ। ଆପଣଙ୍କ ଏହି ସାଧୁଙ୍କ ଚରଣକୁ ମୋର କୋଟି କୋଟି ପ୍ରଣାମ !' ମହାପୂର୍ଣ୍ଣଙ୍କ ବିଷୟରେ ପତ୍ନୀଙ୍କ ମୁଖରୁ ଏପରି ଧୃଷ୍ଟତା ଓ ସମାଲୋଚନାରେ ପୂର୍ଣ୍ଣ ବଚନ ଶୁଣି ରାମାନୁଜ ନିଜ କର୍ଣ୍ଣକୁ ବିଶ୍ୱାସ କରି ପାରିଲେ ନାହିଁ। ସେ ଅନ୍ତରର କଷ୍ଟକୁ ପ୍ରକାଶ କରିବାକୁ ବାଧ୍ୟ ହେଲେ ଏବଂ ପତ୍ନୀଙ୍କୁ କହିଲେ, 'ହେ ପାପପୂର୍ଣ୍ଣା ନାରୀ ! ତୁମ ମୁଖକୁ ଦର୍ଶନ କରିବା ହିଁ ମହାପାପ ଅଟେ।' ଏହା କହି ସେ ଗୃହରୁ ଚାଲିଗଲେ ଏବଂ ସାଙ୍ଗରେ ଧରିଥିବା ଫଳ ଓ ପୁଷ୍ପ ଗୁଡ଼ିକୁ ମନ୍ଦିରକୁ ଯାଇ ଶ୍ରୀ ବରଦରାଜଙ୍କୁ ଅର୍ପଣ କଲେ।

ରାମାନୁଜଙ୍କ ଯୋଜନା

କିଛି ସମୟ ପରେ ଜଣେ ଦୁର୍ବଳ ଓ କ୍ଷୁଧାର୍ତ୍ତ ବ୍ରାହ୍ମଣ କିଛି ଖାଦ୍ୟ ଭିକ୍ଷା କରିବାକୁ ରାମାନୁଜଙ୍କ ଗୃହରେ ଆସି ପହଞ୍ଚିଲେ। ସେତେବେଳ ପର୍ଯ୍ୟନ୍ତ ରକ୍ଷାକମ୍ବଲ ଶୋକଗ୍ରସ୍ତ ଅବସ୍ଥାରେ ଥିଲେ। ସେହି ବ୍ରାହ୍ମଣ ଜଣକ ଦ୍ୱାରରେ ବାରମ୍ବାର ଭିକ୍ଷା ମାଗିବାରୁ ସେ ଅତ୍ୟନ୍ତ କ୍ରୋଧିତ ହୋଇଗଲେ ଓ ଚିତ୍କାର କରି କହିଲେ, 'ଏଠାରୁ ଚାଲିଯାଅ ଓ ଅନ୍ୟ କାହାକୁ ଭିକ୍ଷା ମାଗ। କିଏ ତୁମକୁ ଏଠାରେ ଅନ୍ନ ଭିକ୍ଷା ଦେବ ବୋଲି ଭାବୁଛ ?' ଏପରି କଟୁ ବଚନ ଦ୍ୱାରା ଆଘାତ ପାଇ ସେହି ବ୍ରାହ୍ମଣ ସେଠାରୁ ଫେରିଗଲେ ଓ ଶ୍ରୀ ବରଦରାଜଙ୍କ ମନ୍ଦିର ଆଡ଼କୁ ଧୀରେ ଧୀରେ ଚାଲିବାକୁ ଲାଗିଲେ।

ଯିବା ପଥରେ ସେ ସମ୍ମୁଖରୁ ରାମାନୁଜଙ୍କୁ ଆସୁଥିବାର ଦେଖିଲେ, ଯେ କି ମନ୍ଦିରରୁ ଗୃହକୁ ଫେରୁଥିଲେ। ବ୍ରାହ୍ମଣଙ୍କର ଅବସାଦରେ ପୂର୍ଣ୍ଣ ମୁଖମଣ୍ଡଳ ଓ ଦୁର୍ବଳ ଶରୀରକୁ ଲକ୍ଷ୍ୟ କରି ରାମାନୁଜଙ୍କ ମନରେ ତାଙ୍କ ପ୍ରତି କରୁଣା ଜାଗ୍ରତ ହେଲା। ସେ ତାଙ୍କୁ କହିଲେ, 'ହେ ବ୍ରାହ୍ମଣ ମହାଶୟ, ଏହା ଜଣା ପଡ଼ୁଛି ଯେ ଆପଣ ଆଜି କିଛି ଭୋଜନ କରିନାହାଁନ୍ତି।' ବ୍ରାହ୍ମଣ ଉତ୍ତର ଦେଲେ, 'ମୁଁ ଆଜି ଆପଣଙ୍କ ଗୃହକୁ କିଛି ପ୍ରସାଦ ଭିକ୍ଷା କରିବାକୁ ଯାଇଥିଲି। କିନ୍ତୁ ଆପଣଙ୍କ ପତ୍ନୀ ମୋ ଉପରେ କ୍ରୋଧିତ ହୋଇଗଲେ ଓ ମୋତେ ସେଠାରୁ ବାହାର କରିଦେଲେ।' ଜଣେ ଅତିଥିଙ୍କୁ ତାଙ୍କ ଗୃହରେ ଏପରି ଦୁର୍ବ୍ୟବହାର କରାଯାଇଥିବା ଜାଣି ରାମାନୁଜ ମର୍ମାହତ ହୋଇଗଲେ। ସେ କିଛି ସମୟ ଚିନ୍ତା କଲେ ଓ କହିଲେ, 'ଦୟାକରି ଆଉ ଥରେ ମୋର ଗୃହକୁ ଯାଆନ୍ତୁ। ମୁଁ ଆପଣଙ୍କୁ ଏକ ପତ୍ର ଦେଉଛି। ଆପଣ ଏହାକୁ ମୋର ପତ୍ନୀଙ୍କୁ ଦେଇ କହିବେ ଯେ, ଏହାକୁ ତାଙ୍କର ପିତା ମୋ ଉଦ୍ଦେଶ୍ୟରେ ପଠାଇଛନ୍ତି। ମୋର ପତ୍ନୀ ଏହାକୁ ଦେଖିବା ପରେ ନିଶ୍ଚୟ ଆପଣଙ୍କୁ ଯତ୍ନର ସହିତ ଭୋଜନ କରାଇବେ।' ଏହା କହି ସେ ଏକ ପତ୍ର ଲେଖିଲେ, ଯାହାକି ଏହିପରି ଥିଲା, 'ପ୍ରିୟ ପୁତ୍ର, ମୋର ଦ୍ୱିତୀୟ କନ୍ୟାର ବିବାହ ଉତ୍ସବ ଅନୁଷ୍ଠିତ ହେବାକୁ ଯାଉଛି। ସେଥିପାଇଁ ଦୟାକରି ରକ୍ଷାକମ୍ବଳଙ୍କୁ ଏହି ବ୍ୟକ୍ତିଙ୍କ ସହିତ ମୋ ଗୃହକୁ ପଠାଇଦିଅ। ଯଦି କାର୍ଯ୍ୟରେ ବ୍ୟସ୍ତ ନ ଥାଅ, ତେବେ ତୁମେ ମଧ୍ୟ ଏଠାକୁ ଆସିପାରିଲେ ମୁଁ ଅତି ପ୍ରସନ୍ନ ହେବି। ମୋର ପତ୍ନୀଙ୍କ ପାଇଁ ଏକାକୀ ସମସ୍ତ ଅତିଥିଙ୍କ ଯତ୍ନ ନେବା କଷ୍ଟକର ହୋଇପଡ଼ିବ। ସେଥିପାଇଁ ରକ୍ଷାକମ୍ବଳ ଶୀଘ୍ର ଏଠାକୁ ଆସିବା ଅତ୍ୟନ୍ତ ଆବଶ୍ୟକ।' ଏହାପରେ ରାମାନୁଜ ସେହି ପତ୍ରଟି ସହିତ ବ୍ରାହ୍ମଣଙ୍କୁ ତାଙ୍କ ଗୃହକୁ ପଠାଇଦେଲେ। ସେଠାରେ ପହଞ୍ଚି ବ୍ରାହ୍ମଣ ରକ୍ଷାକମ୍ବଳଙ୍କୁ କହିଲେ, 'ଆପଣଙ୍କ ପିତା ମୋତେ ଏଠାକୁ ପଠାଇଛନ୍ତି।' ଏହା ଶୁଣି ରକ୍ଷାକମ୍ବଳ ଆନନ୍ଦିତ ହୋଇଗଲେ ଏବଂ ବ୍ରାହ୍ମଣଙ୍କୁ ଆଦରର ସହିତ ସ୍ୱାଗତ ଜଣାଇ ତାଙ୍କୁ ଜଳ ଓ ଭୋଜନ ପ୍ରଦାନ କଲେ। ଏହା ମଧ୍ୟରେ ରାମାନୁଜ ଗୃହକୁ ଫେରିଆସିଲେ। ତାଙ୍କୁ ଦେଖି ରକ୍ଷାକମ୍ବଳ ସେହି ପତ୍ରଟି ଦେଲେ ଓ କହିଲେ, 'ମୋର ପିତା ଆପଣଙ୍କ ପାଇଁ ଏହି ପତ୍ରଟି ପଠାଇଛନ୍ତି।' ରାମାନୁଜ ପତ୍ରକୁ ପଢ଼ିସାରି ତାଙ୍କୁ କହିଲେ, 'ମୋର ଏକ ଅତି ମହତ୍ତ୍ୱପୂର୍ଣ୍ଣ କାର୍ଯ୍ୟ ସମ୍ପନ୍ନ କରିବାର ଅଛି। ତୁମକୁ ଏକାକୀ ଯିବାକୁ ହେବ। ମୁଁ ଶୀଘ୍ର ସେହି କାର୍ଯ୍ୟକୁ ସମାପ୍ତ କରି ସେଠାରେ ପହଞ୍ଚିବାକୁ ଚେଷ୍ଟା କରିବି। ଦୟାକରି ତୁମ ପିତାମାତାଙ୍କୁ ମୋର ସମ୍ମାନ ଜଣାଇଦେବ।' ରକ୍ଷାକମ୍ବଳ ଯାତ୍ରା ଆରମ୍ଭ କରିବାକୁ ପ୍ରସ୍ତୁତ ହେଲେ ଏବଂ ରାମାନୁଜଙ୍କୁ ପ୍ରଣାମ କରି ସେହି ବ୍ରାହ୍ମଣଙ୍କ ସହିତ ନିଜ ପିତାଙ୍କ ଗୃହକୁ ଚାଲିଗଲେ।

ସନ୍ନ୍ୟାସ ଗ୍ରହଣ

ରକ୍ଷାକମ୍ବଲ ପ୍ରସ୍ଥାନ କଲାପରେ ରାମାନୁଜ ଶ୍ରୀ ବରଦରାଜଙ୍କ ମନ୍ଦିର ଆଡ଼କୁ ଚାଲିବାକୁ ଲାଗିଲେ ଏବଂ ମନେମନେ ଭଗବାନଙ୍କୁ ପ୍ରାର୍ଥନା କଲେ, 'ହେ ପ୍ରଭୁ ନାରାୟଣ, ଦୟା କରି ଏହି ସେବକକୁ ଆପଣଙ୍କ ଶ୍ରୀଚରଣରେ ସମ୍ପୂର୍ଣ୍ଣ ଶରଣ ନେବା ପାଇଁ ଅନୁମତି ପ୍ରଦାନ କରନ୍ତୁ।' ମନ୍ଦିରରେ ପହଞ୍ଚି ସେ ଭଗବାନଙ୍କ ବିଗ୍ରହଙ୍କୁ ପ୍ରଣାମ କଲେ ଓ ପ୍ରାର୍ଥନା କଲେ, 'ମୋର ପ୍ରିୟ ପ୍ରଭୁ, ଆଜିଠାରୁ ମୁଁ ସମ୍ପୂର୍ଣ୍ଣ ରୂପେ ଆପଣଙ୍କର ଅଟେ। ଦୟାକରି ମୋତେ ଗ୍ରହଣ କରନ୍ତୁ।' ଏହାପରେ ସେ ଗେରୁଆ ବସ୍ତ୍ର ଓ ଶ୍ରୀ ବରଦରାଜଙ୍କ ପାଦସ୍ପର୍ଶ ପାଇଥିବା ଦଣ୍ଡକୁ ଧାରଣ କଲେ। ମନ୍ଦିର ବାହାରକୁ ଯାଇ ସେ ସ୍ନାନ କଲେ ଏବଂ ସେଠାକାର ପୁଷ୍କରିଣୀ ନିକଟରେ ଯଜ୍ଞ ପାଇଁ ଅଗ୍ନି ଜଳାଇଲେ। ସେହି ସମୟରେ କାଞ୍ଚିପୂର୍ଣ୍ଣ ଶ୍ରୀ ବରଦରାଜଙ୍କ ଠାରୁ ନିର୍ଦ୍ଦେଶ ପାଇ ରାମାନୁଜଙ୍କ ନିକଟକୁ ଆସିଲେ ଏବଂ ତାଙ୍କୁ ଯତିରାଜ ନାମରେ ନାମିତ କଲେ। ଏହାପରେ ରାମାନୁଜ ବୈଷ୍ଣବ ସନ୍ୟାସର ଚିହ୍ନ ରୂପରେ ତ୍ରିଦଣ୍ଡ ଗ୍ରହଣ କଲେ, ଯାହାକି ମନ, ବଚନ ଓ କାର୍ଯ୍ୟରେ ଭଗବାନ ନାରାୟଣଙ୍କ ସେବାରେ ନିଜକୁ ସମର୍ପିତ କରିବାକୁ ଦର୍ଶାଇଥାଏ। ସେହି ସନ୍ନ୍ୟାସ ଗ୍ରହଣ ଉତ୍ସବ ସମ୍ପନ୍ନ ହେଲା ଏବଂ ରାମାନୁଜ ଗେରୁଆ ବସ୍ତ୍ର ପରିଧାନ କରି ଉଦିତ ସୂର୍ଯ୍ୟଙ୍କ ପରି ତେଜମୟ ଦୃଶ୍ୟମାନ ହେଲେ।

ଆଚାର୍ଯ୍ୟ ପଦ ଗ୍ରହଣ

ରାମାନୁଜଙ୍କ ସନ୍ନ୍ୟାସ ଗ୍ରହଣ କରିବା ସମ୍ବାଦ ପାଇ କାଞ୍ଚି ନଗରର ଲୋକମାନେ ବିସ୍ମିତ ହୋଇଗଲେ। ସେ ଯୁବ ବୟସର ଥିଲେ ଓ ତାଙ୍କ ପତ୍ନୀ ମଧ ଅତି ସୁନ୍ଦରୀ ଥିଲେ। କିଛି ଲୋକ ତାଙ୍କୁ ପାଗଳ ବୋଲି ଭାବିଲେ, କିନ୍ତୁ ଅଧିକାଂଶ ଲୋକ ତାଙ୍କୁ ପୂର୍ବ ସମୟର ମହାନ୍ ଭକ୍ତମାନଙ୍କ ସହିତ ତୁଳନା କରିବାକୁ ଲାଗିଲେ। ବିଭିନ୍ନ ସ୍ଥାନରୁ ଲୋକମାନେ ତାଙ୍କୁ ଦର୍ଶନ କରିବାକୁ ଆସିଲେ। ତାଙ୍କର ଶାସ୍ତ୍ର ଜ୍ଞାନ ଓ ଉତ୍ତମ ଗୁଣ ବିଷୟରେ ସମସ୍ତେ ଅବଗତ ଥିଲେ। କାଞ୍ଚିର ଆଶ୍ରମରେ ରହୁଥିବା ସମସ୍ତ ବୈଷ୍ଣବମାନେ ତାଙ୍କୁ ସେମାନଙ୍କ ଆଚାର୍ଯ୍ୟ ପଦ ଅର୍ପଣ କଲେ। ଧୀରେ ଧୀରେ ତାଙ୍କ ପାଖକୁ ଶିଷ୍ୟମାନେ ଆସି ଜ୍ଞାନ ଆହରଣ କରିବାକୁ ଲାଗିଲେ। ତାଙ୍କର ଭଣଜା ଦାଶରଥି ତାଙ୍କର ପ୍ରଥମ ଶିଷ୍ୟ ହେଲେ, ଯେ କି ଜଣେ ବୈଦିକ ପଣ୍ଡିତ ରୂପେ ପ୍ରସିଦ୍ଧ ଥିଲେ। କୁରେଶ ନାମରେ ଜଣେ ଯୁବକ, ଯାହାଙ୍କର ସ୍ମରଣ ଶକ୍ତି ଅତି ଅଦ୍ଭୁତ ଥିଲା ତାଙ୍କର ଦ୍ୱିତୀୟ ଶିଷ୍ୟ ହେଲେ।

ମୁକ୍ତିପଥରେ ଯାଦବପ୍ରକାଶ

ଦିନେ ଯେତେବେଳେ ଯାଦବପ୍ରକାଶଙ୍କ ବୃଦ୍ଧା ମାତା ଶ୍ରୀ ବରଦରାଜଙ୍କ ଦର୍ଶନ କରିବାକୁ ମନ୍ଦିରକୁ ଗଲେ, ସେ ରାମାନୁଜଙ୍କୁ ଆଶ୍ରମ ସମ୍ମୁଖରେ ଶିଷ୍ୟ ମାନଙ୍କୁ ଭଗବଦ୍ ଜ୍ଞାନ ବିଷୟରେ ଶିକ୍ଷା ପ୍ରଦାନ କରୁଥିବାର ଦେଖିଲେ। ତାଙ୍କର ମହାନତା ଓ ଜ୍ଞାନର ଗଭୀରତାକୁ ସେ ଜାଣିପାରିଲେ। ସେ ମନେ ମନେ ଚିନ୍ତା କଲେ, 'ଯଦି ମୋର ପୁତ୍ର ଏହି ଅଦ୍ଭୁତ ଯୁବ ସନ୍ନ୍ୟାସୀଙ୍କ ଶିଷ୍ୟ ହୋଇପାରନ୍ତା, ତେବେ ତାହାର ଜୀବନ ସଫଳ ହୋଇଯିବ।' ଯେବେଠାରୁ ଯାଦବପ୍ରକାଶ ରାମାନୁଜଙ୍କୁ ହତ୍ୟା କରିବାକୁ ଷଡ଼ଯନ୍ତ୍ର କରି ଅସଫଳ ହୋଇଥିଲେ, ସେବେଠାରୁ ସେ ବିଷାଦଗ୍ରସ୍ତ ରହୁଥିଲେ ଏବଂ ତାଙ୍କ ମାତା ଏହା ଜାଣିଥିଲେ। ଗୃହକୁ ଫେରିବା ପରେ ସେ ଯାଦବପ୍ରକାଶଙ୍କୁ ରାମାନୁଜଙ୍କୁ ଗୁରୁ ରୂପେ ଗ୍ରହଣ କରିବାକୁ ଅନୁରୋଧ କଲେ। କିନ୍ତୁ ନିଜର ଏକ ପୂର୍ବତନ ଛାତ୍ର ରାମାନୁଜଙ୍କ ଶରଣ ନେବା ବିଷୟକୁ ଯାଦବପ୍ରକାଶ ପସନ୍ଦ କଲେ ନାହିଁ। ତାଙ୍କର ମନ ଆହୁରି ଅଶାନ୍ତ ହେବାକୁ ଲାଗିଲା। ଦିନେ ଅକସ୍ମାତ ତାଙ୍କର କାଞ୍ଚିପୂର୍ଣ୍ଣଙ୍କ ସହିତ ସାକ୍ଷାତ ହେଲା। ସେ କାଞ୍ଚିପୂର୍ଣ୍ଣଙ୍କୁ କହିଲେ, 'ମହାଶୟ, ମୋର ହୃଦୟ ଅତ୍ୟନ୍ତ ବ୍ୟଥିତ ରହୁଅଛି। ମୁଁ ଶାନ୍ତି ପାଇ ପାରୁନାହିଁ। ସମସ୍ତେ ଜାଣନ୍ତି ଯେ, ଆପଣଙ୍କ ମାଧ୍ୟମରେ ଶ୍ରୀ ବରଦରାଜ ନିର୍ଦ୍ଦେଶ ଦେଇଥାନ୍ତି। ଦୟାକରି ମୋତେ କୁହନ୍ତୁ ମୁଁ କଣ କରିବା ଉଚିତ୍ ହେବ।' କାଞ୍ଚିପୂର୍ଣ୍ଣ ଉତ୍ତର ଦେଲେ, 'ଏବେ ଆପଣ ଗୃହକୁ ଯାଆନ୍ତୁ। ଆଜି ରାତ୍ରିରେ ମୁଁ ଶ୍ରୀ ବରଦରାଜଙ୍କୁ ପ୍ରାର୍ଥନା କରିବି। ଯଦି ଆପଣ କାଲି ମୋ ନିକଟକୁ ଆସିବେ, ତେବେ ମୁଁ ଆପଣଙ୍କୁ ପ୍ରଭୁଙ୍କ ନିର୍ଦ୍ଦେଶ ଜଣାଇଦେବି।' ପରଦିନ ଯେତେବେଳେ ସେହି ଦୁଇଜଣଙ୍କ ପୁଣି ଥରେ ସାକ୍ଷାତ ହେଲା, କାଞ୍ଚିପୂର୍ଣ୍ଣ ସଙ୍ଗେସଙ୍ଗେ ରାମାନୁଜଙ୍କ ଅସାଧାରଣ ଜ୍ଞାନ ଓ ଭକ୍ତି ତଥା ତାଙ୍କର ଶିଷ୍ୟତ୍ୱ ଗ୍ରହଣ କରିବାର ମହତ୍ତ୍ୱ ବିଷୟରେ ବର୍ଣ୍ଣନା କଲେ। ଏହା ଶୁଣି ଯାଦବପ୍ରକାଶ ରାମାନୁଜଙ୍କ ଆଶ୍ରମକୁ ଯାଇ ତାଙ୍କ ସହିତ ଶାସ୍ତ୍ର ଆଲୋଚନା କରିବା ପାଇଁ ସ୍ଥିର କଲେ। ସେହି ରାତ୍ରିରେ ସେ ଭଲ ଭାବେ ଶୟନ କରି ପାରିଲେ ନାହିଁ ଏବଂ ଅନେକ ପ୍ରକାରର ପ୍ରଶ୍ନ ତାଙ୍କର ମନକୁ ଆନ୍ଦୋଳିତ କଲା। ରାତ୍ରିର ବିଳମ୍ବିତ ପ୍ରହରରେ ଯେତେବେଳେ ସେ କିଛି ସମୟ ପାଇଁ ନିଦ୍ରାକୁ ପ୍ରାପ୍ତ ହେଲେ, ସେ ଏକ ଅଦ୍ଭୁତ ସ୍ୱପ୍ନ ଦେଖିଲେ। ସେ ଦେଖିଲେ ଯେ, ଜଣେ ଜ୍ୟୋତିର୍ମୟ ପୁରୁଷ ତାଙ୍କ ସମ୍ମୁଖରେ ଆବିର୍ଭୂତ ହେଲେ ଏବଂ ତାଙ୍କୁ ବାରମ୍ବାର କହିଲେ ଯେ ସେ ରାମାନୁଜଙ୍କୁ ଗୁରୁ ରୂପେ ଗ୍ରହଣ କରିବା ଉଚିତ୍। ଯାଦବପ୍ରକାଶଙ୍କ ନିଦ୍ରା ଭଙ୍ଗ ହେବା ପରେ ସେ ସେହି ସ୍ୱପ୍ନ ବିଷୟରେ ଚିନ୍ତା କରି ଆଶ୍ଚର୍ଯ୍ୟ

ହୋଇଗଲେ। କିନ୍ତୁ ଭାବପ୍ରବଣତାରେ ପ୍ରଭାବିତ ହୋଇ କାର୍ଯ୍ୟ କରିବା ତାଙ୍କର ସ୍ୱଭାବ ନ ଥିଲା ଏବଂ ତଥାପି ତାଙ୍କର ମନରେ ରାମାନୁଜଙ୍କ ଚିନ୍ତାଧାରା ଉପରେ ସନ୍ଦେହ ରହିଥିଲା। ସେହିଦିନ ଅପରାହ୍ଣରେ ସେ ଆଶ୍ରମକୁ ଗଲେ। ସେଠାରେ ଯେତେବେଳେ ସେ ରାମାନୁଜଙ୍କ ଅପୂର୍ବ ତେଜ ଏବଂ ନିର୍ମଳତାକୁ ଦର୍ଶନ ଓ ଅନୁଭବ କଲେ, ସେ ଚକିତ ହୋଇଗଲେ। ରାମାନୁଜ ତାଙ୍କର ପୂର୍ବତନ ଗୁରୁଙ୍କୁ ଦେଖି ତାଙ୍କୁ ସମ୍ମାନର ସହିତ ସ୍ୱାଗତ କଲେ ଓ ତାଙ୍କୁ ଏକ ଉଚ୍ଚ ଆସନ ଅର୍ପଣ କଲେ। ଏହାପରେ ରାମାନୁଜ ଦକ୍ଷତାର ସହିତ ବର୍ଣ୍ଣନା କରିଆସୁଥିବା ବୈଷ୍ଣବ ତତ୍ତ୍ୱ ମାନଙ୍କ ଉପରେ ସନ୍ଦେହ ପ୍ରକାଶ କରି ଯାଦବପ୍ରକାଶ କହିଲେ, 'ପୁତ୍ର, ମୁଁ ତୁମର ଶାସ୍ତ୍ର ଜ୍ଞାନ ଓ ବିନମ୍ର ବ୍ୟବହାରରେ ଅତି ପ୍ରସନ୍ନ ଅଟେ। ତୁମେ ଧାରଣ କରିଥିବା ତିଳକ ଏବଂ ତୁମ ଶରୀରରେ ଚିତ୍ରିତ ହୋଇଥିବା ପଦ୍ମ ଓ ଚକ୍ର ଚିହ୍ନକୁ ଦେଖି ମୁଁ ଜାଣି ପାରୁଛି ଯେ, ତୁମେ ଭଗବାନ ବିଷ୍ଣୁଙ୍କ ଭକ୍ତ ଅଟ ତଥା କେବଳ ଭକ୍ତି ମାର୍ଗକୁ ହିଁ ତୁମେ ଶ୍ରେୟସ୍କର ମନେ କରୁଛ। କିନ୍ତୁ ଏପରି ତଥ୍ୟ କେଉଁ ଶାସ୍ତ୍ରୀୟ ପ୍ରମାଣ ଦ୍ୱାରା ଆଧାରିତ ଅଟେ?' ଏହାର ଉତ୍ତରରେ ରାମାନୁଜ କହିଲେ, 'ଇଏ ହେଉଛନ୍ତି କୁରେଶ, ଯେ କି ସମସ୍ତ ଶାସ୍ତ୍ର ବିଷୟରେ ସର୍ବୋଚ୍ଚ ଜ୍ଞାନୀ ଅଟନ୍ତି। ଆପଣଙ୍କ ଏହି ପ୍ରଶ୍ନକୁ ତାଙ୍କ ସମ୍ମୁଖରେ ଉପସ୍ଥାପନ କରନ୍ତୁ।' ଏହାପରେ ରାମାନୁଜଙ୍କ ଯୁବଶିଷ୍ୟ କୁରେଶ କହିବା ଆରମ୍ଭ କଲେ। ସେ ବେଦ, ଉପନିଷଦ ଓ ପୁରାଣ ମାନଙ୍କରୁ ଉଦାହରଣ ସହିତ ଅନେକ ଶ୍ଳୋକ ବର୍ଣ୍ଣନା କଲେ, ଯାହାକି ପ୍ରମାଣିତ କରିଥାଏ ଯେ ଭକ୍ତିର ସହିତ ଭଗବାନଙ୍କ ସେବା କରିବା ହିଁ ଆଧ୍ୟାତ୍ମିକ ଜୀବନର ପରିପୂର୍ଣ୍ଣତା ଅଟେ। ଶାସ୍ତ୍ରୀୟ ପ୍ରମାଣ ମାନଙ୍କ ସେହି ପ୍ରଚଣ୍ଡ ପ୍ରବାହକୁ ଶ୍ରବଣ କରି ଯାଦବପ୍ରକାଶ ସ୍ତବ୍ଧ ଓ ଅବାକ୍ ହୋଇଗଲେ। ତାଙ୍କ ମନରେ ନିଜର ପୂର୍ବ ଅପମାନଜନକ ବ୍ୟବହାର, ତାଙ୍କ ମାତାଙ୍କ ମନସ୍କାମନା ଓ କାଞ୍ଚିପୂର୍ଣ୍ଣଙ୍କ ଉପଦେଶ ଇତ୍ୟାଦି ବିଭିନ୍ନ ପ୍ରକାରର ଚିନ୍ତା କ୍ଷୀପ୍ରତାର ସହିତ ସୃଷ୍ଟି ହେଲା। ସଙ୍ଗେସଙ୍ଗେ ସେ ରାମାନୁଜଙ୍କ ଚରଣରେ ଲମ୍ବ ହୋଇ ପଡ଼ିଗଲେ ଓ କ୍ରନ୍ଦନ କରି କହିଲେ, 'ହେ ରାମାନୁଜ! ଅହଙ୍କାରରେ ଅନ୍ଧ ହୋଇ ମୁଁ ତୁମର ପ୍ରକୃତ ଗୁଣମାନଙ୍କୁ ଚିହ୍ନି ପାରିଲି ନାହିଁ। ଦୟାକରି ମୋର ସମସ୍ତ ଅପରାଧକୁ କ୍ଷମା କରିଦିଅ ଓ ମୋତେ ଏହି ସଂସାରର ତାପରୁ ଉଦ୍ଧାର କରିବା ପାଇଁ ମୋର ପଥପ୍ରଦର୍ଶକ ହୁଅ। ମୁଁ କେବଳ ତୁମର ହିଁ ଶରଣ ନେଉଅଛି।' ରାମାନୁଜ ତାଙ୍କୁ ଚରଣରୁ ଉଠାଇ ସ୍ନେହର ସହିତ ଆଲିଙ୍ଗନ କଲେ। ସେହିଦିନ ହିଁ ଯାଦବପ୍ରକାଶ ତାଙ୍କ ମାତାଙ୍କ ଆଶୀର୍ବାଦ ନେଇ ରାମାନୁଜଙ୍କ ଠାରୁ ସନ୍ନ୍ୟାସ ଗ୍ରହଣ କଲେ ଓ ନିଜକୁ ଅତି ସୌଭାଗ୍ୟଶାଳୀ ମନେ କଲେ। ରାମାନୁଜ ତାଙ୍କୁ ଗୋବିନ୍ଦ ଦାସ ନାମ ଦେଲେ ଏବଂ ସେହି ଦିନଠାରୁ ତାଙ୍କର

ବ୍ୟକ୍ତିତ୍ୱରେ ପରିବର୍ତ୍ତନ ଦେଖା ଦେଲା। ସେ ସମ୍ପୂର୍ଣ୍ଣ ଭାବରେ ବୈଷ୍ଣବ ସିଦ୍ଧାନ୍ତକୁ ଗ୍ରହଣ କରିନେଲେ ଏବଂ ତାଙ୍କର ଅହଙ୍କାରକୁ ତ୍ୟାଗ କରିଦେଲେ। ପରମେଶ୍ୱରଙ୍କ ଭକ୍ତି ଓ ସେବାରେ ନିଜକୁ ନିୟୋଜିତ କରିବା ସମୟରେ ବିନମ୍ରତାର ଅଶ୍ରୁ ତାଙ୍କର ନୟନକୁ ସଜ୍ଜିତ କରିବାରେ ଲାଗିଲା। ତାଙ୍କର ଏହି ଅଭୂତପୂର୍ବ ପରିବର୍ତ୍ତନ ବିଷୟରେ ଶ୍ରବଣ କରି ସମସ୍ତେ ରାମାନୁଜଙ୍କ ମହିମାକୁ ପ୍ରଶଂସା କରୁଥିଲେ ଏବଂ ତାଙ୍କର ଖ୍ୟାତି ସର୍ବ ଦିଗରେ ପ୍ରସାରିତ ହେଉଥିଲା। ଯାଦବପ୍ରକାଶଙ୍କ ସେହି ବିଶୁଦ୍ଧ ଭକ୍ତିଭାବକୁ ଲକ୍ଷ୍ୟ କରି ରାମାନୁଜ ଦିନେ ତାଙ୍କୁ କହିଲେ, 'ଏବେ ଆପଣଙ୍କ ମନ ସମସ୍ତ ଅଶୁଦ୍ଧିରୁ ମୁକ୍ତ ହୋଇଯାଇଛି। କିନ୍ତୁ ପୂର୍ବ ପାପକର୍ମର ଫଳରୁ ରକ୍ଷା ପାଇବା ପାଇଁ ଆପଣ ଜଣେ ବୈଷ୍ଣବର କର୍ତ୍ତବ୍ୟ ବିଷୟରେ ବର୍ଣ୍ଣନା କରି ଏକ ପୁସ୍ତକ ରଚନା କରିବା ଉଚିତ୍। ଏହି ସେବାକୁ ଅର୍ପଣ କରି ଆପଣ ପରିପୂର୍ଣ୍ଣତାକୁ ପ୍ରାପ୍ତ ହେବେ। ଏହା ଶୁଣି ଯାଦବପ୍ରକାଶ 'ଯତି ଧର୍ମ ସମୁଚ୍ଚୟ' ନାମକ ଏକ ଚମତ୍କାର ପୁସ୍ତକ ରଚନା କଲେ ଏବଂ ତାହାକୁ ଗୁରୁଙ୍କ ଚରଣରେ ସମର୍ପଣ କଲେ। ସେହି ସମୟରେ ଗୋବିନ୍ଦ ଦାସ ନାମରେ ପରିଚିତ ଥିବା ଯାଦବପ୍ରକାଶ ଅଶି ବର୍ଷରୁ ଊର୍ଦ୍ଧ୍ୱ ବୟସର ହୋଇଯାଇଥିଲେ। ସେହି ପୁସ୍ତକଟିକୁ ରଚନା କରିବାର କିଛି ଦିନ ପରେ ସେ ଦେହତ୍ୟାଗ କଲେ ଓ ସଂସାରରୁ ବିଦାୟ ନେଲେ।

ଶ୍ରୀ ରଙ୍ଗନାଥଙ୍କ ନିର୍ଦ୍ଦେଶ

ଯେତେବେଳେ କାଞ୍ଚିରେ ଏହି ସବୁ ଘଟଣା ଘଟିଯାଉଥିଲା, ସେହି ସମୟରେ ଶ୍ରୀରଙ୍ଗମ୍ କ୍ଷେତ୍ରରେ ଥିବା ବିଷ୍ଣୁଭକ୍ତମାନେ ସେମାନଙ୍କୁ ପଥ ପ୍ରଦର୍ଶନ କରିବା ପାଇଁ ଜଣେ ସୁଦକ୍ଷ ଗୁରୁଙ୍କ ଅଭାବକୁ ତଥାପି ଅନୁଭବ କରୁଥିଲେ। ରାମାନୁଜ ସେଠାକୁ ଆସି ସେମାନଙ୍କ ଆଚାର୍ଯ୍ୟ ରୂପେ ଅବସ୍ଥାନ କରିବା ପାଇଁ ସେମାନେ ସମସ୍ତେ ଇଚ୍ଛା କରୁଥିଲେ। ମହାପୂର୍ଣ୍ଣ ହଠାତ୍ କାଞ୍ଚି ତ୍ୟାଗ କରି ଚାଲିଆସିବାରୁ ସେ ମଧ୍ୟ ରାମାନୁଜଙ୍କୁ ଆଣିବାରେ ସମର୍ଥ ହୋଇପାରି ନଥିଲେ। ଯେତେବେଳେ ରାମାନୁଜଙ୍କ ସନ୍ନ୍ୟାସ ଗ୍ରହଣ କରିବା ସମ୍ବାଦ ସମସ୍ତେ ଶୁଣିଲେ, ମହାପୂର୍ଣ୍ଣ ଅତ୍ୟନ୍ତ ପ୍ରସନ୍ନ ହେଲେ ଏବଂ ଶ୍ରୀ ରଙ୍ଗନାଥଙ୍କୁ ଦର୍ଶନ କରିବାକୁ ମନ୍ଦିରକୁ ଗଲେ। ସେଠାରେ ସେହି ଅନନ୍ତଶେଷଶାୟୀ ପଦ୍ମଲୋଚନ ପ୍ରଭୁଙ୍କ ସମ୍ମୁଖରେ ସେ ରାମାନୁଜଙ୍କୁ ରଙ୍ଗକ୍ଷେତ୍ରକୁ ଆଣିବା ପାଇଁ ଆକୁଳ ପ୍ରାର୍ଥନା କଲେ। ସେହି ଶୁଦ୍ଧ ଭକ୍ତଙ୍କ ବିନୀତ ନିବେଦନକୁ ଶୁଣି କରୁଣାମୟ ଶ୍ରୀ ରଙ୍ଗନାଥ ପ୍ରସନ୍ନ ହେଲେ ଏବଂ ତାଙ୍କୁ ନିର୍ଦ୍ଦେଶ ଦେଲେ, 'ବତ୍ସ, ତୁମେ ବରରଙ୍ଗଙ୍କୁ

କାଞ୍ଚି କ୍ଷେତ୍ରସ୍ଥିତ ଶ୍ରୀ ବରଦରାଜଙ୍କ ନିକଟକୁ ପ୍ରେରଣ କର । ବରରଙ୍ଗ ସୁମଧୁର କଣ୍ଠରେ ସଙ୍ଗୀତ ଗାନ କରିବାରେ ସର୍ବଶ୍ରେଷ୍ଠ ଅଟନ୍ତି । ଯେତେବେଳେ ଶ୍ରୀ ବରଦରାଜ ତାଙ୍କ ମଧୁର ଭଜନ ଦ୍ୱାରା ପ୍ରସନ୍ନ ହୋଇ ତାଙ୍କୁ ବର ମାଗିବା ପାଇଁ କହିବେ, ସେତେବେଳେ ସେ ରାମାନୁଜଙ୍କୁ ଏଠାକୁ ଆଣିବାପାଇଁ ଶ୍ରୀ ବରଦରାଜଙ୍କଠାରୁ ଅନୁମତି ଭିକ୍ଷା କରିବେ । ଶ୍ରୀ ବରଦରାଜଙ୍କ ନିର୍ଦ୍ଦେଶ ବିନା ରାମାନୁଜ କଦାପି ତାଙ୍କ ପ୍ରଭୁଙ୍କ ପାଦପଦ୍ମର ଆଶ୍ରୟକୁ ତ୍ୟାଗ କରିବେ ନାହିଁ ।'

ଶ୍ରୀରଙ୍ଗମ୍ କ୍ଷେତ୍ରକୁ ଯାତ୍ରା

ଶ୍ରୀ ଯମୁନାଚାର୍ଯ୍ୟଙ୍କ ପୁତ୍ର ବରରଙ୍ଗ ଜଣେ ସୁପ୍ରସିଦ୍ଧ ଗାୟକ ଥିଲେ ଏବଂ 'ସହସ୍ର ଗୀତି' ନାମକ କାବ୍ୟକୁ ଗାନ କରିବାରେ ସେ ଖ୍ୟାତି ଅର୍ଜନ କରିଥିଲେ । ଶ୍ରୀ ରଙ୍ଗନାଥଙ୍କ ନିର୍ଦ୍ଦେଶ ଅନୁସାରେ ମହାପୂର୍ଣ୍ଣ ରାମାନୁଜଙ୍କୁ ଆଣିବାପାଇଁ ବରରଙ୍ଗଙ୍କୁ କାଞ୍ଚିକୁ ପଠାଇଲେ । ସେଠାରେ ପହଞ୍ଚି ବରରଙ୍ଗ ପ୍ରତିଦିନ ଶ୍ରୀ ବରଦରାଜଙ୍କ ସମ୍ମୁଖରେ ଅତି ମଧୁର କଣ୍ଠରେ ସୁନ୍ଦର ଓ ଭାବପୂର୍ଣ୍ଣ ଭଜନ ଗାନ କରିବାରେ ଲାଗିଲେ । ଏହାକୁ ଯେ କେହି ଶ୍ରବଣ କରୁଥିଲେ, ତାଙ୍କର ହୃଦୟ ଆନନ୍ଦ ଓ ଭକ୍ତିରେ ପରିପୂର୍ଣ୍ଣ ହୋଇ ଯାଉଥିଲା । ଧୀରେ ଧୀରେ ଶ୍ରୀ ବରଦରାଜ ବରରଙ୍ଗଙ୍କ ଉପରେ ଏତେ ପ୍ରସନ୍ନ ହୋଇଗଲେ ଯେ, ସେ ତାଙ୍କୁ ଏହି ଉତ୍ତମ ସେବାକାର୍ଯ୍ୟ ପାଇଁ ବର ମାଗିବା ପାଇଁ କହିଲେ । ରାମାନୁଜ ଶ୍ରୀରଙ୍ଗମ୍ କ୍ଷେତ୍ରକୁ ଆସି ବୈଷ୍ଣବ ମାନଙ୍କ ଆଚାର୍ଯ୍ୟ ହେବା ପାଇଁ ବରରଙ୍ଗ ଭଗବାନଙ୍କଠାରୁ ଅନୁମତି ପ୍ରାର୍ଥନା କଲେ । ଶ୍ରୀ ବରଦରାଜ ଏହି ପ୍ରାର୍ଥନା ସ୍ୱୀକାର କଲେ । ତାଙ୍କର ପ୍ରିୟ କାଞ୍ଚିପୂର୍ଣ୍ଣଙ୍କ ସଙ୍ଗଲାଭରୁ ବଞ୍ଚିତ ହୋଇଯିବାର କଷ୍ଟ ଅନୁଭବ କରୁଥିବା ସତ୍ତ୍ୱେ, ଶ୍ରୀ ବରଦରାଜଙ୍କ ନିର୍ଦ୍ଦେଶାନୁସାରେ ରାମାନୁଜ କିଛି ଦିନ ପରେ ବରରଙ୍ଗଙ୍କ ସହିତ ଶ୍ରୀରଙ୍ଗମ୍ କ୍ଷେତ୍ରକୁ ଯାତ୍ରା କଲେ । ଯେତେବେଳେ ସେ ରଙ୍ଗକ୍ଷେତ୍ରରେ ପହଞ୍ଚିଲେ, ସେଠାକାର ଲୋକମାନେ ଉତ୍ସାହିତ ହୋଇଗଲେ ଏବଂ ବୈଷ୍ଣବମାନେ ତାଙ୍କୁ ସଙ୍ଗେସଙ୍ଗେ ସେମାନଙ୍କ ଆଚାର୍ଯ୍ୟ ପଦରେ ଅଧିଷ୍ଠିତ କଲେ । ଶ୍ରୀ ରଙ୍ଗନାଥ ମଧ୍ୟ ତାଙ୍କ ମନ୍ଦିରରେ ସେହି ନିର୍ମଳ ହୃଦୟବାନ୍ ଓ ଶୁଦ୍ଧ ଭକ୍ତ ରାମାନୁଜଙ୍କୁ ଦେଖି ଅତି ପ୍ରସନ୍ନ ହେଲେ ଏବଂ ତାଙ୍କୁ ଦୁଇଟି ଅଲୌକିକ ଶକ୍ତି ପ୍ରଦାନ କଲେ । ସେହି ଶକ୍ତି ମାଧ୍ୟମରେ ରାମାନୁଜ ଲୋକମାନଙ୍କ ରୋଗବ୍ୟାଧି ଦୂର କରିବାକୁ ଓ ଭକ୍ତ ମାନଙ୍କୁ ମତିଭ୍ରମରୁ ରକ୍ଷା କରିବାକୁ ସକ୍ଷମ ହେଲେ । ତାଙ୍କର ଶ୍ରୀରଙ୍ଗମ୍ କ୍ଷେତ୍ରରେ ଅବସ୍ଥାନ କରିବା ସମ୍ବାଦ ପାଇ ଆଖପାଖ ଅଞ୍ଚଳରୁ ଅନେକ ବୈଷ୍ଣବମାନେ

ତାଙ୍କୁ ଦର୍ଶନ କରିବାକୁ ଆସିବାରେ ଲାଗିଲେ । ତାଙ୍କ ମୁଖରୁ ବୈଷ୍ଣବ ତତ୍ତ୍ୱ ମାନଙ୍କ ବିଷୟରେ ଚମତ୍କାର ବର୍ଣ୍ଣନା ଶ୍ରବଣ କରି ସମସ୍ତେ ଆଶ୍ଚର୍ଯ୍ୟ ଓ ପୁଲକିତ ହୋଇ ଯାଉଥିଲେ ।

ଗୋବିନ୍ଦଙ୍କ ଉଦ୍ଧାର

ଶ୍ରୀରଙ୍ଗମ୍ କ୍ଷେତ୍ରରେ ପହଞ୍ଚିବାର କିଛି ଦିନ ପରେ ରାମାନୁଜ ତାଙ୍କର ମାଉସୀଙ୍କ ପୁତ୍ର ଗୋବିନ୍ଦଙ୍କ ସ୍ଥିତି ବିଷୟରେ ଚିନ୍ତା କରିବାକୁ ଲାଗିଲେ । ଅନେକ ବର୍ଷ ପୂର୍ବରୁ ଗୋବିନ୍ଦ ତାଙ୍କୁ ଯାଦବପ୍ରକାଶଙ୍କ ଜଘନ୍ୟ ଷଡ଼ଯନ୍ତ୍ରରୁ ରକ୍ଷା କରିଥିଲେ । ଗୋବିନ୍ଦଙ୍କ ସରଳ ସ୍ୱଭାବ ଓ ସକଳ ଜୀବଙ୍କ ପ୍ରତି ସ୍ନେହଭାବକୁ ରାମାନୁଜ ସ୍ମରଣ କଲେ ଏବଂ ତାଙ୍କୁ ଭଗବାନ ବିଷ୍ଣୁଙ୍କ ପାଦପଦ୍ମର ଆଶ୍ରୟକୁ ଆଣିବା ପାଇଁ ରାମାନୁଜଙ୍କ ମନରେ ଇଚ୍ଛା ଜାଗ୍ରତ ହେଲା । ବାରଣାସୀରୁ ତୀର୍ଥଯାତ୍ରା ସମାପ୍ତ କରି ଫେରିବା ପରେ ଗୋବିନ୍ଦ ଶିବଭକ୍ତିରେ ମଗ୍ନ ହୋଇ କାଳାହସ୍ତୀ ନାମକ ଶୈବକ୍ଷେତ୍ରରେ ଅବସ୍ଥାନ କରୁଥିଲେ । ଶ୍ରୀ ଯମୁନାଚାର୍ଯ୍ୟଙ୍କ ଶିଷ୍ୟ ତଥା ରାମାନୁଜଙ୍କ ମାମୁଁ ଶୈଳପୂର୍ଣ୍ଣ ମଧ୍ୟ ସେହି ସମୟରେ କାଳାହସ୍ତୀ ନିକଟସ୍ଥ ଶ୍ରୀ ଶୈଳ ନାମକ ସ୍ଥାନରେ ବାସ କରୁଥିଲେ । ରାମାନୁଜ ଗୋବିନ୍ଦଙ୍କୁ ପରମ କଲ୍ୟାଣକାରୀ ଶ୍ରୀ ବିଷ୍ଣୁଙ୍କ ଶରଣାଗତି ମାର୍ଗକୁ ଆଣିବା ପାଇଁ ଅନୁରୋଧ କରି ଶୈଳପୂର୍ଣ୍ଣଙ୍କୁ ଏକ ପତ୍ର ଲେଖିଲେ । ସେହି ପତ୍ରଟିକୁ ପାଇ ଶୈଳପୂର୍ଣ୍ଣ ତାଙ୍କ ଶିଷ୍ୟମାନଙ୍କ ସହିତ କାଳାହସ୍ତୀକୁ ଗଲେ ଏବଂ ସେଠାରେ ଥିବା ଏକ ବିଶାଳ ହ୍ରଦ ନିକଟରେ ଅବସ୍ଥାନ କରିବାକୁ ଲାଗିଲେ । ପ୍ରତିଦିନ ପ୍ରଭାତରେ ଗୋବିନ୍ଦ ସେହି ହ୍ରଦରେ ସ୍ନାନ କରି ଓ ନିକଟସ୍ଥ ବୃକ୍ଷମାନଙ୍କରୁ ପୁଷ୍ପ ସଂଗ୍ରହ କରି ପୂଜା କରିବା ପାଇଁ ଯାଉଥିଲେ । ଦିନେ ହ୍ରଦ ନିକଟରେ ବୈଷ୍ଣବ ଆଚାର୍ଯ୍ୟ ଶୈଳପୂର୍ଣ୍ଣଙ୍କୁ ଶିଷ୍ୟମାନଙ୍କ ଗହଣରେ ବସି ଭଗବଦ୍ ଜ୍ଞାନ ବିତରଣ କରୁଥିବାର ଦେଖି ସେ ଆଶ୍ଚର୍ଯ୍ୟ ହୋଇଗଲେ । ସେହି ପ୍ରବଚନକୁ ଶୁଣିବା ଉଦ୍ଦେଶ୍ୟରେ, ନିକଟରେ ଥିବା ଏକ ବୃକ୍ଷ ଉପରେ ଚଢ଼ି ସେ ପୁଷ୍ପ ସଂଗ୍ରହ କରିବାକୁ ଲାଗିଲେ । ଯେତେ ଅଧିକରୁ ଅଧିକ ସେ ଶୈଳପୂର୍ଣ୍ଣଙ୍କ ଭକ୍ତିପୂର୍ଣ୍ଣ ବାଣୀକୁ ଶ୍ରବଣ କଲେ, ତାଙ୍କର ମନ ଧୀରେ ଧୀରେ ସେହି ବୈଷ୍ଣବ ଗୁରୁଙ୍କ ପ୍ରତି ଆକର୍ଷିତ ହେବାକୁ ଲାଗିଲା । ଯେତେବେଳେ ପ୍ରବଚନ ସମାପ୍ତ ହେଲା ଏବଂ ଗୋବିନ୍ଦ ସ୍ନାନ କରିବାକୁ ଯାଉଥିଲେ, ସେତେବେଳେ ଶୈଳପୂର୍ଣ୍ଣ ତାଙ୍କୁ ଡାକି ପଚାରିଲେ, 'ହେ ବତ୍ସ, କଣ ମୁଁ ଜାଣି ପାରେ କି ତୁମେ ଏହି ପୁଷ୍ପଗୁଡ଼ିକୁ କାହାର ପୂଜା କରିବା ଉଦ୍ଦେଶ୍ୟରେ ନେଉଛ ?' ଗୋବିନ୍ଦ ଶିବ ଉପାସନା ପାଇଁ ପୁଷ୍ପ ସଂଗ୍ରହ କରୁଥିବାର

ଉତ୍ତର ପାଇ ଶୈଳପୂର୍ଣ୍ଣ କହିଲେ, 'ଯେ ସାଂସାରିକ କାମନାକୁ ଦୁଃଖ ଓ କଷ୍ଟର କାରଣ ବୋଲି ଜାଣି ସେହି କାମନାକୁ ଭସ୍ମୀଭୂତ କରିଛନ୍ତି ଓ ସେହି ଭସ୍ମକୁ ଶରୀରରେ ଲେପନ କରି 'ବିଭୂତି ଭୂଷଣ' ନାମ ଅର୍ଜନ କରିଛନ୍ତି, ଏହି ପୁଷ୍ପ ଗୁଡ଼ିକ ତାଙ୍କର କି ଆବଶ୍ୟକ ? ଭଗବାନ ନାରାୟଣଙ୍କ କୃପା ଲାଭ କରିବା ଆଶାରେ ମତ୍ତ ହୋଇ ଶ୍ରୀ ଶଙ୍କର ଶ୍ମଶାନରେ ନୃତ୍ୟ କରିଥାନ୍ତି । ଅନନ୍ତ ଦିବ୍ୟ ଗୁଣ ମାନଙ୍କ ଧାରଣକର୍ତ୍ତା ଓ ସମଗ୍ର ସୃଷ୍ଟିର ଆଦି କାରଣ ଭଗବାନ ବିଷ୍ଣୁଙ୍କ ପ୍ରୀତି ବିଧାନ ନିମନ୍ତେ ହିଁ ଏହି ପୁଷ୍ପ ଗୁଡ଼ିକୁ ଅର୍ପଣ କରାଯିବା ଉଚିତ୍ । ତୁମ ପରି ଜଣେ ବୁଦ୍ଧିମାନ ଓ ଗୁଣବାନ ବ୍ୟକ୍ତିଙ୍କୁ ଏପରି କରୁଥିବାର ଦେଖି ମୁଁ ଆଶ୍ଚର୍ଯ୍ୟ ହେଉଛି ।' ଏହା ଶୁଣି ଗୋବିନ୍ଦ କହିଲେ, 'ଶ୍ରୀମାନ୍, ଏକ ଦୃଷ୍ଟିରୁ ଆପଣଙ୍କ ବାକ୍ୟ ସଠିକ୍ ବୋଲି ମୁଁ ଗ୍ରହଣ କରୁଛି । ସମସ୍ତ ଜଗତ ଯେଉଁ ପରମେଶ୍ୱରଙ୍କ ଅଧୀନ, ତାଙ୍କୁ ମୁଁ କେଉଁ ବସ୍ତୁ ଅର୍ପଣ କରି ପାରିବି ? ଯେଉଁ ଭଗବାନ ଶଙ୍କର ଏତେ ଶକ୍ତିଶାଳୀ ଯେ, ସେ ବିଷର ସାଗରକୁ ପାନ କରି ସମଗ୍ର ବ୍ରହ୍ମାଣ୍ଡକୁ ରକ୍ଷା କରିଥିଲେ, ମୁଁ ତାଙ୍କ ପାଇଁ କେଉଁ ସେବା କରି ପାରିବି ? କିନ୍ତୁ କୌଣସି ବସ୍ତୁ ଭଗବାନଙ୍କୁ ଅର୍ପଣ କଲେ, ତାହାଦ୍ୱରା ଆମେ ନିଜର ଭକ୍ତିଭାବକୁ ତାଙ୍କ ସମ୍ମୁଖରେ ପ୍ରକାଶ କରିଥାଉ । ଭଗବାନ ସେହି ବସ୍ତୁକୁ ନୁହେଁ, ବରଂ ମନୁଷ୍ୟର ଭକ୍ତିକୁ ହିଁ ଗ୍ରହଣ କରିଥାନ୍ତି ।' ଶୈଳପୂର୍ଣ୍ଣ କହିଲେ, 'ହେ ମହାତ୍ମା, ତୁମର ଭକ୍ତି ଓ ବିନମ୍ରତା ଦେଖି ମୁଁ ପ୍ରସନ୍ନ ହେଲି । ତୁମେ ଯାହା କହିଲ ତାହା ସତ୍ୟ ଅଟେ । ଯିଏ ଏକ ବାମନ ବ୍ରାହ୍ମଣ ରୂପରେ ମହାବଳୀ ଦୈତ୍ୟରାଜଙ୍କଠାରୁ ସମଗ୍ର ଜଗତକୁ ହରି ନେଇଥିଲେ, ସେହି ସର୍ବେଶ୍ୱରଙ୍କୁ ଆମେ ଶରଣାଗତି ବ୍ୟତୀତ ଆଉ କଣ ଅର୍ପଣ କରିପାରିବା ? ସେହି ଶରଣାଗତି ସର୍ବଶ୍ରେଷ୍ଠ ଭଗବଦ୍ ଆରାଧନା ଅଟେ । ତାହାରି ଦ୍ୱାରା ହିଁ ବଳୀ ମହାରାଜ ଶ୍ରୀ ବାମନଦେବଙ୍କୁ ପ୍ରସନ୍ନ କରି ପାରିଥିଲେ । ନିଜର ଭକ୍ତ ମାନଙ୍କ ସହିତ ସେହି ପରମେଶ୍ୱରଙ୍କ ଅତି ମଧୁର ସମ୍ପର୍କ ଓ ବ୍ୟବହାରକୁ ହୃଦୟଙ୍ଗମ କରିବାକୁ ଚେଷ୍ଟା କର, ଯାହାଠାରୁ ତୁମେ ବଞ୍ଚିତ ହୋଇଛ । ତାଙ୍କରି ଆରାଧନାକୁ ତ୍ୟାଗ କରିବା ତଥା ଶିବାଉପସନା କରିବା ଦ୍ୱାରା ତୁମେ ଭଗବାନଙ୍କ ପ୍ରକୃତ ସ୍ୱରୂପକୁ ଉପଲବ୍ଧି କରି ପାରିନାହଁ । ଗୋବିନ୍ଦ କହିଲେ, 'କିନ୍ତୁ ଭଗବାନ ବିଷ୍ଣୁ ଓ ଶିବଙ୍କ ମଧ୍ୟରେ ଆପଣ କାହିଁକି ପାର୍ଥକ୍ୟ ଦର୍ଶନ କରୁଛନ୍ତି ? ସେ ଦୁହେଁ କଣ ସେହି ଏକ ପରମାତ୍ମାଙ୍କ ଭିନ୍ନ ଭିନ୍ନ ରୂପ ନୁହଁନ୍ତି କି ?' ଯେତେବେଳେ ଶୈଳପୂର୍ଣ୍ଣ ଗୋବିନ୍ଦଙ୍କ ଏହି ବାକ୍ୟ ଶୁଣିଲେ, ସେ ଜାଣି ପାରିଲେ ଯେ ଗୋବିନ୍ଦ କେବଳ ଦେବତା ପୂଜା ନୁହେଁ, ବରଂ ଅଦ୍ୱୈତବାଦ ତତ୍ତ୍ୱରେ ମଧ୍ୟ ଜଡିତ ହୋଇ ଯାଇଛନ୍ତି । ପ୍ରତ୍ୟେକ ଦିନ ପ୍ରଭାତ ସମୟରେ ସେହି ହ୍ରଦ ନିକଟରେ ଗୋବିନ୍ଦ ଓ ଶୈଳପୂର୍ଣ୍ଣଙ୍କ ମଧ୍ୟରେ ସାକ୍ଷାତ ହେବାରେ ଲାଗିଲା ଏବଂ ସେ

ଦୁହେଁ ସେହିପରି ଶୈଳୀରେ ପରସ୍ପର ସହିତ ବାର୍ତ୍ତାଳାପ କରିବାରେ ଲାଗିଲେ। ଶୈଳପୂର୍ଣ୍ଣଙ୍କ ପରି ଜଣେ ମହାନ୍ ସାଧୁଙ୍କଠାରୁ ବିଶୁଦ୍ଧ ଭଗବଦ୍ ଜ୍ଞାନ ଶ୍ରବଣ କରି ଧୀରେ ଧୀରେ ଗୋବିନ୍ଦଙ୍କ ହୃଦୟ ପରିବର୍ତ୍ତିତ ହେବାକୁ ଲାଗିଲା ଏବଂ ଭଗବାନ ନାରାୟଣଙ୍କ ପାଦପଦ୍ମରେ ଆଶ୍ରୟ ନେବାପାଇଁ ତାଙ୍କ ମନରେ ତୀବ୍ର ଇଚ୍ଛା ଜାଗ୍ରତ ହୋଇଗଲା। ଦିନେ ପ୍ରଭାତରେ ସେ ଦଣ୍ଡ ପରି ଶୈଳପୂର୍ଣ୍ଣଙ୍କ ଚରଣରେ ପଡ଼ିଗଲେ ଏବଂ ତାଙ୍କୁ ଦୀକ୍ଷା ପ୍ରଦାନ କରିବା ପାଇଁ ପ୍ରାର୍ଥନା କଲେ। ଏହିପରି ଭାବରେ ଗୋବିନ୍ଦ ଶୈବପଥକୁ ତ୍ୟାଗ କରି ଅଖିଳ ବ୍ରହ୍ମାଣ୍ଡର ସ୍ୱାମୀ ଭଗବାନ ବିଷ୍ଣୁଙ୍କ ପ୍ରତି ସୁଦୃଢ଼ ଭକ୍ତିର ପଥକୁ ଗ୍ରହଣ କରିନେଲେ। ଦୀକ୍ଷା ପ୍ରଦାନ କରିସାରିବା ପରେ, ଶୈଳପୂର୍ଣ୍ଣ ଗୋବିନ୍ଦଙ୍କୁ ଶ୍ରୀରଙ୍ଗମ୍ କ୍ଷେତ୍ରକୁ ଯାଇ ତାଙ୍କ ଭ୍ରାତା ରାମାନୁଜଙ୍କ ସହିତ ବାସ କରିବା ପାଇଁ ନିର୍ଦ୍ଦେଶ ଦେଲେ। କିନ୍ତୁ ଗୋବିନ୍ଦଙ୍କ ମନରେ ଶୈଳପୂର୍ଣ୍ଣଙ୍କ ପ୍ରତି ଏତେ ତୀବ୍ର ଗୁରୁଭକ୍ତି ରହିଥିଲା ଯେ, ସେ ତାଙ୍କ ବିଚ୍ଛେଦକୁ ସହ୍ୟ କରି ପାରିଲେ ନାହିଁ। ତେଣୁ ସେ ଖୁବ୍ ଶୀଘ୍ର ସେଠାରୁ ଶ୍ରୀ ଶୈଳ ସହରକୁ ଫେରିଆସି ଗୁରୁଙ୍କ ସେବାରେ ନିଜକୁ ନିୟୋଜିତ କଲେ।

ଆଚାର୍ଯ୍ୟ ଗୋଷ୍ଠୀପୂର୍ଣ୍ଣ

ଶ୍ରୀରଙ୍ଗମ୍ କ୍ଷେତ୍ରକୁ ଆସିଲା ପରେ ମହାପୂର୍ଣ୍ଣଙ୍କ ଶିଷ୍ୟ ରୂପରେ ପୁନର୍ବାର ତାଙ୍କ ସାନିଧ୍ୟ ଲାଭ କରି ରାମାନୁଜ ଆନନ୍ଦିତ ହେଲେ। ମହାପୂର୍ଣ୍ଣଙ୍କ ପ୍ରତି ଉତ୍ତମ ବ୍ୟବହାର ଓ ସେବା ଅର୍ପଣ କରି ସେ ସମସ୍ତ ବୈଷ୍ଣବ ମାନଙ୍କ ମଧ୍ୟରେ ଏକ ଆଦର୍ଶ ଶିଷ୍ୟ ରୂପରେ ନିଜ ଗୁରୁଙ୍କ ପ୍ରତି ସମର୍ପଣ ଭାବର ଉଦାହରଣ ସ୍ଥାପନ କଲେ। ମହାପୂର୍ଣ୍ଣଙ୍କ ତତ୍ତ୍ୱାବଧାନରେ ସେ ପୁଣି ଥରେ ବୈଷ୍ଣବ ଶାସ୍ତ୍ର ଅଧ୍ୟୟନ କରିବାକୁ ଲାଗିଲେ। ରାମାନୁଜଙ୍କ ଅସାଧାରଣ ପ୍ରତିଭା ଓ ବୈଷ୍ଣବ ଲକ୍ଷଣ ଗୁଡ଼ିକ ଦ୍ୱାରା ପ୍ରସନ୍ନ ହୋଇ ମହାପୂର୍ଣ୍ଣ ନିଜ ପୁତ୍ର ପୁଣ୍ଡରୀକାକ୍ଷଙ୍କ ପାଇଁ ରାମାନୁଜଙ୍କୁ ଗୁରୁ ରୂପେ ଗ୍ରହଣ କଲେ। ଦିନେ ସନ୍ଧ୍ୟା ସମୟରେ ଯେତେବେଳେ ସେଦିନର ଅଧ୍ୟୟନ ସମାପ୍ତ ହେଲା, ମହାପୂର୍ଣ୍ଣ ରାମାନୁଜଙ୍କୁ କହିଲେ, 'ଏଠାରୁ ଅନତିଦୂରରେ ତିରୁକୋଟ୍ଟୀୟୁର୍ ନାମକ ଏକ ସହର ଅଛି। ସେଠାରେ ଗୋଷ୍ଠୀପୂର୍ଣ୍ଣ ନାମରେ ଜଣେ ମହାନ୍ ଜ୍ଞାନୀ ଓ ଭକ୍ତ ବାସ କରନ୍ତି, ଯେ କି ପାଣ୍ଡ୍ୟ ଦେଶରେ ଜନ୍ମଲାଭ କରିଥିଲେ। ଏହି ସମଗ୍ର ପ୍ରଦେଶରେ ତାଙ୍କ ପରି ବୈଷ୍ଣବ କେହି ନାହାଁନ୍ତି କହିଲେ ଅତ୍ୟୁକ୍ତି ହେବନାହିଁ। ତୁମେ ଯଦି ବୈଦିକ ମନ୍ତ୍ର ମାନଙ୍କର ପ୍ରକୃତ ଅର୍ଥ ଓ ତାତ୍ପର୍ଯ୍ୟକୁ ସମ୍ପୂର୍ଣ୍ଣ ଭାବରେ ଶିକ୍ଷା ଲାଭ କରିବା ପାଇଁ ଇଚ୍ଛା

କର, ତେବେ କେବଳ ସେ ହିଁ ତୁମ ପାଇଁ ଏକ ମାତ୍ର ଯୋଗ୍ୟ ଗୁରୁ ହୋଇ ପାରିବେ। ମୋ ମତରେ ତୁମେ ଶୀଘ୍ର ତିରୁକଷ୍ଟୋଟୀୟୁର୍ ଯାଇ ଗୋଷ୍ଠୀପୂର୍ଣ୍ଣଙ୍କ ଠାରୁ ମନ୍ତ୍ର ଗ୍ରହଣ କରିବା ଉଚିତ୍।' ଏହି ନିର୍ଦ୍ଦେଶାନୁସାରେ ରାମାନୁଜ କିଛି ଦିନ ପରେ ଗୋଷ୍ଠୀପୂର୍ଣ୍ଣଙ୍କୁ ଦର୍ଶନ କରିବାକୁ ତିରୁକଷ୍ଟୋଟୀୟୁର୍ ସହରକୁ ଗଲେ। ସେଠାରେ ପହଞ୍ଚି ସେ ଗୋଷ୍ଠୀପୂର୍ଣ୍ଣଙ୍କୁ ଦଣ୍ଡବତ ପ୍ରମାଣ କଲେ ଓ ତାଙ୍କୁ ବୈଷ୍ଣବ ମନ୍ତ୍ର ପ୍ରଦାନ କରିବା ପାଇଁ ପ୍ରାର୍ଥନା କଲେ। କିନ୍ତୁ ଗୋଷ୍ଠୀପୂର୍ଣ୍ଣ ସେହି ମନ୍ତ୍ରର ରହସ୍ୟ ବିଷୟରେ ତାଙ୍କୁ ଶିକ୍ଷା ଦେବାକୁ କୁଣ୍ଠା ବୋଧ କଲେ ଓ କହିଲେ, 'ତୁମେ ଅନ୍ୟ କୌଣସି ଦିନ ଆସି ପାର। ମୁଁ ତୁମର ଅନୁରୋଧ ବିଷୟରେ ଚିନ୍ତା କରିବି।' ଏହି ଉତ୍ତର ଶୁଣି ରାମାନୁଜ ଅତ୍ୟନ୍ତ ଦୁଃଖିତ ହୋଇଗଲେ ଏବଂ ଅବସାଦପୂର୍ଣ୍ଣ ହୃଦୟରେ ଶ୍ରୀରଙ୍ଗମ୍ ଫେରି ଆସିଲେ। କିଛି ଦିନ ପରେ ଶ୍ରୀ ରଙ୍ଗନାଥଙ୍କ ମନ୍ଦିରରେ ଏକ ମହୋତ୍ସବ ପାଳିତ ହେଉଥିଲା ଏବଂ ଗୋଷ୍ଠୀପୂର୍ଣ୍ଣ ସେଥିରେ ଅଂଶ ଗ୍ରହଣ କରିବାକୁ ଆସିଥିଲେ। ସେହି ସମୟରେ ମନ୍ଦିରର ଜଣେ ପୂଜାରୀଙ୍କ ମଧ୍ୟରେ ଶ୍ରୀ ରଙ୍ଗନାଥଙ୍କ ଆବେଶ ହୋଇଗଲା। ସେ ଗୋଷ୍ଠୀପୂର୍ଣ୍ଣଙ୍କୁ କହିଲେ, 'ତୁମେ ମୋର ଭକ୍ତ ରାମାନୁଜକୁ ସେହି ମନ୍ତ୍ରଟି ପ୍ରଦାନ କର। ସେ ହିଁ ଏହାକୁ ଗ୍ରହଣ କରିବା ପାଇଁ ଯୋଗ୍ୟତମ ଅଟେ।' ଶ୍ରୀ ରଙ୍ଗନାଥଙ୍କ ଏହି ନିର୍ଦ୍ଦେଶ ଶୁଣି ଗୋଷ୍ଠୀପୂର୍ଣ୍ଣ ଉତ୍ତର ଦେଲେ, 'କିନ୍ତୁ ପ୍ରଭୁ, ଏହା କଣ ସତ୍ୟ ନୁହେଁ କି ଏହି ମନ୍ତ୍ର କେବଳ ତାହାକୁ ହିଁ ପ୍ରଦାନ କରାଯିବା ଉଚିତ୍ ଯାହାର ମନ ତପ ସାଧନା ଦ୍ୱାରା ବିଶୁଦ୍ଧ ହୋଇସାରିଥିବ ? ଏହି ମନ୍ତ୍ର ସ୍ୱୟଂ ଆପଣଙ୍କଠାରୁ ଅଭିନ୍ନ। ଏହା କିପରି ତାଙ୍କର ମନରେ ସ୍ଥାନ ପାଇ ପାରିବ, ଯେ କି ଶୁଦ୍ଧତାକୁ ପ୍ରାପ୍ତ ହୋଇନାହାନ୍ତି ?' ଏହାର ଉତ୍ତରରେ ଶ୍ରୀ ରଙ୍ଗନାଥ ସେହି ପୂଜାରୀଙ୍କ ମାଧ୍ୟମରେ କହିଲେ, 'ତୁମେ ଏହି ଭକ୍ତର ନିର୍ମଳତାକୁ ଅନୁଭବ କରି ପାରୁନାହଁ। ସେ ସମ୍ପୂର୍ଣ୍ଣ ମାନବ ସମାଜକୁ ମଧ୍ୟ ଉଦ୍ଧାର କରିବା ପାଇଁ ସକ୍ଷମ ଅଟେ।' ଏହି ଘଟଣା ପରେ ଗୋଷ୍ଠୀପୂର୍ଣ୍ଣ ରାମାନୁଜଙ୍କ ବିଷୟରେ ଗଭୀର ଭାବରେ ଚିନ୍ତା କରିବାକୁ ଲାଗିଲେ। କିନ୍ତୁ, ତଥାପି ସେ ତାହାକୁ ସେହି ମନ୍ତ୍ର ପ୍ରଦାନ କରିବାକୁ ଇଚ୍ଛୁକ ହେଲେ ନାହିଁ। ରାମାନୁଜ ଅନେକ ଥର ତାଙ୍କୁ ଅନୁରୋଧ କରିବା ସତ୍ତ୍ୱେ ସେ ପ୍ରତ୍ୟେକ ଥର ତାହାକୁ ଅସ୍ୱୀକାର କରିଦେଉଥିଲେ। ଏହିପରି ସେ ଅଠର ଥର ରାମାନୁଜଙ୍କ ପ୍ରାର୍ଥନା ଅସ୍ୱୀକାର କଲେ। ଏହା ଦ୍ୱାରା ରାମାନୁଜ ଅତ୍ୟନ୍ତ ଦୁଃଖିତ ହୋଇ ଚିନ୍ତା କଲେ, 'ମୋର ହୃଦୟରେ ନିଶ୍ଚିତ ଭାବରେ କୌଣସି ବିରାଟ ଅଶୁଦ୍ଧି ରହିଛି, ଯାହା ଫଳରେ ଗୋଷ୍ଠୀପୂର୍ଣ୍ଣ ମୋ ପ୍ରତି କୃପା ପ୍ରଦର୍ଶନ କରୁ ନାହାଁନ୍ତି।' ଏହିପରି ଚିନ୍ତା କରିବା ଦ୍ୱାରା ତାଙ୍କ ନୟନରୁ ଅଶ୍ରୁ ନିର୍ଗତ ହେବାକୁ ଲାଗିଲା। ଗୋଷ୍ଠୀପୂର୍ଣ୍ଣ ରାମାନୁଜଙ୍କ ଏପରି ଅବସ୍ଥା ବିଷୟରେ ସମ୍ବାଦ ପାଇଲେ ଏବଂ ତାଙ୍କ ମନରେ

ରାମାନୁଜଙ୍କ ପ୍ରତି ଅନୁକମ୍ପା ସୃଷ୍ଟି ହେଲା । ଯେତେବେଳେ ରାମାନୁଜ ପୁନର୍ବାର ତାଙ୍କ ସମ୍ମୁଖକୁ ଆସିଲେ, ଗୋଷ୍ଠୀପୂର୍ଣ୍ଣ ତାଙ୍କୁ କହିଲେ, 'ଏହି ମନ୍ତ୍ରର ମହିମା କେବଳ ଭଗବାନ ବିଷ୍ଣୁ ହିଁ ଜାଣନ୍ତି । ଏବେ ମୁଁ ଜାଣି ପାରିଛି ଯେ ତୁମେ ଏହାକୁ ଗ୍ରହଣ କରିବା ପାଇଁ ଯୋଗ୍ୟ ପାତ୍ର ଅଟ । ତୁମର ହୃଦୟ ନିର୍ମଳ ଅଟେ ଏବଂ ତୁମେ ପ୍ରଭୁଙ୍କ ପାଦପଦ୍ମର ସେବାରେ ଦୃଢ଼ ଭାବରେ ସ୍ଥିର ହୋଇଛ । ଏହି ସମୟରେ ଅନ୍ୟ କୌଣସି ବ୍ୟକ୍ତିଙ୍କର ତୁମ ପରି ଯୋଗ୍ୟତା ନାହିଁ । ଯେ କେହି ଏହି ମନ୍ତ୍ରକୁ ଶ୍ରଦ୍ଧାର ସହିତ ଜପ କରିବେ, ଦେହତ୍ୟାଗ କଲା ପରେ ସେ ନିଶ୍ଚୟ ବୈକୁଣ୍ଠ ଲୋକକୁ ପ୍ରାପ୍ତ ହେବେ । ଏହି ମନ୍ତ୍ର ଏତେ ବିଶୁଦ୍ଧ ଓ ପବିତ୍ର ଯେ, ଏହା ଭୌତିକ କାମନାଯୁକ୍ତ କୌଣସି ବ୍ୟକ୍ତିଙ୍କ ମୁଖ ଦ୍ୱାରା ସ୍ପର୍ଶ ପାଇବା ଉଚିତ୍ ନୁହେଁ । ତେଣୁ ତୁମେ ଏହାକୁ ଅନ୍ୟ କାହାରିକୁ ପ୍ରଦାନ କରିବ ନାହିଁ ।' ଏହିପରି ନିର୍ଦ୍ଦେଶ ଦେଇ ଗୋଷ୍ଠୀପୂର୍ଣ୍ଣ ରାମାନୁଜଙ୍କୁ ସେହି ଅଷ୍ଟାକ୍ଷର ମନ୍ତ୍ରର ଦୀକ୍ଷା ପ୍ରଦାନ କଲେ, ଯେଉଁ ଅଦ୍ଭୁତ ଶବ୍ଦର ପ୍ରଭାବରେ ରାମାନୁଜ ଦିବ୍ୟ ଆନନ୍ଦରେ ପରିପୂର୍ଣ୍ଣ ହୋଇଗଲେ ଓ ତାଙ୍କ ମୁଖ ମଣ୍ଡଳ ଅପୂର୍ବ ତେଜରେ ଝଲସିବାକୁ ଲାଗିଲା । ସେ ନିଜକୁ ସମସ୍ତ ପ୍ରାଣୀଙ୍କ ମଧ୍ୟରେ ସର୍ବାଧିକ ଭାଗ୍ୟଶାଳୀ ବୋଲି ଭାବିଲେ ଓ ଗୁରୁ ଗୋଷ୍ଠୀପୂର୍ଣ୍ଣଙ୍କ ଚରଣରେ ନତମସ୍ତକ ହୋଇ ବାରମ୍ବାର ପ୍ରଣାମ କଲେ ।

ରହସ୍ୟପୂର୍ଣ୍ଣ ମନ୍ତ୍ରର ବିତରଣ

ଗୋଷ୍ଠୀପୂର୍ଣ୍ଣଙ୍କଠାରୁ ବିଦାୟ ନେଇ ରାମାନୁଜ ପ୍ରଫୁଲ୍ଲିତ ମନରେ ଶ୍ରୀରଙ୍ଗମ୍ ଅଭିମୁଖେ ଯାତ୍ରା ଆରମ୍ଭ କଲେ । କିନ୍ତୁ ଚାଲୁଥିବା ସମୟରେ ସେ ଲାଭ କରିଥିବା ମନ୍ତ୍ରର ମହିମା ବିଷୟରେ ଚିନ୍ତା କରିବାକୁ ଲାଗିଲେ । ତାଙ୍କ ହୃଦୟ ଭୌତିକ ସଂସାରରେ ଦୁଃଖ ଭୋଗୁଥିବା ମନୁଷ୍ୟ ମାନଙ୍କ ପ୍ରତି କରୁଣାରେ ଦ୍ରବିତ ହେବାକୁ ଲାଗିଲା । ସେତେବେଳେ ସେ ତିରୁକଷ୍ଟୋଟୀୟୁର୍ ସହରରେ ସ୍ଥିତ ଶ୍ରୀ ବିଷ୍ଣୁଙ୍କ ମନ୍ଦିରର ପ୍ରାଚୀର ନିକଟରେ ଚାଲିଚାଲି ଯାଉଥିଲେ । ସେହି ସମୟରେ ସେହି ମାର୍ଗ ଦେଇ ଯାଉଥିବା ସମସ୍ତ ଲୋକମାନଙ୍କୁ ସେ ସମ୍ବୋଧନ କରି କହିଲେ, 'ହେ ବନ୍ଧୁଗଣ ! ଦୟାକରି ଆପଣମାନେ ସମସ୍ତେ ବିଷ୍ଣୁ ମନ୍ଦିର ନିକଟକୁ ଆସନ୍ତୁ । ମୁଁ ଆପଣମାନଙ୍କୁ ଏକ ଅମୂଲ୍ୟ ରତ୍ନ ପ୍ରଦାନ କରିବି !' ତାଙ୍କର ବିଶୁଦ୍ଧ ଅଭିବ୍ୟକ୍ତି ଓ ଅସାଧାରଣ ବାଣୀ ପ୍ରତି ଆକର୍ଷିତ ହୋଇ ସେଠାରେ ଆବାଳବୃଦ୍ଧବନିତା ଏକତ୍ରିତ ହୋଇଗଲେ ଏବଂ ଏହା ଦ୍ୱାରା ଏକ ବିଶାଳ ଜନସମାଗମ ସୃଷ୍ଟି ହେଲା । ସେମାନେ ସମସ୍ତେ ତାଙ୍କ ପଛେପଛେ ଚାଲିବାକୁ ଲାଗିଲେ । ସେହି ଜନ ଗହଳି ଦେଖି ରାମାନୁଜଙ୍କ ହୃଦୟ

ଶ୍ରୀ ନାରାୟଣ ମନ୍ତ୍ର ବିତରଣ

ଆନନ୍ଦରେ ପୂର୍ଣ୍ଣ ହୋଇଗଲା ଏବଂ ସେ ତାଙ୍କ ସହିତ ଥିବା ଦୁଇ ଜଣ ଶିଷ୍ୟ ଦାଶରଥି ଓ କୁରେଶଙ୍କୁ ଆଲିଙ୍ଗନ କଲେ । ଏହାପରେ ସେ ମନ୍ଦିରର ଶିଖର ଉପରକୁ ଚଢ଼ିଗଲେ ଓ ଉଚ୍ଚ ସ୍ୱରରେ ସେହି ଜନସମୁହକୁ ସମ୍ବୋଧନ କରି କହିଲେ, 'ଆପଣମାନେ ସମସ୍ତେ ମୋ ପାଇଁ ମୋର ନିଜ ଜୀବନଠାରୁ ମଧ୍ୟ ଅଧିକ ପ୍ରିୟ ଅଟନ୍ତି । ତେଣୁ ଆପଣ ସମସ୍ତଙ୍କୁ ଏହି କ୍ଷଣସ୍ଥାୟୀ ସଂସାରର ଭୟ, କ୍ଳେଶ ଓ ଶୋକରୁ ମୁକ୍ତି ପ୍ରଦାନ କରିବା ପାଇଁ ମୋ ମନରେ ଦୃଢ ଇଚ୍ଛା ସୃଷ୍ଟି ହୋଇଛି । ଆପଣ ମାନେ ଏହି ମନ୍ତ୍ରକୁ ଉଚ୍ଚାରଣ କରନ୍ତୁ, ଯାହାକୁ ମୁଁ ଆପଣ ସମସ୍ତଙ୍କ ସକାଶେ ଲାଭ କରିଛି । ଏପରି କଲେ, ଆପଣମାନେ ମହାପ୍ରଭୁଙ୍କ କୃପା କଟାକ୍ଷକୁ ଆକର୍ଷିତ କରିପାରିବେ ।' ରାମାନୁଜଙ୍କ ଏହି ବାକ୍ୟକୁ ଶୁଣି ସମସ୍ତେ ଉତ୍ସାହିତ ହୋଇ ତାଙ୍କୁ ପ୍ରାର୍ଥନା କଲେ, 'ଦୟା କରି ସେହି ମନ୍ତ୍ରଟି ଆମକୁ କହି ଦିଅନ୍ତୁ ଏବଂ ଆମ ଉପରେ ଭଗବାନଙ୍କ କରୁଣାର ବୃଷ୍ଟି କରନ୍ତୁ ।' ଏହାପରେ ରାମାନୁଜ ଉଚ୍ଚ ସ୍ୱରରେ ଗୋଷ୍ଠୀପୂର୍ଣ୍ଣଙ୍କଠାରୁ ଗ୍ରହଣ କରିଥିବା ମୋକ୍ଷ ପ୍ରଦାୟକ ଅଷ୍ଟାକ୍ଷର ନାରାୟଣ ମନ୍ତ୍ରକୁ ଉଚ୍ଚାରଣ କଲେ । ସଙ୍ଗେସଙ୍ଗେ ଏକତ୍ରିତ ଜନତା ମିଳିତ ସ୍ୱରରେ ତାଙ୍କ ସହିତ ସେହି ପବିତ୍ର ମନ୍ତ୍ରକୁ ଉଚ୍ଚାରଣ କଲେ । ଚତୁର୍ଦ୍ଦିଗରେ ସେହି ଧ୍ୱନିର ନାଦ ଏକ ପ୍ରଚଣ୍ଡ ବଜ୍ରର ଶବ୍ଦ ପରି ପ୍ରକମ୍ପିତ ହେବାକୁ ଲାଗିଲା । ରାମାନୁଜ ଏହିପରି ତିନି ଥର ମନ୍ତ୍ର ଉଚ୍ଚାରଣ କଲେ ଏବଂ ସମସ୍ତ ଲୋକମାନେ ମଧ୍ୟ ତାଙ୍କ ସହିତ ତାହାକୁ ଉଚ୍ଚାରଣ କଲେ । ସେଠାରେ ଥିବା ସମସ୍ତ ପୁରୁଷ, ନାରୀ, ଶିଶୁ ଓ ବୃଦ୍ଧମାନେ ସେହି ମନ୍ତ୍ରକୁ ଜପ କରି ଆନନ୍ଦରେ ଆତ୍ମହରା ହୋଇଗଲେ । ସେହି ସ୍ଥାନରୁ ଦୁଃଖ ଓ ଶୋକ ଅପସରି ଯାଇ ତାହା ବୈକୁଣ୍ଠପୁର ପରି ମନେ ହେଲା । ଯେଉଁ ଲୋକମାନେ ସେଠାକୁ କିଛି ସାଂସାରିକ ସୁଖପ୍ରାପ୍ତି ଉଦ୍ଦେଶ୍ୟରେ ଧାଇଁ ଆସିଥିଲେ, ସେମାନଙ୍କର ସେହିସବୁ ଭୌତିକ କାମନାର ସ୍ମୃତି ଦୂର ହୋଇଗଲା । ସେମାନେ ଆଶା କରିଥିବା କାଚଖଣ୍ଡ ପରିବର୍ତ୍ତେ ଏକ ଅମୂଲ୍ୟ ରତ୍ନ ଲାଭ କରିଥିବା ପରି ଅନୁଭବ କଲେ । ସେମାନେ ନିଜକୁ ଅତି ଭାଗ୍ୟବାନ ମନେ କଲେ ଏବଂ ରାମାନୁଜଙ୍କୁ ପ୍ରଣାମ ଜଣାଇଲେ । ଏହାପରେ ରାମାନୁଜ ମନ୍ଦିର ଶିଖରରୁ ତଳକୁ ଓହ୍ଲାଇଲେ ଏବଂ ଗୁରୁ ଗୋଷ୍ଠୀପୂର୍ଣ୍ଣଙ୍କ ଗୃହ ଆଡ଼କୁ ଚାଲିବାରେ ଲାଗିଲେ ।

ଗୋଷ୍ଠୀପୂର୍ଣ୍ଣଙ୍କ କ୍ରୋଧ

ଏହା ମଧ୍ୟରେ ଗୋଷ୍ଠୀପୂର୍ଣ୍ଣ ମନ୍ଦିର ନିକଟରେ ଘଟିଥିବା ସମସ୍ତ ଘଟଣା ବିଷୟରେ ସମ୍ବାଦ ପାଇ ଅତ୍ୟନ୍ତ କ୍ରୋଧିତ ହୋଇଯାଇଥିଲେ ଏବଂ ରାମାନୁଜ ତାଙ୍କ ସହିତ

ବିଶ୍ୱାସଘାତକତା କରିଛନ୍ତି ବୋଲି ଅନୁଭବ କରୁଥିଲେ। ଯେତେବେଳେ ରାମାନୁଜ ନିଜର ଦୁଇ ଶିଷ୍ୟଙ୍କ ସହିତ ତାଙ୍କ ସମ୍ମୁଖକୁ ଆସିଲେ, ସେ ଅତ୍ୟଧିକ କ୍ରୋଧରେ ପ୍ରକମ୍ପିତ ସ୍ୱରରେ ରାମାନୁଜଙ୍କୁ କହିଲେ, 'ହେ ଅଧମ ମନୁଷ୍ୟ ! ମୋ ଚକ୍ଷୁ ସମ୍ମୁଖରୁ ଚାଲିଯାଅ। ତୁମ ପରି ଜଣେ ଅଯୋଗ୍ୟ ବ୍ୟକ୍ତିଙ୍କୁ ବିଶ୍ୱାସ କରି ଏକ ଅମୂଲ୍ୟତମ ରତ୍ନକୁ ପ୍ରଦାନ କରିବା ଫଳରେ ମୁଁ ଏକ ମହାନ୍ ପାପ କରିଛି। ତୁମେ ପୁଣି ଥରେ ଏଠାକୁ ଆସି ମୋତେ ବାଧ୍ୟତାପୂର୍ବକ ତୁମର ମୁଖକୁ ଦର୍ଶନ କରିବାର ପାପ ଅର୍ଜନ କରାଉଛ କାହିଁକି ? ନିଶ୍ଚିତ ରୂପେ ତୁମେ ଅନନ୍ତ ଜନ୍ମ ପର୍ଯ୍ୟନ୍ତ ନର୍କରେ ବାସ କରିବାକୁ ଯାଉଛ।' ଏହା ଶୁଣି ରାମାନୁଜ ପ୍ରଶାନ୍ତ ବଦନ ଓ ବିନମ୍ରତାର ସହିତ ଗୁରୁଙ୍କୁ କହିଲେ, 'ମୁଁ ନର୍କର ଯାତନା ଭୋଗିବା ପାଇଁ ପ୍ରସ୍ତୁତ ଥିବା କାରଣରୁ ହିଁ ଆପଣଙ୍କ ନିର୍ଦ୍ଦେଶ ବିରୋଧରେ କାର୍ଯ୍ୟ କରିବାକୁ ସାହାସ କରିଅଛି। ଆପଣ ମୋତେ କହିଥିଲେ ଯେ, ଯେଉଁ ବ୍ୟକ୍ତି ଏହି ମହାନ୍ ଅଷ୍ଟାକ୍ଷର ମନ୍ତ୍ରକୁ ଜପ କରିବେ, ସେ ନିଶ୍ଚୟ ମୁକ୍ତିଲାଭ କରିବେ। ତେଣୁ ଆପଣଙ୍କ ଉକ୍ତି ଅନୁସାରେ, ସେହି ସହସ୍ର ସହସ୍ର ମନୁଷ୍ୟଗଣ ଯେଉଁମାନେ ଏହି ମନ୍ତ୍ରକୁ ଲାଭ କଲେ, ସେମାନେ ଭଗବାନ ନାରାୟଣଙ୍କ ପାଦପଦ୍ମରେ ଆଶ୍ରୟ ପାଇବେ। ଏତେ ସଂଖ୍ୟକ ଲୋକମାନଙ୍କର ଶ୍ରୀ ନାରାୟଣଙ୍କ କୃପାଲାଭ କରିବା ପାଇଁ ଯଦି ମୋ ପରି ଜଣେ ନଗଣ୍ୟ ଆତ୍ମାକୁ ନର୍କରେ ବାସ କରିବାକୁ ପଡ଼େ, ତେବେ ଏହା ହିଁ ଗ୍ରହଣୀୟ ଅଟେ।' ରାମାନୁଜଙ୍କର ମନୁଷ୍ୟ ସମାଜ ପ୍ରତି ଥିବା କରୁଣାର ଗଭୀରତାକୁ ପୂର୍ଣ୍ଣ ରୂପେ ପ୍ରକାଶିତ କରୁଥିବା ଏହି ବାକ୍ୟକୁ ଶୁଣି ଗୋଷ୍ଠୀପୂର୍ଣ୍ଣ ଅତ୍ୟନ୍ତ ବିସ୍ମିତ ଓ ସ୍ତବ୍ଧ ହୋଇଗଲେ। ଏକ ଭୀଷଣ ଝଡ଼ ବିତି ଯିବାପରି ତାଙ୍କର ସମସ୍ତ କ୍ରୋଧ ନିମିଷକ ମଧ୍ୟରେ ଉଭେଇ ଗଲା। ସେ ରାମାନୁଜଙ୍କୁ ଅତିଶୟ ସ୍ନେହରେ ଆଲିଙ୍ଗନ କଲେ। ଯେଉଁମାନେ ଗୋଷ୍ଠୀପୂର୍ଣ୍ଣଙ୍କର ଏପରି ଅଦ୍ଭୁତ ପରିବର୍ତ୍ତନକୁ ଦର୍ଶନ କଲେ ସେମାନେ ସମସ୍ତେ ମଧ୍ୟ ଆନନ୍ଦ ଓ ଆଶ୍ଚର୍ଯ୍ୟରେ ପରିପୂର୍ଣ୍ଣ ହୋଇଗଲେ। ଗୋଷ୍ଠୀପୂର୍ଣ୍ଣ ଦୁଇହାତ ଯୋଡ଼ି ରାମାନୁଜଙ୍କୁ ସମ୍ବୋଧନ କଲେ, 'ମୋ ପୁତ୍ର ! ମୁଁ ତୁମପରି ଉଦାର ଓ ମହାନ୍ ପୁରୁଷ କେବେହେଲେ ଦେଖି ନାହିଁ। ଆଜିଠାରୁ ତୁମେ ମୋର ଗୁରୁ ଏବଂ ମୁଁ ତୁମର ଶିଷ୍ୟ ଅଟେ। ତୁମେ ହିଁ ମହାପ୍ରଭୁଙ୍କର ଜଣେ ଅନ୍ତରଙ୍ଗ ପାର୍ଷଦ ଅଟ, ଏଥିରେ କୌଣସି ସନ୍ଦେହ ନାହିଁ। କିନ୍ତୁ, ମୁଁ ଜଣେ ଅତି ତୁଚ୍ଛ ମନୁଷ୍ୟ ଅଟେ। ମୁଁ ତୁମର ମହାନତାକୁ କିପରି ବୁଝି ପାରିବି ? ଦୟାକରି ମୋର ସମସ୍ତ ଅପରାଧକୁ କ୍ଷମା କରିଦିଅ।' ଏହା ଶୁଣି ରାମାନୁଜ ଆଣ୍ଠେଇ ପଡ଼ି ଗୋଷ୍ଠୀପୂର୍ଣ୍ଣଙ୍କ ଚରଣ ସ୍ପର୍ଶ କଲେ ଏବଂ ନତମସ୍ତକ ହୋଇ କହିଲେ, 'ଆପଣ ଚିରଦିନ ପାଇଁ ମୋର ଗୁରୁ ଅଟନ୍ତି। ସେହି ଉତ୍ତମ ମନ୍ତ୍ରଟି ଆପଣଙ୍କ ମୁଖରୁ ନିର୍ଗତ ହେବାଦ୍ୱାରା ଆହୁରି

ଶକ୍ତି ସମ୍ପନ୍ନ ହୋଇଛି। ତେଣୁ ତାହା ଆଜି ସହସ୍ର ସହସ୍ର ଲୋକଙ୍କ ଦୁର୍ଭାଗ୍ୟକୁ ଭସ୍ମୀଭୂତ କରିପାରିଛି। ଯଦିଓ ମୁଁ ଆପଣଙ୍କ ଆଦେଶକୁ ଅମାନ୍ୟ କରି ଅପରାଧ କରିଥିଲି, ଆପଣଙ୍କର ଏହି ଆଲିଙ୍ଗନ ପାଇ ମୁଁ ଚିର ସୌଭାଗ୍ୟଶାଳୀ ହୋଇଗଲି, ଯାହାକୁ ପାଇବା ପାଇଁ ଭଗବାନ ମଧ୍ୟ ଇଚ୍ଛୁକ ଥାଆନ୍ତି। ଆପଣଙ୍କୁ ମୁଁ ପ୍ରାର୍ଥନା କରୁଛି ଯେ, ଆପଣ ମୋତେ ଆପଣଙ୍କ ପୁତ୍ର ଓ ସେବକ ରୂପରେ ସଦାସର୍ବଦା କୃପା ପ୍ରଦାନ କରୁଥିବେ।' ଗୋଷ୍ଠୀପୂର୍ଣ୍ଣ ରାମାନୁଜଙ୍କୁ 'ଏମ୍ବେରୁମାନା' ନାମରେ ନାମିତ କଲେ, ଯାହାର ଅର୍ଥ ହେଉଛି, 'ଆମ ସମସ୍ତଙ୍କ ଗୁରୁ'। ରାମାନୁଜଙ୍କ ବିନମ୍ରତା ଓ ସରଳ ସ୍ୱଭାବ ଦ୍ୱାରା ଅତ୍ୟନ୍ତ ପ୍ରସନ୍ନ ହୋଇ ଗୋଷ୍ଠୀପୂର୍ଣ୍ଣ ନିଜ ପୁତ୍ର ସୌମ୍ୟନାରାୟଣଙ୍କୁ ଶିଷ୍ୟ ରୂପେ ଗ୍ରହଣ କରିବାକୁ ରାମାନୁଜଙ୍କୁ କହିଲେ। ଏହାପରେ ରାମାନୁଜ ଗୁରୁଙ୍କ ଠାରୁ ଅନୁମତି ନେଇ ଶ୍ରୀରଙ୍ଗମ୍ କ୍ଷେତ୍ରକୁ ଫେରିଗଲେ। ଏହି ଅଦ୍ଭୁତ ଘଟଣାଟି ବିଷୟରେ ଶ୍ରବଣ କରି ଦୂର ଦୂରାନ୍ତ ପର୍ଯ୍ୟନ୍ତ ଲୋକମାନେ ରାମାନୁଜଙ୍କୁ ପ୍ରଶଂସା କରିବାକୁ ଲାଗିଲେ।

କୁରେଶଙ୍କ ବୈରାଗ୍ୟ

କୁରେଶ ରାମାନୁଜଙ୍କର ଜଣେ ଅତି ଅନ୍ତରଙ୍ଗ ଶିଷ୍ୟ ଥିଲେ। ସେ କାଞ୍ଚିପୁରମ୍ ନିକଟବର୍ତ୍ତୀ କୁର ନାମକ ଗ୍ରାମରେ ଏକ ସମ୍ଭ୍ରାନ୍ତ ବ୍ରାହ୍ମଣ ପରିବାରରେ ଜନ୍ମଲାଭ କରିଥିଲେ। ସମ୍ପୂର୍ଣ୍ଣ କୁର ଅଞ୍ଚଳର ଅଧିପତି ହୋଇଥିବା ହେତୁ ସେ କୁରେଶ ନାମରେ ପରିଚିତ ଥିଲେ। ସେ ଆଣ୍ଡାଲ ନାମରେ ଏକ ଯୋଗ୍ୟା କନ୍ୟାଙ୍କୁ ବିବାହ କରିଥିଲେ। ସେହି ଦମ୍ପତିଟି ବଂଶାନୁକ୍ରମେ ଲାଭ କରିଥିବା ଅପାର ଧନରାଶିକୁ ସର୍ବଦା ଦୁଃଖୀ ଦରିଦ୍ର ଜନଙ୍କ କଲ୍ୟାଣ ନିମନ୍ତେ ବିନିଯୋଗ କରୁଥିଲେ। କୁରେଶ ବାଲ୍ୟକାଳରୁ ରାମାନୁଜଙ୍କୁ ଜାଣିଥିଲେ ଓ ତାଙ୍କୁ ଜଣେ ଉଚ୍ଚକୋଟୀର ବିଷ୍ଣୁଭକ୍ତ ବୋଲି ବିବେଚନା କରୁଥିଲେ। ରାମାନୁଜ ସନ୍ନ୍ୟାସ ଗ୍ରହଣ କଲାପରେ କୁରେଶ ଓ ଆଣ୍ଡାଲ ରାମାନୁଜଙ୍କ ସର୍ବପ୍ରଥମ ଶିଷ୍ୟ ମାନଙ୍କ ମଧ୍ୟରେ ଅନ୍ୟତମ ଥିଲେ। କୁରେଶ ଜଣେ ମହାନ୍ ପଣ୍ଡିତ ରୂପେ ଖ୍ୟାତି ଅର୍ଜନ କରିଥିଲେ ଏବଂ ତାଙ୍କର ସ୍ମରଣ ଶକ୍ତି ଅତି ଅସାଧାରଣ ଥିଲା। ସେ ଥରେ ମାତ୍ର ଯେଉଁ ବିଷୟକୁ ଶ୍ରବଣ କରୁଥିଲେ, ତାହାକୁ ସବୁଦିନ ପାଇଁ ସେ ମନେ ରଖିପାରୁଥିଲେ। କୁରେଶ ହିଁ ଯାଦବପ୍ରକାଶଙ୍କୁ ତର୍କରେ ପରାସ୍ତ କରି ଏକ ଶୁଦ୍ଧଭକ୍ତରେ ପରିଣତ କରି ପାରିଥିଲେ। ପ୍ରତିଦିନ ଭୋର ସମୟରୁ ଆରମ୍ଭ କରି ମଧ୍ୟରାତ୍ରି ପର୍ଯ୍ୟନ୍ତ କୁରେଶଙ୍କ ଗୃହର ଦ୍ୱାର ଖୋଲା ରହୁଥିଲା। ଯେ କେହି ଦରିଦ୍ର

ବ୍ୟକ୍ତି ତାଙ୍କ ଗୃହକୁ ଯାଉଥିଲେ, ତାଙ୍କୁ କୁରେଶ ନିଶ୍ଚୟ କିଛି ଧନ କିମ୍ବା ସାମଗ୍ରୀ ଦାନ କରୁଥିଲେ। ଥରେ ଭଗବାନ ବରଦରାଜଙ୍କ ମନ୍ଦିରରେ ବିରାଜିତା ମାତା ମହାଲକ୍ଷ୍ମୀ ମଧ୍ୟରାତ୍ରିରେ କୁରେଶଙ୍କ ଗୃହର ଦ୍ୱାର ବନ୍ଦ ହେବାର ଶବ୍ଦ ଶୁଣି, ତାଙ୍କର ସେବକ କାଞ୍ଚିପୂର୍ଣ୍ଣଙ୍କୁ ସେହି ଶବ୍ଦ କେଉଁଠାରୁ ଆସୁଛି ବୋଲି ପଚାରିଲେ। ଏହାର ଉତ୍ତରରେ କାଞ୍ଚିପୂର୍ଣ୍ଣ କୁରେଶଙ୍କ ବିଷୟରେ ବର୍ଣ୍ଣନା କଲେ ଓ ଶେଷରେ ମହାଲକ୍ଷ୍ମୀଙ୍କୁ କହିଲେ, 'ପ୍ରତିଦିନ ଭୋର ସମୟରୁ ମଧ୍ୟରାତ୍ରି ପର୍ଯ୍ୟନ୍ତ ସେଠାରେ ଦରିଦ୍ର, ପଙ୍ଗୁ ଓ ଅନ୍ଧ ଜନମାନଙ୍କୁ ସେବା ପ୍ରଦାନ କରାଯାଉଛି। ଏହାପରେ ଗୃହର ଦ୍ୱାର ପରଦିନ ଭୋର ପର୍ଯ୍ୟନ୍ତ ବନ୍ଦ କରାଯାଏ, ଯେପରିକି ସେହି ଉଦାର ଦମ୍ପତି କିଛି ସମୟ ବିଶ୍ରାମ କରିପାରିବେ। ଆପଣ ବର୍ତ୍ତମାନ ଯେଉଁ ଶବ୍ଦ ଶୁଣିଲେ, ତାହା ସେହି ଦ୍ୱାରର ବନ୍ଦ ହେବାର ଶବ୍ଦ ଥିଲା।' କାଞ୍ଚିପୂର୍ଣ୍ଣଙ୍କଠାରୁ ଏପରି ବର୍ଣ୍ଣନା ଶୁଣି ମହାଲକ୍ଷ୍ମୀ କୁରେଶଙ୍କୁ ସାକ୍ଷାତ କରିବାକୁ ଅତି ଉତ୍ସୁକା ହୋଇଗଲେ ଏବଂ ପରଦିନ ପ୍ରଭାତରେ କୁରେଶଙ୍କୁ ତାଙ୍କ ସମ୍ମୁଖକୁ ଆଣିବା ପାଇଁ କାଞ୍ଚିପୂର୍ଣ୍ଣଙ୍କୁ କହିଲେ। ଯେତେବେଳେ କାଞ୍ଚିପୂର୍ଣ୍ଣ କୁରେଶଙ୍କୁ ଭେଟିଲେ, ସେ ତାଙ୍କୁ ମହାଲକ୍ଷ୍ମୀଙ୍କ ସେହି ଇଚ୍ଛା ବିଷୟରେ କହିଲେ। ଏହା ଶୁଣି କୁରେଶ ଆଶ୍ଚର୍ଯ୍ୟ ହୋଇ କହିଲେ, 'ମୁଁ ଏକ କୃତଜ୍ଞତା ବିହୀନ ଓ ଦୁର୍ମତିଯୁକ୍ତ ତୁଚ୍ଛ ମନୁଷ୍ୟ ଅଟେ। ଏହା ବ୍ୟତୀତ ମୋର କି ପରିଚୟ ଅଛି ? ମାତା ମହାଲକ୍ଷ୍ମୀ ସମ୍ପୂର୍ଣ୍ଣ ଜଗତର ଜନନୀ ଅଟନ୍ତି। ଏପରିକି ବ୍ରହ୍ମା ଓ ଶିବ ମଧ୍ୟ ଅତି ସମ୍ମାନର ସହିତ ତାଙ୍କୁ ଆରାଧନା କରିଥାନ୍ତି। କୁହାଯାଏ ଯେ, ଜଣେ ଚଣ୍ଡାଳ ମନ୍ଦିର ଭିତରକୁ ପ୍ରବେଶ କରିବା ଉଚିତ୍ ନୁହେଁ। କିନ୍ତୁ ଧନସମ୍ପତ୍ତି ଦ୍ୱାରା ଭ୍ରଷ୍ଟ ହୋଇଯାଇଥିବା କାରଣରୁ ମୁଁ ଜଣେ ଚଣ୍ଡାଳଠାରୁ ମଧ୍ୟ ଅଧିକ ହୀନ ଅଟେ। ତେଣୁ ମୁଁ କିପରି ମାତା ଲକ୍ଷ୍ମୀଙ୍କ ସମ୍ମୁଖକୁ ଯାଇ ପାରିବି ?' ଏପରି କହି ସେ ଗୃହକୁ ଫେରିଗଲେ ଏବଂ ନିଜର ମୂଲ୍ୟବାନ ପୋଷାକ ଓ ଅଳଙ୍କାରକୁ ତ୍ୟାଗ କରି ଏକ ଭିକ୍ଷୁକ ପରି ବେଶଭୂଷା ଧାରଣ କଲେ। ଏହାପରେ ସେ ପୁଣି ଥରେ କାଞ୍ଚିପୂର୍ଣ୍ଣଙ୍କ ନିକଟକୁ ଗଲେ ଓ କହିଲେ, 'ହେ ମହାତ୍ମା ! ମୁଁ ମାତା ଲକ୍ଷ୍ମୀଙ୍କ ଆଜ୍ଞାକୁ ଅମାନ୍ୟ କରିପାରିବି ନାହିଁ। କିନ୍ତୁ ବର୍ତ୍ତମାନ ମୁଁ ଧନର ପ୍ରାଚୁର୍ଯ୍ୟ ଦ୍ୱାରା ଅଶୁଦ୍ଧ ହୋଇ ଯାଇଥିବାରୁ ତାଙ୍କ ସମ୍ମୁଖକୁ ଯିବାକୁ ସମର୍ଥ ନୁହେଁ। ତେଣୁ ମୁଁ ମୋର ଗୁରୁ ରାମାନୁଜଙ୍କ ଆଶ୍ରୟ ନେଇ ଏବଂ ତାଙ୍କର ଚରଣାମୃତରେ ସ୍ନାନ କରି ନିଜକୁ ପବିତ୍ର କରିବି। ଆପଣଙ୍କ ପରି ମହାତ୍ମାଙ୍କ କୃପା ପ୍ରାପ୍ତ ହେଲେ, ଏହି ଜୀବନକାଳ ମଧ୍ୟରେ ମୁଁ ମାତା ଲକ୍ଷ୍ମୀଙ୍କ ପାଦପଦ୍ମକୁ ଦର୍ଶନ କରିବା ପାଇଁ ସକ୍ଷମ ହୋଇ ପାରିବି।' ସେହିଦିନ ହିଁ କୁରେଶ ପତ୍ନୀ ଆଣ୍ଡାଲଙ୍କ ସହିତ ଶ୍ରୀରଙ୍ଗମ୍ କ୍ଷେତ୍ରକୁ ଯାତ୍ରା ଆରମ୍ଭ କଲେ। ଆଣ୍ଡାଲ ମଧ୍ୟ ସମସ୍ତ ଧନ ସମ୍ପତ୍ତିକୁ ତ୍ୟାଗ କରି ଦେଇଥିଲେ।

କେବଳ ସ୍ୱାମୀଙ୍କ ଜଳପାନ ନିମନ୍ତେ ସେ ଏକ ସ୍ୱର୍ଣ୍ଣ ପାତ୍ର ସାଙ୍ଗରେ ନେଇ ଆସିଥିଲେ। କିଛି ସମୟ ଯାତ୍ରା କଲାପରେ ସେମାନେ ଏକ ଘଞ୍ଚ ଅରଣ୍ୟ ମଧ୍ୟ ଦେଇ ଚାଲିବାକୁ ଲାଗିଲେ। ଆଣ୍ଡାଲ ଭୟଭୀତ ହୋଇ କହିଲେ, 'ସ୍ୱାମୀ ! ଏହି ନିର୍ଜନ ସ୍ଥାନରେ ଆମ ପାଇଁ ଭୟ କରିବାର କିଛି କାରଣ ଅଛି କି ?' ଏହାର ଉତ୍ତରରେ କୁରେଶ କହିଲେ, 'କେବଳ ଧନୀ ମାନଙ୍କ ପାଇଁ ଭୟଭୀତ ହେବାର କାରଣ ଅଛି। ତୁମ ପାଖରେ ଯଦି କୌଣସି ଧନ କିମ୍ବା ମୂଲ୍ୟବାନ ସାମଗ୍ରୀ ନାହିଁ, ତେବେ ତୁମର ଭୟ କରିବାର ଆବଶ୍ୟକତା ନାହିଁ।' ଏହା ଶୁଣି ସଙ୍ଗେସଙ୍ଗେ ଆଣ୍ଡାଲ ସେହି ସ୍ୱର୍ଣ୍ଣ ପାତ୍ରଟିକୁ ଦୂରକୁ ଫିଙ୍ଗିଦେଲେ। ପରଦିନ ସେମାନେ ଶ୍ରୀରଙ୍ଗମ୍ ସହରରେ ପହଞ୍ଚିଲେ। ସେମାନଙ୍କ ଆଗମନର ସମ୍ବାଦ ପାଇ ରାମାନୁଜ ସଙ୍ଗେସଙ୍ଗେ ସେମାନଙ୍କୁ ଆଶ୍ରମକୁ ଅଣାଇଲେ। ସେ ସେମାନଙ୍କୁ ଜଳ ଓ ପ୍ରସାଦ ଅର୍ପଣ କଲେ ଏବଂ ନିକଟସ୍ଥ ଏକ ଗୃହରେ ଅବସ୍ଥାନ କରିବା ପାଇଁ ବନ୍ଦୋବସ୍ତ କରାଇଲେ। ସେହଦିନଠାରୁ କୁରେଶ ଶ୍ରୀରଙ୍ଗମ୍ କ୍ଷେତ୍ରରେ ବାସ କଲେ ଏବଂ ଭିକ୍ଷାବୃତ୍ତି କରି ଜୀବନ ଅତିବାହିତ କରିବାକୁ ଲାଗିଲେ। ପୂର୍ବ ଜୀବନର ସମସ୍ତ ଐଶ୍ୱର୍ଯ୍ୟକୁ ପରିତ୍ୟାଗ କରି ଏପରି ଦାରିଦ୍ର୍ୟକୁ ଗ୍ରହଣ କରିବା ସତ୍ତ୍ୱେ ନିଜ ଗୁରୁଙ୍କ ସାନ୍ନିଧ ଓ ଆଶ୍ରୟ ଲାଭ କରି ସେହି ମହାନ୍ ଦମ୍ପତି ଅତ୍ୟନ୍ତ ପ୍ରସନ୍ନ ରହୁଥିଲେ। ଶ୍ରୀରଙ୍ଗମ୍ କ୍ଷେତ୍ରରେ ରହି କୁରେଶ 'ସହସ୍ର ଗୀତି ଭାଷ୍ୟ' ଓ 'କୁରେଶ ବିଜୟ' ନାମରେ ଦୁଇଟି ପୁସ୍ତକ ରଚନା କରିଥିଲେ।

କୁରେଶଙ୍କୁ ଜ୍ଞାନୋପଦେଶ

ଶ୍ରୀରଙ୍ଗମ୍ କ୍ଷେତ୍ରରେ ବାସ କରିବା ସମୟରେ ରାମାନୁଜଙ୍କ ଶିଷ୍ୟ ମାନଙ୍କ ସଂଖ୍ୟା ଧୀରେଧୀରେ ବୃଦ୍ଧି ପାଇଲା। ସେ ସେମାନଙ୍କୁ ପ୍ରତିଦିନ ଭଗବଦ୍ ଜ୍ଞାନ ପ୍ରଦାନ କରିବାକୁ ଲାଗିଲେ। ଦିନେ କୁରେଶ ତାଙ୍କ ସମ୍ମୁଖକୁ ଆସିଲେ ଏବଂ ଭଗବଦ୍ ଗୀତାର ସର୍ବୋତ୍କୃଷ୍ଟ ଶ୍ଲୋକ 'ସର୍ବ ଧର୍ମାନ୍ ପରିତ୍ୟଜ୍ୟ ମାମ୍ ଏକମ୍ ଶରଣମ୍ ବ୍ରଜ'ର ଭାବାର୍ଥକୁ ବର୍ଣ୍ଣନା କରିବା ପାଇଁ ତାଙ୍କୁ ପ୍ରାର୍ଥନା କଲେ। ରାମାନୁଜ ଉତ୍ତର ଦେଲେ, 'ଯେଉଁ ବ୍ୟକ୍ତି ନିଜର ବ୍ୟକ୍ତିଗତ କାମନା ଗୁଡ଼ିକୁ ତ୍ୟାଗ କରି ଏକ ବର୍ଷ ପର୍ଯ୍ୟନ୍ତ କେବଳ ନିଜ ଗୁରୁଙ୍କ ସେବା କରିବେ, ସେ ହିଁ ଏହି ଶ୍ଳୋକର ପ୍ରକୃତ ଅର୍ଥକୁ ବୁଝି ପାରିବେ, ଅନ୍ୟ କେହି ନୁହେଁ।' କୁରେଶ କହିଲେ, 'କିନ୍ତୁ ଜୀବନ ତ ଅତି ଅନିଶ୍ଚିତ ଅଟେ। ମୁଁ ଏକ ବର୍ଷ ପର୍ଯ୍ୟନ୍ତ ଜୀବିତ ରହିବି କି ନାହିଁ, ଏହା ମୁଁ କିପରି କହିପାରିବି ? କୃପାକରି ମୋତେ ଏହି ଶ୍ଳୋକର ଅର୍ଥ ପ୍ରଦାନ କରନ୍ତୁ।' ଏହା ଶୁଣି ରାମାନୁଜ

କିଛି ସମୟ ଚିନ୍ତା କରି କହିଲେ, 'ଯଦି ତୁମେ ଏକ ମାସ ପର୍ଯ୍ୟନ୍ତ ଜୀବିତ ରହିବ ଏବଂ ତୁମର ପରବର୍ତ୍ତୀ ଭୋଜନ କେଉଁଠାରୁ ମିଳିବ, ଏହା ଚିନ୍ତା ନ କରି ତୁମେ ଗୃହରୁ ଗୃହକୁ ବୁଲି ଭୀକ୍ଷା ମାଗିବ, ତେବେ ଯାଇ ସମ୍ପୂର୍ଣ୍ଣ ଶରଣାଗତିର ଅର୍ଥକୁ ତୁମେ ହୃଦୟଙ୍ଗମ କରିପାରିବ। ସେତେବେଳେ ମୁଁ ତୁମକୁ ଏହି ମହାନ୍ ଶ୍ଳୋକର ସମସ୍ତ ରହସ୍ୟ ବିଷୟରେ ବର୍ଣ୍ଣନା କରିବି।' ପରବର୍ତ୍ତୀ ଏକ ମାସ ପର୍ଯ୍ୟନ୍ତ କୁରେଶ ଗୁରୁଙ୍କର ସେହି ନିର୍ଦ୍ଦେଶକୁ ପାଳନ କରି ଜୀବନଯାପନ କଲେ। ଏକ ମାସ ବିତିଯିବା ପରେ ସେ ରାମାନୁଜଙ୍କଠାରୁ ଭଗବାନ ଶ୍ରୀକଷ୍ଣଙ୍କ ପ୍ରତି ସମ୍ପୂର୍ଣ୍ଣ ଶରଣାଗତି ବିଷୟରେ ଜ୍ଞାନଲାଭ କଲେ।

ଦାଶରଥିଙ୍କ ଅନୁରୋଧ

କୁରେଶଙ୍କୁ ଉପଦେଶ ଦେବାର କିଛି ସମୟ ପରେ ରାମାନୁଜଙ୍କ ଅନ୍ୟତମ ଶିଷ୍ୟ ଦାଶରଥି ତାଙ୍କ ନିକଟକୁ ଆସି ଠିକ୍ ସେହି ଅନୁରୋଧ କଲେ ଯାହାକି କୁରେଶଙ୍କ ଅନୁରୋଧ ଥିଲା। ଏହାର ଉତ୍ତରରେ ରାମାନୁଜ କହିଲେ, 'ତୁମେ ମୋର ସମ୍ପର୍କୀୟ ଅଟ। ତେଣୁ ମୁଁ ଚାହେଁ ଯେ ତୁମେ ଏହି ଶ୍ଳୋକର ପ୍ରକୃତ ଅର୍ଥ ଶ୍ରୀ ଗୋଷ୍ଠୀପୂର୍ଣ୍ଣଙ୍କ ମୁଖରୁ ଶ୍ରବଣ କର। ଯଦି ତୁମ ମଧ୍ୟରେ କୌଣସି ଦୋଷତ୍ରୁଟି ରହିଥାଏ, ତୁମର ଆତ୍ମୀୟ ସ୍ୱଜନ ହୋଇଥିବାରୁ ମୁଁ ତାହାକୁ ଉପେକ୍ଷା କରିଦେବାର ସମ୍ଭାବନା ରହିଛି। ଶିଷ୍ୟର ହୃଦୟରୁ ସମସ୍ତ ଅଶୁଦ୍ଧିକୁ ଦୂର କରିବା ଏକ ଗୁରୁଙ୍କ କର୍ତ୍ତବ୍ୟ ଅଟେ। ତେଣୁ ତୁମେ ଶ୍ରୀ ଗୋଷ୍ଠୀପୂର୍ଣ୍ଣଙ୍କ ନିର୍ଦ୍ଦେଶ ପାଳନ କରିବା ଉଚିତ୍।' ଦାଶରଥି ଜଣେ ବିଖ୍ୟାତ ପଣ୍ଡିତ ଥିଲେ। ତେଣୁ ତାଙ୍କ ହୃଦୟରେ ତିଳେ ମାତ୍ର ଅହଙ୍କାର ସୃଷ୍ଟି ହେବାର ଆଶଙ୍କାକୁ ଦୂର କରିବାକୁ ରାମାନୁଜ ଏପରି ନିଷ୍ପତ୍ତି ନେଲେ। ଗୁରୁଙ୍କଠାରୁ ଏପରି ନିର୍ଦ୍ଦେଶ ପାଇ ଦାଶରଥି ତିରୁକଟ୍ଟିୟୁର୍ ଯାଇ ଛଅ ମାସ ପର୍ଯ୍ୟନ୍ତ ଗୋଷ୍ଠୀପୂର୍ଣ୍ଣଙ୍କ ସେବା କଲେ। କିନ୍ତୁ ତଥାପି ଗୋଷ୍ଠୀପୂର୍ଣ୍ଣ ଭଗବାନ ଶ୍ରୀକୃଷ୍ଣଙ୍କର ସେହି ବିଶିଷ୍ଟ ଶ୍ଳୋକଟିର ଭାବାର୍ଥ ଦାଶରଥିଙ୍କୁ କହିଲେ ନାହିଁ। ଦିନେ ସେ ଦାଶରଥିଙ୍କ ଦୁଃଖକୁ ଜାଣିପାରିଲେ ଏବଂ ତାଙ୍କ ପ୍ରତି ଦୟା ପରବଶ ହୋଇ କହିଲେ, 'ମୁଁ ଏହା ଜାଣିଛି ଯେ, ତୁମେ ନିଶ୍ଚିତ ରୂପେ ଜଣେ ଅତ୍ୟନ୍ତ ପ୍ରତିଭାଶାଳୀ ବିଦ୍ୱାନ୍ ଅଟ। କିନ୍ତୁ ତୁମେ ଭଲ ଭାବେ ବୁଝିବା ଉଚିତ୍ ଯେ ବିଦ୍ୟା, ଧନ ଓ ଉଚ୍ଚ କୂଳରେ ଜନ୍ମ ଜଣେ କ୍ଷୁଦ୍ର ମାନସିକତାଯୁକ୍ତ ବ୍ୟକ୍ତିର ହୃଦୟରେ ଅହଙ୍କାର ସୃଷ୍ଟି କରିପାରେ। କିନ୍ତୁ ଯେଉଁମାନେ ବିନୟୀ ଅଟନ୍ତି, ଉଚ୍ଚଶିକ୍ଷା ସେମାନଙ୍କ ମଧ୍ୟରେ ସଂଯମତା ଆଣିଥାଏ, ଯାହା ଫଳରେ ସେମାନେ ଉତ୍ତମ

ଗୁଣମାନଙ୍କର ଅଧିକାରୀ ହୋଇପାରନ୍ତି । ଏହି ଉପଦେଶକୁ ବୁଝି ଏବେ ତୁମେ ନିଜ ଗୁରୁଙ୍କ ନିକଟକୁ ଫେରିଯାଅ । ତୁମେ ଇଚ୍ଛା କରୁଥିବା ଶ୍ଳୋକର ଅର୍ଥକୁ ସେ ହିଁ ତୁମକୁ ଶିକ୍ଷା ଦେବେ ।’

ଦାଶରଥିଙ୍କ ବିନମ୍ରତା

ଏହାପରେ ଦାଶରଥି ଶ୍ରୀରଙ୍ଗମ୍ ସହରକୁ ଫେରିଗଲେ ଏବଂ ରାମାନୁଜଙ୍କୁ ତିରୁକଷ୍ଟୀୟୁର୍ ଠାରେ ଘଟିଥିବା ବୃତ୍ତାନ୍ତ ବର୍ଣ୍ଣନା କଲେ । ଠିକ୍ ସେହି ସମୟରେ ମହାପୂର୍ଣ୍ଣଙ୍କ କନ୍ୟା ଅତ୍ତୁଲାଇ ସେଠାରେ ଆସି ପହଞ୍ଚିଲେ । ସେ ଚିନ୍ତିତା ଜଣା ପଡୁଥିଲେ । ଯେତେବେଳେ ରାମାନୁଜ ତାଙ୍କ ଦୁଃଖର କାରଣ ବିଷୟରେ ପଚାରିଲେ, ସେ କହିଲେ, ‘ପ୍ରିୟ ଭ୍ରାତା ! ମୋର ପିତା ମୋତେ ଆପଣଙ୍କ ନିକଟକୁ ପଠାଇଛନ୍ତି । ମୁଁ ମୋର ଶାଶୁ ଓ ଶ୍ୱଶୁରଙ୍କ ସହିତ ତାଙ୍କ ଗୃହରେ ବାସ କରେ । ପ୍ରତିଦିନ ପ୍ରଭାତ ଓ ସନ୍ଧ୍ୟା ସମୟରେ ମୋତେ ଗୃହଠାରୁ ଦୂରରେ ଥିବା ଏକ ହ୍ରଦରୁ ଜଳ ଆଣିବାକୁ ପଡ଼େ । ସେଠାକୁ ଯିବା ମାର୍ଗଟି ଜନଶୂନ୍ୟ ଏବଂ ଅତି କଷ୍ଟଦାୟକ ଅଟେ । ଏହାଫଳରେ ମୁଁ ଅତ୍ୟଧିକ ଭୟ ଓ କ୍ଳାନ୍ତି ଅନୁଭବ କରୁଅଛି । ଯେତେବେଳେ ମୋର ଏହି ଅସୁବିଧା ବିଷୟରେ ମୁଁ ମୋର ଶାଶୁଙ୍କୁ ଜଣାଇଲି, ସେ ମୋତେ ସମବେଦନା ଜଣାଇବା ପରିବର୍ତ୍ତେ କ୍ରୋଧିତା ହୋଇ କହିଲେ, ‘ତୁମେ ତୁମ ପିତାଙ୍କ ଗୃହରୁ ଜଣେ ରୋଷେଇଆ ଆଣିଲ ନାହିଁ କାହିଁକି ? ତୁମର ଆଳସ୍ୟ ପାଇଁ ମୁଁ ଏକ ଭୃତ୍ୟକୁ ଆମ ଗୃହରେ ରଖିବାକୁ ସକ୍ଷମ ହୋଇପାରିବି କି ?’ ମୋ ପ୍ରତି ଏପରି ବ୍ୟବହାରରେ ଦୁଃଖୀ ହୋଇ ମୁଁ ମୋର ପିତାଙ୍କ ଗୃହକୁ ଚାଲି ଆସିଲି । ଏହି ସମସ୍ୟାରେ ସାହାଯ୍ୟ ପାଇବା ଉଦ୍ଦେଶ୍ୟରେ ଆପଣଙ୍କ ନିକଟକୁ ଆସିବା ପାଇଁ ସେ ମୋତେ ନିର୍ଦ୍ଦେଶ ଦେଲେ ।’ ତାଙ୍କର ଏହି ଅନୁରୋଧକୁ ଶୁଣି ରାମାନୁଜ କହିଲେ, ‘ପ୍ରିୟ ଭଗିନୀ ! ଚିନ୍ତା କର ନାହିଁ । ଏଠାରେ ମୋ ସହିତ ଏହି ବ୍ରାହ୍ମଣ ଅଛନ୍ତି, ଯିଏ ତୁମ ସହିତ ଯାତ୍ରା କରିବେ । ସେ ପ୍ରତିଦିନ ତୁମ ପାଇଁ ହ୍ରଦରୁ ଜଳ ଆଣିବେ ଏବଂ ରୋଷେଇ ମଧ୍ୟ କରିବେ ।’ ଏହା କହି ସେ ମହାନ୍ ପଣ୍ଡିତ ଦାଶରଥିଙ୍କ ଆଡ଼କୁ ଚାହିଁଲେ । ଯଦିଓ ଦାଶରଥିଙ୍କ ପରି ଜଣେ ବିଦ୍ୱାନ୍ ବ୍ୟକ୍ତିଙ୍କ ପାଇଁ ଏକ ଭୃତ୍ୟ ଭାବରେ ରୋଷେଇ ଓ ଗୃହକାର୍ଯ୍ୟ କରିବା ସହଜ ନ ଥିଲା, କିନ୍ତୁ ସେ ନିଜ ଗୁରୁଙ୍କ ମନର ଇଚ୍ଛାକୁ ଜାଣି ପାରିଲେ ଏବଂ ଆନନ୍ଦରେ ଅତ୍ତୁଲାଇଙ୍କ ସହିତ ତାଙ୍କ ଶ୍ୱଶୁରଙ୍କ ଗୃହକୁ ଚାଲିଗଲେ । ସେଠାରେ ସେ ଅତି ଯତ୍ନର ସହିତ ରୋଷେଇ ଓ ଗୃହର କାର୍ଯ୍ୟ କରିବାକୁ ଲାଗିଲେ । ଏହିପରି ଛଅ

ମାସ ସମୟ ବିତିଗଲା। ଦିନେ ଜଣେ ଆଧ୍ୟାତ୍ମିକ ବକ୍ତା ସେହି ଗ୍ରାମକୁ ଆସିଥିଲେ ଏବଂ ଗ୍ରାମବାସୀ ମାନେ ତାଙ୍କ ପ୍ରବଚନ ଶୁଣିବା ପାଇଁ ଏକତ୍ରିତ ହୋଇଥିଲେ। ଦାଶରଥି ମଧ୍ୟ ସେହି ଶ୍ରୋତା ମାନଙ୍କ ମଧ୍ୟରେ ଉପସ୍ଥିତ ଥିଲେ। ଯେତେବେଳେ ସେ ସେହି ବକ୍ତାଙ୍କର ନିରାକାରବାଦ ଦ୍ୱାରା ଅପମିଶ୍ରିତ ବଚନ ଶୁଣିଲେ, ସେ ତାହାକୁ ବିରୋଧ ନ କରି ରହିପାରିଲେ ନାହିଁ। ଏହା ଦ୍ୱାରା ସେହି ବକ୍ତା ଅତି କ୍ରୋଧିତ ହୋଇଗଲେ ଓ ଚିତ୍କାର କରି କହିଲେ, 'ଚୁପ୍ କର ମୂର୍ଖ ! କେଉଁଠି ଏକ ଶୃଗାଳ ଏବଂ କେଉଁଠି ସ୍ୱର୍ଗ ! ଏକ ରୋଷେଇଆ ଶାସ୍ତ୍ର ମାନଙ୍କ ବ୍ୟାଖ୍ୟା କରିବାର କେହି ଶୁଣିଛନ୍ତି କି ? ତୁମ ରୋଷେଇଶାଳାକୁ ଫେରିଯାଇ ସେଠାରେ ତୁମର ପ୍ରତିଭାକୁ ପ୍ରଦର୍ଶନ କର।' ଏପରି କଠୋର ତିରସ୍କାରକୁ ଶୁଣି ମଧ୍ୟ ଦାଶରଥି ତିଳେ ମାତ୍ର କ୍ରୋଧିତ ନ ହୋଇ ବିନୟ ଭାବରେ ଶ୍ଳୋକ ମାନଙ୍କର ବ୍ୟାଖ୍ୟା କରି ଚାଲିଲେ। ଶାସ୍ତ୍ର ମାନଙ୍କ ବିଷୟରେ ତାଙ୍କର ବର୍ଣ୍ଣନା ଏତେ ସ୍ପଷ୍ଟ ଓ ଯଥାର୍ଥ ଥିଲା ଯେ, ଏହାକୁ ଶୁଣି ସେଠାରେ ଉପସ୍ଥିତ ସମସ୍ତ ଲୋକମାନେ ମନ୍ତ୍ରମୁଗ୍ଧ ହୋଇଗଲେ। ଏପରିକି ସେହି ମୁଖ୍ୟ ବକ୍ତା ମଧ୍ୟ ତାଙ୍କୁ କ୍ଷମା ପ୍ରାର୍ଥନା କଲେ ଏବଂ ତାଙ୍କର ଚରଣ ସ୍ପର୍ଶ କରି କହିଲେ, 'ଏହା କିପରି ସମ୍ଭବ ଯେ, ଆପଣଙ୍କ ପରି ଜଣେ ମହାନ୍ ଜ୍ଞାନୀ ଓ ଭକ୍ତ ରୋଷେଇଶାଳାରେ ଏକ ଭୃତ୍ୟ ପରି କାର୍ଯ୍ୟ କରୁଅଛନ୍ତି ?' ଏହାର ଉତ୍ତରରେ ଦାଶରଥି କହିଲେ, 'ମୁଁ କେବଳ ମୋର ଗୁରୁଙ୍କ ଆଦେଶକୁ ନିଜର ପ୍ରାଣ ଓ ଆତ୍ମା ବୋଲି ଜ୍ଞାନ କରି କାର୍ଯ୍ୟ କରୁଅଛି।' ଯେତେବେଳେ ଲୋକମାନେ ଜାଣିଲେ ଯେ, ସେ ରାମାନୁଜଙ୍କର ବିଦ୍ୱାନ୍ ଶିଷ୍ୟ ଦାଶରଥି ଅଟନ୍ତି, ସେମାନେ ସମସ୍ତେ ଚକିତ ହୋଇଗଲେ ଏବଂ ଦଳବଦ୍ଧ ହୋଇ ଶ୍ରୀରଙ୍ଗମ୍ ସହରକୁ ଗଲେ। ରାମାନୁଜଙ୍କ ସମ୍ମୁଖରେ ଗ୍ରାମବାସୀମାନେ ପ୍ରାର୍ଥନା କରି କହିଲେ, 'ହେ ମହାତ୍ମା ! ଆପଣଙ୍କ ଯୋଗ୍ୟ ଶିଷ୍ୟ ଆଉ ରୋଷେଇ ପରି କ୍ଷୁଦ୍ର କାର୍ଯ୍ୟରେ ନିୟୋଜିତ ହେବା ଉଚିତ୍ ନୁହେଁ। ତାଙ୍କ ହୃଦୟରେ ବିନ୍ଦୁଟିଏ ମଧ୍ୟ ଅହଙ୍କାର ନାହିଁ। ସେ ନିଶ୍ଚିତ ରୂପେ ଜଣେ ଉଚ୍ଚକୋଟୀର ପରମହଂସ ଅଟନ୍ତି। କୃପା କରି ତାଙ୍କୁ ସମ୍ମାନର ସହିତ ଆପଣଙ୍କ ପାଦପଦ୍ମକୁ ଫେରାଇ ଆଣିବା ପାଇଁ ଆମକୁ ଆଦେଶ ଦିଅନ୍ତୁ।' ସେମାନଙ୍କଠାରୁ ନିଜ ଶିଷ୍ୟର ଏପରି ପ୍ରଶଂସା ଶୁଣି ରାମାନୁଜ ଏତେ ଆନନ୍ଦିତ ହୋଇଗଲେ ଯେ, ସେ ନିଜେ ସେମାନଙ୍କ ସହିତ ସେହି ଗ୍ରାମକୁ ଗଲେ ଏବଂ ସେଠାରେ ଦାଶରଥିଙ୍କୁ ଦେଖି ତାଙ୍କୁ ଆଲିଙ୍ଗନ କଲେ ଓ ଆଶୀର୍ବାଦ ପ୍ରଦାନ କଲେ। ଶ୍ରୀରଙ୍ଗମ୍ କ୍ଷେତ୍ରକୁ ଫେରିବା ପରେ ସେ ଦାଶରଥିଙ୍କୁ ଶରଣାଗତିର ମହିମା ଗାନ କରୁଥିବା ଭଗବାନ ଶ୍ରୀକୃଷ୍ଣଙ୍କ ଦ୍ୱାରା ପ୍ରଦତ୍ତ ଭଗବଦ୍ ଗୀତାର ସେହି ଶ୍ଳୋକର ସମ୍ପୂର୍ଣ୍ଣ ଭାବାର୍ଥ ଶିକ୍ଷା ଦେଲେ। ଯେହେତୁ ଦାଶରଥି ନିଜ ଗୁରୁଙ୍କ ଅଭିଳାଷାକୁ ପୂର୍ଣ୍ଣ କରିବା

ପାଇଁ ଭକ୍ତମାନଙ୍କ ସେବା କରିଥିଲେ, ସେହଦିନଠାରୁ ସେ ବୈଷ୍ଣବ ଦାସ ନାମରେ ପରିଚିତ ହେଲେ ।

ମାଲାଧରଙ୍କଠାରୁ ଶିକ୍ଷା

ଏହାପରେ ମହାପୂର୍ଣ୍ଣଙ୍କ ଅନୁରୋଧ ରକ୍ଷା କରି ରାମାନୁଜ ବରରଙ୍ଗଙ୍କ ତତ୍ତ୍ୱାବଧାନରେ ଦକ୍ଷିଣ ଭାରତର ପ୍ରସିଦ୍ଧ ବୈଷ୍ଣବମାନଙ୍କ ରଚନା ଗୁଡ଼ିକୁ ପାଠ କରିବାକୁ ଲାଗିଲେ । ଏହି ଅଧ୍ୟୟନ ସମାପ୍ତ ହେଲା ପରେ ଦିନେ ଗୋଷ୍ଠୀପୂର୍ଣ୍ଣ ଜଣେ ବୈଷ୍ଣବଙ୍କ ସହିତ ତାଙ୍କ ନିକଟକୁ ଆସି କହିଲେ, 'ରାମାନୁଜ ! ଏହି ମହାନ୍ ଆତ୍ମା ହେଉଛନ୍ତି ଶ୍ରୀ ମାଲାଧର । ମୋର ଜନ୍ମସ୍ଥାନ ପାଣ୍ଡ୍ୟ ପ୍ରଦେଶ ଅନ୍ତର୍ଗତ ଶ୍ରୀମଧୁର ସହରରେ ସେ ବାସ କରନ୍ତି । ସେ ଜଣେ ଜ୍ଞାନସମ୍ପନ୍ନ ବିଦ୍ୱାନ୍ ତଥା ଶ୍ରୀ ଯମୁନାଚାର୍ଯ୍ୟଙ୍କ ପ୍ରମୁଖ ଶିଷ୍ୟମାନଙ୍କ ମଧ୍ୟରେ ଅନ୍ୟତମ ଅଟନ୍ତି । ସେ 'ଶଠାରି ସୁକ୍ତ'ର ଅର୍ଥକୁ ସମ୍ପୂର୍ଣ୍ଣ ରୂପେ ଜାଣନ୍ତି, ଯାହାକି ମହାନ୍ ଭକ୍ତ ଶଠାରିଙ୍କ ଦ୍ୱାରା ରଚିତ ସହସ୍ରଗୀତ ଅଟେ । ତୁମେ ତାଙ୍କଠାରୁ ସେସବୁ ଶିକ୍ଷା ଗ୍ରହଣ କର । ନିଶ୍ଚିତ ରୂପେ ତୁମେ ଶ୍ରୀ ନାରାୟଣଙ୍କ ଆଶୀର୍ବାଦ ଲାଭ କରିବ ।' ଗୁରୁଙ୍କ ଏହି ଆଦେଶ ଅନୁସାରେ ରାମାନୁଜ ମାଲାଧରଙ୍କ ସାନ୍ନିଧ୍ୟରେ ଶିକ୍ଷା ଆରମ୍ଭ କଲେ । କିନ୍ତୁ ଦିନେ ମାଲାଧର ଏକ ଶ୍ଳୋକର ଏପରି ଏକ ବ୍ୟାଖ୍ୟା କଲେ, ଯାହା ରାମାନୁଜଙ୍କ ପକ୍ଷରେ ଗ୍ରହଣୀୟ ନ ଥିଲା । ରାମାନୁଜ ତାହାର ଏକ ଭିନ୍ନ ଭାବାର୍ଥ ଉପସ୍ଥାପନ କଲେ । ଏହାକୁ ଶିଷ୍ୟର ଧୃଷ୍ଟତା ଓ ନିଜର ଅପମାନ ବୋଲି ଭାବି ମାଲାଧର ସଙ୍ଗେସଙ୍ଗେ ଶ୍ରୀରଙ୍ଗମ୍ ତ୍ୟାଗ କରି ନିଜ ଗୃହକୁ ଫେରିଗଲେ । ଯେତେବେଳେ ଗୋଷ୍ଠୀପୂର୍ଣ୍ଣ ଏହା ଜାଣିଲେ, ସେ ମାଲାଧରଙ୍କ ଗୃହକୁ ଗଲେ ଏବଂ ତାଙ୍କୁ ପଚାରିଲେ, 'କଣ ରାମାନୁଜ ସେହି ସହସ୍ର ଗୀତର ପୂର୍ଣ୍ଣ ଅର୍ଥକୁ ବୁଝିବାରେ ସକ୍ଷମ ହୋଇପାରିଲେ ?' ଏହାର ଉତ୍ତରରେ ଶ୍ରୀରଙ୍ଗମ୍ ଠାରେ ଘଟିଥିବା ଘଟଣା ବିଷୟରେ ମାଲାଧର ତାଙ୍କୁ ସୂଚନା ଦେଲେ । ଗୋଷ୍ଠୀପୂର୍ଣ୍ଣ କହିଲେ, 'ପ୍ରିୟ ଭ୍ରାତା ! ରାମାନୁଜଙ୍କୁ ଜଣେ ସାଧାରଣ ମନୁଷ୍ୟ ବୋଲି ଜ୍ଞାନ କରନ୍ତୁ ନାହିଁ । ଶ୍ରୀ ଯମୁନାଚାର୍ଯ୍ୟଙ୍କ ଅନ୍ତରର ଭାବନା ଓ ଆକାଂକ୍ଷାକୁ ସେ ଯେପରି ଭଲ ଭାବରେ ଜାଣନ୍ତି, ଆମେମାନେ କେହି ହେଲେ ସେପରି ସମର୍ଥ ନୁହଁନ୍ତି । ତେଣୁ ସେ ଯଦି କୌଣସି ଶ୍ଳୋକର ବ୍ୟାଖ୍ୟା କରୁଥାନ୍ତି, ତେବେ ଆପଣ ତାହାକୁ ଏପରି ଶ୍ରବଣ କରନ୍ତୁ, ସତେ ଯେପରି ଆମର ପ୍ରିୟ ଗୁରୁ ସ୍ୱୟଂ ଶ୍ରୀ ଯମୁନାଚାର୍ଯ୍ୟଙ୍କ ମୁଖରୁ ଆପଣ ଶ୍ରବଣ କରୁଅଛନ୍ତି ।' ଗୋଷ୍ଠୀପୂର୍ଣ୍ଣଙ୍କ ଏହି ପରାମର୍ଶ ଅନୁସାରେ ମାଲାଧର ଶ୍ରୀରଙ୍ଗମ୍ କ୍ଷେତ୍ରକୁ ଫେରି ପୁନର୍ବାର ରାମାନୁଜଙ୍କୁ

ଶିକ୍ଷା ପ୍ରଦାନ କରିବା ଆରମ୍ଭ କଲେ। କିଛି ଦିନ ପରେ ପୁଣିଥରେ ରାମାନୁଜ ଏକ ଶ୍ଳୋକର କିଞ୍ଚିତ ଭିନ୍ନ ଅର୍ଥ ଉପସ୍ଥାପନ କଲେ। କିନ୍ତୁ ଏଥର କ୍ରୋଧିତ ହେବା ପରିବର୍ତ୍ତେ ମାଲାଧର ଅତି ଯତ୍ନର ସହକାରେ ତାଙ୍କୁ ଶ୍ରବଣ କଲେ। ରାମାନୁଜଙ୍କ ବର୍ଣ୍ଣନା ଶୁଣିବା ପରେ ସେ ସେହି ଯୁବ ସନ୍ନ୍ୟାସୀଙ୍କ ବୈଷ୍ଣବ ତତ୍ତ୍ୱ ବିଷୟରେ ଏପରି ଗଭୀର ଜ୍ଞାନକୁ ଦେଖି ଆଶ୍ଚର୍ଯ୍ୟ ହୋଇଗଲେ। ଅତ୍ୟନ୍ତ ସମ୍ମାନର ସହିତ ସେ ରାମାନୁଜଙ୍କ ଚାରିପଟେ ପ୍ରଦକ୍ଷୀଣ କଲେ ଏବଂ ତାଙ୍କୁ ନିଜ ପୁତ୍ରର ଗୁରୁ ହେବା ପାଇଁ ଅନୁରୋଧ କଲେ।

ଧର୍ମ ବିଷୟରେ ଶିକ୍ଷା

ଶଠାରି ସୁକ୍ତର ଅଧ୍ୟୟନ ସମାପ୍ତ ହେଲା ପରେ ରାମାନୁଜ ଶ୍ରୀ ଯମୁନାଚାର୍ଯ୍ୟଙ୍କ ପୁତ୍ର ବରରଙ୍ଗଙ୍କଠାରୁ ଧର୍ମ ବିଷୟରେ ଶିକ୍ଷା ଲାଭ କରିବାକୁ ଇଚ୍ଛା କଲେ। ପ୍ରତିଦିନ ବରରଙ୍ଗ ଶ୍ରୀ ରଙ୍ଗନାଥଙ୍କ ସମ୍ମୁଖକୁ ଯାଇ ସେଠାରେ ଅତି ସୁନ୍ଦର ସ୍ୱରରେ ଭଜନ ଗାନ କରୁଥିଲେ ଏବଂ ସମୟ ସମୟରେ ଆନନ୍ଦମଗ୍ନ ହୋଇ ନୃତ୍ୟ କରୁଥିଲେ। ଯେତେବେଳେ ସେ କ୍ଳାନ୍ତ ହୋଇଯାଉଥିଲେ, ରାମାନୁଜ ତାଙ୍କ ପାଦ ଘଷି ଦେଉଥିଲେ ଓ ତାଙ୍କ ଶରୀରରେ ହଳଦୀ ଗୁଣ୍ଡ ଲେପନ କରି ଦେଉଥିଲେ, ଯାହା ଦ୍ୱାରା ତାଙ୍କୁ ଉପଶମ ମିଳୁଥିଲା। ପ୍ରତିଦିନ ସନ୍ଧ୍ୟାରେ ସେ ଦୁଗ୍ଧ ଆଣି ବରରଙ୍ଗଙ୍କୁ ପିଇବାକୁ ଦେଉଥିଲେ। ଏକ ସେବକ ପରି ସେ ନିତ୍ୟ ତାଙ୍କ ସେବା କରିବାରେ ଲାଗିଲେ। ଏହିପରି ଛଅ ମାସ ସମୟ ବିତିଗଲା। ଦିନେ ବରରଙ୍ଗ ରାମାନୁଜଙ୍କୁ କହିଲେ, 'ମୁଁ ଜାଣିଛି ଯେ, ତୁମେ ମୋଠାରୁ ଧର୍ମ ବିଷୟରେ ଜ୍ଞାନ ଲାଭ କରିବାକୁ ଇଚ୍ଛା କରୁଛ। ତୁମର ସେବା ଦ୍ୱାରା ମୁଁ ଅତି ପ୍ରସନ୍ନ ହୋଇଛି। ମୁଁ ଯାହା କିଛି ଜ୍ଞାନ ଆହରଣ କରିଅଛି, ସେସବୁ ମୁଁ ତୁମକୁ ଶିକ୍ଷା ଦେବି। 'ଗୁରୁରେବ ପରଂବ୍ରହ୍ମ, ଗୁରୁରେବ ପରମ୍ ଧନମ୍, ଗୁରୁରେବ ପରଃ କାମୋ, ଗୁରୁରେବ ପରାୟଣମ୍', ଏହି ଶ୍ଳୋକର ଅର୍ଥକୁ ଯେ ହୃଦୟଙ୍ଗମ କରିଛନ୍ତି, ସେ ହିଁ ଧର୍ମକୁ ପୂର୍ଣ୍ଣ ରୂପରେ ବୁଝି ପାରିଛନ୍ତି। ସେହି ବ୍ୟକ୍ତି, ଯେ ଗୁରୁଙ୍କୁ ସ୍ୱୟଂ ଭଗବାନଙ୍କ ରୂପ ବୋଲି ଜ୍ଞାନ କରନ୍ତି ଏବଂ ନିଷ୍କାମ ଭାବରେ ଗୁରୁଙ୍କର ଉତ୍ତମ ସେବା କରନ୍ତି ଯେପରି ସେବା ତୁମେ ମୋ ପାଇଁ କରିଅଛ, ସେ ଧର୍ମକୁ ଜାଣିବାରେ ସର୍ବଶ୍ରେଷ୍ଠ ଅଟନ୍ତି। ଏହା ହିଁ ମୋର ସମସ୍ତ ଜ୍ଞାନର ଶେଷ ସୀମା ଅଟେ।' ଗୁରୁଙ୍କଠାରୁ ଏହି ଉପଦେଶ ଶୁଣି ରାମାନୁଜ ଅତ୍ୟନ୍ତ ପ୍ରସନ୍ନ ହେଲେ ଓ ତାଙ୍କ ଚରଣରେ ସାଷ୍ଟାଙ୍ଗ ପ୍ରଣାମ କଲେ। ବରରଙ୍ଗଙ୍କର କୌଣସି ସନ୍ତାନ ନ ଥିଲେ। କିନ୍ତୁ ଛୋଟାନମ୍ବି ନାମରେ ତାଙ୍କର ଜଣେ ସାନଭ୍ରାତା ଥିଲେ, ଯାହାଙ୍କୁ ସେ ଅତି ସ୍ନେହ

କରୁଥିଲେ। ବରରଙ୍ଗଙ୍କ ଅନୁରୋଧ କ୍ରମେ ରାମାନୁଜ ତାଙ୍କୁ ଶିଷ୍ୟ ରୂପେ ଗ୍ରହଣ କଲେ। ଏହିପରି ଭାବରେ ରାମାନୁଜ ଶ୍ରୀ ଯମୁନାଚାର୍ଯ୍ୟଙ୍କର ପାଞ୍ଚ ଜଣ ଅନ୍ତରଙ୍ଗ ଶିଷ୍ୟଙ୍କଠାରୁ ଶିକ୍ଷାଲାଭ କରିଥିଲେ। ସେମାନେ ହେଲେ, କାଞ୍ଚିପୂର୍ଣ୍ଣ, ମହାପୂର୍ଣ୍ଣ, ଗୋଷ୍ଠୀପୂର୍ଣ୍ଣ, ମାଲାଧର ଓ ବରରଙ୍ଗ। ସେମାନଙ୍କ ମଧ୍ୟରୁ ପ୍ରତ୍ୟେକ ସେହି ମହାନ୍ ଆଚାର୍ଯ୍ୟଙ୍କର ଭିନ୍ନ ଭିନ୍ନ ସ୍ୱରୂପର ଜଣେ ଜଣେ ପ୍ରତିନିଧି ପରି ଅଧିଷ୍ଠିତ ହୋଇଥିଲେ। ବିଶୁଦ୍ଧ ଭଗବଦ୍ ଭକ୍ତ ଶ୍ରୀ ରାମାନୁଜାଚାର୍ଯ୍ୟଙ୍କ ରୂପରେ ଶ୍ରୀ ଯମୁନାଚାର୍ଯ୍ୟ ପୁଣିଥରେ ପୃଥିବୀପୃଷ୍ଠରେ ଉପସ୍ଥିତ ଥିଲା ପରି ଅନୁଭୂତ ହେଲେ। ଯେତେବେଳେ ରାମାନୁଜ ବୈଷ୍ଣବତତ୍ତ୍ୱର ବର୍ଣ୍ଣନା କରି ବକ୍ତବ୍ୟ ପ୍ରଦାନ କରୁଥିଲେ, ଯେ କେହି ଏହାକୁ ଶ୍ରବଣ କରୁଥିଲେ, ସେ ଆଚମ୍ବିତ ହୋଇ ଯାଉଥିଲେ। ସେ ଯେତେବେଳେ ଭଗବାନଙ୍କ ମହିମା ଗାନ କରୁଥିଲେ, ସେଠାରେ ଉପସ୍ଥିତ ଶ୍ରୋତାମାନଙ୍କ ହୃଦୟରୁ ଦୁଃଖ, ଶୋକ ଓ ଭୌତିକ କାମନା ସମୂହ ସଙ୍ଗେସଙ୍ଗେ ଦୂର ହୋଇ ଯାଉଥିଲା।

ମନ୍ଦିରର ମୁଖ୍ୟ ପୂଜାରୀ

ସେ ସମୟରେ ଶ୍ରୀ ରଙ୍ଗନାଥଙ୍କ ମନ୍ଦିରର ଜଣେ ମୁଖ୍ୟ ପୂଜାରୀ ଥିଲେ। ଏପରି ପତିଷ୍ଠା ଲାଭକରି ମଧ୍ୟ ସେ ଶୁଦ୍ଧ ଭକ୍ତିଭାବରୁ ବଞ୍ଚିତ ଥିଲେ। ତାଙ୍କର ଉଚ୍ଚ ପଦବୀକୁ ସେ କେବଳ ନିଜର ସ୍ୱାର୍ଥ ହାସଲ ପାଇଁ ନିୟୋଜିତ କରୁଥିଲେ। ଯେ କେହି ତାଙ୍କ ଆକାଂକ୍ଷାର ପଥରେ ବାଧା ସୃଷ୍ଟି କରୁଥିଲେ, ସେ ତାଙ୍କୁ ହଟାଇବାକୁ ତତ୍ପର ରହୁଥିଲେ। ରାମାନୁଜାଚାର୍ଯ୍ୟଙ୍କୁ ମଧ୍ୟ ସେ ନିଜ ସ୍ୱାର୍ଥ ସାଧନ ମାର୍ଗରେ ଏକ ବିରାଟ ଅବରୋଧ ପରି ଦେଖିବାକୁ ଲାଗିଲେ। ସମସ୍ତ ଲୋକମାନେ ରାମାନୁଜଙ୍କୁ ତାଙ୍କଠାରୁ ଅଧିକ ଆଦର ଓ ସମ୍ମାନ ପ୍ରଦର୍ଶନ କରୁଥିବାର ସେ ଲକ୍ଷ୍ୟ କଲେ। ସେ ଈର୍ଷା ପରାୟଣ ହୋଇ ରାମାନୁଜଙ୍କ ପ୍ରସିଦ୍ଧି ଓ ପ୍ରତିଷ୍ଠାର ବୃଦ୍ଧିକୁ ଆଉ ସହ୍ୟ କରି ପାରିଲେ ନାହିଁ ଏବଂ ରାମାନୁଜଙ୍କୁ ନିଜ ପଥରୁ ଚିରଦିନ ପାଇଁ ଦୂର କରିବାକୁ ଉପାୟ ଖୋଜିବାକୁ ଲାଗିଲେ। ଦିନେ ଏକ ଯୋଜନାକୁ ସ୍ଥିର କରି ସେ ରାମାନୁଜଙ୍କ ନିକଟକୁ ଗଲେ ଏବଂ ତାଙ୍କୁ ନିଜ ଗୃହକୁ ପ୍ରସାଦ ଗ୍ରହଣ କରିବାକୁ ନିମନ୍ତ୍ରଣ କଲେ। ଏହାପରେ ସେ ଶୀଘ୍ର ଗୃହକୁ ଫେରିଆସି ନିଜ ପତ୍ନୀଙ୍କୁ ନିର୍ଦ୍ଦେଶ ଦେଲେ, 'ଆଜି ମୁଁ ରାମାନୁଜଙ୍କୁ ଏଠାରେ ଭୋଜନ ପାଇଁ ନିମନ୍ତ୍ରିତ କରିଅଛି। ଏହା ଆମ ପାଇଁ ସେହି ଦୁଷ୍ଟକୁ ଚିର ଦିନ ପାଇଁ ଦୂର କରି ଦେବା ନିମନ୍ତେ ଏକ ଉତ୍ତମ ଅବସର ଅଟେ। ତୁମେ ଜାଣିଛ ସେହି ବିଷ କେଉଁଠାରେ ଅଛି। ମୋର ଆଉ ଅଧିକ କିଛି କହିବାର ଆବଶ୍ୟକତା ଅଛି

କି ?' ପୂଜାରୀଙ୍କ ପତ୍ନୀଙ୍କ ଚିନ୍ତାଧାରା ମଧ୍ୟ ସ୍ୱାମୀଙ୍କ ଅନୁରୂପ ଥିଲା। ସେ ତାଙ୍କର ସେହି ଯୋଜନାରେ ସହମତି ପ୍ରକାଶ କଲେ ଏବଂ ପୂଜାରୀ ମନ୍ଦିରକୁ ଫେରିଗଲେ। ମଧ୍ୟାହ୍ନ ସମୟରେ ରାମାନୁଜ ନିଜ ପ୍ରତିଶ୍ରୁତି ଅନୁସାରେ ପୂଜାରୀଙ୍କ ଗୃହରେ ପ୍ରସାଦ ଗ୍ରହଣ କରିବାକୁ ଆସି ପହଞ୍ଚିଲେ। ପୂଜାରୀଙ୍କ ପତ୍ନୀ ଅତି ସମ୍ମାନର ସହିତ ତାଙ୍କୁ ସ୍ୱାଗତ କଲେ ଏବଂ ତାଙ୍କ ପାଦ ଧୋଇ ତାଙ୍କୁ ଆସନ ଅର୍ପଣ କଲେ। ଯଦିଓ ପୂଜାରୀଙ୍କ ପତ୍ନୀଙ୍କ ହୃଦୟ ଅତି କଠୋର ଥିଲା, ରାମାନୁଜଙ୍କ ବିଶୁଦ୍ଧ, ଭକ୍ତିମୟ ଓ ନିର୍ମଳ ରୂପକାନ୍ତିକୁ ଦର୍ଶନ କରି ତାଙ୍କ ଅନ୍ତରରେ କରୁଣା ଜାଗ୍ରତ ହେବାକୁ ଲାଗିଲା। ସେ ଯେତେବେଳେ ବିଷ ମିଶ୍ରିତ ଖାଦ୍ୟ ପରୋଷିବାକୁ ଯାଉଥିଲେ, ସେ ଆଉ ନିଜକୁ ନିୟନ୍ତ୍ରଣ କରି ପାରିଲେ ନାହିଁ ଏବଂ କ୍ରନ୍ଦନ କରି ରାମାନୁଜଙ୍କୁ କହିଲେ, 'ମୋର ପୁତ୍ର ! ତୁମେ ଯଦି ନିଜକୁ ରକ୍ଷା କରିବାକୁ ଚାହଁ, ତେବେ ତୁମେ ଅନ୍ୟ କୌଣସି ସ୍ଥାନକୁ ପ୍ରସାଦ ଗ୍ରହଣ କରିବାକୁ ଚାଲିଯାଅ। ଯଦି ତୁମେ ଏହି ଖାଦ୍ୟକୁ ଗ୍ରହଣ କରିବ, ତେବେ ତୁମେ ମୃତ୍ୟୁ ବରଣ କରିବ।' ଏହି ବାକ୍ୟ ଶୁଣି ରାମାନୁଜ ସ୍ତବ୍ଧ ହୋଇଗଲେ। ସେ ସେଠାରେ କିଛି ସମୟ ମୌନ ହୋଇ ବସି ରହିଲେ ଏବଂ ଚିନ୍ତା କଲେ ଯେ ମୁଖ୍ୟ ପୂଜାରୀଙ୍କ ହୃଦୟରେ ତାଙ୍କ ପ୍ରତି କାହିଁକି ଏପରି ଘୃଣାଭାବ ସୃଷ୍ଟି ହେଲା। ଏହାପରେ ସେ ପୂଜାରୀଙ୍କ ଗୃହରୁ ବାହାରି ଆସି କାବେରୀ ନଦୀ ଆଡ଼କୁ ଧୀରେ ଧୀରେ ଚାଲିବାକୁ ଲାଗିଲେ। ସେହି ନଦୀ କୂଳରେ ସେ ତାଙ୍କ ଗୁରୁ ଗୋଷ୍ଠୀପୂର୍ଣ୍ଣଙ୍କୁ ଦେଖିବାକୁ ପାଇଲେ ଏବଂ ଦୌଡ଼ିଯାଇ ତାଙ୍କ ପାଦ ତଳେ ପଡ଼ିଗଲେ। ଗୋଷ୍ଠୀପୂର୍ଣ୍ଣ ତାଙ୍କୁ ଉଠାଇଲେ ଏବଂ ତାଙ୍କ ଅବସାଦର କାରଣ ବିଷୟରେ ପଚାରିଲେ। ରାମାନୁଜ ତାଙ୍କୁ ସେଦିନର ଘଟଣା ବିଷୟରେ ଜଣାଇଲେ ଏବଂ ଗୁରୁଙ୍କୁ କହିଲେ, 'ମୁଖ୍ୟ ପୂଜାରୀଙ୍କ ମାନସିକ ସ୍ଥିତି ବିଷୟରେ ଚିନ୍ତା କରି ମୁଁ ଅତି ଦୁଃଖିତ ହୋଇଛି। ଏପରି ମହାପାପରୁ ସେ କିପରି ରକ୍ଷା ପାଇପାରିବେ ?' ଗୋଷ୍ଠୀପୂର୍ଣ୍ଣ କହିଲେ, 'ମୋର ପୁତ୍ର ! ଯେହେତୁ ସେହି ପାପାତ୍ମା ପାଇଁ ତୁମେ ଭଗବାନଙ୍କ କରୁଣା କାମନା କରୁଅଛ, ତାଙ୍କର ଅଧୋପତନ ହେବାର କୌଣସି କାରଣ ନାହିଁ। ଖୁବ୍ ଶୀଘ୍ର ସେ ତାଙ୍କର ମନ୍ଦବୁଦ୍ଧି ତ୍ୟାଗ କରିବେ ଏବଂ ଏକ ସଦାଚାରୀ ମନୁଷ୍ୟରେ ପରିଣତ ହେବେ।' ଗୁରୁଙ୍କଠାରୁ ବିଦାୟ ନେଇ ରାମାନୁଜ ନିଜ ଆଶ୍ରମକୁ ଫେରିଲେ ଏବଂ ସେଠାରେ ସେ ଜଣେ ବ୍ରାହ୍ମଣଙ୍କୁ ବିଭିନ୍ନ ପ୍ରକାରର ପ୍ରସାଦ ଧରି ତାଙ୍କ ପାଇଁ ଅପେକ୍ଷା କରିଥିବାର ଦେଖିଲେ। ସେ ସେଥିରୁ ଅଳ୍ପ କିଛି ପ୍ରସାଦ ଗ୍ରହଣ କଲେ ଏବଂ ଅବଶିଷ୍ଟ ନିଜର ଶିଷ୍ୟ ମାନଙ୍କ ମଧ୍ୟରେ ବିତରଣ କଲେ। ପୂଜାରୀଙ୍କ ଗୃହରେ ଘଟିଥିବା ଘଟଣା ବିଷୟରେ ସେ ଆଶ୍ରମରେ କାହାରିକୁ ପ୍ରକାଶ କଲେ ନାହିଁ। ସେ ଏକାନ୍ତରେ ବସି ସେହି ପୂଜାରୀଙ୍କୁ ପାପପୂର୍ଣ୍ଣ ପଥରୁ ରକ୍ଷା କରିବାର

ଉପାୟ ଚିନ୍ତା କରିବାକୁ ଲାଗିଲେ। ଏହା ମଧ୍ୟରେ ପୂଜାରୀ ନିଜ ଗୃହକୁ ଫେରି ଆସିଲେ ଓ ନିଜର ଯୋଜନା ଅସଫଳ ହୋଇଥିବାର ଜାଣି ଅତ୍ୟନ୍ତ କ୍ରୋଧିତ ହୋଇଗଲେ। ନାରୀମାନଙ୍କ ହୃଦୟ ସ୍ୱଭାବତଃ କୋମଳ ବୋଲି ଚିନ୍ତାକରି ସେ ତାଙ୍କ ପତ୍ନୀଙ୍କୁ କ୍ଷମା କରିଦେଲେ। ମନେମନେ ସେ ରାମାନୁଜଙ୍କୁ ନିଜର ଶତ୍ରୁ ଭାବରେ ଦର୍ଶନ କରୁଥିଲେ ଏବଂ ତାଙ୍କୁ ଦମନ କରିବା ପାଇଁ ସେ ସଙ୍ଗେସଙ୍ଗେ ଆଉ ଏକ ନୂତନ ଯୋଜନା ସ୍ଥିର କଲେ।

ପୂଜାରୀଙ୍କ ପଶ୍ଚାତାପ

ପ୍ରତିଦିନ ସନ୍ଧ୍ୟାରେ ରାମାନୁଜ ଶ୍ରୀ ରଙ୍ଗନାଥଙ୍କ ମନ୍ଦିରକୁ ଦର୍ଶନ କରିବାକୁ ଯାଉଥିଲେ। ସେହିଦିନ ସନ୍ଧ୍ୟାରେ ସେ ଯେତେବେଳେ ମନ୍ଦିରରେ ଭଗବାନଙ୍କୁ ଦର୍ଶନ କରୁଥିଲେ, ସେହି ମୁଖ୍ୟ ପୂଜାରୀ ତାଙ୍କ ନିକଟକୁ ଆସିଲେ ଓ ତାଙ୍କୁ ଭଗବାନଙ୍କ ଚରଣାମୃତ ଅର୍ପଣ କଲେ। ସେହି ଚରଣାମୃତରେ ପୂର୍ବରୁ ପୂଜାରୀ ବିଷ ମିଶ୍ରଣ କରିଥିଲେ। ରାମାନୁଜ ଏହା ଜାଣିବା ସତ୍ତ୍ୱେ ତାହାକୁ ବିନମ୍ର ଭାବରେ ପାନ କଲେ। ଏହାପରେ ସେ ଶ୍ରୀ ରଙ୍ଗନାଥଙ୍କୁ ପ୍ରାର୍ଥନା କଲେ, 'ହେ କରୁଣାସିନ୍ଧୁ ! ଆପଣଙ୍କ ଭକ୍ତ ପ୍ରତି ଆପଣଙ୍କର କେତେ ଅପାର ସ୍ନେହ ! ଆପଣଙ୍କ ଚରଣାମୃତକୁ ଗ୍ରହଣ କରିବାକୁ ମୋର କିଛି ଯୋଗ୍ୟତା ନାହିଁ। ଆପଣଙ୍କ କୃପା ଅହୈତୁକ ଓ ଅସୀମ।' ପ୍ରାର୍ଥନା ସମାପ୍ତ କରି ଯେତେବେଳେ ରାମାନୁଜ ମନ୍ଦିରରୁ ପ୍ରସ୍ଥାନ କରୁଥିଲେ, ସେତେବେଳେ ତାଙ୍କର ସମ୍ପୂର୍ଣ୍ଣ ଶରୀର ପରମାନନ୍ଦ ଓ ଭାବାବେଶ ଦ୍ୱାରା ପ୍ରକମ୍ପିତ ହୋଇ ଉଠୁଥିଲା। ଏହା ଦେଖି ସେହି ବିଷଟି ତାହାର ପ୍ରଭାବ ଆରମ୍ଭ କଲା ଏବଂ ତାଙ୍କର ଯୋଜନା ସଫଳ ହେଲା ବୋଲି ଚିନ୍ତା କରି ପୂଜାରୀ ଅତି ପ୍ରସନ୍ନ ହେଲେ। ସେ ସେହି ଚରଣାମୃତରେ ଏତେ ପରିମାଣର ବିଷ ମିଶ୍ରଣ କରିଥିଲେ ଯେ, ତାହା ଦଶ ଜଣ ମନୁଷ୍ୟଙ୍କ ପ୍ରାଣ ହରଣ କରିବା ପାଇଁ ଯଥେଷ୍ଟ ଥିଲା। ତେଣୁ ସେ ଆଶ୍ୱସ୍ତ ହୋଇଗଲେ ଯେ, ନିଶ୍ଚୟ ପରଦିନ ପ୍ରଭାତରେ ସେ ରାମାନୁଜଙ୍କ ଚିତାଗ୍ନିର ଧୂଆଁକୁ ଦେଖିବାକୁ ପାଇବେ। ପରଦିନ ପ୍ରଭାତରେ ଯେତେବେଳେ ପୂଜାରୀ ମନ୍ଦିର ମଧ୍ୟକୁ ପ୍ରବେଶ କଲେ, ଅନେକ ଲୋକଙ୍କ ମିଳିତ ସ୍ୱରରେ ରାମାନୁଜଙ୍କ ଜୟଘୋଷର ଶବ୍ଦ ସେଠାରେ ପ୍ରତିଧ୍ୱନିତ ହେବାର ସେ ଶୁଣିବାକୁ ପାଇଲେ। ସେହି ଶବ୍ଦ ଯେଉଁ ଦିଗରୁ ଆସୁଥିଲା, ପୂଜାରୀ ଶୀଘ୍ର ସେହି ଦିଗକୁ ଯାଇ ଦେଖିଲେ ଯେ, ଶ୍ରୀରଙ୍ଗମ୍ ସହରର ସମସ୍ତ ଲୋକମାନେ ରାମାନୁଜଙ୍କ ଚାରିପଟେ ସଙ୍ଗୀତ ଗାନ କରି ନୃତ୍ୟ କରୁଛନ୍ତି ଏବଂ ତାଙ୍କ ଚରଣରେ ପୁଷ୍ପ ଅର୍ପଣ କରୁଛନ୍ତି। ରାମାନୁଜ ସେତେବେଳେ ତନ୍ମୟ ଭାବରେ

ଏକ ଆସନରେ ବସି ରହିଥିଲେ ଓ ତାଙ୍କର ଚିତ୍ତ ଭଗବାନଙ୍କ ଧ୍ୟାନରେ ମଗ୍ନ ହୋଇ ଯାଇଥିଲା। ସେ ପୂର୍ବାପେକ୍ଷା ଅଧିକ ତେଜୋମୟ ପ୍ରତୀତ ହେଉଥିଲେ ଏବଂ ତାଙ୍କ ନୟନରୁ ଆନନ୍ଦର ଅଶ୍ରୁ ପ୍ରବାହିତ ହେଉଥିଲା। ଏପରି ଦୃଶ୍ୟ ଦେଖି ସେହି ପୂଜାରୀଙ୍କର ପାଷାଣ ପରି କଠିନ ହୃଦୟଟି ତରଳି ଗଲା। ସଙ୍ଗେସଙ୍ଗେ ରାମାନୁଜଙ୍କ ପରି ମହାତ୍ମାଙ୍କ ପ୍ରତି ନିଜର ଈର୍ଷାଜନିତ ମହାପାପକୁ ସେ ବୁଝିପାରିଲେ ଏବଂ ସେହି ଜନଗହଳି ମଧ୍ୟଦେଇ ସେ ରାମାନୁଜଙ୍କ ନିକଟକୁ ଦୌଡ଼ିଗଲେ। ଅତି ବିକଳ ହୋଇ ଓ କ୍ରନ୍ଦନ କରି ସେ ରାମାନୁଜଙ୍କ ଚରଣ ତଳେ ପଡ଼ିଗଲେ ଏବଂ ପ୍ରାର୍ଥନା କଲେ, 'ଭଗବାନ ବିଷ୍ଣୁଙ୍କ ଇଚ୍ଛାକୁ ପୂରଣ କରିବା ପାଇଁ ଏବଂ ମୋ ପରି ଅଧମ ଓ ପାପୀ ମାନଙ୍କୁ ବିନାଶ କରିବା ପାଇଁ ଆପଣ ଅବତାର ଗ୍ରହଣ କରିଛନ୍ତି। ମୋ ପ୍ରଭୁ, ଆଉ ବିଳମ୍ବ କରନ୍ତୁ ନାହିଁ। ତୁରନ୍ତ ମୋତେ ଯମଲୋକକୁ ପଠାଇ ଦିଅନ୍ତୁ। ଆପଣଙ୍କ ଚରଣ ସ୍ପର୍ଶ କରିବା ପାଇଁ ମଧ୍ୟ ମୋର ଯୋଗ୍ୟତା ନାହିଁ। ଦୟା କରି ମୋର ସମସ୍ତ ପାପକର୍ମ ପାଇଁ ମୋତେ ଏହିକ୍ଷଣି ଦଣ୍ଡ ଦିଅନ୍ତୁ। ତେବେଯାଇ ମୁଁ ପାପର ଫଳରୁ ରକ୍ଷା ପାଇବି। ଶୀଘ୍ର ମୋତେ କୌଣସି ହସ୍ତୀର ପାଦତଳେ କିମ୍ବା ଭୀଷଣ ଅଗ୍ନିରେ ନିକ୍ଷେପ କରନ୍ତୁ। ଏକ ମୁହୂର୍ତ୍ତ ପାଇଁ ମଧ୍ୟ ଜୀବିତ ରହିବାକୁ ମୁଁ ଆଉ ଇଚ୍ଛା କରୁନାହିଁ।' ଏହା କହି ପୂଜାରୀ ନିଜର ମଥାକୁ ଭୂମିରେ ବାରମ୍ବାର ପିଟିବାକୁ ଲାଗିଲେ ଏବଂ ତାଙ୍କ ମଥାରୁ ରକ୍ତ ଝରି ସେହି ସ୍ଥାନଟି ଓଦା ହୋଇଗଲା। ସେଠାରେ ଥିବା ଲୋକମାନେ ତାଙ୍କୁ ବାରଣ କରିବା ସତ୍ତ୍ୱେ ସେ ନିଜର ଛାତିକୁ ହାତରେ ପିଟିବାରେ ଲାଗିଲେ ଓ ତାଙ୍କର ସମ୍ପୂର୍ଣ୍ଣ ଶରୀର ରକ୍ତରଞ୍ଜିତ ହୋଇଗଲା। ସେତେବେଳେ ରାମାନୁଜ ତାଙ୍କ ବାହ୍ୟ ଚେତନାକୁ ଫେରି ଆସିଲେ ଏବଂ ନିଜର ହାତକୁ ପୂଜାରୀଙ୍କ ମସ୍ତକ ଉପରେ ରଖି କହିଲେ, 'ଏପରି ଭୟାବହ କାର୍ଯ୍ୟ କରନ୍ତୁ ନାହିଁ। ଭଗବାନ ରଙ୍ଗନାଥ ଆପଣଙ୍କର ସମସ୍ତ ପାପକୁ ନିଶ୍ଚୟ କ୍ଷମା କରି ଦେଇଛନ୍ତି।' ପୂଜାରୀ ବିସ୍ମିତ ହୋଇ କହିଲେ, 'ମୋ ପରି ଜଣେ ଘୃଣ୍ୟ ମନୁଷ୍ୟକୁ ଆପଣ କିପରି କୃପାପୂର୍ଣ୍ଣ ଦୃଷ୍ଟିରେ ଚାହିଁ ପାରୁଛନ୍ତି ? ହେ ପତିତ ଜନଙ୍କ ତ୍ରାଣକର୍ତ୍ତା ! ସଂସାରରେ ଚିରଦିନ ପାଇଁ ଆପଣଙ୍କର ଏହି ମହିମା ମନୁଷ୍ୟ ମାନଙ୍କ ଦ୍ୱାରା ଗାନ କରାଯିବ।' ରାମାନୁଜ ସେହି ମୁଖ୍ୟ ପୂଜାରୀଙ୍କୁ ଆଶୀର୍ବାଦ କଲେ ଏବଂ ତାଙ୍କୁ ନିଜର ସମ୍ପୂର୍ଣ୍ଣ କୃପା ପ୍ରଦାନ କଲେ। ସେହଦିନଠାରୁ ପୂଜାରୀ ଜଣେ ଭିନ୍ନ ବ୍ୟକ୍ତି ପରି ଜଣା ପଡ଼ିଲେ। ତାଙ୍କର ହୃଦୟକୁ ବିଷାକ୍ତ କରି ଦେଇଥିବା ସମସ୍ତ ଈର୍ଷ୍ୟା ଭାବକୁ ସେ ତ୍ୟାଗ କରିଦେଲେ ଏବଂ ଭଗବାନଙ୍କର ଜଣେ ବିନମ୍ର ସେବକରେ ପରିଣତ ହେଲେ। ତାଙ୍କର ଉଦ୍ଧାରକର୍ତ୍ତା ତଥା ଗୁରୁ ଶ୍ରୀ ରାମାନୁଜଙ୍କ ପ୍ରତି ସେ ସମ୍ପୂର୍ଣ୍ଣ ଭାବରେ ସମର୍ପିତ ହୋଇଗଲେ।

ଯଜ୍ଞମୂର୍ତ୍ତିଙ୍କ ସହିତ ତର୍କ

ସେହି ସମୟରେ ଯଜ୍ଞମୂର୍ତ୍ତି ନାମରେ ଜଣେ ମହାନ୍ ପଣ୍ଡିତ ଥିଲେ, ଯାହାଙ୍କ ଜ୍ଞାନ ଓ ବୁଦ୍ଧି ଅତି ଉଚ୍ଚ ସ୍ତରର ହୋଇଥିବାରୁ କେହି ତାଙ୍କୁ ତର୍କରେ ପରାସ୍ତ କରି ପାରୁ ନ ଥିଲେ। ଯଦିଓ ସେ ଦକ୍ଷିଣ ଭାରତରେ ଜନ୍ମଲାଭ କରିଥିଲେ, ସେ ସମଗ୍ର ଉତ୍ତର ଭାରତରେ ଭ୍ରମଣ କରିଥିଲେ ଏବଂ ତର୍କରେ ତାଙ୍କ ସମକକ୍ଷ କାହାକୁ ହେଲେ ପାଇ ନ ଥିଲେ। ଦକ୍ଷିଣ ଭାରତକୁ ଫେରିବା ପରେ ସେ ଶୁଣିବାକୁ ପାଇଲେ ଯେ, ରାମାନୁଜାଚାର୍ଯ୍ୟ ନାମରେ ଜଣେ ମହାନ୍ ବୈଷ୍ଣବ ଗୁରୁ ଅଛନ୍ତି, ଯେ କି ନିରାକାରବାଦକୁ ପରାସ୍ତ କରିବାରେ ଅତି ଦକ୍ଷ ଅଟନ୍ତି। ଏହା ଶୁଣି ସେ ଶ୍ରୀରଙ୍ଗମ୍ କ୍ଷେତ୍ରରେ ଆସି ପହଞ୍ଚିଲେ। ଏକ ଶଗଡ଼ରେ ପୂର୍ଣ୍ଣ ହୋଇଥିବା ବିଭିନ୍ନ ପୁସ୍ତକ ସେ ସର୍ବଦା ତାଙ୍କ ସହିତ ନେଇ ଯାତ୍ରା କରୁଥିଲେ। ରାମାନୁଜଙ୍କ ସମ୍ମୁଖକୁ ଆସି ଯଜ୍ଞମୂର୍ତ୍ତି ସଙ୍ଗେସଙ୍ଗେ ତାଙ୍କୁ ତର୍କ କରିବା ପାଇଁ ଆହ୍ୱାନ କଲେ। କିନ୍ତୁ ତାଙ୍କ ପ୍ରତି ବିଶେଷ ଗୁରୁତ୍ୱ ନ ଦେଇ ରାମାନୁଜ ସ୍ମିତହାସ୍ୟ ସହ କହିଲେ, 'ହେ ମହାତ୍ମା ! ଏପରି ପ୍ରତିଯୋଗିତାପୂର୍ଣ୍ଣ ମାନସିକତାର କି ମୂଲ୍ୟ ଅଛି ? ଆପଣ ଜଣେ ଅଦ୍ୱିତୀୟ ଜ୍ଞାନୀ ବ୍ୟକ୍ତି ହୋଇଥିବାରୁ ମୁଁ ଆପଣଙ୍କଠାରୁ ପରାଜୟ ସ୍ୱୀକାର କରୁଅଛି। ବିଜୟ ଆପଣଙ୍କୁ ସର୍ବଦା ଅନୁସରଣ କରିଥାଏ।' ଏହା ଶୁଣି ଯଜ୍ଞମୂର୍ତ୍ତି କହିଲେ, 'ଯଦି ଆପଣ ପରାଜୟ ସ୍ୱୀକାର କରୁଛନ୍ତି, ତେବେ ଆପଣ ନିଶ୍ଚୟ ଅଦ୍ୱୈତବାଦକୁ ଗ୍ରହଣ କରନ୍ତୁ ଏବଂ ବୈଷ୍ଣବ ମାନଙ୍କ ମିଥ୍ୟା ଚିନ୍ତାଧାରାକୁ ଚିରଦିନ ପାଇଁ ତ୍ୟାଗ କରିଦିଅନ୍ତୁ।' ଏହି ପ୍ରସ୍ତାବ ରାମାନୁଜଙ୍କ ପକ୍ଷରେ କଦାପି ଗ୍ରହଣୀୟ ନ ଥିଲା। ତେଣୁ ସେ ଏହାକୁ ବିରୋଧ କରି କହିଲେ, 'ଆପଣଙ୍କ ପରି ନିରାକାରବାଦୀ ମାନେ ହିଁ ଭ୍ରମରେ ପରିପୂର୍ଣ୍ଣ ଅଟନ୍ତି, ଯାହାଙ୍କ ମତ ଅନୁସାରେ ମନର ସମସ୍ତ ଯୁକ୍ତି ଓ ବିଚାର କେବଳ ମାୟାର ରୂପ ଅଟେ। ତେଣୁ ଆପଣଙ୍କ ନିଜର ସିଦ୍ଧାନ୍ତ ମଧ୍ୟ କିପରି ଭ୍ରାନ୍ତିରୁ ମୁକ୍ତ ହୋଇପାରେ ?' ଯଜ୍ଞମୂର୍ତ୍ତି କହିଲେ, 'ଯାହା ବି କିଛି ସ୍ଥାନ ଓ କାଳ ମଧ୍ୟରେ ଅବସ୍ଥିତ ଅଛି, ସେ ସବୁ ମିଥ୍ୟା ଅଟେ। ସ୍ଥାନ ଓ କାଳକୁ ଅତିକ୍ରମ କଲେ ହିଁ ଜଣେ ପ୍ରକୃତ ସତ୍ୟ ନିକଟରେ ପହଞ୍ଚି ପାରିବ। ଆପଣ ଭଗବାନଙ୍କ ରୂପକୁ ସତ୍ୟ ବୋଲି ଗ୍ରହଣ କରିଥାନ୍ତି। କିନ୍ତୁ, ସେହି ସବୁ ରୂପ ଗୁଡ଼ିକ ଭ୍ରମ ଓ ମିଥ୍ୟା ବ୍ୟତୀତ ଅନ୍ୟ କିଛି ନୁହେଁ।' ଏହିପରି ଭାବରେ ସେହି ଦୁଇ ମହାଜ୍ଞାନୀଙ୍କ ମଧ୍ୟରେ ଏକ ବିରାଟ ତର୍କ ଆରମ୍ଭ ହେଲା, ଯାହାକି ସତର ଦିନ ଧରି ଚାଲିଲା। କିନ୍ତୁ, ତଥାପି ସେମାନଙ୍କ ମଧ୍ୟରୁ କେହି କାହାକୁ ପରାସ୍ତ କରିପାରିଲେ ନାହିଁ। ସତର ଦିନ ପରେ ମଧ୍ୟ ଯେତେବେଳେ ରାମାନୁଜ

ଅନୁଭବ କଲେ ଯେ ସେ ଯଜ୍ଞମୂର୍ତ୍ତିଙ୍କ ଚତୁରତାପୂର୍ଣ୍ଣ ତର୍କକୁ ଦମନ କରି ଭଗବାନ ବିଷ୍ଣୁଙ୍କ ମହିମା ସ୍ଥାପନ କରିବାରେ ସମର୍ଥ ହୋଇ ପାରୁନାହାଁନ୍ତି, ସେ ମର୍ମାହତ ହୋଇଗଲେ। ସେହିଦିନ ସନ୍ଧ୍ୟାରେ ସେ ଆଶ୍ରମକୁ ଫେରି ଭଗବାନଙ୍କ ବିଗ୍ରହଙ୍କ ସମ୍ମୁଖକୁ ଗଲେ ଏବଂ ହାତଯୋଡ଼ି ପ୍ରାର୍ଥନା କଲେ, 'ହେ ପ୍ରଭୁ ! ସମସ୍ତ ଶାସ୍ତ୍ରମାନଙ୍କରେ ବର୍ଣ୍ଣିତ ହୋଇଥିବା ପରମ ସତ୍ୟଟି ମାୟାବାଦୀ ମାନଙ୍କ କୁତର୍କ ରୂପକ ବାଦଲ ଦ୍ୱାରା ଢାଙ୍କି ହୋଇଯାଇଛି। ସେହି ନିରାକାରବାଦୀ ମାନେ ଶବ୍ଦର ଚାତୁରୀ ଦ୍ୱାରା ଏପରି ତର୍କ ଉପସ୍ଥାପନ କରୁଛନ୍ତି ଯେ, ତାହାଦ୍ୱାରା ଆପଣଙ୍କ ଭକ୍ତମାନେ ମଧ୍ୟ ଭ୍ରମିତ ହୋଇ ଯାଉଛନ୍ତି। ହେ ପରମେଶ୍ୱର ! ଆଉ କେତେ ଦିନ ପର୍ଯ୍ୟନ୍ତ ଆପଣଙ୍କ ସନ୍ତାନମାନଙ୍କୁ ଆପଣ ନିଜର ପାଦପଦ୍ମର ଆଶ୍ରୟରୁ ବଞ୍ଚିତ ରଖିବେ ?' ପ୍ରାର୍ଥନା ସମାପ୍ତ ହେବା ସମୟରେ ରାମାନୁଜଙ୍କ ନୟନରୁ ଅଶ୍ରୁଧାରା ପ୍ରବାହିତ ହେଉଥିଲା। ସେହି ରାତ୍ରିରେ ଭଗବାନ ତାଙ୍କୁ ସ୍ୱପ୍ନରେ ଦର୍ଶନ ଦେଲେ ଏବଂ କହିଲେ, 'ଚିନ୍ତିତ ହୁଅନାହିଁ ବତ୍ସ ! ମୋ ପ୍ରତି ଶରଣାଗତିର ସମ୍ପୂର୍ଣ୍ଣ ମହିମା ତୁମ ମାଧ୍ୟମରେ ହିଁ ଯଥା ଶୀଘ୍ର ସମଗ୍ର ବିଶ୍ୱରେ ପ୍ରକାଶିତ ହେବ।'

ଯଜ୍ଞମୂର୍ତ୍ତିଙ୍କ ପରିବର୍ତ୍ତନ

ପରଦିନ ପ୍ରଭାତରେ ଯେତେବେଳେ ରାମାନୁଜ ନିଦ୍ରାରୁ ଉଠିଲେ ଏବଂ ଭଗବାନ ତାଙ୍କୁ ସ୍ୱପ୍ନରେ ଦେଇଥିବା ଦର୍ଶନ ଓ ନିର୍ଦ୍ଦେଶ ବିଷୟରେ ସ୍ମରଣ କଲେ, ସେ ଆନନ୍ଦରେ ବିହ୍ୱଳିତ ହୋଇଗଲେ। ସମସ୍ତ ନିତ୍ୟକର୍ମ ସାରି ସେ ଯଜ୍ଞମୂର୍ତ୍ତି ଅବସ୍ଥାନ କରୁଥିବା ଆଶ୍ରମକୁ ଗଲେ। ରାମାନୁଜଙ୍କ ମୁଖମଣ୍ଡଳର ତେଜୋମୟ ରୂପକୁ ଦର୍ଶନ କରି ଯଜ୍ଞମୂର୍ତ୍ତି ଆଶ୍ଚର୍ଯ୍ୟ ହୋଇଗଲେ। ସେ ମନେମନେ ଚିନ୍ତା କଲେ, 'ଗତକାଲି ରାମାନୁଜ ପରାଜୟର ନିକଟବର୍ତ୍ତୀ ହୋଇଯାଇଥିବାରୁ ଅତି ଦୁଃଖିତ ଅବସ୍ଥାରେ ଏଠାରୁ ନିଜ ଆଶ୍ରମକୁ ଫେରିଥିଲେ। କିନ୍ତୁ ଆଜି ସେ ଜଣେ ଦେବତାଙ୍କ ପରି ଦୃଶ୍ୟମାନ ହେଉଛନ୍ତି। ମୁଁ ଦେଖି ପାରୁଛି ଯେ, ସେ ଈଶ୍ୱରୀୟ ଶକ୍ତି ଦ୍ୱାରା ପ୍ରେରଣା ଲାଭ କରିଛନ୍ତି। ତାଙ୍କ ସହିତ ଆଉ ତର୍କ କରିବା ବ୍ୟର୍ଥ ଅଟେ। ଏହି ବ୍ୟକ୍ତି ନିଶ୍ଚିତ ରୂପେ ପରିପୂର୍ଣ୍ଣତା ପ୍ରାପ୍ତ ହୋଇଛନ୍ତି। ସେ କେବେହେଲେ କ୍ରୋଧ କିମ୍ବା ଅହଙ୍କାର ଦ୍ୱାରା କବଳିତ ହେଉ ନାହାଁନ୍ତି ଏବଂ ତାଙ୍କର ମୁଖ ଦିବ୍ୟ ରୂପ ଦ୍ୱାରା ଝଲସି ଉଠୁଛି। ମୁଁ ତାଙ୍କର ଶିଷ୍ୟ ହୋଇ ମୋର ପାପର ପ୍ରାୟଶ୍ଚିତ କରିବି ଏବଂ ମୋର ମିଥ୍ୟା ଅହଙ୍କାରକୁ ସମୂଳେ ବିନାଶ କରିବି।' ଏପରି ନିଷ୍ପତ୍ତି ନେଇ ଯଜ୍ଞମୂର୍ତ୍ତି

ରାମାନୁଜଙ୍କ ପାଦ ତଳେ ସାଷ୍ଟାଙ୍ଗ ପ୍ରଣାମ କଲେ । ରାମାନୁଜ ତାଙ୍କୁ ସମ୍ବୋଧନ କରି କହିଲେ, 'ହେ ଯଜ୍ଞମୂର୍ତ୍ତି ! ଆପଣଙ୍କ ପରି ମହାନ୍ ବ୍ୟକ୍ତିଙ୍କ ପକ୍ଷରେ ଏପରି ବ୍ୟବହାର ସମୁଚିତ ନୁହେଁ । ପୁଣି ଥରେ ତର୍କ ଆରମ୍ଭ କରିବାରେ ବିଳମ୍ବ କାହିଁକି କରୁଛନ୍ତି ?' ଯଜ୍ଞମୂର୍ତ୍ତି ଉତ୍ତର ଦେଲେ, 'ହେ ମହାନ୍ ଆତ୍ମା ! ମୁଁ ଆଉ ସେହି ପ୍ରତିଦ୍ୱନ୍ଦୀ ନୁହେଁ ଯେ କି ଏତେଦିନ ଧରି ଚତୁର ଯୁକ୍ତି ଦ୍ୱାରା ଆପଣଙ୍କୁ ପରାସ୍ତ କରିବାକୁ ଉଦ୍ୟମ କରୁଥିଲା । ଆପଣଙ୍କ ପରି ବିଶୁଦ୍ଧ ଭକ୍ତଙ୍କ ସହିତ ମୁଁ ଆଉ ତର୍କ କରିବି ନାହିଁ । ଆଜି ମୁଁ ଆପଣଙ୍କ ସମ୍ମୁଖରେ ଏକ ପ୍ରତିଦ୍ୱନ୍ଦୀ ନୁହେଁ, ବରଂ ଆପଣଙ୍କର ଏକ ନିତ୍ୟ ସେବକ ରୂପରେ ଦଣ୍ଡାୟମାନ ହୋଇଛି । କୃପା କରି ମୋର ଅନ୍ଧକାରମୟ ହୃଦୟକୁ ଆପଣଙ୍କ ନିର୍ମଳତାର ଆଲୋକ ଦ୍ୱାରା ପୂର୍ଣ୍ଣ କରି ଦିଅନ୍ତୁ ।' ନିଜ ଆଶ୍ରମରେ ଥିବା ଭଗବାନଙ୍କ ବିଗ୍ରହ ଶ୍ରୀ ଦେବରାଜଙ୍କ ବାକ୍ୟକୁ ସ୍ପଷ୍ଟ ଭାବରେ ରାମାନୁଜ ମନେ ରଖିଥଲେ । ତେଣୁ ସେ ଯଜ୍ଞମୂର୍ତ୍ତିଙ୍କର ଏପରି ଅଦ୍ଭୁତ ପରିବର୍ତ୍ତନକୁ ଦେଖି ଆଶ୍ଚର୍ଯ୍ୟ ହେଲେ ନାହିଁ । ସେ ଅନୁଭବ କରିପାରିଲେ ଯେ କେବଳ ଭଗବାନଙ୍କ କରୁଣା ଦ୍ୱାରା ହିଁ ସେହି ଅହଙ୍କାରୀ ପଣ୍ଡିତ ବିନମ୍ରତାର ରତ୍ନକୁ ଲାଭ କରିଛନ୍ତି । ରାମାନୁଜ ଯଜ୍ଞମୂର୍ତ୍ତିଙ୍କୁ କହିଲେ, 'ଶ୍ରୀ ଦେବରାଜଙ୍କ ପବିତ୍ର ନାମଟି ସଦା ମହିମାନ୍ୱିତ ହେଉ । ତାଙ୍କର କୃପାଶକ୍ତି ପାଷାଣ ମାନଙ୍କୁ ମଧ୍ୟ ତରଳାଇ ପାରେ । ଏକ ମହାଜ୍ଞାନୀ ପକ୍ଷରେ ଅହଙ୍କାରକୁ ତ୍ୟାଗ କରିବା ଅତି କଠିନ ଅଟେ । କିନ୍ତୁ ପ୍ରଭୁଙ୍କ ଦୟା ଦ୍ୱାରା ଏହା ସମ୍ଭବ ହୋଇପାରିଛି । ଆପଣ ଅତ୍ୟନ୍ତ ସୌଭାଗ୍ୟଶାଳୀ ଅଟନ୍ତି ।' ଯଜ୍ଞମୂର୍ତ୍ତି କହିଲେ, 'ଆପଣଙ୍କ ପରି ଜଣେ ଶୁଦ୍ଧ ଭକ୍ତଙ୍କୁ ଦର୍ଶନ କରିବାର ସୁଯୋଗ ପାଇଥିବାରୁ ମୁଁ ନିଶ୍ଚିତ ରୂପେ ଭାଗ୍ୟବାନ ଅଟେ । କୃପା କରି ବର୍ତ୍ତମାନ ମୋତେ ଜ୍ଞାନୋପଦେଶ ଦିଅନ୍ତୁ ଏବଂ ଭଗବାନଙ୍କ ଶରଣାଗତ ହେବା ପାଇଁ ମୋତେ ମାର୍ଗ ପ୍ରଦର୍ଶନ କରନ୍ତୁ ।' ସେହି ପ୍ରସିଦ୍ଧ ପଣ୍ଡିତଙ୍କର ଏପରି ପରିବର୍ତ୍ତନ ଲକ୍ଷ୍ୟ କରି ରାମାନୁଜ ତାଙ୍କୁ ବୈଷ୍ଣବ ଦୀକ୍ଷା ପ୍ରଦାନ କଲେ ଏବଂ ତାଙ୍କ ଶରୀରରେ ତିଳକ, ଶଙ୍ଖ ଓ ଚକ୍ର ଆଦି ଚିହ୍ନିତ କଲେ । ଶ୍ରୀ ଦେବରାଜଙ୍କ କରୁଣା ଦ୍ୱାରା ଉଦ୍ଧାର ପାଇଥିବାରୁ ଯଜ୍ଞମୂର୍ତ୍ତିଙ୍କୁ ରାମାନୁଜ 'ଦେବରାଜ ମୁନି' ନାମରେ ନାମିତ କଲେ ଏବଂ ତାଙ୍କୁ ଉପଦେଶ ଦେଇ କହିଲେ, 'ଆପଣଙ୍କର ସମସ୍ତ ଜ୍ଞାନ ଏବେ ଅହଙ୍କାର ରୂପକ ଅଶୁଦ୍ଧିରୁ ମୁକ୍ତ ହୋଇ ଯାଇଥିବାରୁ ତାହା ବିଶ୍ୱକୁ ଆଲୋକିତ କରିପାରିବ । ବୈଷ୍ଣବ ବ୍ୟବହାର ଓ ଚିନ୍ତାଧାରାକୁ ଉତ୍ତମ ରୂପେ ବର୍ଣ୍ଣନା କରି ପୁସ୍ତକ ରଚନା କରିବାରେ ଆପଣ ନିଜକୁ ନିୟୋଜିତ କରନ୍ତୁ ।' ଗୁରୁଙ୍କର ଏହି ନିର୍ଦ୍ଦେଶ ଅନୁସାରେ ଦେବରାଜ ମୁନି 'ଜ୍ଞାନ ସାର' ଓ 'ପ୍ରମେୟ ସାର' ନାମରେ ଦୁଇଟି ଚମତ୍କାର ଭକ୍ତିମୟ ପୁସ୍ତକ ରଚନା କଲେ ।

ଦେବରାଜ ମୁନିଙ୍କ ବିନମ୍ରତା

କିଛିଦିନ ପରେ ଚାରି ଜଣ ବୁଦ୍ଧିମାନ ଯୁବଭକ୍ତ ରାମାନୁଜଙ୍କ ନିକଟକୁ ଆସି ସେମାନଙ୍କୁ ଦୀକ୍ଷା ପ୍ରଦାନ କରିବାପାଇଁ ତାଙ୍କୁ ପ୍ରାର୍ଥନା କଲେ। ସେମାନଙ୍କ ପ୍ରାର୍ଥନା ଶୁଣି ରାମାନୁଜ କିଛି ସମୟ ଚିନ୍ତା କଲେ ଓ ସେମାନଙ୍କୁ କହିଲେ, 'ତୁମେମାନେ ଦେବରାଜ ମୁନିଙ୍କ ନିକଟକୁ ଯାଅ ଓ ତାଙ୍କର ଶିଷ୍ୟତ୍ୱ ଗ୍ରହଣ କର। ସେ କେବଳ ଜଣେ ମହାନ୍ ଜ୍ଞାନୀ ନୁହଁନ୍ତି, ବରଂ ସେ ଭଗବାନ ନାରାୟଣଙ୍କର ଜଣେ ଉଚ୍ଚ ସ୍ତରର ଭକ୍ତ ଅଟନ୍ତି।' ଏହି ନିର୍ଦ୍ଦେଶକୁ ସମ୍ମାନର ସହିତ ଗ୍ରହଣ କରି ସେହି ଚାରି ଜଣ ଭକ୍ତ ଦେବରାଜ ମୁନିଙ୍କ ନିକଟକୁ ଯାଇ ତାଙ୍କୁ ଗୁରୁ ରୂପେ ଗ୍ରହଣ କଲେ। କିନ୍ତୁ ଏକ ଗୁରୁଙ୍କୁ ନିଜ ଶିଷ୍ୟମାନଙ୍କ ଠାରୁ ସମ୍ମାନ ଓ ପ୍ରଣାମ ସ୍ୱୀକାର କରିବାକୁ ପଡୁଥିବାରୁ ଦେବରାଜ ମୁନି ଏକ ଗୁରୁ ପଦରେ ସ୍ଥାପିତ ହେବା ପାଇଁ ଇଚ୍ଛା କରୁ ନ ଥିଲେ। ସେ ମନେମନେ ଚିନ୍ତା କଲେ, 'କାହିଁକି ମୋ ପାଇଁ ଏପରି ବାଧା ସୃଷ୍ଟି ହେଉଛି ? ନିଜଠାରୁ ଅହଙ୍କାରକୁ ଦୂରେଇ ଦେବା ପାଇଁ ମୁଁ ଯଥା ସମ୍ଭବ ପ୍ରଚେଷ୍ଟା କରୁଅଛି। କିନ୍ତୁ ଏବେ ମୁଁ ଏକ ଗୁରୁ ହୋଇ ନିଜର ପ୍ରଶଂସା ଗାନକୁ ଶ୍ରବଣ କରିବାକୁ ବାଧ୍ୟ ହେଉଛି।' ଏପରି ଚିନ୍ତାକରି ସେ ରାମାନୁଜଙ୍କ ନିକଟକୁ ଗଲେ ଏବଂ ବିନମ୍ର ଭାବରେ ପ୍ରାର୍ଥନା କଲେ, 'ହେ ଗୁରୁଦେବ ! ମୁଁ ଆପଣଙ୍କର ଶରଣାଗତ ସେବକ ଅଟେ। ଆପଣ ମୋ ପ୍ରତି ଏପରି ନିଷ୍ଠୁର ଆଚରଣ କାହିଁକି କରୁଛନ୍ତି ? ଆପଣଙ୍କ କୃପାରୁ ମୁଁ ମିଥ୍ୟା ଅହଙ୍କାର ପରି ଭୟଙ୍କର ରାକ୍ଷସକୁ ଦୂରେଇ ଦେବା ପାଇଁ ସକ୍ଷମ ହୋଇପାରିଛି। ମୋତେ ଗୁରୁ ହେବାପାଇଁ ଆଦେଶ ଦେଇ ଆପଣ ପୁଣି ଥରେ ମୋତେ ଅହଙ୍କାର ଦ୍ୱାରା କବଳିତ ହେବାକୁ ସୁଯୋଗ ଦେଉଛନ୍ତି କାହିଁକି ? ଏପରି ପଦରେ ରହି ନିଜର ଗର୍ବକୁ ଦମନ କରିବା ପାଇଁ ମୋର ଯଥେଷ୍ଟ ବୈରାଗ୍ୟ ନାହିଁ। ତେଣୁ ମୋତେ ଏଠାରେ ଆପଣଙ୍କର ଏକ ସାଧାରଣ ସେବକ ରୂପରେ ବାସ କରିବା ପାଇଁ ଅନୁମତି ଦିଅନ୍ତୁ। ଏହା ହିଁ ମୋ ପାଇଁ ସର୍ବୋଚ୍ଚ ସିଦ୍ଧି ତଥା ପୂର୍ଣ୍ଣତା ଅଟେ।' ଦେବରାଜ ମୁନିଙ୍କର ଏହି ବାକ୍ୟ ଶୁଣି ରାମାନୁଜ ଅତ୍ୟନ୍ତ ପ୍ରସନ୍ନ ହୋଇ ତାଙ୍କୁ ଆଲିଙ୍ଗନ କଲେ ଓ କହିଲେ, 'ଆପଣ ବାସ୍ତବରେ ଅହଙ୍କାରକୁ ଜୟ କରିପାରିଛନ୍ତି କି ନାହିଁ, ଏହା ପରୀକ୍ଷା କରିବା ପାଇଁ ମୁଁ ଏପରି ଯୋଜନା କରିଥିଲି। ଆପଣ ସେହି ପରୀକ୍ଷାରେ ସଫଳ ହେଲେ। ଏବେ ଭଗବାନ ଦେବରାଜ ଓ ମୋ ସହିତ ଆପଣ ଏଠାରେ ବାସ କରନ୍ତୁ।' ଗୁରୁଙ୍କର ଏହି ନିର୍ଦ୍ଦେଶ ଶୁଣି ଦେବରାଜ ମୁନି ଅତି ଆନନ୍ଦିତ ହେଲେ। ତନ୍ମୟ ଭାବରେ ଶ୍ରୀ ଦେବରାଜ ଓ ଗୁରୁ ରାମାନୁଜଙ୍କ ସେବା କରି ସେ ଜୀବନ ଅତିବାହିତ କଲେ।

ଅନନ୍ତାଚାର୍ଯ୍ୟ

ରାମାନୁଜ ନିଜ ଶିଷ୍ୟମାନଙ୍କୁ ବୈଷ୍ଣବ ଶାସ୍ତ୍ରମାନଙ୍କ ବିଷୟରେ ଜ୍ଞାନ ପ୍ରଦାନ କରିବା ଆରମ୍ଭ କଲେ । ପ୍ରଥମେ ସେ ସେମାନଙ୍କୁ ପ୍ରସିଦ୍ଧ ବିଷ୍ଣୁଭକ୍ତ ନାମ୍‌ଆଲ୍ୱାରଙ୍କ ଦ୍ୱାରା ରଚିତ ଶ୍ରୀ ବିଷ୍ଣୁଙ୍କ ସ୍ତୁତି 'ସହସ୍ର ଗୀତି' ବିଷୟରେ ବର୍ଣ୍ଣନା କଲେ, ଯାହାକୁ ଶ୍ରବଣ କରି ସମସ୍ତ ଶିଷ୍ୟମାନେ ମୁଗ୍ଧ ହୋଇଗଲେ । ଦିନେ ସେ ଏକ ଶ୍ଳୋକର ବ୍ୟାଖ୍ୟା କରୁଥିଲେ, ଯେଉଁଥିରେ ପବିତ୍ର କ୍ଷେତ୍ର ଶ୍ରୀଶୈଳ, ଯାହାକି ତିରୁପତି ଧାମ ନାମରେ ମଧ୍ୟ ପ୍ରସିଦ୍ଧ, ତାହା ବିଷୟରେ ବର୍ଣ୍ଣିତ ହୋଇଥିଲା, 'ଏହି ଶ୍ରୀଶୈଳ କ୍ଷେତ୍ରଟି ପୃଥିବୀ ଲୋକରେ ବୈକୁଣ୍ଠ ପରି ଅଟେ । ଏହି ସ୍ଥାନରେ ବାସ କରୁଥିବା ମନୁଷ୍ୟମାନେ ପ୍ରକୃତରେ ବୈକୁଣ୍ଠରେ ବାସ କରୁଛନ୍ତି ଏବଂ ଦେହତ୍ୟାଗ କରିବା ପରେ ସେମାନେ ଶ୍ରୀ ନାରାୟଣଙ୍କ ପାଦପଦ୍ମକୁ ପ୍ରାପ୍ତ ହୋଇଥାନ୍ତି ।' ସେହି ଶ୍ଳୋକର ବ୍ୟାଖ୍ୟା କରିସାରିବା ପରେ ରାମାନୁଜ ଶିଷ୍ୟମାନଙ୍କୁ ପଚାରିଲେ, 'ତୁମ ମାନଙ୍କ ମଧ୍ୟରୁ କିଏ ତିରୁପତି ଧାମକୁ ଯାଇ ଓ ସେଠାରେ ଏକ ପୁଷ୍ପ ଉଦ୍ୟାନ ନିର୍ମାଣ କରି ସାରା ଜୀବନ ଭଗବାନ ଶ୍ରୀନିବାସଙ୍କ ସେବା କରିବା ପାଇଁ ଇଚ୍ଛୁକ ଅଛ ?' ସମସ୍ତ ଶିଷ୍ୟଙ୍କ ମଧ୍ୟରେ କେବଳ ଜଣେ ମାତ୍ର ଶିଷ୍ୟ ରାମାନୁଜଙ୍କ ଏହି ଇଚ୍ଛା ପୂରଣ କରିବାକୁ ଆଗ୍ରହୀ ହେଲେ । ସେ ଥିଲେ ଅନନ୍ତାଚାର୍ଯ୍ୟ । ସେ ଗୁରୁଙ୍କୁ କହିଲେ, 'ହେ ଗୁରୁଦେବ ! ଯଦି ଆପଣ ମୋତେ ଅନୁମତି ଦିଅନ୍ତି, ତେବେ ମୁଁ ସେହି ପବିତ୍ର ପର୍ବତକୁ ଯିବି ଏବଂ ସେଠାରେ ପ୍ରଭୁଙ୍କ କୃପା ଲାଭ କରିବି ।' ରାମାନୁଜ ଅନନ୍ତାଚାର୍ଯ୍ୟଙ୍କୁ ଆଲିଙ୍ଗନ କରି କହିଲେ, 'ତୁମେ ବାସ୍ତବରେ ପ୍ରଭୁଙ୍କ କୃପା ପ୍ରାପ୍ତ ହୋଇଛ । ତୁମର ଭକ୍ତି ବଳରେ ତୁମେ ନିଜର ଚଉଦ ପୁରୁଷଙ୍କୁ ଉଦ୍ଧାର କରିଛ । ତୁମ ପରି ଜଣେ ଶିଷ୍ୟକୁ ପାଇ ମୁଁ ନିଜକୁ ପରମ ଭାଗ୍ୟବାନ ମନେ କରୁଛି ।' ଏହାପରେ ଗୁରୁଙ୍କ ପାଦପଦ୍ମକୁ ପୂଜା କରି ଅନନ୍ତାଚାର୍ଯ୍ୟ ତିରୁପତି ଅଭିମୁଖେ ଯାତ୍ରା କଲେ ।

ବାଳକ ରୂପଧାରୀ ବାଲାଜୀ

ରାମାନୁଜଙ୍କ ଆଦେଶ ଅନୁସାରେ ଅନନ୍ତାଚାର୍ଯ୍ୟ ନିଜ ପତ୍ନୀଙ୍କ ସହିତ ତିରୁପତି ଯାଇ ସେଠାରେ ତିରୁମାଲା ପର୍ବତରେ ବାସ କଲେ । ସେ ସମୟରେ ତିରୁମାଲା କ୍ଷେତ୍ର ଏକ ଦୁର୍ଗମ ଓ ଜନଶୂନ୍ୟ ସ୍ଥାନ ଥିଲା । ଗୁରୁଙ୍କ ଇଚ୍ଛାକୁ ପୂରଣ କରିବା ପାଇଁ ଅନନ୍ତାଚାର୍ଯ୍ୟ ଭଗବାନ ବାଲାଜୀଙ୍କ ସେବା ଉଦ୍ଦେଶ୍ୟରେ ଏକ ପୁଷ୍ପ ଉଦ୍ୟାନ ନିର୍ମାଣ କରିବା ଆରମ୍ଭ

କଲେ। ସେହି ଉଦ୍ୟାନ ସକାଶେ ପୁଷ୍କରିଣୀର ଆବଶ୍ୟକତା ଥିବାରୁ ସେ ଓ ତାଙ୍କ ପତ୍ନୀ, ଦୁହେଁ ମିଶି ଏକ ପୁଷ୍କରିଣୀ ଖନନ କରିବାକୁ ଲାଗିଲେ। ସେହି ସମୟରେ ତାଙ୍କ ପତ୍ନୀ ଗର୍ଭବତୀ ଥିଲେ। ସେହି ଦମ୍ପତି ଅନ୍ୟ କାହାର ସାହାଯ୍ୟ ନ ନେଇ ଏକାକୀ ସେହି କଠିନ କାର୍ଯ୍ୟରେ ଲାଗି ରହିଥିଲେ। ଏହା ଦେଖି ପ୍ରଭୁ ବାଲାଜୀଙ୍କ ହୃଦୟ ଅନୁକମ୍ପାରେ ଭରିଗଲା। ଦିନେ ସେ ଏକ ବ୍ରାହ୍ମଣ ବାଳକ ବେଶ ଧାରଣ କରି ସେଠାରେ ପହଞ୍ଚିଲେ ଏବଂ ସେହି ଖନନ କାର୍ଯ୍ୟରେ ନିଜେ ଯୋଗଦାନ କରିବା ପାଇଁ ଅନନ୍ତାଚାର୍ଯ୍ୟଙ୍କ ଅନୁମତି ମାଗିଲେ। କିନ୍ତୁ ଏହି ଅନୁରୋଧକୁ ଅସ୍ୱୀକାର କରି ଅନନ୍ତାଚାର୍ଯ୍ୟ କହିଲେ, 'ହେ ବାଳକ ! ମୁଁ ମୋର ଗୁରୁଙ୍କ ଆଦେଶ ଅନୁସାରେ ଏହି ସେବା କାର୍ଯ୍ୟ କରୁଅଛି। ମୋତେ ଅନ୍ୟ କାହାର ସାହାଯ୍ୟ ଲୋଡ଼ା ନାହିଁ।' ଏହା ଶୁଣି ସେହି ବାଳକଟି କିଛି ଦୂରରେ ଥିବା ଅନନ୍ତାଚାର୍ଯ୍ୟଙ୍କ ଗର୍ଭବତୀ ପତ୍ନୀଙ୍କ ନିକଟକୁ ଯାଇ ତାଙ୍କୁ ମାଟି ବୋହିବା କାର୍ଯ୍ୟରେ ସାହାଯ୍ୟ କରିବାକୁ ଲାଗିଲା। ଏଥିରେ କ୍ଷୁବ୍ଧ ହୋଇ ଅନନ୍ତାଚାର୍ଯ୍ୟ ସେହି ବାଳକକୁ ଦଣ୍ଡ ଦେବାପାଇଁ ତାହା ନିକଟକୁ ଆସିଲେ। କିନ୍ତୁ ବାଳକଟି ତାଙ୍କୁ ଧରା ନ ଦେଇ ବାଲାଜୀଙ୍କ ମନ୍ଦିର ଆଡ଼କୁ ଦୌଡ଼ିବାକୁ ଲାଗିଲା। ଏହା ଦେଖି ଅନନ୍ତାଚାର୍ଯ୍ୟ ହାତରେ ଧରିଥିବା ଏକ ଲୌହ ଶାବଳକୁ ବାଳକ ଉପରକୁ ଫିଙ୍ଗିଦେଲେ। ଠିକ୍ ସେହି ସମୟରେ ବାଳକଟି ପଛକୁ ଚାହିଁ ଦେବାରୁ ସେହି ଶାବଳର ଆଘାତରେ ତାହାର ଚିବୁକ୍ କ୍ଷତାକ୍ତ ହୋଇ ସେଥିରୁ ରକ୍ତ ପ୍ରବାହିତ ହେଲା। ଏହି ଦୃଶ୍ୟ ଦେଖି ଅନନ୍ତାଚାର୍ଯ୍ୟ ଦୁଃଖିତ ହୋଇ ସେହି ବାଳକକୁ ପଛରୁ ଡାକିଲେ। କିନ୍ତୁ ବାଳକଟି ନ ଅଟକି ବାଲାଜୀଙ୍କ ମନ୍ଦିର ଭିତରକୁ ଦୌଡ଼ିଯାଇ ଗର୍ଭଗୃହ ମଧ୍ୟରେ ପ୍ରବେଶ କଲା। ଅନନ୍ତାଚାର୍ଯ୍ୟ ମଧ୍ୟ ବାଳକର ପଛେପଛେ ମନ୍ଦିରର ଗର୍ଭଗୃହ ମଧ୍ୟକୁ ଗଲେ। କିନ୍ତୁ ସେଠାରେ ସେ ବାଳକକୁ ଖୋଜି ପାଇଲେ ନାହିଁ। ସେହି ସମୟରେ ଅନନ୍ତାଚାର୍ଯ୍ୟ ଓ ମନ୍ଦିରର ପୂଜାରୀମାନେ ଭଗବାନ ବାଲାଜୀଙ୍କ ଚିବୁକରୁ ରକ୍ତ ପ୍ରବାହିତ ହେଉଥିବାର ଦେଖିଲେ। ଏହା ଦେଖି ଅନନ୍ତାଚାର୍ଯ୍ୟ ଆଶ୍ଚର୍ଯ୍ୟ ହୋଇଗଲେ ଏବଂ ଜାଣି ପାରିଲେ ଯେ ସେହି ବାଳକଟି ଅନ୍ୟ କେହି ନୁହେଁ, ବରଂ ସ୍ୱୟଂ ପ୍ରଭୁ ବାଲାଜୀ ଥିଲେ। ଅତିଶୟ ଦୁଃଖ ଓ ପଶ୍ଚାତାପରେ କ୍ରନ୍ଦନ କରି ସେ ଭଗବାନଙ୍କୁ କ୍ଷମା ପ୍ରାର୍ଥନା କଲେ ଏବଂ ପ୍ରଭୁଙ୍କ ଚିବୁକରେ କର୍ପୁର ଲେପନ କଲେ। ସେହିକ୍ଷଣରେ ହିଁ ବାଲାଜୀଙ୍କ ଚିବୁକରୁ ରକ୍ତ ପ୍ରବାହ ବନ୍ଦ ହୋଇଗଲା। ସେହି ଘଟଣା ଦେଖି ସେଠାରେ ଥିବା ସମସ୍ତ ଲୋକମାନେ ଚକିତ ହୋଇଗଲେ। ସେହଦିନଠାରୁ ଆଜି ପର୍ଯ୍ୟନ୍ତ ତିରୁପତିଠାରେ ଶ୍ରୀ ବାଲାଜୀଙ୍କ ଚିବୁକରେ ପ୍ରତିଦିନ କର୍ପୁର ଲେପନ ହୋଇଆସୁଛି। ଭକ୍ତବତ୍ସଳ ଶ୍ରୀନିବାସ କଳିଯୁଗର ମନୁଷ୍ୟମାନଙ୍କ ପାଇଁ ନିଜର ପ୍ରିୟ ଭକ୍ତ ଅନନ୍ତାଚାର୍ଯ୍ୟଙ୍କ ମାଧ୍ୟମରେ

ଏପରି ଲୀଳା ପ୍ରଦର୍ଶନ କରିଥିଲେ। ଆଜି ମଧ୍ୟ ସେହି ଅଦ୍ଭୁତ ଲୀଳାର ସ୍ମୃତି ସ୍ୱରୂପ ଶ୍ରୀ ବାଲାଜୀଙ୍କୁ ଅନନ୍ତାଚାର୍ଯ୍ୟ ଯେଉଁ ଲୌହ ଶାବଳ ଦ୍ୱାରା ପ୍ରହାର କରିଥିଲେ, ତାହାକୁ ତିରୁପତି ମନ୍ଦିରର ମୁଖ୍ୟ ଦ୍ୱାର ନିକଟରେ ଭକ୍ତମାନଙ୍କ ଦର୍ଶନ ନିମନ୍ତେ ରଖାଯାଇଛି।

ବରଦାଚାର୍ଯ୍ୟ ଓ ଲକ୍ଷ୍ମୀଙ୍କ ଗୁରୁଭକ୍ତି

ଶିଷ୍ୟମାନଙ୍କ ସହିତ ତିନି ଥର ସହସ୍ର ଗୀତିର ଅଧ୍ୟୟନ ସମାପ୍ତ ହେଲା ପରେ ରାମାନୁଜଙ୍କ ମନରେ ତିରୁପତି ଧାମକୁ ତୀର୍ଥଯାତ୍ରା କରିବା ପାଇଁ ଇଚ୍ଛା ଜାଗ୍ରତ ହେଲା। କିଛିଦିନ ପରେ ସେ ନିଜ ଶିଷ୍ୟମାନଙ୍କ ସହିତ ଶ୍ରୀରଙ୍ଗମ୍ କ୍ଷେତ୍ରରୁ ଯାତ୍ରା ଆରମ୍ଭ କଲେ। ପ୍ରଥମ ଦିନର ଯାତ୍ରା ସମାପ୍ତ ହେଲା ପରେ ସେମାନେ ଦେହାଲି ସହରରେ ରାତ୍ରିଯାପନ କଲେ। ପରଦିନ ସେମାନେ ଅଷ୍ଟସହସ୍ର ଗ୍ରାମ ନିକଟରେ ପହଞ୍ଚିଲେ। ସେହି ଗ୍ରାମରେ ଯଜ୍ଞେଶ ଓ ବରଦାଚାର୍ଯ୍ୟ ନାମରେ ରାମାନୁଜଙ୍କର ଦୁଇ ଜଣ ଶିଷ୍ୟ ବାସ କରୁଥିଲେ। ଯଜ୍ଞେଶ ଜଣେ ଧନୀ ବ୍ୟକ୍ତି ଥିଲେ। ତାଙ୍କ ଗୃହରେ ରାମାନୁଜ ନିଜ ଶିଷ୍ୟମାନଙ୍କ ସହିତ ରାତ୍ରିରେ ବିଶ୍ରାମ ନେବା ପାଇଁ ଇଚ୍ଛା କଲେ। ତେଣୁ ସେମାନେ ସେହି ଗ୍ରାମରେ ପହଞ୍ଚିବା ପୂର୍ବରୁ ରାମାନୁଜ ତାଙ୍କର ଦୁଇଜଣ ଶିଷ୍ୟଙ୍କୁ ଯଜ୍ଞେଶଙ୍କ ନିକଟକୁ ସେମାନଙ୍କ ଆଗମନର ସମ୍ବାଦ ଦେବା ପାଇଁ ପଠାଇଲେ। ଯେତେବେଳେ ଯଜ୍ଞେଶ ସେହି ସମ୍ବାଦ ପାଇଲେ, ସେ ଅତି ଆନନ୍ଦିତ ହୋଇଗଲେ ଏବଂ ତୀର୍ଥଯାତ୍ରୀମାନଙ୍କ ପାଇଁ ସମସ୍ତ ବନ୍ଦୋବସ୍ତ କରିବାକୁ ଲାଗି ପଡ଼ିଲେ। କିନ୍ତୁ ସେହି ଆୟୋଜନରେ ସେ ଏତେ ମଗ୍ନ ହୋଇଗଲେ ଯେ ରାମାନୁଜଙ୍କ ଆଗମନର ସମ୍ବାଦ ନେଇ ଯାଇଥିବା ସେହି ଦୁଇଜଣ ଶିଷ୍ୟଙ୍କୁ ସ୍ୱାଗତ ସତ୍କାର କରିବା କିମ୍ବା ସେମାନଙ୍କୁ ଜଳପାନ କରାଇବା ପାଇଁ ମଧ୍ୟ ତାଙ୍କର ଧ୍ୟାନ ରହିଲା ନାହିଁ। ଏପରି ବ୍ୟବହାରରେ ଦୁଃଖିତ ହୋଇ ସେହି ଦୁଇ ଶିଷ୍ୟ ରାମାନୁଜଙ୍କ ନିକଟକୁ ଫେରି ତାଙ୍କୁ ସମସ୍ତ ଘଟଣା ବିଷୟରେ ଜଣାଇଲେ। ଏହା ଶୁଣି ବୈଷ୍ଣବ ଅତିଥିଙ୍କୁ ସ୍ୱାଗତ କରିବାରେ ବିଫଳ ହୋଇଥିବା ଶିଷ୍ୟ ଯଜ୍ଞେଶଙ୍କ ଗୃହକୁ ଯିବା ପରିବର୍ତ୍ତେ ରାମାନୁଜ ନିଜର ଅନ୍ୟତମ ଶିଷ୍ୟ ବରଦାଚାର୍ଯ୍ୟଙ୍କ ଗୃହକୁ ଯିବାପାଇଁ ସ୍ଥିର କଲେ। ବରଦାଚାର୍ଯ୍ୟ ଅତ୍ୟନ୍ତ ଦରିଦ୍ରତା ମଧ୍ୟରେ ଜୀବନଯାପନ କରୁଥିବା ସତ୍ତ୍ୱେ ନିର୍ମଳ ହୃଦୟ ଓ ଶୁଦ୍ଧ ବିଷ୍ଣୁଭକ୍ତିର ଅଧିକାରୀ ଥିଲେ। ପ୍ରତିଦିନ ପ୍ରଭାତରେ ସେ ଭିକ୍ଷା ମାଗିବାକୁ ଯାଉଥିଲେ ଏବଂ ମଧ୍ୟାହ୍ନ ସମୟରେ ଗୃହକୁ ଫେରିଆସି ଯାହାକିଛି ଭିକ୍ଷା ପାଇଥାନ୍ତି ତାହାକୁ ଭଗବାନଙ୍କୁ ଅର୍ପଣ କରୁଥିଲେ। ଦରିଦ୍ର ହୋଇ ମଧ୍ୟ ସେ ତାଙ୍କର ସୁନ୍ଦରୀ ପତିବ୍ରତା ପତ୍ନୀ ଲକ୍ଷ୍ମୀଙ୍କ ସହିତ ସନ୍ତୋଷତାର ସହିତ ଜୀବନ ବିତାଉ ଥିଲେ। ଯେତେବେଳେ ରାମାନୁଜ ତାଙ୍କ

ଶିଷ୍ୟମାନଙ୍କ ସହିତ ବରଦାଚାର୍ଯ୍ୟଙ୍କ ଗୃହରେ ଆସି ପହଞ୍ଚିଲେ, ସେତେବେଳେ ବରଦାଚାର୍ଯ୍ୟ ଭିକ୍ଷାବୃତ୍ତି କରିବା ପାଇଁ ବାହାରକୁ ଯାଇଥିବାରୁ ଲକ୍ଷ୍ମୀ ସେହି ସମସ୍ତ ତୀର୍ଥଯାତ୍ରୀଙ୍କୁ ସ୍ୱାଗତ ସତ୍କାର କଲେ। ସେ ଗୁରୁଙ୍କୁ ପ୍ରଣାମ କରି ତାଙ୍କ ପାଦ ଧୋଇଦେଲେ ଓ ବିନୟ ଭାବରେ କହିଲେ, 'ମୋ ସ୍ୱାମୀ ଭିକ୍ଷାବୃତ୍ତି କରିବା ପାଇଁ ବାହାରକୁ ଯାଇଛନ୍ତି। ନିକଟରେ ଥିବା ଏକ ହ୍ରଦରେ ଆପଣମାନେ ସ୍ନାନ କରିପାରିବେ। ମୁଁ ଭଗବାନ ନାରାୟଣଙ୍କୁ ଅର୍ପଣ କରିବା ପାଇଁ ପ୍ରସାଦ ପ୍ରସ୍ତୁତ କରିବି।' ଏହା କହି ସେ ରୋଷେଇ ଗୃହକୁ ଗଲେ। କିନ୍ତୁ ସେହି ଦମ୍ପତି ଏତେ ଦରିଦ୍ର ଥିଲେ ଯେ ତାଙ୍କ ଗୃହରେ ଅନ୍ନର ଦାନାଟିଏ ମଧ୍ୟ ନ ଥିଲା। କିପରି ନିଜ ଗୁରୁଙ୍କର ସେବା କରିବାରେ ସେ ସକ୍ଷମ ହେବେ, ଏହି ବିଷୟରେ ଲକ୍ଷ୍ମୀ ଅତ୍ୟନ୍ତ ବିଚଳିତ ହୋଇ ଚିନ୍ତା କଲେ। ତାଙ୍କ ଗୃହ ନିକଟରେ ଜଣେ ଧନୀ ବ୍ୟବସାୟୀ ରହୁଥିଲେ, ଯେ କି ଲକ୍ଷ୍ମୀଙ୍କ ସୌନ୍ଦର୍ଯ୍ୟରେ ଆକର୍ଷିତ ଥିଲେ। ଅନେକ ଥର ସେ ଧନ ଓ ଅଳଙ୍କାର ପ୍ରଦାନ କରିବାର ଲୋଭ ଦେଖାଇ ଲକ୍ଷ୍ମୀଙ୍କୁ ନିଜ ଆଡକୁ ଆକର୍ଷିତ କରିବାକୁ ଚେଷ୍ଟା କରିଥିବା ସତ୍ତ୍ୱେ ପତିବ୍ରତା ଲକ୍ଷ୍ମୀ କେବେହେଲେ ସେହି ଦୁଷ୍ଟ ଆଡ଼କୁ ଦୃଷ୍ଟି ଦେଉ ନ ଥିଲେ। କିନ୍ତୁ ବର୍ତ୍ତମାନ ଲକ୍ଷ୍ମୀ ଚିନ୍ତା କଲେ ଯେ, ନିଜ ଗୁରୁଙ୍କ ସେବା କରିବା ହିଁ ସର୍ବଶ୍ରେଷ୍ଠ ଧର୍ମ ଅଟେ ଏବଂ ତୀର୍ଥଯାତ୍ରୀମାନଙ୍କ ସମେତ ଗୁରୁ ରାମାନୁଜଙ୍କ ସେବା କରିବା ନିମନ୍ତେ ଆବଶ୍ୟକ ଥିବା ଭୋଜନ ସାମଗ୍ରୀ ପାଇଁ ସେ ନିଜକୁ ସେହି ବ୍ୟବସାୟୀଙ୍କ ନିକଟରେ ସମର୍ପଣ କରିଦେବା ଉଚିତ୍ ହେବ। ଏହା ଚିନ୍ତା କରି ସେ ଗୃହର ପଛପଟ ଦ୍ୱାର ଦେଇ ସେହି ବ୍ୟବସାୟୀଙ୍କ ଗୃହକୁ ଦୌଡ଼ି ଗଲେ ଓ ନିଜକୁ ସମର୍ପଣ କରିବା ପ୍ରତିଶ୍ରୁତି ଦେଇ ବ୍ୟବସାୟୀଙ୍କୁ ସାହାଯ୍ୟ ମାଗିଲେ। ବ୍ୟବସାୟୀ ନିଜର ମନୋସ୍କମନା ପୂର୍ଣ୍ଣ ହେବାକୁ ଯାଉଛି ବୋଲି ଜାଣି ଆନନ୍ଦରେ ସମସ୍ତ ପ୍ରକାରର ଭୋଜନ ସାମଗ୍ରୀ ଲକ୍ଷ୍ମୀଙ୍କ ଗୃହକୁ ପଠାଇଦେଲେ। ଲକ୍ଷ୍ମୀ ଶୀଘ୍ର ବିଭିନ୍ନ ପ୍ରକାରର ପ୍ରସାଦ ପ୍ରସ୍ତୁତ କରି ତାହାକୁ ଭଗବାନ ବିଷ୍ଣୁଙ୍କୁ ଅର୍ପଣ କଲେ। ଏହାପରେ ସେ ରାମାନୁଜ ଓ ତାଙ୍କ ଶିଷ୍ୟମାନଙ୍କୁ ପ୍ରସାଦ ଗ୍ରହଣ କରିବାକୁ ଆମନ୍ତ୍ରଣ କଲେ। ଦାରିଦ୍ର୍ୟ ମଧ୍ୟରେ ଜୀବନ ବିତାଉଥିବା ବରଦାଚାର୍ଯ୍ୟଙ୍କ ଗୃହରେ ଏତେ ପ୍ରକାରର ପ୍ରସାଦ ଦେଖି ସେମାନେ ସମସ୍ତେ ଆଶ୍ଚର୍ଯ୍ୟ ହୋଇଗଲେ ଏବଂ ଲକ୍ଷ୍ମୀଙ୍କୁ ପ୍ରଶଂସା କରି ଭୋଜନ ଗ୍ରହଣ କଲେ।

ପ୍ରସାଦର ମହିମା

ଯେତେବେଳେ ବରଦାଚାର୍ଯ୍ୟ ଗୃହକୁ ଫେରିଲେ ସେ ଗୁରୁ ରାମାନୁଜଙ୍କୁ ନିଜ ଗୃହରେ ଦେଖି ଅତି ଆନନ୍ଦିତ ହେଲେ। ଗୁରୁଙ୍କ ସମେତ ଏତେ ସଂଖ୍ୟକ

ଅତିଥିମାନଙ୍କୁ ବିଭିନ୍ନ ପ୍ରକାରର ପ୍ରସାଦ ଅର୍ପଣ କରାଯାଉଥିବାର ଦେଖି ସେ ଆଶ୍ଚର୍ଯ୍ୟ ହୋଇଗଲେ । ସେ ଲକ୍ଷ୍ମୀଙ୍କ ନିକଟକୁ ଯାଇ କିପରି ଏତେ ଭୋଜନର ଆୟୋଜନ ସମ୍ଭବ ହେଲା, ସେ ବିଷୟରେ ପଚାରିଲେ । ଏହା ଶୁଣି ଲକ୍ଷ୍ମୀ ଲଜ୍ଜିତ ଓ ନତମସ୍ତକ ହୋଇ କିପରି ସେହି ବ୍ୟବସାୟୀଙ୍କ ନିକଟରେ ସେ ନିଜକୁ ସମର୍ପଣ କରିବା ପାଇଁ ପ୍ରତିଶ୍ରୁତି ଦେଇ ଏ ପ୍ରକାର ଆୟୋଜନ କଲେ, ସେ ବିଷୟରେ ବର୍ଣ୍ଣନା କଲେ । ଏହା ଶୁଣି ବରଦାଚାର୍ଯ୍ୟ କ୍ରୋଧିତ ହେବା ପରିବର୍ତ୍ତେ ଆନନ୍ଦରେ ବିଭୋର ହୋଇ କହିଲେ, 'ମୁଁ ଧନ୍ୟ ହେଲି ! ଆଜି ତୁମେ ପତିବ୍ରତା ଧର୍ମର ଶୀର୍ଷ ସ୍ତରରେ ପହଞ୍ଚି ଯାଇଛ । ନାରାୟଣ ହିଁ ଏକ ମାତ୍ର ପୁରୁଷ ଅଟନ୍ତି ଏବଂ ଗୁରୁ ନାରାୟଣଙ୍କ ପ୍ରତିନିଧି ଅଟନ୍ତି । ଜଣେ ମହାନ୍ ଆତ୍ମା ହିଁ ଏହାକୁ ବୁଝି ପାରନ୍ତି । ଗୁରୁ ଓ ନାରାୟଣଙ୍କ ଭକ୍ତିର ପରାକାଷ୍ଠା ପ୍ରାପ୍ତ ହୋଇଥିବା ଜଣେ ମହାନ୍ ନାରୀଙ୍କୁ ବିବାହ କରିଥିବାରୁ ମୁଁ ଅତ୍ୟନ୍ତ ଭାଗ୍ୟଶାଳୀ ଅଟେ ।' ଏହାପରେ ଲକ୍ଷ୍ମୀଙ୍କ ସହିତ ବରଦାଚାର୍ଯ୍ୟ ରାମାନୁଜଙ୍କ ନିକଟକୁ ଗଲେ ଓ ତାଙ୍କୁ ସମସ୍ତ ଘଟଣା ବିଷୟରେ ଜଣାଇଲେ । ରାମାନୁଜ ସେ ଦୁହିଁଙ୍କୁ ତାଙ୍କ ନିକଟରେ ବସି ପ୍ରସାଦ ଗ୍ରହଣ କରିବାକୁ ନିର୍ଦ୍ଦେଶ ଦେଲେ । ସେମାନେ ପ୍ରସାଦ ଗ୍ରହଣ କରିସାରିବା ପରେ ରାମାନୁଜ ସେମାନଙ୍କୁ ସେହି ବ୍ୟବସାୟୀଙ୍କ ଗୃହକୁ ଯାଇ ତାଙ୍କୁ ବଳକା ପ୍ରସାଦ ଅର୍ପଣ କରିବା ପାଇଁ କହିଲେ । ଗୁରୁଙ୍କ ଆଦେଶ ଅନୁସାରେ ବରଦାଚାର୍ଯ୍ୟ ଓ ଲକ୍ଷ୍ମୀ ବ୍ୟବସାୟୀଙ୍କ ଗୃହକୁ ଗଲେ । ଲକ୍ଷ୍ମୀ ସେହି ଗୃହର ଭିତରକୁ ଗଲେ ଏବଂ ବରଦାଚାର୍ଯ୍ୟ ଗୃହର ବାହାରେ ଅପେକ୍ଷା କଲେ । ଲକ୍ଷ୍ମୀଙ୍କ ଦ୍ୱାରା ଅର୍ପିତ ପ୍ରସାଦକୁ ସେହି ବ୍ୟବସାୟୀ ଆନନ୍ଦରେ ଗ୍ରହଣ କଲେ । କିନ୍ତୁ ସେହି ପ୍ରସାଦ ଗ୍ରହଣ କରିବା ମାତ୍ରେ ସେହି ବ୍ୟବସାୟୀଙ୍କ ମଧ୍ୟରେ ଅଦ୍ଭୁତ ପରିବର୍ତ୍ତନ ଦେଖା ଦେଲା । ତାଙ୍କ ହୃଦୟରୁ ସମସ୍ତ ପାପପୂର୍ଣ୍ଣ କାମନା ସମାପ୍ତ ହୋଇଗଲା ଏବଂ ସେ ଲକ୍ଷ୍ମୀଙ୍କୁ ମାତୃବତ୍ ଦର୍ଶନ କରିବାକୁ ଲାଗିଲେ । ଅଶ୍ରୁପୂର୍ଣ୍ଣ ନେତ୍ରରେ ସେ ଲକ୍ଷ୍ମୀଙ୍କୁ କହିଲେ, 'ମୁଁ କେତେ ବଡ଼ ପାପୀ ଅଟେ ! ମୋର ଅବସ୍ଥା ସେହି ଶବର ପରି ହୋଇଥାନ୍ତା, ଯେ କି ପତିବ୍ରତା ଦମୟନ୍ତୀଙ୍କୁ ସ୍ପର୍ଶ କରିବା ପାଇଁ ଚେଷ୍ଟା କରି ଅଗ୍ନିରେ ଜଳିଯାଇ ଭସ୍ମୀଭୂତ ହୋଇଗଲା । କେବଳ ଆପଣଙ୍କ ମହତ୍ କୃପା ଦ୍ୱାରା ହିଁ ମୁଁ ରକ୍ଷା ପାଇଛି । ହେ ମାତା ! ଦୟା କରି ମୋର ସମସ୍ତ ଅପରାଧକୁ କ୍ଷମା କରିଦିଅନ୍ତୁ ଏବଂ କୃପା ପୂର୍ବକ ମୋତେ ଆପଣଙ୍କ ଗୁରୁଙ୍କ ପାଦପଦ୍ମର ଦର୍ଶନ କରାଇ ଦିଅନ୍ତୁ ।' ଅତି ପ୍ରସନ୍ନ ହୋଇ ବରଦାଚାର୍ଯ୍ୟ ଓ ଲକ୍ଷ୍ମୀ ବ୍ୟବସାୟୀଙ୍କ ସହିତ ନିଜ ଗୃହକୁ ଫେରିଲେ ଏବଂ ସେଠାରେ ପହଞ୍ଚି ସେହି ତିନିଜଣ ରାମାନୁଜଙ୍କୁ ଭୂମିଷ୍ଠ ପ୍ରଣାମ କଲେ । ଯେତେବେଳେ ରାମାନୁଜ ବ୍ୟବସାୟୀଙ୍କୁ ନିଜ ହସ୍ତରେ ସ୍ପର୍ଶ କଲେ,

ସେତେବେଳେ ବ୍ୟବସାୟୀଙ୍କର ସମସ୍ତ କ୍ଲେଶ ଦୂର ହୋଇଗଲା। ସେ ରାମାନୁଜଙ୍କ ଶିଷ୍ୟ ହେବା ପାଇଁ ତାଙ୍କୁ ପ୍ରାର୍ଥନା କଲେ। ରାମାନୁଜ ବରଦାଚାର୍ଯ୍ୟ ଓ ଲକ୍ଷ୍ମୀଙ୍କ ଦାରିଦ୍ର୍ୟ ଦୂର କରିବା ଉଦ୍ଦେଶ୍ୟରେ ସେହି ବ୍ୟବସାୟୀ ଅର୍ପଣ କରିଥିବା ଯଥେଷ୍ଟ ପରିମାଣର ଧନକୁ ସେହି ଦମ୍ପତିଙ୍କୁ ଗ୍ରହଣ କରିବାକୁ କହିଲେ। କିନ୍ତୁ ବରଦାଚାର୍ଯ୍ୟ ଯୋଡ଼ହସ୍ତରେ ଗୁରୁଙ୍କୁ କହିଲେ, 'ହେ ଗୁରୁଦେବ ! ଆପଣଙ୍କ କରୁଣାରୁ ଆମ ପାଇଁ ଯାହାକିଛି ଆବଶ୍ୟକ ଅଛି, ସେ ସମସ୍ତ ପଦାର୍ଥ ଆମେ ପାଇ ସାରିଛୁ। ଧନ ହିଁ ମନୁଷ୍ୟର ମନ ଓ ଇନ୍ଦ୍ରିୟମାନଙ୍କୁ ପରମେଶ୍ୱରଙ୍କ ସେବାରୁ ଦୂରକୁ ନେଇଯାଏ। ଦୟାକରି ଆମକୁ ଧନୀ ବ୍ୟକ୍ତି ହେବାପାଇଁ ଆଦେଶ ଦିଅନ୍ତୁ ନାହିଁ।' ଏହି ବଚନ ଶୁଣି ରାମାନୁଜ ଅତ୍ୟନ୍ତ ଆନନ୍ଦିତ ହେଲେ ଏବଂ ବରଦାଚାର୍ଯ୍ୟଙ୍କୁ ଆଲିଙ୍ଗନ କରି କହିଲେ, 'ସମସ୍ତ ଭୌତିକ କାମନାରୁ ମୁକ୍ତି ପାଇଥିବା ତୁମ ପରି ଜଣେ ମହାନ୍ ଆତ୍ମାର ସଙ୍ଗ ଲାଭ କରି ମୁଁ ଆଜି ପବିତ୍ର ହୋଇଗଲି।'

ଯଜ୍ଞେଶଙ୍କ ପଶ୍ଚାତାପ

ସେହି ସମୟରେ ରାମାନୁଜଙ୍କ ଧନବାନ ଶିଷ୍ୟ ଯଜ୍ଞେଶ ସେଠାରେ ପହଞ୍ଚି ରାମାନୁଜଙ୍କ ଚରଣ ତଳେ ପଡ଼ିଗଲେ। ରାମାନୁଜ ତାଙ୍କ ଗୃହକୁ ନ ଯାଇ ବରଦାଚାର୍ଯ୍ୟଙ୍କ ଗୃହକୁ ଯିବାର ସମ୍ବାଦ ସେ ପାଇ ସାରିଥିଲେ। ସେ ଏକ ବୃହତ୍ ଅପରାଧ କରି ନିଜ ଗୁରୁଙ୍କୁ ଦୁଃଖିତ କରିଛନ୍ତି ବୋଲି ଚିନ୍ତା କରି ଯଜ୍ଞେଶ ଶୋକଗ୍ରସ୍ତ ହୋଇ ପଡ଼ିଥିଲେ। କିନ୍ତୁ ସ୍ନେହ ଓ ବିନମ୍ରତାର ସହିତ ରାମାନୁଜ ତାଙ୍କୁ ନିଜ ଚରଣରୁ ଉଠାଇ କହିଲେ, 'ମୁଁ ତୁମ ଗୃହକୁ ନ ଯିବାରୁ ତୁମେ ଦୁଃଖିତ ହୋଇଛ କି ? ମୁଁ ନ ଯିବାର କାରଣ ହେଲା, ତୁମେ ଦୁଇଜଣ ବୈଷ୍ଣବଙ୍କୁ ଉପେକ୍ଷା କରି ଅପରାଧ କରିଛ। ବୈଷ୍ଣବସେବା ଠାରୁ ଉଚ୍ଚତର ଧର୍ମ ନାହିଁ ଏବଂ ତୁମେ ସେଥିରେ ଅସଫଳ ହୋଇଛ।' ଗୁରୁଙ୍କଠାରୁ ଏପରି ସମାଲୋଚନା ଶୁଣିବା ପରେ ଯଜ୍ଞେଶ ଅଶ୍ରୁପୂର୍ଣ୍ଣ ଓ ବାଷ୍ପରୁଦ୍ଧ କଣ୍ଠରେ କହିଲେ, 'ମୋର ଏପରି ଅଜ୍ଞାନତାପୂର୍ଣ୍ଣ ବ୍ୟବହାରର କାରଣ ଧନର ଅହଙ୍କାର ନୁହେଁ। ବରଂ ଆପଣଙ୍କ ସେବା କରିବା ପାଇଁ ମୋର ଅତ୍ୟଧିକ ଉଲ୍ଲାସ ଓ ଆଗ୍ରହ ହିଁ ମୋର କର୍ତ୍ତବ୍ୟରେ ଅବହେଳାର କାରଣ ଅଟେ।' ଏହାପରେ ରାମାନୁଜ ସରଳ ହୃଦୟଯୁକ୍ତ ଯଜ୍ଞେଶଙ୍କୁ ସାନ୍ତ୍ୱନା ଦେଲେ ଏବଂ ତିରୁପତିରୁ ଫେରିବା ସମୟରେ ତାଙ୍କର ଆତିଥ୍ୟ ଗ୍ରହଣ କରିବାକୁ ସେ ଯଜ୍ଞେଶଙ୍କୁ ବଚନ ଦେଲେ।

ତିରୁପତି ଧାମକୁ ଆଗମନ

ପରଦିନ ପ୍ରଭାତରେ ରାମାନୁଜ ଓ ତାଙ୍କ ଶିଷ୍ୟମାନେ ଅଷ୍ଟସହସ୍ର ଗ୍ରାମରୁ ଯାତ୍ରା ଆରମ୍ଭ କଲେ ଏବଂ ମଧ୍ୟାହ୍ନ ସମୟରେ ସେମାନେ କାଞ୍ଚିପୁରମ୍ ସହରରେ ପହଞ୍ଚିଲେ । ସେଠାରେ ପହଞ୍ଚିବା ମାତ୍ରେ ସମସ୍ତେ ଭଗବାନ ବରଦରାଜଙ୍କୁ ଦର୍ଶନ କରିବାକୁ ଗଲେ । ଏହାପରେ ସେମାନେ ପ୍ରସିଦ୍ଧ ବୈଷ୍ଣବ ସନ୍ଥ କାଞ୍ଚିପୂର୍ଣ୍ଣଙ୍କୁ ସାକ୍ଷାତ କଲେ ଏବଂ ତାଙ୍କ ସହିତ ହର୍ଷ ଓ ଉଲ୍ଲାସରେ ତିନିଦିନ ପର୍ଯ୍ୟନ୍ତ ଅବସ୍ଥାନ କଲେ । ଏହାପରେ ସେମାନେ କପିଳତୀର୍ଥ ଦର୍ଶନ କଲେ ଏବଂ ଶେଷରେ ପବିତ୍ର ତିରୁପତି ପର୍ବତର ପାଦଦେଶରେ ପହଞ୍ଚିଲେ । ସେଠାରେ ପହଞ୍ଚି ରାମାନୁଜ ଭାବବିହ୍ୱଳ ହୋଇ ଚିନ୍ତା କଲେ, 'ଏହା ସେହି ପବିତ୍ର ସ୍ଥାନ ଅଟେ, ଯେଉଁଠାରେ ସ୍ୱୟଂ ଭଗବାନ ହରି ତାଙ୍କ ପତ୍ନୀ ମହାଲକ୍ଷ୍ମୀଙ୍କ ସହିତ ବାସ କରୁଛନ୍ତି । ଭଗବାନଙ୍କର ଏହି ପୁଣ୍ୟ ନିବାସ ସ୍ଥାନକୁ ମୁଁ ମୋର ପାଦ ଦ୍ୱାରା ସ୍ପର୍ଶ କରିବା ମହାନ୍ ପାପ ହେବ । ତେଣୁ ମୁଁ ଏହି ପର୍ବତର ପାଦଦେଶରେ ହିଁ ଅବସ୍ଥାନ କରିବି ।' ଏପରି ଚିନ୍ତାକରି ସେ ନିଜ ଶିଷ୍ୟମାନଙ୍କ ସହିତ ଶ୍ରୀଶୈଳ ପର୍ବତର ପାଦଦେଶରେ ଅବସ୍ଥାନ କଲେ ଏବଂ ସେହିଠାରେ ହିଁ ଶ୍ରୀ ନାରାୟଣଙ୍କୁ ଅବିରତ ପ୍ରାର୍ଥନା କରିବାକୁ ଲାଗିଲେ । ରାମାନୁଜଙ୍କ ଆଗମନର ସୂଚନା ପାଇ ଶ୍ରୀଶୈଳରେ ରହୁଥିବା ସନ୍ଥ ଓ ଭକ୍ତମାନେ ତାଙ୍କୁ ସାକ୍ଷାତ କରିବାକୁ ଆସିଲେ । ଯେତେବେଳେ ସେମାନେ ଜାଣିବାକୁ ପାଇଲେ ଯେ, ଅପରାଧ ଅର୍ଜନ କରିବା ଭୟରେ ରାମାନୁଜ ତିରୁପତି ପର୍ବତକୁ ପାଦରେ ଆରୋହଣ କରୁ ନାହାଁନ୍ତି, ସେମାନେ ସମସ୍ତେ ମିଳିତ ସ୍ୱରରେ ରାମାନୁଜଙ୍କୁ ଅନୁରୋଧ କଲେ, 'ହେ ମହାତ୍ମା ! ଯଦି ଆପଣଙ୍କ ପରି ମହାପୁରୁଷମାନେ ଏହି ପବିତ୍ର ଶ୍ରୀଶୈଳ ପର୍ବତରେ ପାଦ ରଖିବେ ନାହିଁ, ତେବେ ସମସ୍ତ ଜନସାଧାରଣ ମଧ୍ୟ ଆପଣମାନଙ୍କୁ ଅନୁକରଣ କରିବେ । ଏପରିକି ମନ୍ଦିରର ପୂଜାରୀମାନେ ମଧ୍ୟ ଏହି ପର୍ବତ ଆରୋହଣ କରି ଭଗବାନଙ୍କ ମନ୍ଦିରକୁ ଯିବା ପାଇଁ ଭୟ କରିବେ । ତେଣୁ ଦୟାକରି ଆପଣଙ୍କ ନିଷ୍ପତ୍ତିକୁ ପରିବର୍ତ୍ତନ କରି ଏହି ପର୍ବତକୁ ଆରୋହଣ କରନ୍ତୁ । ଶୁଦ୍ଧ ଭକ୍ତମାନଙ୍କ ହୃଦୟ ହିଁ ଶ୍ରୀ ହରିଙ୍କର ପ୍ରକୃତ ମନ୍ଦିର ଅଟେ, ଯେଉଁଠାରେ ଭଗବାନ ନିଜକୁ ପ୍ରକାଶିତ କରି ଥାଆନ୍ତି । ମହାନ୍ ଭକ୍ତମାନଙ୍କ ଆଗମନ ଦ୍ୱାରା ତୀର୍ଥକ୍ଷେତ୍ରମାନେ ଆହୁରି ପବିତ୍ର ହୋଇଯାଆନ୍ତି ।'

ଶୈଳପୂର୍ଣ୍ଣଙ୍କ ସହିତ ସାକ୍ଷାତ

ସେହି ପୁଣ୍ୟବାନ ଲୋକମାନଙ୍କ ଅନୁରୋଧ ରକ୍ଷା କରି ରାମାନୁଜ ନିଜର ନିଷ୍ପତ୍ତି ପରିବର୍ତ୍ତନ କଲେ ଏବଂ ସମସ୍ତ ଶିଷ୍ୟମାନଙ୍କ ସହିତ ସେ ତିରୁମାଲା ପର୍ବତ ଆରୋହଣ କରିବାକୁ ଆରମ୍ଭ କଲେ। ଆରୋହଣର ପଥଟି ଦୀର୍ଘ ଓ ଉଚ୍ଚ ହୋଇଥିବାରୁ ସେମାନେ କ୍ଷୁଧା ଓ ତୃଷ୍ଣା ହେତୁ କ୍ଳାନ୍ତ ହୋଇପଡ଼ିଲେ। ଯେତେବେଳେ ସେମାନେ ସେହି ପଥ ନିକଟରେ ବିଶ୍ରାମ ନେଉଥିଲେ, ସେହି ସମୟରେ ରାମାନୁଜଙ୍କ ମାମୁଁ ତଥା ବୈଷ୍ଣବଗୁରୁ ଶ୍ରୀ ଶୈଳପୂର୍ଣ୍ଣ ପର୍ବତ ଶିଖରରେ ଥିବା ବାଲାଜୀଙ୍କ ମନ୍ଦିରରୁ ଭଗବାନଙ୍କ ମହାପ୍ରସାଦ ଓ ଚରଣାମୃତ ସାଙ୍ଗରେ ନେଇ ସେଠାରେ ଆସି ପହଞ୍ଚିଲେ। ଶୈଳପୂର୍ଣ୍ଣଙ୍କ ପରି ଜଣେ ମହାନ୍ ସାଧୁ ଓ ଗୁରୁଙ୍କୁ ତାଙ୍କ ପାଇଁ ଏପରି ସାମାନ୍ୟ କାର୍ଯ୍ୟ କରୁଥିବାର ଦେଖି ରାମାନୁଜ କିଞ୍ଚିତ ବିଚଳିତ ହୋଇ କହିଲେ, 'ଆପଣ ଏପରି କାର୍ଯ୍ୟ କାହିଁକି କରୁଛନ୍ତି ? ଆପଣଙ୍କ ପରି ଜଣେ ଶ୍ରେଷ୍ଠ ଜ୍ଞାନୀ ଓ ଗୁରୁ ମୋ ପରି ଜଣେ ସାଧାରଣ ବ୍ୟକ୍ତି ପାଇଁ ଏତେ କଷ୍ଟ କରିବାର କି ଆବଶ୍ୟକତା ଅଛି ? ଆପଣ ଏହି କାର୍ଯ୍ୟ ପାଇଁ ଯେକୌଣସି ନିମ୍ନ ସ୍ତରର ବ୍ୟକ୍ତିଙ୍କୁ ପଠାଇ ପାରିଥାନ୍ତେ।' ଏହାର ଉତ୍ତରରେ ଶୈଳପୂର୍ଣ୍ଣ କହିଲେ, 'ମୁଁ ମଧ୍ୟ ସେହିପରି ଚିନ୍ତା କରି ଚତୁର୍ପାର୍ଶ୍ୱରେ ଖୋଜିଲି। କିନ୍ତୁ ମୋ ଠାରୁ ନିମ୍ନ ସ୍ତରର କୌଣସି ବ୍ୟକ୍ତିଙ୍କୁ ମୁଁ ପାଇଲି ନାହିଁ। ସେହି କାରଣରୁ ହିଁ ମୁଁ ନିଜେ ତୁମ ନିକଟକୁ ଆସିଛି।' ଏହି ଉତ୍ତର ଶୁଣି ରାମାନୁଜ ଅତ୍ୟନ୍ତ ପ୍ରସନ୍ନ ହେଲେ। ସେ ଜାଣିଥିଲେ ଯେ, ବିନମ୍ରତା ହିଁ ବୈଷ୍ଣବମାନଙ୍କର ଏକ ମହାନ୍ ଗୁଣ ଅଟେ। ଶୈଳପୂର୍ଣ୍ଣଙ୍କ ଚରଣରେ ସେ ପ୍ରଣାମ କଲେ ଏବଂ ଆନନ୍ଦର ସହିତ ଶିଷ୍ୟମାନଙ୍କ ସହିତ ପ୍ରସାଦ ଗ୍ରହଣ କଲେ। କିଛି ସମୟ ପରେ ସେମାନଙ୍କର କ୍ଳାନ୍ତି ଦୂର ହେବା ପରେ ସମସ୍ତେ ପର୍ବତ ଶିଖର ପର୍ଯ୍ୟନ୍ତ ଯାତ୍ରା କରି ଶେଷରେ ପ୍ରସିଦ୍ଧ ଭେଙ୍କଟେଶ୍ୱର ମନ୍ଦିରରେ ପହଞ୍ଚିଲେ। ମନ୍ଦିର ଚାରିପଟେ ପରିକ୍ରମା କରିସାରି ରାମାନୁଜ ଭଗବାନ ବାଲାଜୀଙ୍କୁ ପ୍ରଣାମ ଓ ପ୍ରାର୍ଥନା କରିବାକୁ ମନ୍ଦିର ଭିତରକୁ ଗଲେ। ସେଠାରେ ପ୍ରଭୁଙ୍କର ଅପୂର୍ବ ସୌନ୍ଦର୍ଯ୍ୟକୁ ଦର୍ଶନ କରି ସେ ଦିବ୍ୟ ଆନନ୍ଦରେ ଆତ୍ମହରା ହୋଇଗଲେ। ତାଙ୍କ ଚକ୍ଷୁରୁ ଅଶ୍ରୁ ନିର୍ଗତ ହେବାକୁ ଲାଗିଲା ଏବଂ ଅଚେତ ହୋଇ ସେ ଭୂମିରେ ପଡ଼ିଗଲେ। କିଛି ସମୟ ପରେ ଯେତେବେଳେ ତାଙ୍କର ବାହ୍ୟଚେତନା ଫେରି ଆସିଲା, ମନ୍ଦିରର ପୂଜାରୀ ରାମାନୁଜ ଓ ତାଙ୍କ ଶିଷ୍ୟମାନଙ୍କୁ ମହାପ୍ରସାଦ ଅର୍ପଣ କଲେ। ସେମାନେ ସମସ୍ତେ ଅତି ଆନନ୍ଦରେ ସେହି ମନ୍ଦିରରେ ତିନିଦିନ ପର୍ଯ୍ୟନ୍ତ ଅବସ୍ଥାନ କଲେ। ରାମାନୁଜଙ୍କ ଭ୍ରାତା ଗୋବିନ୍ଦ, ଯେ କି ଶୈଳପୂର୍ଣ୍ଣଙ୍କ ଶିଷ୍ୟ ହୋଇଥିଲେ, ସେମାନଙ୍କୁ

ସାକ୍ଷାତ କରିବାକୁ ସେଠାକୁ ଆସିଲେ । ଅନେକ ଦିନ ପରେ ପୁଣି ଥରେ ସାକ୍ଷାତ ହେବାରୁ ସେ ଓ ରାମାନୁଜ ଅତ୍ୟନ୍ତ ଆନନ୍ଦିତ ହୋଇ ପରସ୍ପରକୁ ଆଲିଙ୍ଗନ କଲେ । ଶୈଳପୂର୍ଣ୍ଣଙ୍କ ଅନୁରୋଧ ରକ୍ଷା କରି ରାମାନୁଜ ଶ୍ରୀଶୈଳ କ୍ଷେତ୍ରରେ ଏକ ବର୍ଷ ପର୍ଯ୍ୟନ୍ତ ଅବସ୍ଥାନ କଲେ । ପ୍ରତିଦିନ ଶୈଳପୂର୍ଣ୍ଣ ରାମାୟଣର ଶ୍ଳୋକ ସମୂହ ପଠନ କରି ସେମାନଙ୍କ ବ୍ୟାଖ୍ୟା ରାମାନୁଜଙ୍କୁ ଶିକ୍ଷା ଦେଲେ । ଏକ ବର୍ଷ ପରେ ସେମାନଙ୍କ ରାମାୟଣ ପାଠ ସମାପ୍ତ ହେଲା । ଶୈଳପୂର୍ଣ୍ଣଙ୍କ ପରି ଜଣେ ଉଚ୍ଚ କୋଟୀର ଭକ୍ତଙ୍କଠାରୁ ରାମାୟଣ ଶିକ୍ଷା କରି ରାମାନୁଜ ନିଜକୁ ଧନ୍ୟ ମନେ କଲେ ।

ଗୋବିନ୍ଦଙ୍କ ଅଦ୍ଭୁତ ବ୍ୟବହାର

ଶୈଳପୂର୍ଣ୍ଣଙ୍କ ଆଶ୍ରମରେ ଅବସ୍ଥାନ କରିବା ସମୟରେ ରାମାନୁଜ ଅନେକ ଥର ଗୋବିନ୍ଦଙ୍କ ଅଦ୍ଭୁତ ବ୍ୟବହାର ଦେଖି ଆଶ୍ଚର୍ଯ୍ୟ ହୋଇଗଲେ । ଦିନେ ସେ ଗୋବିନ୍ଦଙ୍କୁ ତାଙ୍କ ଗୁରୁଙ୍କର ଶୟନ ପାଇଁ ଶଯ୍ୟା ପ୍ରସ୍ତୁତ କରୁଥିବାର ଦେଖିଲେ । କିନ୍ତୁ ସେ ଯେତେବେଳେ ଦେଖିଲେ ଯେ ଗୋବିନ୍ଦ ସେହି ଶଯ୍ୟା ଉପରେ ନିଜେ ଶୟନ କରୁଛନ୍ତି, ସେ ଚକିତ ହୋଇଗଲେ । ଏହାଦେଖି ରାମାନୁଜ ଶୈଳପୂର୍ଣ୍ଣଙ୍କ ନିକଟକୁ ଯାଇ ସେହି ବିଷୟରେ ଜଣାଇଲେ । ଶୈଳପୂର୍ଣ୍ଣ ସଙ୍ଗେସଙ୍ଗେ ଗୋବିନ୍ଦଙ୍କୁ ତାଙ୍କ ସମ୍ମୁଖକୁ ଡକାଇଲେ ଓ ପଚାରିଲେ, 'ତୁମେ ଜାଣିଛ କି, ଯେ ନିଜ ଗୁରୁଙ୍କ ଶଯ୍ୟାରେ ଶୟନ କରିବାକୁ ନିଜକୁ ଯୋଗ୍ୟ ମନେକରେ, ତାର କଣ ପରିଣାମ ହୁଏ ?' ଏହାର ଉତ୍ତରରେ ଗୋବିନ୍ଦ ନମ୍ର ଭାବରେ କହିଲେ, 'ସେ ନିଶ୍ଚୟ ନର୍କଗାମୀ ହୁଏ ।' ଶୈଳପୂର୍ଣ୍ଣ ପୁଣି ପଚାରିଲେ, 'ଯଦି ତୁମେ ଏହି ପରିଣାମ ବିଷୟରେ ଜାଣିଛ, ତେବେ ତୁମେ କାହିଁକି ଏପରି ବ୍ୟବହାର କରୁଛ ?' ଗୋବିନ୍ଦ କହିଲେ, 'ପ୍ରତିଦିନ ଆପଣଙ୍କ ଶୟନ ପାଇଁ ଶଯ୍ୟା ପ୍ରସ୍ତୁତ କରିବା ସମୟରେ ସେହି ଶଯ୍ୟାଟି ଆପଣଙ୍କ ପାଇଁ ଆରାମଦାୟକ ହୋଇଛି କି ନାହିଁ ଏବଂ ଏହାଦ୍ୱାରା ଆପଣଙ୍କ ବିଶ୍ରାମରେ କିଛି ବାଧା ସୃଷ୍ଟି ହେବ କି ନାହିଁ, ଏହା ପରୀକ୍ଷା କରିବାକୁ ମୁଁ ଆପଣଙ୍କ ଶଯ୍ୟାରେ ଶୟନ କରେ । ଯଦି ଆପଣଙ୍କ ସୁଖ ଓ ଶାନ୍ତି ପାଇଁ ମୋତେ ଚିରଦିନ ଲାଗି ନର୍କରେ ବାସ କରିବାକୁ ପଡେ, ତେବେ ସେଥିପାଇଁ ମୁଁ ପ୍ରସ୍ତୁତ ଅଛି ।' ଭ୍ରାତା ଗୋବିନ୍ଦଙ୍କ ଏପରି ବିନମ୍ର ବଚନ ଶୁଣି ରାମାନୁଜ ତାଙ୍କୁ ଭୁଲ୍ ବୁଝି ଥିବାରୁ ଲଜ୍ଜିତ ଅନୁଭବ କଲେ ଏବଂ ତାଙ୍କୁ କ୍ଷମା ପ୍ରାର୍ଥନା କଲେ । ଆଉ ଦିନେ ରାମାନୁଜ ଦେଖିଲେ ଯେ, ଗୋବିନ୍ଦ ତାଙ୍କ ବାମ ହସ୍ତରେ ଏକ ସର୍ପକୁ ଧରି ନିଜର ଡାହାଣ ହସ୍ତକୁ ସର୍ପଟିର ମୁଖ ମଧ୍ୟକୁ ପଶାଇ ଦେଇଛନ୍ତି, ଯାହା ଫଳରେ

ସର୍ପଟି କଷ୍ଟରେ ଛଟପଟ ହେଉଅଛି। ଯେତେବେଳେ ସ୍ନାନ କରିସାରି ଗୋବିନ୍ଦ ତାଙ୍କ ନିକଟକୁ ଆସିଲେ, ରାମାନୁଜ ତାଙ୍କୁ ପଚାରିଲେ, 'ତୁମେ ସେହି ସର୍ପ ସହିତ ଏପରି ଅଦ୍ଭୁତ ବ୍ୟବହାର କାହିଁକି କରୁଥିଲ ? ଏହା ପାଗଳପଣ ଅଟେ। ତୁମର ଭାଗ୍ୟ ଭଲ ଥିବାରୁ ତୁମେ ସର୍ପ ଦଂଶନରୁ ଅଳ୍ପକେ ବର୍ତ୍ତିଗଲ। ତୁମର ଶିଶୁତୁଲ୍ୟ କାର୍ଯ୍ୟ ପାଇଁ ତୁମେ ନିଜକୁ ତ ବିପଦରେ ପକାଇଲ, ଏବେ ଦେଖ, ସେହି ସର୍ପଟି ମୃତପ୍ରାୟ ଭୂମିରେ ପଡ଼ି ରହିଛି।' ଗୋବିନ୍ଦ ଉତ୍ତର ଦେଲେ, 'କିନ୍ତୁ ପ୍ରିୟ ଭ୍ରାତା, ସର୍ପଟି କୌଣସି ଏକ ଜୀବକୁ ଭକ୍ଷଣ କରିବା ସମୟରେ ଭୁଲରେ ଏକ କଣ୍ଟାଟିଏ ଗିଳି ଦେଇଥିଲା, ଯାହାକି ତାହାର ଗଳାରେ ଅଟକି ଯିବାରୁ ସେ ଯନ୍ତ୍ରଣାରେ ମ୍ରିୟମାଣ ହୋଇପଡ଼ିଥିଲା। କେବଳ ସେହି କଣ୍ଟାଟିକୁ ବାହାର କରିବାକୁ ହିଁ ମୁଁ ତାହାର ମୁଖ ମଧ୍ୟରେ ମୋର ହସ୍ତକୁ ପଶାଇଥିଲି। ଅତିଶୟ କ୍ଳାନ୍ତ ହୋଇଯାଇଥିବାରୁ ସର୍ପଟି ଏବେ ନିର୍ଜୀବ ପରି ପଡ଼ିରହିଛି। କିଛି ସମୟପରେ ସେ ସମ୍ପୂର୍ଣ୍ଣ ସୁସ୍ଥ ହୋଇଯିବ।' ଗୋବିନ୍ଦଙ୍କର ଜୀବମାନଙ୍କ ପ୍ରତି ଦୟା ଭାବକୁ ଦେଖି ରାମାନୁଜ ଆଶ୍ଚର୍ଯ୍ୟ ହେବା ସହିତ ଅତ୍ୟନ୍ତ ପ୍ରସନ୍ନ ହେଲେ। ଏହି ଘଟଣାପରେ ଗୋବିନ୍ଦଙ୍କ ପ୍ରତି ତାଙ୍କର ସ୍ନେହ ବହୁ ଗୁଣରେ ବୃଦ୍ଧି ପାଇଲା।

ଗୋବିନ୍ଦଙ୍କ ପ୍ରତି ଶୈଳପୂର୍ଣ୍ଣଙ୍କ ବ୍ୟବହାର

ଏହିପରି ଏକ ବର୍ଷ ପର୍ଯ୍ୟନ୍ତ ଶ୍ରୀଶୈଳରେ ଅବସ୍ଥାନ କରି ଆଚାର୍ଯ୍ୟ ଶୈଳପୂର୍ଣ୍ଣଙ୍କଠାରୁ ରାମାୟଣ ଶିକ୍ଷା କରିବାପରେ ରାମାନୁଜ ଶ୍ରୀରଙ୍ଗମ୍ କ୍ଷେତ୍ରକୁ ଫେରିଯିବାକୁ ଇଚ୍ଛା କଲେ। ପ୍ରସ୍ଥାନ କରିବା ପୂର୍ବରୁ ଯେତେବେଳେ ସେ ଶୈଳପୂର୍ଣ୍ଣଙ୍କ ନିକଟକୁ ଆସି ତାଙ୍କୁ ପ୍ରଣାମ କଲେ, ଶୈଳପୂର୍ଣ୍ଣ ତାଙ୍କୁ କହିଲେ, 'ପୁତ୍ର ! ତୁମର ଏଠାରେ ମୋ ସହିତ ଏକ ବର୍ଷ ପର୍ଯ୍ୟନ୍ତ ଅବସ୍ଥାନ କରିବା ଦ୍ୱାରା ମୁଁ ଅଶେଷ ଆନନ୍ଦ ଲାଭ କରିଛି। ତୁମେ ଯଦି ମୋ ଠାରୁ କିଛି ପାଇବାକୁ ଇଚ୍ଛା କରୁଛ, ତେବେ ତାହା ତୁମେ ମୋତେ ମାଗି ପାର।' ରାମାନୁଜ କହିଲେ, 'ହେ ମହାତ୍ମା ! ଯଦି ଆପଣ ମୋତେ କିଛି ଦେବା ପାଇଁ ଇଚ୍ଛା କରୁଛନ୍ତି, ତେବେ ଆପଣଙ୍କ ଶିଷ୍ୟ ଗୋବିନ୍ଦଙ୍କୁ ମୋତେ ପ୍ରଦାନ କରନ୍ତୁ। ତାହାହିଁ ମୋର ଏକମାତ୍ର ଅନୁରୋଧ।' ଶୈଳପୂର୍ଣ୍ଣ ସଙ୍ଗେସଙ୍ଗେ ଏହି ଅନୁରୋଧକୁ ସ୍ୱୀକାର କଲେ ଏବଂ ରାମାନୁଜ ଆନନ୍ଦରେ ଗୋବିନ୍ଦ ଓ ଅନ୍ୟ ଶିଷ୍ୟମାନଙ୍କ ସହିତ ଶ୍ରୀରଙ୍ଗମ୍ ଧାମକୁ ଯାତ୍ରା କଲେ। କିଛିଦିନ ଯାତ୍ରା କରିବା ପରେ ସେମାନେ କାଞ୍ଚିପୁରମ୍ କ୍ଷେତ୍ରରେ ପହଞ୍ଚିଲେ। ସେଠାରେ ଶ୍ରୀ ବରଦରାଜଙ୍କ ଦର୍ଶନ କରିବା ପରେ ସେମାନେ କାଞ୍ଚିପୂର୍ଣ୍ଣଙ୍କୁ ସାକ୍ଷାତ କଲେ। ରାମାନୁଜ କାଞ୍ଚିପୂର୍ଣ୍ଣଙ୍କୁ

ଗୋବିନ୍ଦଙ୍କ ଗୁରୁଭକ୍ତି ବିଷୟରେ ବର୍ଣ୍ଣନା କଲେ ଏବଂ ତାଙ୍କୁ ପ୍ରାର୍ଥନା କଲେ, 'ମୋର ଏହି ଭ୍ରାତାଙ୍କୁ ଆଶୀର୍ବାଦ କରନ୍ତୁ, ଯେପରି ସେ ଆହୁରି ଅଧିକ ଗୁରୁଭକ୍ତି ଏବଂ ସକଳ ଜୀବମାନଙ୍କୁ ଦୟା ପ୍ରଦର୍ଶନ କରିପାରିବେ।' ଏହା ଶୁଣି କାଞ୍ଚିପୂର୍ଣ୍ଣ ସ୍ମିତହାସ୍ୟ ସହ କହିଲେ, 'ଭଗବାନ ସର୍ବଦା ତୁମର ଅଭିଳାଷା ପୂର୍ଣ୍ଣ କରିଥାନ୍ତି। ତୁମର ଆଶୀର୍ବାଦ ଯାହା ଉପରେ ଥାଏ, ତାହାର କୌଣସି ଅମଙ୍ଗଳ ହୋଇପାରିବ ନାହିଁ।' ଏହା କହି ସେ ଗୋବିନ୍ଦଙ୍କ ଆଡ଼କୁ ଚାହିଁଲେ। କିନ୍ତୁ ସେ ଗୋବିନ୍ଦଙ୍କ ମୁଖମଣ୍ଡଳରେ ନୈରାଶ୍ୟ ଦେଖି ପାରିଲେ ଏବଂ କହିଲେ, 'ନିଜ ଗୁରୁଙ୍କଠାରୁ ବିଚ୍ଛେଦ ଘଟିବାରୁ ତୁମର ଭ୍ରାତା ଅତ୍ୟନ୍ତ ଶୋକଗ୍ରସ୍ତ ହୋଇଯାଇଛନ୍ତି। ତାଙ୍କୁ ତୁମେ ଶ୍ରୀଶୈଳକୁ ପଠାଇ ଦେଉନାହଁ କାହିଁକି ? ସେଠାରେ ରହି ସେ ପୁଣି ଥରେ ଗୁରୁ ଶୈଳପୂର୍ଣ୍ଣଙ୍କ ସେବା କରି ପାରିବେ। ଗୁରୁସେବା ହିଁ ତାଙ୍କ ଜୀବନରେ ଆନନ୍ଦର ଉତ୍ସ ଅଟେ।' ରାମାନୁଜ କାଞ୍ଚିପୂର୍ଣ୍ଣଙ୍କ ଏହି ବାକ୍ୟ ଶୁଣି କିଛି ସମୟ ଚିନ୍ତା କଲେ। ଏହାପରେ ସେ ଗୋବିନ୍ଦଙ୍କୁ ସଙ୍ଗେସଙ୍ଗେ ଗୁରୁ ଶୈଳପୂର୍ଣ୍ଣଙ୍କ ନିକଟକୁ ଫେରିଯାଇ ତାଙ୍କ ସେବାରେ ନିୟୋଜିତ ହେବା ପାଇଁ ନିର୍ଦ୍ଦେଶ ଦେଲେ। ଏହି ନିର୍ଦ୍ଦେଶ ପାଇ ଗୋବିନ୍ଦ ଆନନ୍ଦିତ ହୋଇଗଲେ ଏବଂ ଶୀଘ୍ର ଶ୍ରୀଶୈଳ କ୍ଷେତ୍ରକୁ ଫେରିଗଲେ। କିନ୍ତୁ ସେ ଯେତେବେଳେ ଗୁରୁଙ୍କ ଆଶ୍ରମରେ ପହଞ୍ଚିଲେ, ଶୈଳପୂର୍ଣ୍ଣ ତାଙ୍କୁ ଦେଖି ପ୍ରସନ୍ନ ହେଲେ ନାହିଁ। ଏପରିକି ସେ ତାଙ୍କ ଆଡ଼କୁ ଧ୍ୟାନ ଦେଲେ ନାହିଁ କିମ୍ବା ତାଙ୍କୁ ପ୍ରସାଦ ଗ୍ରହଣ କରିବାକୁ ମଧ୍ୟ କହିଲେ ନାହିଁ। ଗୋବିନ୍ଦଙ୍କ ପ୍ରତି ଶୈଳପୂର୍ଣ୍ଣଙ୍କର ଏପରି ଅଦ୍ଭୁତ ବ୍ୟବହାର ଦେଖି ଦୟାପୂର୍ଣ୍ଣ ହୃଦୟବିଶିଷ୍ଟା ଶୈଳପୂର୍ଣ୍ଣଙ୍କ ପତ୍ନୀ ତାଙ୍କୁ କହିଲେ, 'ସ୍ୱାମୀ, ଆପଣ ଗୋବିନ୍ଦଙ୍କ ସହିତ ବାର୍ତ୍ତାଳାପ ନ କରି ପାରନ୍ତି। କିନ୍ତୁ, ଆପଣ ତାଙ୍କୁ ଭୋଜନ କରାଇବା ଉଚିତ୍।' ଏହାର ଉତ୍ତରରେ ଶୈଳପୂର୍ଣ୍ଣ କହିଲେ, 'ଯେଉଁ ଅଶ୍ୱକୁ ବିକ୍ରି କରି ଦିଆଯାଇଛି, ତାହାକୁ ଭୋଜନ କରାଇବା ମୋର କର୍ତ୍ତବ୍ୟ ନୁହେଁ। ସେ କେବଳ ତାହାର ନୂତନ ମାଲିକଙ୍କ ଶରଣରେ ଜୀବନଯାପନ କରିବା ଉଚିତ୍।' ତାଙ୍କର ଏହି ବାକ୍ୟକୁ ଗୃହର ଦ୍ୱାର ନିକଟରେ ଛିଡ଼ା ହୋଇଥିବା ଗୋବିନ୍ଦ ଶୁଣି ପାରିଲେ। ସେ ନିଜ ଗୁରୁଙ୍କର ମନର ଭାବକୁ ବୁଝିପାରି ସଙ୍ଗେସଙ୍ଗେ ସେଠାରୁ ପ୍ରସ୍ଥାନ କରି କାଞ୍ଚିପୁରମ୍ ଚାଲିଗଲେ। ସେଠାରେ ରାମାନୁଜଙ୍କ ନିକଟକୁ ଯାଇ ତାଙ୍କ ଚରଣରେ ସେ ସାଷ୍ଟାଙ୍ଗ ପ୍ରଣାମ କଲେ ଓ କହିଲେ, 'ଦୟା କରି ଆଜିଠାରୁ ଆପଣ କେବେହେଲେ ମୋତେ ଭ୍ରାତା ବୋଲି ସମ୍ବୋଧନ କରନ୍ତୁ ନାହିଁ। ମୁଁ ଶ୍ରୀ ଶୈଳପୂର୍ଣ୍ଣଙ୍କ ମୁଖରୁ ଶୁଣିଛି ଯେ ଆପଣ ହିଁ ମୋର ମାଲିକ ଅଟନ୍ତି।' ରାମାନୁଜ ଗୋବିନ୍ଦଙ୍କ ଏହି ବାକ୍ୟ ଶୁଣି ପ୍ରସନ୍ନ ହେଲେ ଏବଂ ତାଙ୍କୁ ପ୍ରସାଦ ଅର୍ପଣ କଲେ। ସେହଦିନଠାରୁ ଗୋବିନ୍ଦ ଅତି ଯତ୍ନର ସହିତ ରାମାନୁଜଙ୍କ ସେବା କରିବାରେ ଲାଗିଲେ।

ଆଉ ତିନିଦିନ ପରେ ସେମାନେ ସମସ୍ତେ କାଞ୍ଚିରୁ ପ୍ରସ୍ଥାନ କରି ଶ୍ରୀରଙ୍ଗମ୍ ଅଭିମୁଖେ ଯାତ୍ରା କଲେ। ଫେରିବା ପଥରେ ସେମାନେ ଅଷ୍ଟସହସ୍ର ଗ୍ରାମରେ ଯଜ୍ଞେଶଙ୍କ ଗୃହରେ ରାତ୍ରିଯାପନ କଲେ। ଶେଷରେ ଯେତେବେଳେ ରାମାନୁଜ ଓ ତାଙ୍କ ଶିଷ୍ୟମାନେ ଶ୍ରୀରଙ୍ଗମ୍ କ୍ଷେତ୍ରରେ ପହଞ୍ଚିଲେ, ସେଠାକାର ଅଧିବାସୀମାନେ ତାଙ୍କୁ ଆନନ୍ଦର ସହିତ ସ୍ୱାଗତ ଜଣାଇଲେ।

ଗୋବିନ୍ଦଙ୍କ ନିର୍ମଳ ସ୍ୱଭାବ ଓ ବୈରାଗ୍ୟ

ଗୁରୁ ଶୈଳପୂର୍ଣ୍ଣଙ୍କ ଇଚ୍ଛା ଅନୁସାରେ ଗୋବିନ୍ଦ ସମ୍ପୂର୍ଣ୍ଣ ଭାବେ ରାମାନୁଜଙ୍କ ଆଶ୍ରୟ ଗ୍ରହଣ କରି ମନପ୍ରାଣ ସହିତ ତାଙ୍କର ସେବା କରିବାକୁ ଲାଗିଲେ। କିଛିଦିନ ମଧ୍ୟରେ ସେ ରାମାନୁଜଙ୍କର ସମସ୍ତ ଆବଶ୍ୟକତାକୁ ଜାଣି ପାରିଲେ ଏବଂ ଏପରି ନିଷ୍ଠାର ସହିତ ନିଜର ସେବାକାର୍ଯ୍ୟ ନିର୍ବାହ କଲେ ଯେ ଅନ୍ୟ ସମସ୍ତ ଶିଷ୍ୟମାନେ ଆଶ୍ଚର୍ଯ୍ୟ ହୋଇ ଯାଉଥିଲେ। ଦିନେ ଯେତେବେଳେ ଶିଷ୍ୟମାନେ ଗୋବିନ୍ଦଙ୍କ ସହିତ ବାର୍ତ୍ତାଳାପ କରୁଥିଲେ, କିଛି ଶିଷ୍ୟମାନେ ତାଙ୍କର ମହାନ୍ ସେବାପରାୟଣ ଗୁଣ ବିଷୟରେ ପ୍ରଶଂସା କଲେ। ଏହା ଶୁଣି ଗୋବିନ୍ଦ କହିଲେ, 'ହଁ, ମୋର ମହାନ୍ ଗୁଣଗୁଡ଼ିକ ନିଶ୍ଚୟ ପ୍ରଶଂସାର ଯୋଗ୍ୟ ଅଟନ୍ତି।' ଗୋବିନ୍ଦଙ୍କ ପରି ଜଣେ ବୈଷ୍ଣବଙ୍କ ମୁଖରୁ ଏପରି ବଚନ ଶୁଣି ସମସ୍ତ ଶିଷ୍ୟମାନେ ଆଶ୍ଚର୍ଯ୍ୟ ହୋଇଗଲେ ଏବଂ ରାମାନୁଜଙ୍କୁ ସେ ବିଷୟରେ ଜଣାଇଲେ। ରାମାନୁଜ ଗୋବିନ୍ଦଙ୍କୁ ଡକାଇ ତାଙ୍କୁ ପଚାରିଲେ, 'ଯଦିଓ ଏହା ସତ୍ୟ ଯେ ଏକ ଉତ୍ତମ ଭକ୍ତର ସମସ୍ତ ଗୁଣ ସମୂହ ତୁମ ବ୍ୟକ୍ତିତ୍ୱରେ ପ୍ରକାଶିତ ହୋଇଅଛି, କିନ୍ତୁ ତଥାପି ତୁମେ କଦାପି ତାହା ଦ୍ୱାରା ନିଜ ମଧ୍ୟରେ ଅହଙ୍କାର ଓ ଅଭିମାନକୁ ସୃଷ୍ଟି ହେବାକୁ ଦେବା ଉଚିତ୍ ନୁହେଁ।' ଏହାର ଉତ୍ତରରେ ଗୋବିନ୍ଦ କହିଲେ, 'ସହସ୍ର ସହସ୍ର ଜନ୍ମ ପରେ ଏହି ମନୁଷ୍ୟ ଶରୀର ଲାଭ କରିବା ସତ୍ତ୍ୱେ ମୁଁ ଏକ ଭୁଲ୍ ମାର୍ଗରେ ଗତି କରି ଭଗବାନଙ୍କଠାରୁ ଦୂରେଇ ଯାଉଥିଲି। କେବଳ ଆପଣଙ୍କ ଅପାର କରୁଣା ହିଁ ମୋତେ ଅଜ୍ଞାନର ଅନ୍ଧକାରରୁ ରକ୍ଷା କରିଛି। ତେଣୁ ଅନ୍ୟମାନେ ମୋ ମଧ୍ୟରେ ଯାହାକିଛି ଉତ୍ତମ ଗୁଣ ଲକ୍ଷ୍ୟ କରିଛନ୍ତି, ତାହାର ଶ୍ରେୟ କେବଳ ଆପଣ ହିଁ ଅଟନ୍ତି। ମୁଁ ପ୍ରକୃତରେ ପତିତ ଓ ଅଧମ ଅଟେ। ଯେତେବେଳେ କେହି ମୋତେ ପ୍ରଶଂସା କରନ୍ତି, ବାସ୍ତବରେ ତାହା ଆପଣଙ୍କର ପ୍ରଶଂସା ହୋଇଥାଏ। ସେହି କାରଣରୁ ହିଁ ମୁଁ ସେହି ପ୍ରଶଂସାକୁ ସ୍ୱୀକାର କରିଥାଏ।' ଏହା ଶୁଣି ସମସ୍ତେ ଗୋବିନ୍ଦଙ୍କ ଉପରେ ପ୍ରସନ୍ନ ହେଲେ। ଆଉ ଦିନେ

ଯେତେବେଳେ ଶିଷ୍ୟମାନେ ପ୍ରଭାତ ସମୟରେ ଆଶ୍ରମ ଅଭିମୁଖେ ଯାଉଥିଲେ, ସେମାନେ ଗୋବିନ୍ଦଙ୍କୁ ଜଣେ ବେଶ୍ୟାଙ୍କ ଗୃହ ସମ୍ମୁଖରେ ବସିଥିବାର ଦେଖି ଚକିତ ହୋଇଗଲେ। ରାମାନୁଜ ତାଙ୍କର ଏପରି ଅଦ୍ଭୁତ ବ୍ୟବହାର ବିଷୟରେ ଶୁଣି ପୁଣି ଥରେ ତାଙ୍କୁ ଡକାଇ ପଚାରିଲେ, 'ତୁମେ ପ୍ରଭାତ ସମୟରେ ନିଜର ନିତ୍ୟକାର୍ଯ୍ୟ ନ ସାରି ସେହି ବେଶ୍ୟାଙ୍କ ଗୃହ ସମ୍ମୁଖରେ କାହିଁକି ବସି ରହିଥିଲ ?' ଗୋବିନ୍ଦ ଉତ୍ତର ଦେଲେ, 'ମୁଁ ପଥରେ ଯାଉଥିବା ସମୟରେ ସେହି ନାରୀ ଏତେ ସୁନ୍ଦର ସ୍ୱରରେ ରାମାୟଣର ବିଷୟବସ୍ତୁ ଗାନ କରୁଥିଲେ ଯେ, ମୁଁ ପ୍ରଭୁ ରାମଚନ୍ଦ୍ରଙ୍କ ବିଷୟରେ ସେହି ମନୋହର ଲୀଳାଗାନକୁ ଶ୍ରବଣ କରି ମୁଗ୍ଧ ହୋଇଗଲି ଏବଂ ସେହି ସ୍ଥାନକୁ ପରିତ୍ୟାଗ କରି ଅନ୍ୟତ୍ର ଯାଇ ପାରିଲି ନାହିଁ। ସେହି କାରଣରୁ ମୋର ଅନ୍ୟାନ୍ୟ କାର୍ଯ୍ୟରେ ବିଳମ୍ବ ହୋଇଗଲା।' ଏହା ଶୁଣି ସମସ୍ତେ ଆଶ୍ଚର୍ଯ୍ୟ ହେଲେ ଏବଂ ଗୋବିନ୍ଦଙ୍କର ସରଳ ସ୍ୱଭାବ ଓ ନିର୍ମଳ ଭକ୍ତିଭାବକୁ ଜାଣି ପାରିଲେ। କିଛିଦିନ ପରେ ଗୋବିନ୍ଦଙ୍କ ମାତାଙ୍କ ଅନୁରୋଧ ରକ୍ଷା କରି ରାମାନୁଜ ଗୋବିନ୍ଦଙ୍କୁ ପତ୍ନୀଙ୍କ ସହିତ ଗୃହସ୍ଥ ଜୀବନଯାପନ ଓ ସନ୍ତାନ ଉତ୍ପନ୍ନ କରିବାକୁ ନିର୍ଦ୍ଦେଶ ଦେଲେ। କିନ୍ତୁ ଗୋବିନ୍ଦଙ୍କ ମନ ସର୍ବଦା ଭଗବଦ୍ ଚିନ୍ତନରେ ମଗ୍ନ ରହିବାରୁ ଏବଂ ତୀବ୍ର ବୈରାଗ୍ୟ ହେତୁ ସେ ଗୃହସ୍ଥ ଜୀବନ ପ୍ରତି ଆଉ ଆଗ୍ରହୀ ହେଲେ ନାହିଁ। ସେ ରାମାନୁଜଙ୍କୁ ସେ ବିଷୟରେ ଜଣାଇଲେ। ତାଙ୍କ ପ୍ରାର୍ଥନା ସ୍ୱୀକାର କରି ରାମାନୁଜ ତାଙ୍କୁ ସନ୍ନ୍ୟାସ ପ୍ରଦାନ କଲେ ଏବଂ ତାଙ୍କୁ 'ଏମ୍ବାର' ନାମରେ ନାମିତ କଲେ, ଯାହାର ଅର୍ଥ 'ମନର ନିୟନ୍ତା'। ପରବର୍ତ୍ତୀ ସମୟରେ ରାମାନୁଜ ଶ୍ରୀ ଜଗନ୍ନାଥଙ୍କ ପୁରୀ ଧାମରେ ଏକ ଆଶ୍ରମ ସ୍ଥାପନ କରିଥିଲେ, ଯାହାକୁ ସେ ଗୋବିନ୍ଦଙ୍କ ସେହି ନାମ ଅନୁସାରେ 'ଏମାର ମଠ' ବୋଲି ନାମ ଦେଇଥିଲେ।

କାଶ୍ମୀରକୁ ଯାତ୍ରା

ଯେତେବେଳେ ରାମାନୁଜ ଶ୍ରୀରଙ୍ଗମ୍ କ୍ଷେତ୍ରରେ ଶିଷ୍ୟମାନଙ୍କୁ ଶିକ୍ଷା ପ୍ରଦାନ କରୁଥିଲେ, ବେଦାନ୍ତ ସୂତ୍ରର ବୈଷ୍ଣବ ଭାଷ୍ୟ ରଚନା କରିବା ପାଇଁ ସେ ଶ୍ରୀ ଯମୁନାଚାର୍ଯ୍ୟଙ୍କ ଶରୀର ସମ୍ମୁଖରେ କରିଥିବା ନିଜର ପ୍ରତିଜ୍ଞାକୁ ଅନେକ ଥର ସ୍ମରଣ କରୁଥିଲେ। ଦିନେ ସେହି ପ୍ରତିଜ୍ଞାକୁ ପୁଣି ଥରେ ସ୍ମରଣ କରି ସେ ଶିଷ୍ୟମାନଙ୍କୁ କହିଲେ, 'ମୁଁ ଶ୍ରୀ ଯମୁନାଚାର୍ଯ୍ୟଙ୍କୁ ବଚନ ଦେଇଛି ଯେ ମୁଁ 'ଶ୍ରୀ ଭାଷ୍ୟ' ରଚନା କରିବି। କିନ୍ତୁ ଆଜି ପର୍ଯ୍ୟନ୍ତ ମୁଁ ସେ ବିଷୟରେ କୌଣସି ପଦକ୍ଷେପ

ନେଇ ନାହିଁ। ସେହି ରଚନା ପ୍ରାରମ୍ଭ କରିବା ପୂର୍ବରୁ ମୋତେ ବୋଧାୟନ ଋଷିଙ୍କ ଦ୍ୱାରା ରଚିତ 'ବୋଧାୟନ ବୃତ୍ତି' ନାମକ ପୁସ୍ତକକୁ ପାଠ କରିବାକୁ ହେବ। ତାହା ଏପରି ଏକ ବିରଳ ପୁସ୍ତକ ଅଟେ ଯେ, ମୁଁ ଦକ୍ଷିଣ ଭାରତରେ କେଉଁଠାରେ ହେଲେ ତାହାକୁ ଖୋଜି ପାଇପାରି ନାହିଁ। କିନ୍ତୁ ମୁଁ ଶୁଣିଛି ଯେ, ସମଗ୍ର ଦେଶରେ କେବଳ ଏକ ମାତ୍ର 'ବୋଧାୟନ ବୃତ୍ତି' ପୁସ୍ତକ ଅଛି, ଯାହାକି କାଶ୍ମୀର ପ୍ରଦେଶର ଶାରଦା ପୀଠରେ ସୁରକ୍ଷିତ ଅବସ୍ଥାରେ ରହିଛି। ତେଣୁ ମୁଁ ସ୍ଥିର କରିଛି ଯେ କେବଳ କୁରେଶଙ୍କୁ ସାଙ୍ଗରେ ନେଇ ମୁଁ ସେହି ସ୍ଥାନକୁ ଯାତ୍ରା କରିବି ଏବଂ ସେହି ପୁସ୍ତକକୁ ଅଧ୍ୟୟନ କରିବା ପରେ ହିଁ ବେଦାନ୍ତ ସୂତ୍ରର ବାସ୍ତବିକ ଅର୍ଥକୁ ଜନସମାଜରେ ପ୍ରକାଶ କରିବି।' କିଛିଦିନ ପରେ ରାମାନୁଜ ଓ କୁରେଶ ସୁଦୂର ଉତ୍ତର ଭାରତକୁ ଯାତ୍ରା ଆରମ୍ଭ କଲେ। ତିନି ମାସ ଧରି ଯାତ୍ରା କରିବା ପରେ ସେମାନେ କାଶ୍ମୀର ସ୍ଥିତ ଶାରଦା ପୀଠରେ ପହଞ୍ଚିଲେ। ସେଠାରେ ଯେତେବେଳେ ରାମାନୁଜ ସ୍ଥାନୀୟ ପଣ୍ଡିତମାନଙ୍କ ସହିତ ତାତ୍ତ୍ୱିକ ଆଲୋଚନା କଲେ, ସେମାନେ ରାମାନୁଜଙ୍କ ଶାସ୍ତ୍ରୀୟ ଜ୍ଞାନର ଗଭୀରତାକୁ ଦେଖି ଆଶ୍ଚର୍ଯ୍ୟ ହୋଇଗଲେ ଏବଂ ତାଙ୍କୁ ସମ୍ମାନୀୟ ଅତିଥି ରୂପେ ସ୍ୱାଗତ ଜଣାଇଲେ। କିନ୍ତୁ ରାମାନୁଜ ଯେତେବେଳେ ସେମାନଙ୍କୁ 'ବୋଧାୟନ ବୃତ୍ତି' ପୁସ୍ତକ ବିଷୟରେ ଜିଜ୍ଞାସା କଲେ, ସେମାନେ ରାମାନୁଜଙ୍କୁ ସେହି ପୁସ୍ତକଟିକୁ ଦେଖାଇବା ପାଇଁ ଇଚ୍ଛା କଲେନାହିଁ। ସେହି ନିରାକାରବାଦୀ ପଣ୍ଡିତମାନେ ଜାଣିଥିଲେ ଯେ, ଯଦି ରାମାନୁଜ ବୋଧାୟନଙ୍କ ତତ୍ତ୍ୱକୁ ଜାଣିବାରେ ସକ୍ଷମ ହୁଅନ୍ତି, ତେବେ ସେ ଆହୁରି ଦୃଢ଼ ଭାବରେ ବୈଷ୍ଣବ ସିଦ୍ଧାନ୍ତ ଦ୍ୱାରା ସେମାନଙ୍କର ମାୟାବାଦୀ ମତକୁ ଦମନ କରିବାରେ ସଫଳ ହୋଇଯିବେ। ଏପରି ଚିନ୍ତା କରି ସେମାନେ ରାମାନୁଜଙ୍କୁ କହିଲେ, 'ଏହା ସତ୍ୟ ଯେ, ଆପଣ ଖୋଜୁଥିବା ପୁସ୍ତକଟି ଏଠାରେ ରଖାଯାଇଥିଲା। କିନ୍ତୁ ଦୁର୍ଭାଗ୍ୟବଶତଃ ନିକଟ ଅତୀତରେ ତାହା କୀଟମାନଙ୍କ ଦ୍ୱାରା ସମ୍ପୂର୍ଣ୍ଣ ଭାବରେ ନଷ୍ଟ ହୋଇଯାଇଛି।' ଏହା ଶୁଣି ରାମାନୁଜ ଅତ୍ୟନ୍ତ ଦୁଃଖିତ ହୋଇଗଲେ ଏବଂ ତାଙ୍କର ଏତେ ଦୂର ସ୍ଥାନକୁ ଯାତ୍ରା କରିବା ବିଫଳ ହୋଇଛି ବୋଲି ଭାବିଲେ। କିନ୍ତୁ ସେହି ରାତ୍ରିରେ ସେ ଶୟନ କରୁଥିବା ସମୟରେ ସ୍ୱୟଂ ଶାରଦା ଦେବୀ ତାଙ୍କୁ ଦର୍ଶନ ଦେଇ ସେହି ପୁସ୍ତକଟି ତାଙ୍କୁ ପ୍ରଦାନ କଲେ ଏବଂ କହିଲେ, 'ପୁତ୍ର, ଏହି ପୁସ୍ତକକୁ ନିଅ ଏବଂ ଏଠାରୁ ଶୀଘ୍ର ତୁମ ପ୍ରଦେଶକୁ ଫେରିଯାଅ।' ଏହାପରେ ରାମାନୁଜ ନିଜ ସାମଗ୍ରୀ ମଧ୍ୟରେ ସେହି ପୁସ୍ତକକୁ ଲୁଚାଇ ଦେଲେ ଏବଂ ଶାରଦା ପୀଠର ପଣ୍ଡିତ ମାନଙ୍କଠାରୁ ବିଦାୟ ନେଇ କୁରେଶଙ୍କ ସହିତ ସେଠାରୁ ପ୍ରସ୍ଥାନ କଲେ। କିଛିଦିନ

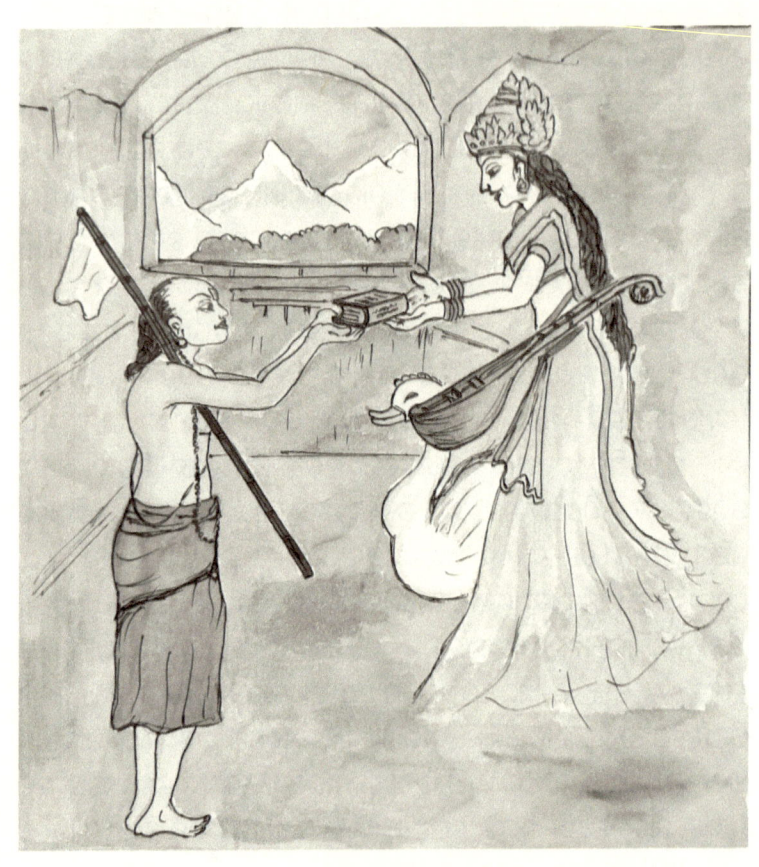

ବୋଧାୟନ ବୃତ୍ତି ପୁସ୍ତକ ପ୍ରାପ୍ତି

ପରେ ସେହି ପଣ୍ଡିତମାନେ ଯେତେବେଳେ ପୁସ୍ତକଟି ଆଶ୍ରମରେ ନ ଥିବାର ଜାଣିବାକୁ ପାଇଲେ, ସେମାନେ ତାହାକୁ ଫେରାଇ ଆଣିବାକୁ କିଛି ଲୋକଙ୍କୁ ପଠାଇଲେ। ସେହି ଲୋକମାନେ ଏକ ମାସ ଧରି ଯାତ୍ରା କରିବା ପରେ ଶେଷରେ ରାମାନୁଜ ଓ କୁରେଶଙ୍କୁ ଠାବ କଲେ ଏବଂ ସେହି ପୁସ୍ତକଟିକୁ ସେମାନଙ୍କଠାରୁ ନେଇ କାଶ୍ମୀରକୁ ଚାଲିଗଲେ। 'ବୋଧାୟନ ବୃତ୍ତି' ପୁସ୍ତକ ବିନା କିପରି ଶ୍ରୀ ଭାଷ୍ୟ ରଚନା କରିବେ, ଏହା ଚିନ୍ତା କରି ରାମାନୁଜ ମର୍ମାହତ ହୋଇଗଲେ। କିନ୍ତୁ ଅପରପକ୍ଷରେ କୁରେଶଙ୍କ ମୁଖମଣ୍ଡଳରେ ଚିନ୍ତାର କୌଣସି ଲକ୍ଷଣ ଦେଖାଯାଉ ନ ଥିଲା। ସେ ହସିହସି ରାମାନୁଜଙ୍କୁ କହିଲେ, 'ହେ ଗୁରୁଦେବ ! ଯାହା ଘଟିଗଲା, ସେଥିରେ ଆପଣ ଏତେ ବିଚଳିତ ହେବା ଅନାବଶ୍ୟକ ଅଟେ। କାଶ୍ମୀରରୁ ଫେରିବା ସମୟରେ ପ୍ରତିଦିନ ଆପଣ ଯେତେବେଳେ ରାତ୍ରିରେ ଶୟନ କରୁଥିଲେ, ମୁଁ ସେତେବେଳେ ସେହି ପୁସ୍ତକକୁ ଅଧ୍ୟୟନ କରୁଥିଲି ଏବଂ ବର୍ତ୍ତମାନ ମୁଁ ସମ୍ପୂର୍ଣ୍ଣ ଭାବରେ ସେହି ପୁସ୍ତକକୁ ସ୍ମରଣ କରି ମୋର ହୃଦୟରେ ଧାରଣ କରିସାରିଛି। ଯଦି ଆମେ ଏଠାରେ ଆଉ କିଛିଦିନ ଅବସ୍ଥାନ କରିବା, ତେବେ ମୁଁ ମୋର ସ୍ମୃତିରୁ ତାହାକୁ ପୂର୍ଣ୍ଣ ରୂପେ ଲେଖି ଦେଇ ପାରିବି।' ନିଜ ଶିଷ୍ୟର ଏପରି ବିଲକ୍ଷଣ ସ୍ମରଣ ଶକ୍ତି ଦେଖି ରାମାନୁଜ ଆଶ୍ଚର୍ଯ୍ୟ ତଥା ଆନନ୍ଦିତ ହୋଇଗଲେ। ସେ କୁରେଶଙ୍କୁ ଆଲିଙ୍ଗନ କରି କହିଲେ, 'ଆଜିଠାରୁ ମୁଁ ତୁମ ପାଖରେ ଚିରଦିନ ପାଇଁ ଋଣୀ ହୋଇଗଲି।'

'ଶ୍ରୀ ଭାଷ୍ୟ' ରଚନା

କୁରେଶ ସ୍ମରଣ ରଖିଥିବା 'ବୋଧାୟନ ବୃତ୍ତି'କୁ ଲେଖି ସାରିବା ପରେ ତାଙ୍କ ସହିତ ରାମାନୁଜ ଶ୍ରୀରଙ୍ଗମ୍ କ୍ଷେତ୍ରକୁ ଫେରି ଆସିଲେ ଏବଂ ଆଶ୍ରମରେ ପହଞ୍ଚି ସମସ୍ତ ଶିଷ୍ୟମାନଙ୍କୁ ଡକାଇଲେ। ସେମାନଙ୍କୁ କାଶ୍ମୀର ଯାତ୍ରାର ସମସ୍ତ ବିବରଣୀ ଦେଇସାରି ସେ କହିଲେ, 'ହେ ଭକ୍ତଗଣ, ତୁମମାନଙ୍କ ଭକ୍ତି ଓ କୁରେଶଙ୍କ ଅସାଧାରଣ ସ୍ମରଣ ଶକ୍ତି ବଳରେ ଆମେମାନେ 'ବୋଧାୟନ ବୃତ୍ତି'କୁ ଲାଭ କରିବାରେ ସକ୍ଷମ ହୋଇଛୁ। ଏହା ଫଳରେ ଯେଉଁମାନେ ମତ ଦେଉଛନ୍ତି ଯେ, 'ତତ୍ ତ୍ୱମ୍ ଅସି' ଓ 'ଅହମ୍ ବ୍ରହ୍ମାସ୍ମି' ପରି ବେଦର ବାକ୍ୟମାନଙ୍କୁ କେବଳ ତତ୍ତ୍ୱତଃ ଜାଣିବା ହିଁ ଜୀବନର ପୂର୍ଣ୍ଣତା ଅଟେ, ସେମାନଙ୍କର ସେହି ଅଜ୍ଞାନତାପୂର୍ଣ୍ଣ ମତକୁ ମୁଁ ଖଣ୍ଡନ କରି ପାରିବି। ସେହି ପଣ୍ଡିତମାନେ ଜୀବାତ୍ମାକୁ ଈଶ୍ୱରଙ୍କ ସହିତ ସମାନ ବୋଲି ମିଥ୍ୟା ବଚନ କହି

ଜନସାଧାରଣଙ୍କୁ ଜୀବନର ପ୍ରକୃତ ଉଦ୍ଦେଶ୍ୟ ବିଷ୍ଣୁଭକ୍ତିଠାରୁ ଦୂରକୁ ନେଇ ଯାଉଛନ୍ତି । ତେଣୁ ମୁଁ ବର୍ତ୍ତମାନଠାରୁ 'ଶ୍ରୀ ଭାଷ୍ୟ' ରଚନା କରିବା ଆରମ୍ଭ କରିବି । ଏହି ରଚନା ପ୍ରତିପାଦନ କରିବ ଯେ, କେବଳ ଶ୍ରୀ ନାରାୟଣଙ୍କ ପ୍ରତି ଭକ୍ତି ହିଁ ଜୀବର ଏକମାତ୍ର ପରିପୂର୍ଣ୍ଣତାର ଉପାୟ ଏବଂ ଏହା ବେଦର ବାସ୍ତବିକ ନିର୍ଣ୍ଣୟ ଅଟେ । ତୁମେ ସମସ୍ତେ ଭଗବାନଙ୍କୁ ପ୍ରାର୍ଥନା କର, ଯେପରି କୌଣସି ବାଧାବିଘ୍ନ ବିନା ଏହି କାର୍ଯ୍ୟଟି ସମ୍ପାଦିତ ହୋଇପାରିବ । ହେ କୁରେଶ ! ତୁମେ ମୋର ସହଯୋଗୀ ରୂପେ ଦାୟିତ୍ୱ ନିର୍ବାହ କରିବ । ଯଦି ଏହି ଭାଷ୍ୟକୁ ଲେଖିବା ସମୟରେ ମୋର କୌଣସି ବାକ୍ୟ ତୁମ ପକ୍ଷରେ ଗ୍ରହଣୀୟ ନ ହୁଏ, ତେବେ ତୁମେ ଲେଖିବା ବନ୍ଦ କରି ବସି ରହିବ । ତାହା ହେଲେ ମୁଁ ମୋର ବାକ୍ୟକୁ ପୁନର୍ବିଚାର କରିବି ଏବଂ ଯଦି ସେଥିରେ କୌଣସି ତ୍ରୁଟି ଥାଏ, ତେବେ ତାହାକୁ ସଂଶୋଧନ କରିବି ।' ପରଦିନଠାରୁ କୁରେଶ ରାମାନୁଜଙ୍କ ସମ୍ମୁଖରେ ବସି ତାଙ୍କ ମୁଖରୁ ଶ୍ରୀ ଭାଷ୍ୟ ଶ୍ରବଣ କଲେ ଓ ତାହାକୁ ଲେଖିବା ଆରମ୍ଭ କଲେ । ଥରେ ରାମାନୁଜ ଏକ ବ୍ୟାଖ୍ୟା କରି କହିଲେ, 'ଜୀବାତ୍ମାର ବାସ୍ତବିକ ସ୍ୱରୂପ ହେଉଛି ନିତ୍ୟ, ଶାଶ୍ୱତ ଓ ଜ୍ଞାନରେ ପରିପୂର୍ଣ୍ଣ ।' ଏହା ଶୁଣି କୁରେଶ କିଛି ନ ଲେଖି ବସି ରହିଲେ । ଏହା ଦେଖି ରାମାନୁଜ ପ୍ରଥମେ ବିରକ୍ତ ହୋଇ କହିଲେ, 'ତୁମେ ଏହି ଭାଷ୍ୟ ଲେଖୁନାହଁ କାହିଁକି ?' କିନ୍ତୁ ପର ମୁହୂର୍ତ୍ତରେ ସେ ଯେତେବେଳେ ସେହି ବିଷୟରେ ଗଭୀର ଭାବରେ ଚିନ୍ତା କଲେ, ସେ ଜାଣି ପାରିଲେ ଯେ, ତାଙ୍କର ସେହି ବ୍ୟାଖ୍ୟାଟି ସୂଚାଇ ପାରେ ଯେ, ଜୀବାତ୍ମା ସ୍ୱତନ୍ତ୍ର ଓ ସ୍ୱାଧୀନ ଅଟେ, ଯାହାକି ସତ୍ୟ ନୁହେଁ । ଜୀବାତ୍ମାର ପ୍ରକୃତ ସ୍ଥିତି ଭଗବାନଙ୍କ ଅଧୀନ ଅଟେ ଏବଂ ଈଶ୍ୱର ହିଁ ସମସ୍ତ ଜୀବାତ୍ମାଙ୍କର ଚିରଦିନର ସ୍ୱାମୀ ଅଟନ୍ତି । ଏପରି ନିଷ୍କର୍ଷରେ ପହଞ୍ଚି ସେ ନିଜର ପୂର୍ବ ବ୍ୟାଖ୍ୟାକୁ ପରିବର୍ତ୍ତନ କରି କହିଲେ, 'ଭଗବାନ ବିଷ୍ଣୁଙ୍କର ଭକ୍ତିପୂର୍ଣ୍ଣ ସେବା କରିବା ହିଁ ଜୀବାତ୍ମାର ପ୍ରକୃତ ସ୍ୱଭାବ ଓ ଧର୍ମ ଅଟେ ଏବଂ ଏହି ଜ୍ଞାନ ହିଁ ପରିପୂର୍ଣ୍ଣ ଜ୍ଞାନ ଅଟେ । ଜୀବାତ୍ମାର ଅସ୍ତିତ୍ୱ ସମ୍ପୂର୍ଣ୍ଣ ଭାବରେ ଶ୍ରୀ ନାରାୟଣଙ୍କ ଉପରେ ନିର୍ଭରଶୀଳ ହୋଇଥାଏ ।' ଏହାକୁ ଶୁଣିବା ମାତ୍ରେ କୁରେଶ ପୁଣି ଥରେ ଲେଖିବା ଆରମ୍ଭ କଲେ । କିଛି ମାସ ପରେ 'ଶ୍ରୀ ଭାଷ୍ୟ'ର ରଚନା ସମାପ୍ତ ହେଲା । ସେହି ଚମତ୍କାର ରଚନାଟି ଏତେ ସୁନ୍ଦର ଭାବରେ ଭଗବାନ ବିଷ୍ଣୁଙ୍କର ପରମେଶ୍ୱରତ୍ୱ ବର୍ଣ୍ଣନା ଏବଂ ମାୟାବାଦୀ ତତ୍ତ୍ୱର ଖଣ୍ଡନ କରିଅଛି ଯେ, ତାହା ଆଜି ମଧ୍ୟ ବିଷ୍ଣୁଭକ୍ତ ମାନଙ୍କ ଦ୍ୱାରା ପଠିତ ଓ ପୂଜିତ ହେଉଅଛି । ବୈଷ୍ଣବ ସିଦ୍ଧାନ୍ତକୁ ପରିପ୍ରକାଶ କରି ରାମାନୁଜ ଆହୁରି ଅନେକ ସୁନ୍ଦର ପୁସ୍ତକ ରଚନା କଲେ ଏବଂ ଏହିପରି ଭାବରେ ସେ ସମାଜରେ 'ବିଶିଷ୍ଟାଦ୍ୱୈତ' ପଥ ପ୍ରସାରିତ କଲେ ।

ସାରା ଭାରତ ଭ୍ରମଣ

'ଶ୍ରୀ ଭାଷ୍ୟ' ରଚନା କରିବା ପରେ ଯମୁନାଚାର୍ଯ୍ୟଙ୍କ କାର୍ଯ୍ୟ ସମ୍ପାଦନ କରିବା ପାଇଁ ରାମାନୁଜ ନେଇଥିବା ତିନୋଟି ପ୍ରତିଜ୍ଞା ମଧ୍ୟରୁ ଗୋଟିଏ ପୂରଣ ହେବା ଦ୍ୱାରା ସେ ପ୍ରସନ୍ନତା ଲାଭ କଲେ। ଏହାପରେ ସେ ଚିନ୍ତା କଲେ ଯେ, ତାଙ୍କର ଦ୍ୱିତୀୟ ପ୍ରତିଜ୍ଞା ପୂର୍ଣ୍ଣ କରିବାକୁ ସେ ପ୍ରସ୍ତୁତ ଅଛନ୍ତି। ତେଣୁ ସେ ସ୍ଥିର କଲେ ଯେ, ସେ 'ଶ୍ରୀ ଭାଷ୍ୟ'ରେ ଉଲ୍ଲେଖ କରିଥିବା ବୈଷ୍ଣବ ବିଚାରଧାରାକୁ ସମଗ୍ର ଭାରତରେ ପ୍ରଚାର ଓ ପ୍ରସାର କରିବେ। ଭଗବାନ ନାରାୟଣଙ୍କ ମହିମାକୁ ବିସ୍ତାର କରିବା ଏବଂ ନିରାକାରବାଦୀମାନଙ୍କ ଭ୍ରମପୂର୍ଣ୍ଣ ବିଚାରରୁ ଲୋକଙ୍କୁ ରକ୍ଷା କରିବା ନିମନ୍ତେ ସେ ନିଜର ୭୪ଜଣ ମୁଖ୍ୟ ଶିଷ୍ୟ ଓ ଅନ୍ୟାନ୍ୟ ଅନୁଯାୟୀମାନଙ୍କ ସହିତ ଭାରତ ଭ୍ରମଣରେ ବାହାରିଲେ। ସର୍ବ ପ୍ରଥମେ ସେମାନେ ସମସ୍ତେ ଚୋଳ ରାଜ୍ୟର ରାଜଧାନୀ କାଞ୍ଚିପୁରମ୍ କ୍ଷେତ୍ରକୁ ଯାତ୍ରା କଲେ। ସେଠାରେ ଶ୍ରୀ ବରଦରାଜଙ୍କୁ ପ୍ରାର୍ଥନା କରିବା ପରେ ରାମାନୁଜ କୁମ୍ଭକୋଣମ୍ ସହରକୁ ଯାତ୍ରା କଲେ। ସେଠାରେ କିଛି ପଣ୍ଡିତମାନେ ତାଙ୍କୁ ତର୍କ କରିବା ପାଇଁ ଆହ୍ୱାନ କଲେ। ସେ ସେମାନଙ୍କୁ ବିଭିନ୍ନ ଶାସ୍ତ୍ରର ପ୍ରମାଣ ଦର୍ଶାଇ ପରାସ୍ତ କଲେ ଏବଂ ସେହି ସମସ୍ତ ପଣ୍ଡିତମାନେ ଶ୍ରୀ ନାରାୟଣଙ୍କ ଶରଣାଗତି ପଥକୁ ଗ୍ରହଣ କଲେ। ଏହାପରେ ଶିଷ୍ୟମାନଙ୍କ ସହିତ ରାମାନୁଜ ମଦୁରାଇ କ୍ଷେତ୍ରରେ ଯାଇ ପହଞ୍ଚିଲେ, ଯାହାକି ସେ ସମୟରେ ପାଣ୍ଡ୍ୟ ରାଜ୍ୟର ରାଜଧାନୀ ତଥା ଜ୍ଞାନ ଅର୍ଜନ ପାଇଁ ଏକ ପ୍ରସିଦ୍ଧ କେନ୍ଦ୍ର ଥିଲା। ସେଠାରେ ଜ୍ଞାନୀ ପଣ୍ଡିତମାନଙ୍କ ଏକ ବିଶାଳ ସଭା ସମ୍ମୁଖରେ ରାମାନୁଜ ଭକ୍ତି ମାର୍ଗ ବିଷୟରେ ବକ୍ତବ୍ୟ ଉପସ୍ଥାପନ କଲେ, ଯାହାକୁ ଶୁଣି ସମସ୍ତ ଜ୍ଞାନୀବୃନ୍ଦ ଅତ୍ୟନ୍ତ ଅନୁପ୍ରାଣିତ ହୋଇ ବିଷ୍ଣୁ ଭକ୍ତିକୁ ଆପଣେଇ ନେଲେ। ମଦୁରାଇରେ କିଛି ଦିନ ଅବସ୍ଥାନ କରି ରାମାନୁଜ ଓ ଶିଷ୍ୟମାନେ କୁରଙ୍ଗ ଓ କୁରକପୁରୀ ନାମକ ସ୍ଥାନମାନଙ୍କରେ ବିଷ୍ଣୁ ମନ୍ଦିର ଦର୍ଶନ କଲେ। ଏହାପରେ ସେମାନେ ପଶ୍ଚିମ ତଟବର୍ତ୍ତୀ କେରଳ ରାଜ୍ୟସ୍ଥିତ ଶ୍ରୀ ଅନନ୍ତ ପଦ୍ମନାଭଙ୍କ ଅପୂର୍ବ ସୁନ୍ଦର ରୂପକୁ ଦର୍ଶନ କଲେ। ସେଠାରୁ ଉତ୍ତର ଦିଗକୁ ଯାତ୍ରା କରି ସେମାନେ ଦ୍ୱାରିକା, ମଥୁରା, ବୃନ୍ଦାବନ, ଶାଳଗ୍ରାମ, ସାକେତ, ନୈମିଷାରଣ୍ୟ, ପୁଷ୍କର ଓ ବଦ୍ରିକାଶ୍ରମ ଇତ୍ୟାଦି ତୀର୍ଥସ୍ଥାନ ଦର୍ଶନ କଲେ। ସେହିସବୁ ସ୍ଥାନମାନଙ୍କରେ ରାମାନୁଜ ବିଷ୍ଣୁଭକ୍ତି ଓ ଶରଣାଗତି ମାର୍ଗ ବିଷୟରେ ପ୍ରଚାର କଲେ, ଯାହାକୁ ଶୁଣି ବହୁ ସଂଖ୍ୟକ ଲୋକ ଶ୍ରୀବୈଷ୍ଣବ ପଥକୁ ଗ୍ରହଣ କଲେ। କିନ୍ତୁ ଅନେକ ତାର୍କିକ, ବୌଦ୍ଧ ଓ ନିରାକାରବାଦୀମାନେ ତାଙ୍କ ସହିତ ତର୍କ କରି ସେମାନଙ୍କ

ଚିନ୍ତାଧାରା ବ୍ୟକ୍ତ କଲେ। ରାମାନୁଜ ସେମାନଙ୍କ ମତବାଦମାନଙ୍କରେ ଥିବା ତ୍ରୁଟି ସମୂହକୁ ଦର୍ଶାଇ ସେମାନଙ୍କୁ ବୈଷ୍ଣବ ତତ୍ତ୍ୱର ପରିପୂର୍ଣ୍ଣତା ବିଷୟରେ ଶିକ୍ଷା ଦେଲେ ଏବଂ ସେମାନେ ରାମାନୁଜଙ୍କ ପ୍ରଦର୍ଶିତ ପଥ ଅନୁସରଣ କଲେ। ଏହାପରେ ରାମାନୁଜ ପୁଣି ଥରେ କାଶ୍ମୀର ପ୍ରଦେଶର ସେହି ଶାରଦା ପୀଠରେ ଯାଇ ପହଞ୍ଚିଲେ, ଯେଉଁଠାରେ ପୂର୍ବରୁ ସେ ଓ କୁରେଶ 'ବୋଧାୟନ ବୃତ୍ତି' ପୁସ୍ତକକୁ ପାଇବା ପାଇଁ ବହୁତ ଚେଷ୍ଟା କରିଥିଲେ। ସେଠାକାର ପଣ୍ଡିତମାନେ ରାମାନୁଜଙ୍କୁ ତର୍କରେ ପରାସ୍ତ କରିବାକୁ ବହୁତ ଚେଷ୍ଟା କଲେ। କିନ୍ତୁ ସେମାନେ ତାଙ୍କର ଶାସ୍ତ୍ରଜ୍ଞାନ ସମ୍ମୁଖରେ ତିଷ୍ଠି ପାରିଲେ ନାହିଁ। ପରାଜୟ ଦ୍ୱାରା ବିଚଳିତ ହୋଇ ଶେଷରେ ସେମାନେ ରାମାନୁଜଙ୍କ ଉପରକୁ ତନ୍ତ୍ରଶକ୍ତି ପ୍ରୟୋଗ କରି ତାଙ୍କୁ ହତ୍ୟା କରିବାକୁ ଉଦ୍ୟମ କଲେ। କିନ୍ତୁ ରାମାନୁଜଙ୍କ ଆଧ୍ୟାତ୍ମିକ ଶକ୍ତି ଯୋଗୁଁ ସେହି ତନ୍ତ୍ରଶକ୍ତି ତାଙ୍କର କୌଣସି ହାନି କରି ନ ପାରି ସେହି ପଣ୍ଡିତମାନଙ୍କ ଆଡ଼କୁ ଫେରି ଆସିଲା ଓ ସେମାନଙ୍କୁ ଆକ୍ରମଣ କଲା। ତାହାର ପ୍ରଭାବରେ ସେହି ପଣ୍ଡିତମାନେ ରୋଗଗ୍ରସ୍ତ ହୋଇପଡ଼ିଲେ ଏବଂ ମୃତ୍ୟୁର ସନ୍ନିକଟ ହୋଇଗଲେ। କାଶ୍ମୀରର ରାଜା ଏହି ଘଟଣା ବିଷୟରେ ସମ୍ବାଦ ପାଇ ଶାରଦା ପୀଠରେ ଆସି ପହଞ୍ଚିଲେ ଏବଂ ରାମାନୁଜଙ୍କ ପାଦ ଧରି ତାଙ୍କୁ ସେହି ପାପୀ ବ୍ରାହ୍ମଣମାନଙ୍କୁ କ୍ଷମା କରି ଦେବାକୁ ପ୍ରାର୍ଥନା କଲେ। ରାମାନୁଜ ତାଙ୍କ ପ୍ରାର୍ଥନା ସ୍ୱୀକାର କଲେ ଓ ସେମାନଙ୍କୁ ସେହି ଦୁରାରୋଗ୍ୟ ରୋଗରୁ ମୁକ୍ତ କଲେ। ଏହାପରେ ସେହି ରାଜା ଏବଂ ସମସ୍ତ ପଣ୍ଡିତମାନେ ରାମାନୁଜଙ୍କୁ ଗୁରୁ ରୂପେ ଗ୍ରହଣ କଲେ।

ଶ୍ରୀ ଜଗନ୍ନାଥ ପୁରୀ ଧାମ

ଶାରଦା ପୀଠରୁ ପ୍ରସ୍ଥାନ କରି ରାମାନୁଜ ଦକ୍ଷିଣ ଦିଗକୁ ଯାତ୍ରା କଲେ ଏବଂ ବାରାଣାସୀରେ ଯାଇ ପହଞ୍ଚିଲେ। ସେଠାରେ କିଛି ମାସ ପର୍ଯ୍ୟନ୍ତ ଅବସ୍ଥାନ କରି ସେ ଅନେକ ଲୋକମାନଙ୍କୁ ଅନୁପ୍ରାଣିତ କଲେ ଏବଂ ସେମାନଙ୍କୁ ଶ୍ରୀ ବିଷ୍ଣୁଙ୍କ ଶରଣାଗତି ପନ୍ଥା ଅର୍ପଣ କଲେ। ଏହାପରେ ସେ ସେଠାରୁ ଶ୍ରୀ ଜଗନ୍ନାଥ ପୁରୀ ଧାମକୁ ଯାତ୍ରା କଲେ, ଯେଉଁଠାରେ ସେ ଏମାର ମଠ ନାମରେ ଏକ ଆଶ୍ରମ ସ୍ଥାପନ କଲେ। ସେହି ସମୟରେ ରାମାନୁଜ ସାରା ଭାରତରେ ଜଣେ ଅଦ୍ୱିତୀୟ ଜ୍ଞାନୀ ଭକ୍ତ ରୂପରେ ଖ୍ୟାତି ଅର୍ଜନ କରି ସାରିଥିଲେ। ତେଣୁ ପୁରୀରେ କୌଣସି ପଣ୍ଡିତ ତାଙ୍କୁ ତର୍କ ପାଇଁ ଆହ୍ୱାନ କରିବାକୁ ସାହାସ କଲେ ନାହିଁ। ପୁରୀସ୍ଥିତ ଶ୍ରୀ ଜଗନ୍ନାଥଙ୍କ ମନ୍ଦିରରେ ପୂଜାରୀମାନେ ପାରମ୍ପରିକ ପୂଜାବିଧି ପରିବର୍ତ୍ତେ ଶ୍ରୀ ନାରଦ

ମୁନିଙ୍କ ଦ୍ୱାରା ବର୍ଣ୍ଣିତ ପଞ୍ଚରାତ୍ରିକ ପୂଜାବିଧିକୁ ଗ୍ରହଣ କରିବା ଉଚିତ୍ ବୋଲି ରାମାନୁଜ ଚିନ୍ତା କଲେ। ତେଣୁ ସେ ତାଙ୍କର ଓ ସେହି ପୂଜାରୀମାନଙ୍କ ମଧ୍ୟରେ ଏକ ତର୍କସଭାର ଆୟୋଜନ କରିବାକୁ ଉତ୍କଳର ରାଜାଙ୍କୁ ନିବେଦନ କଲେ। ସେହି ତର୍କସଭାର ପରିଣାମ ବିଷୟରେ ପୂଜାରୀମାନେ ପୂର୍ବାନୁମାନ କରି ସାରିଥିଲେ। ଶ୍ରୀ ଜଗନ୍ନାଥଙ୍କୁ ପୂର୍ବରୁ ଯେଉଁ ପ୍ରଚଳିତ ବିଧିରେ ସେମାନେ ପୂଜା କରି ଆସୁଥିଲେ, ତାହାକୁ ପରିତ୍ୟାଗ କରି ଅନ୍ୟ କୌଣସି ପଦ୍ଧତିକୁ ଗ୍ରହଣ କରିବାକୁ ସେମାନେ ଇଚ୍ଛୁକ ନ ଥିଲେ। ତେଣୁ ସେମାନେ ଚିନ୍ତାଗ୍ରସ୍ତ ହୋଇ ସେମାନଙ୍କୁ ଆଗାମୀ ପରାଜୟରୁ ରକ୍ଷା କରିବା ପାଇଁ ଶ୍ରୀ ଜଗନ୍ନାଥଙ୍କୁ ଆକୁଳ ପ୍ରାର୍ଥନା କଲେ। ମହାପ୍ରଭୁ ଜଗନ୍ନାଥ ସେମାନଙ୍କ ପ୍ରାର୍ଥନା ସ୍ୱୀକାର କଲେ ଏବଂ ସେହି ରାତ୍ରିରେ ଯେତେବେଳେ ରାମାନୁଜ ଶୟନ କରୁଥିଲେ, ସେହି ସମୟରେ ତାଙ୍କୁ ତିନିଶହ ମାଇଲ୍ ଦୂରରେ ସ୍ଥିତ ପବିତ୍ର କୂର୍ମକ୍ଷେତ୍ରକୁ ସ୍ଥାନାନ୍ତରିତ କରିଦେଲେ। ସେହି ସ୍ଥାନଟି ବର୍ତ୍ତମାନ ସମୟରେ ଆନ୍ଧ୍ରପ୍ରଦେଶରେ ଅବସ୍ଥିତ ଅଟେ। ରାମାନୁଜଙ୍କର ଯେତେବେଳେ ନିଦ୍ରାଭଙ୍ଗ ହେଲା, ସେ ନିଜକୁ ଏକ ସମ୍ପୂର୍ଣ୍ଣ ଭିନ୍ନ ସ୍ଥାନରେ ଦେଖି ଆଶ୍ଚର୍ଯ୍ୟ ହୋଇଗଲେ। ସେ ନିଜର କୌଣସି ଶିଷ୍ୟଙ୍କୁ ମଧ୍ୟ ସେଠାରେ ଦେଖିବାକୁ ପାଇଲେ ନାହିଁ। ନିକଟରେ ଥିବା ଏକ ମନ୍ଦିରକୁ ଦେଖି ସେ ପ୍ରଥମେ ତାହାକୁ ଶିବ ମନ୍ଦିର ବୋଲି ଚିନ୍ତା କଲେ। ଭଗବାନ ନାରାୟଣଙ୍କ ପୂଜା କରି ନ ପାରିବାରୁ ସେହଦିନ ସେ ଉପବାସ କରିବାକୁ ସ୍ଥିର କଲେ। କିନ୍ତୁ ସେ ଯେତେବେଳେ କିଛି ସ୍ଥାନୀୟ ଲୋକଙ୍କୁ ସେହି ମନ୍ଦିର ବିଷୟରେ ପଚାରିଲେ, ସେ ଜାଣିବାକୁ ପାଇଲେ ଯେ ସେହି ମନ୍ଦିରର ଅର୍ଚ୍ଚା ବିଗ୍ରହ ଭଗବାନ ବିଷ୍ଣୁଙ୍କର ଅବତାର ଶ୍ରୀ କୂର୍ମଦେବ ଅଟନ୍ତି। ଏହା ଶୁଣି ସେ ମନ୍ଦିର ଭିତରକୁ ଗଲେ ଏବଂ ଆନନ୍ଦର ସହିତ ଭଗବାନଙ୍କ ଆରାଧନା କଲେ। କୂର୍ମକ୍ଷେତ୍ରରେ ରାମାନୁଜ କିଛିଦିନ ଅବସ୍ଥାନ କଲେ। ଏହାପରେ ପୁରୀରେ ତାଙ୍କର ଶିଷ୍ୟମାନେ ଯେତେବେଳେ ତାଙ୍କୁ କେଉଁଠାରେ ହେଲେ ଦେଖିବାକୁ ପାଇଲେ ନାହିଁ, ସେମାନେ ଶ୍ରୀରଙ୍ଗମ୍ କ୍ଷେତ୍ରକୁ ଫେରି ଯିବାକୁ ନିଷ୍ପତ୍ତି ନେଲେ। ପୁରୀରୁ ଦକ୍ଷିଣ ଦିଗକୁ ଯାତ୍ରା କରି ସେମାନେ କୂର୍ମକ୍ଷେତ୍ରରେ ଆସି ପହଞ୍ଚିଲେ ଏବଂ ସେଠାରେ ରାମାନୁଜଙ୍କୁ ଦେଖି ଆଶ୍ଚର୍ଯ୍ୟ ହୋଇଗଲେ। ଏହାପରେ ସେମାନଙ୍କ ସହିତ ରାମାନୁଜ ସିଂହାଚଳମ୍ କ୍ଷେତ୍ରକୁ ଯାତ୍ରା କଲେ ଏବଂ ସେଠାରୁ ସେ ଅହୋବଳ କ୍ଷେତ୍ରକୁ ଗଲେ, ଯେଉଁଠାରେ ସେ ଏକ ମଠ ସ୍ଥାପନ କଲେ। ଈଶଲିଙ୍ଗାଙ୍ଗ ନାମକ ସ୍ଥାନରେ ସେମାନେ ଶ୍ରୀ ନୃସିଂହଦେବଙ୍କୁ ଦର୍ଶନ କରି ତାଙ୍କ ଚରଣରେ ପ୍ରାର୍ଥନା ଅର୍ପଣ କଲେ।

ଶ୍ରୀ ଭେଙ୍କଟେଶ୍ୱରଙ୍କ ପ୍ରକୃତ ପରିଚୟ

ଶିଷ୍ୟମାନଙ୍କ ସହିତ ଭାରତର ପୂର୍ବ ଭାଗରୁ ଦକ୍ଷିଣ ଦିଗକୁ ଯାତ୍ରା କରି ଶେଷରେ ରାମାନୁଜ ତିରୁପତି ଧାମରେ ଯାଇ ପହଞ୍ଚିଲେ, ଯେଉଁଠାରେ ପୂର୍ବରୁ ନିଜ ମାମୁଁ ଶୈଳପୂର୍ଣ୍ଣଙ୍କ ସହିତ ସେ ଏକ ବର୍ଷ ପର୍ଯ୍ୟନ୍ତ ଅବସ୍ଥାନ କରିଥିଲେ । ସେଠାରେ ପହଞ୍ଚି ଶ୍ରୀ ଭେଙ୍କଟେଶ୍ୱରଙ୍କ ମନ୍ଦିରରେ ଉପୁଜିଥିବା ଏକ ବିରାଟ ବିବାଦ ବିଷୟରେ ସେ ଜାଣିବାକୁ ପାଇଲେ । ସେଠାକାର ଶିବଭକ୍ତମାନେ ପ୍ରଭୁ ଭେଙ୍କଟେଶ୍ୱରଙ୍କୁ ଶ୍ରୀ ବିଷ୍ଣୁଙ୍କ ବିଗ୍ରହ ନୁହଁନ୍ତି ବୋଲି ଘୋଷଣା କରିବା ଦ୍ୱାରା ସେମାନଙ୍କ ଓ ବୈଷ୍ଣବମାନଙ୍କ ମଧ୍ୟରେ ବିବାଦ ସୃଷ୍ଟି ହୋଇଥିଲା । ଏହି ଘଟଣା ବିଷୟରେ ସମ୍ବାଦ ପାଇ ଯେତେବେଳେ ସେଠାକାର ରାଜା ସେହି ଶୈବମାନଙ୍କ ସହିତ ଆଲୋଚନା କଲେ, ସେମାନେ କହିଲେ, 'ଶ୍ରୀ ଭେଙ୍କଟେଶ୍ୱରଙ୍କ ବିଗ୍ରହ ହସ୍ତରେ ଶଙ୍ଖ କିମ୍ବା ଚକ୍ର ଆଦି କୌଣସି ଆୟୁଧ ଧାରଣ କରି ନାହାନ୍ତି, ଯାହାକି ଶ୍ରୀ ବିଷ୍ଣୁଙ୍କ ରୂପକୁ ସୂଚାଇ ଥାଏ । ମନ୍ଦିରର ପୁଷ୍କରିଣୀକୁ ସ୍ୱାମୀ ପୁଷ୍କରିଣୀ ବୋଲି କୁହାଯାଇଥାଏ, ଯାହାକି ଶ୍ରୀ ଶିବଙ୍କ ପୁତ୍ର କୁମାରସ୍ୱାମୀ ଅର୍ଥାତ୍ କାର୍ତ୍ତିକେୟଙ୍କ ନାମ ଅନୁସାରେ ନାମିତ ହୋଇଛି । ତେଣୁ ଶ୍ରୀ ଭେଙ୍କଟେଶ୍ୱର ଶ୍ରୀ ବିଷ୍ଣୁ ନୁହଁନ୍ତି, ବରଂ ସେ ଶ୍ରୀ ମହାଦେବଙ୍କର ନଚେତ୍ କାର୍ତ୍ତିକେୟଙ୍କର ହିଁ ବିଗ୍ରହ ଅଟନ୍ତି ।' ତିରୁପତିରେ ରାମାନୁଜଙ୍କ ଆଗମନର ସମ୍ବାଦ ପାଇ ରାଜା ତାଙ୍କୁ ସେହି ବିବାଦର ସମାଧାନ କରିବା ପାଇଁ ଅନୁରୋଧ କଲେ ଏବଂ ବୈଷ୍ଣବ ଓ ଶୈବମାନଙ୍କ ମଧ୍ୟରେ ଏକ ତର୍କସଭାର ଆୟୋଜନ କରାଇଲେ । ସେହି ସଭାରେ ଶୈବମାନଙ୍କ ଯୁକ୍ତି ଶୁଣି ସାରିବା ପରେ ରାମାନୁଜ ଅନେକ ଶାସ୍ତ୍ର ଓ ପୁରାଣମାନଙ୍କ ପ୍ରମାଣ ଉପସ୍ଥାପନ କଲେ ଏବଂ କହିଲେ, 'ସ୍କନ୍ଦ ପୁରାଣ, ବ୍ରହ୍ମାଣ୍ଡ ପୁରାଣ ଓ ବରାହ ପୁରାଣ ଆଦି ଶାସ୍ତ୍ରରେ ବର୍ଣ୍ଣିତ ଅଛି ଯେ, ଏହି ତିରୁମାଲା ପର୍ବତ ଓ ଏହା ମଧ୍ୟରେ ଥିବା ସ୍ୱାମୀ ପୁଷ୍କରିଣୀକୁ ଶ୍ରୀ ଗରୁଡ଼ଦେବ ବୈକୁଣ୍ଠ ଧାମରୁ ଆଣି ଏଠାରେ ଭଗବାନ ବିଷ୍ଣୁଙ୍କ ଲୀଳା ବିନୋଦ ନିମନ୍ତେ ସ୍ଥାପନ କରିଛନ୍ତି । ଶ୍ରୀ କାର୍ତ୍ତିକେୟ ଏହି ବିଷ୍ଣୁ କ୍ଷେତ୍ରର ମହିମା ବିଷୟରେ ଜାଣିବା ପରେ ଏହି ସ୍ଥାନକୁ ଆସି ଏଠାରେ ଶ୍ରୀ ବିଷ୍ଣୁଙ୍କ ପ୍ରୀତ୍ୟର୍ଥେ ତପସ୍ୟା କରିଥିଲେ । ସ୍ୱାମୀ ପୁଷ୍କରିଣୀ ନାମରେ ଥିବା ସ୍ୱାମୀ ଶବ୍ଦଟି ଭଗବାନ ବିଷ୍ଣୁଙ୍କୁ ହିଁ ସୂଚିତ କରିଥାଏ । ମାତା ମହାଲକ୍ଷ୍ମୀଙ୍କୁ ନିଜର ବକ୍ଷସ୍ଥଳରେ ଧାରଣ କରି ଚତୁର୍ଭୁଜ ପ୍ରଭୁ ଶ୍ରୀନିବାସ ଏହି ପର୍ବତରେ କଳ୍ପର ଅନ୍ତ ପର୍ଯ୍ୟନ୍ତ ଅବସ୍ଥାନ କରିବେ । ପୁରାଣରେ ଏହା ମଧ୍ୟ ବର୍ଣ୍ଣିତ ଅଛି ଯେ, ମହାନ୍ ଭକ୍ତ ରାଜା ତୋଣ୍ଡମାନ ଯେତେବେଳେ ଯୁଦ୍ଧରେ ଶତ୍ରୁମାନଙ୍କୁ ଜୟ କରିବା

ଉଦ୍ଦେଶ୍ୟରେ ପ୍ରଭୁଙ୍କ ଶଙ୍ଖ ଓ ଚକ୍ରକୁ ନେବା ପାଇଁ ପ୍ରାର୍ଥନା କରିଥିଲେ, ଶ୍ରୀ ଭେଙ୍କଟେଶ୍ୱର ସେହି ରାଜାଙ୍କୁ ନିଜର ଶଙ୍ଖ ଓ ଚକ୍ରକୁ ପ୍ରଦାନ କରି ଦେଇଥିଲେ। ତେଣୁ ପ୍ରଭୁଙ୍କର ଏହି ବିଗ୍ରହ ହସ୍ତରେ ଶଙ୍ଖ ଓ ଚକ୍ର ଧାରଣ କରୁ ନାହାଁନ୍ତି। ଶ୍ରୀ ଭେଙ୍କଟେଶ୍ୱର ହିଁ ଭଗବାନ ମହାବିଷ୍ଣୁ, ଏଥିରେ ତିଳେ ମାତ୍ର ସନ୍ଦେହ ନାହିଁ।' ଏପରି ସ୍ପଷ୍ଟ ଶାସ୍ତ୍ରୀୟ ପ୍ରମାଣ ଶୁଣିବା ପରେ ରାଜା ସମ୍ପୂର୍ଣ୍ଣ ଭାବେ ସନ୍ତୁଷ୍ଟ ହୋଇଗଲେ। କିନ୍ତୁ ତଥାପି ସେହି ଶୈବମାନେ ରାମାନୁଜଙ୍କ ବଚନକୁ ସ୍ୱୀକାର କଲେ ନାହିଁ। ସେମାନେ କହିଲେ, 'ଏହି ସନ୍ୟାସୀଙ୍କ ଯୁକ୍ତିକୁ ଆମେ ଖଣ୍ଡନ କରି ପାରୁନାହୁଁ। କିନ୍ତୁ ଆମକୁ ଯଦି ସ୍ୱଚକ୍ଷୁରେ ଏହି ବିଗ୍ରହଙ୍କ ଦ୍ୱାରା ସ୍ୱୀକୃତ କୌଣସି ଦିବ୍ୟ ପ୍ରମାଣ ସେ ଦେଖାଇ ପାରିବେ, ତେବେ ଆମେ ତାହାକୁ ଗ୍ରହଣ କରିବୁ।' ଏହା ଶୁଣି ରାମାନୁଜ କହିଲେ, 'ଆପଣମାନେ ଶ୍ରୀ ମହାଦେବଙ୍କ ଆୟୁଧ ପାଶ ଓ ଅଙ୍କୁଶ ନେଇ ମନ୍ଦିରକୁ ଆସନ୍ତୁ ଏବଂ ମୁଁ ମଧ୍ୟ ଶ୍ରୀ ବିଷ୍ଣୁଙ୍କ ଆୟୁଧ ଶଙ୍ଖ ଓ ଚକ୍ର ନେଇ ସେଠାକୁ ଯିବି। ସେହି ସମସ୍ତ ଆୟୁଧ ମାନଙ୍କୁ ଆମେ ସମସ୍ତେ ପ୍ରଭୁଙ୍କ ସମ୍ମୁଖରେ ଅର୍ପଣ କରିବା ଏବଂ ନିଜର ବାସ୍ତବିକ ଆୟୁଧକୁ ଗ୍ରହଣ କରିବା ପାଇଁ ତାଙ୍କୁ ପ୍ରାର୍ଥନା କରିବା। ଶ୍ରୀ ଭେଙ୍କଟେଶ୍ୱର ହିଁ ନିଜେ ନିଜର ପ୍ରକୃତ ପରିଚୟ ପ୍ରଦାନ କରିବେ।' ସର୍ବସମ୍ମତି କ୍ରମେ ରାତ୍ରି ସମୟରେ ରାଜାଙ୍କ ଉପସ୍ଥିତିରେ ଶୈବମାନେ ଶ୍ରୀ ଶିବଙ୍କ ପାଶ ଓ ଅଙ୍କୁଶ ଆଦି ଆୟୁଧ ଏବଂ ରାମାନୁଜ ଶ୍ରୀ ବିଷ୍ଣୁଙ୍କ ଆୟୁଧ ଶଙ୍ଖ ଓ ଚକ୍ରକୁ ନେଇ ବିଗ୍ରହଙ୍କ ସମ୍ମୁଖରେ ରଖିଦେଲେ। ଏହାପରେ ଗର୍ଭଗୃହର ଦ୍ୱାର ବନ୍ଦ କରାଗଲା ଏବଂ ବାହାରେ ସମସ୍ତେ ଅପେକ୍ଷା କରି ସାରା ରାତ୍ରି ଭଗବାନଙ୍କୁ ପ୍ରାର୍ଥନା କରିବାକୁ ଲାଗିଲେ। ପରଦିନ ପ୍ରଭାତରେ ଯେତେବେଳେ ରାଜାଙ୍କ ସମ୍ମୁଖରେ ସେହି ଦ୍ୱାରକୁ ଖୋଲାଗଲା, ସମସ୍ତେ ଦେଖିଲେ ଯେ ଭଗବାନ ଭେଙ୍କଟେଶ୍ୱର ହସ୍ତରେ ରାମାନୁଜଙ୍କ ଦ୍ୱାରା ଅର୍ପିତ ଶଙ୍ଖ ଓ ଚକ୍ରକୁ ଧାରଣ କରିଛନ୍ତି। ଏପରି ଅଲୌକିକ ଦୃଶ୍ୟକୁ ନିଜ ଚକ୍ଷୁରେ ଦର୍ଶନ କରି ରାଜା ଓ ସମସ୍ତ ଉପସ୍ଥିତ ଜନତା ଆଶ୍ଚର୍ଯ୍ୟାନ୍ୱିତ ଓ ଉଲ୍ଲସିତ ହୋଇଗଲେ। ରାମାନୁଜ ଆନନ୍ଦରେ ଆତ୍ମହରା ହୋଇ ପ୍ରଭୁଙ୍କୁ ପ୍ରଣାମ କରିବାକୁ ଲାଗିଲେ। ସେହି ରାଜା ଅବିଳମ୍ବେ ରାମାନୁଜଙ୍କୁ ନିଜ ଗୁରୁ ରୂପରେ ଗ୍ରହଣ କଲେ। ଏହି ଅଦ୍ଭୁତ ଲୀଳା ପ୍ରଦର୍ଶନ କରି ପ୍ରଭୁ ଭେଙ୍କଟେଶ୍ୱର ନିଜକୁ ଶ୍ରୀ ମହାବିଷ୍ଣୁ ବୋଲି ପରିଚୟ ପ୍ରଦାନ କରିଥିଲେ ଏବଂ ସେହଦିନଠାରୁ ଆଜି ପର୍ଯ୍ୟନ୍ତ ପ୍ରଭୁ ସେହି ଶଙ୍ଖ ଓ ଚକ୍ରକୁ ଧାରଣ କରି ଆସୁଛନ୍ତି, ଯାହାକୁ ତାଙ୍କର ପ୍ରିୟ ଭକ୍ତ ରାମାନୁଜ ତାଙ୍କୁ ଅର୍ପଣ କରିଥିଲେ। ଏହାପରେ ରାମାନୁଜ ନିଜ ଶିଷ୍ୟମାନଙ୍କ ସହିତ ତିରୁପତିରୁ ପ୍ରସ୍ଥାନ କରି କାଞ୍ଚିପୁରମ୍ ଯାତ୍ରା କଲେ ଏବଂ ଶେଷରେ ସେଠାରୁ ଶ୍ରୀରଙ୍ଗମ୍ କ୍ଷେତ୍ରକୁ ଫେରିଗଲେ।

ରାମାନୁଜଙ୍କ ଦ୍ୱାରା ଅର୍ପିତ ଶଂଖ ଚକ୍ରକୁ ପ୍ରଭୁ ବାଲାଜୀ ଧାରଣ କରୁଛନ୍ତି

କୁରେଶଙ୍କ ମହାନ୍ ପୁତ୍ର

ଦିନେ ବର୍ଷାଋତୁ ସମୟରେ ଏପରି ଭୀଷଣ ଝଡ଼ ଓ ବର୍ଷା ହେବାକୁ ଲାଗିଲା ଯେ କୁରେଶ ଭିକ୍ଷା କରିବାକୁ ଗୃହରୁ ବାହାରକୁ ଯାଇ ପାରିଲେ ନାହିଁ। ତେଣୁ ସେ ଓ ତାଙ୍କ ପତ୍ନୀ ଆଣ୍ଡାଲ ସେଦିନ ଭୋଜନ କରି ନ ପାରି ଉପବାସରେ ରହିଲେ। କୁରେଶଙ୍କ ଉପରେ କ୍ଷୁଧାର କୌଣସି ପ୍ରଭାବ ନ ଥିଲା। କିନ୍ତୁ ଆଣ୍ଡାଲ, ଯେ କି ସର୍ବଦା କୁରେଶଙ୍କ ସେବାରେ ନିୟୋଜିତା ଥିଲେ, ନିଜ ସ୍ୱାମୀଙ୍କୁ ଭୋଜନ ବିନା ଦିନ ବିତାଇବାର ଦେଖି ଅତ୍ୟନ୍ତ ଦୁଃଖିତା ହେଲେ। ସେ ମନେମନେ ପ୍ରଭୁ ରଙ୍ଗନାଥଙ୍କୁ ତାଙ୍କ ଭକ୍ତ କୁରେଶଙ୍କ ପାଇଁ ଭୋଜନର ବ୍ୟବସ୍ଥା କରାଇବାକୁ ପ୍ରାର୍ଥନା କରିବାକୁ ଲାଗିଲେ। କିଛି ସମୟ ପରେ ଶ୍ରୀ ରଙ୍ଗନାଥଙ୍କ ମନ୍ଦିରର ପୂଜାରୀ ସେମାନଙ୍କ ପାଇଁ ଭଗବାନଙ୍କ ମହାପ୍ରସାଦ ସାଙ୍ଗରେ ନେଇ ସେମାନଙ୍କ ଗୃହରେ ଆସି ପହଞ୍ଚିଲେ। ସେହି ପୂଜାରୀ ସେଠାରୁ ପ୍ରସ୍ଥାନ କରିବା ପରେ କୁରେଶ ପତ୍ନୀଙ୍କୁ ପଚାରିଲେ, 'ତୁମେ କଣ ଶ୍ରୀ ରଙ୍ଗନାଥଙ୍କୁ ଆମ ପାଇଁ ଭୋଜନର ବ୍ୟବସ୍ଥା କରାଇବାକୁ ପ୍ରାର୍ଥନା କରିଥିଲ କି ? ତାହା ନ ହେଲେ ପ୍ରଭୁ ଆମ ପାଇଁ ଏପରି ସ୍ୱାଦିଷ୍ଟ ଭୋଜନ ପଠାଇଲେ କାହିଁକି ? ଅତି ସୁସ୍ୱାଦୁ ଖାଦ୍ୟ ଆମ ମନରେ ଭୌତିକ ଇଚ୍ଛା ସୃଷ୍ଟି କରିପାରେ।' ଆଣ୍ଡାଲ ଶ୍ରୀ ରଙ୍ଗନାଥଙ୍କୁ ପ୍ରାର୍ଥନା କରିଥିବାର ସ୍ୱୀକାର କଲା ପରେ କୁରେଶ କହିଲେ, 'ଆମେ ଭଗବାନଙ୍କୁ ଆମର ନିଜ କାର୍ଯ୍ୟ ପାଇଁ ନିୟୋଜିତ କରିବା ଉଚିତ୍ ନୁହେଁ। ଭବିଷ୍ୟତରେ ତୁମେ ଆଉ ଏପରି କିଛି କରିବ ନାହିଁ।' ଏହା କହି ସେ ଅଳ୍ପ କିଛି ମହାପ୍ରସାଦ ଗ୍ରହଣ କଲେ ଏବଂ ଆଣ୍ଡାଲଙ୍କୁ ବାକି ପ୍ରସାଦ ଅର୍ପଣ କଲେ। ଏହାର ଏକ ବର୍ଷ ପରେ ଆଣ୍ଡାଲ ଦୁଇ ଯାଆଁଳା ପୁତ୍ର ସନ୍ତାନଙ୍କୁ ଜନ୍ମ ଦେଲେ। ଏହି ସମ୍ବାଦ ପାଇ ରାମାନୁଜ ଅତି ପ୍ରସନ୍ନ ହେଲେ ଏବଂ ଗୋବିନ୍ଦଙ୍କୁ ସେହି ପୁତ୍ର ଦୁହିଁଙ୍କର ଜାତକର୍ମ ଓ ଜନ୍ମ ଉତ୍ସବ ଆୟୋଜନ କରିବାକୁ ପଠାଇଲେ। ରାମାନୁଜ ଶ୍ରୀ ବିଷ୍ଣୁଙ୍କ ସ୍ୱର୍ଣ୍ଣ ନିର୍ମିତ ପଞ୍ଚ ଆୟୁଧ ନିର୍ମାଣ କରାଇ ସେମାନଙ୍କୁ ଉପହାର ଦେଲେ। ଛଅ ମାସ ପରେ ସେ ସେମାନଙ୍କ ନାମକରଣ ଉତ୍ସବର ଆୟୋଜନ କଲେ ଏବଂ ସେହି ଶିଶୁପୁତ୍ରମାନଙ୍କୁ ପରାଶର ଓ ବ୍ୟାସ ନାମରେ ନାମିତ କଲେ। ଋଷି ପରାଶରଙ୍କୁ ସମ୍ମାନ ଜଣାଇବା ଉଦ୍ଦେଶ୍ୟରେ ଏକ ଶିଷ୍ୟର ନାମ ପରାଶର ରଖିବା ପାଇଁ ସେ ଶ୍ରୀ ଯମୁନାଚାର୍ଯ୍ୟଙ୍କ ସମ୍ମୁଖରେ କରିଥିବା ତୃତୀୟ ଏବଂ ଶେଷ ପ୍ରତିଜ୍ଞାଟି ପୂର୍ଣ୍ଣ ହେଲା। ଶ୍ରୀ ରଙ୍ଗନାଥଙ୍କ ମହାପ୍ରସାଦ ଗ୍ରହଣ କରି କୁରେଶ ଓ ଆଣ୍ଡାଲ ସନ୍ତାନ ଲାଭ କରିଥିବାରୁ ରାମାନୁଜଙ୍କ ନିର୍ଦ୍ଦେଶ ଅନୁସାରେ କୁରେଶଙ୍କ ଦୁଇ ପୁତ୍ରଙ୍କୁ ପ୍ରଭୁ ରଙ୍ଗନାଥଙ୍କ ସନ୍ତାନ

ରୂପରେ ଲାଳନ ପାଳନ କରାଗଲା। ଦିନେ ରାମାନୁଜ ଗୋବିନ୍ଦଙ୍କୁ କୁରେଶଙ୍କ ଦୁଇ ପୁତ୍ରଙ୍କୁ ତାଙ୍କ ନିକଟକୁ ଆଣିବା ପାଇଁ କହିଲେ। ଯେତେବେଳେ ଗୋବିନ୍ଦ ସେହି ଶିଶୁମାନଙ୍କୁ କୋଳରେ ଧରି ଆଣୁଥିଲେ, ସେହି ସମୟରେ ଆକାଶ ଭୀଷଣ ବିଜୁଳି ଓ ଘଡ଼ଘଡ଼ି ଶବ୍ଦରେ ପ୍ରକମ୍ପିତ ହେଉଥିଲା। ଶିଶୁ ଦୁହିଁଙ୍କ ସୁରକ୍ଷା ନିମନ୍ତେ ଗୋବିନ୍ଦ ସେମାନଙ୍କ କର୍ଣ୍ଣରେ ଶ୍ରୀ ନାରାୟଣଙ୍କ ମନ୍ତ୍ର ଉଚ୍ଚାରଣ କରି କରି ଚାଲିଥିଲେ। ଯେତେବେଳେ ସେ ସେମାନଙ୍କୁ ରାମାନୁଜଙ୍କ ସମ୍ମୁଖକୁ ଆଣିଲେ, ରାମାନୁଜ ସେମାନଙ୍କ ମୁଖମଣ୍ଡଳରେ ଏକ ଅପୂର୍ବ କାନ୍ତି ଲକ୍ଷ୍ୟ କଲେ। ଗୋବିନ୍ଦଙ୍କ ଦ୍ୱାରା ଶ୍ରୀ ନାରାୟଣଙ୍କ ମନ୍ତ୍ର ଉଚ୍ଚାରଣ ବିଷୟ ଶୁଣି ସେ ଗୋବିନ୍ଦଙ୍କୁ ଭବିଷ୍ୟତରେ ସେହି ଶିଶୁ ଦ୍ୱୟଙ୍କ ଗୁରୁ ହେବା ପାଇଁ ନିର୍ଦ୍ଦେଶ ଦେଲେ। ଶିଶୁ ଦୁହିଁଙ୍କ ମଧ୍ୟରୁ ପରାଶର ବାଲ୍ୟ କାଳରୁ ହିଁ ଅସାଧାରଣ ଜ୍ଞାନ, ଭକ୍ତି ଓ ପ୍ରତିଭାର ଅଧିକାରୀ ହୋଇଥିଲେ। ତାଙ୍କୁ ଯେତେବେଳେ ମାତ୍ର ପାଞ୍ଚ ବର୍ଷ ବୟସ ହୋଇଥିଲା, ସେହି ସମୟରେ ଦିନେ ସର୍ବଜ୍ଞ ଭଟ୍ଟ ନାମରେ ଜଣେ ପ୍ରସିଦ୍ଧ ପଣ୍ଡିତ ଶ୍ରୀରଙ୍ଗମ୍ ସହରକୁ ଆସିଥିଲେ। ସେହି ପଣ୍ଡିତ କୁରେଶଙ୍କ ଗୃହ ସମ୍ମୁଖରେ ନିଜର ଅନେକ ଶିଷ୍ୟମାନଙ୍କ ସହିତ ଯାଉଥିଲେ ଏବଂ ତାଙ୍କର ଶିଷ୍ୟମାନେ ବାଦ୍ୟଯନ୍ତ୍ର ମାନଙ୍କ ଦ୍ୱାରା ତାଙ୍କର ଗୁଣଗାନ କରୁଥିଲେ। ଜଣେ ଶିଷ୍ୟ ଘୋଷଣା କଲେ, 'ଏ ହେଉଛନ୍ତି ଅପ୍ରତିଦ୍ୱନ୍ଦୀ ପଣ୍ଡିତ ସର୍ବଜ୍ଞ ଭଟ୍ଟ। ଯେଉଁମାନେ ତାଙ୍କର ଶିଷ୍ୟ ହେବାକୁ ଚାହାଁନ୍ତି, ସେମାନେ ଅବିଳମ୍ବେ ତାଙ୍କର ଚରଣରେ ଆଶ୍ରୟ ନିଅନ୍ତୁ।' ଏହା ଶୁଣି ବାଳକ ପରାଶର ହସ୍ତରେ ବାଲି ମୁଠାଏ ଧରି ସର୍ବଜ୍ଞ ଭଟ୍ଟଙ୍କ ନିକଟକୁ ଗଲେ। ସେହି ବିଖ୍ୟାତ ପଣ୍ଡିତଙ୍କ ସମ୍ମୁଖରେ ଛିଡ଼ା ହୋଇ ସେ ନିର୍ଭୀକ ଭାବରେ କହିଲେ, 'ମୁଁ ଦେଖିବାକୁ ଚାହୁଁଛି ଯେ ମୋର ହସ୍ତ ମୁଠାରେ କେତୋଟି ବାଲି କଣିକା ଅଛି ତାହାକୁ ଆପଣ ଗଣନା କରି କହି ପାରିବେ କି ନାହିଁ। ଆପଣ ଯଦି ସତରେ ସର୍ବଜ୍ଞ, ତାହାହେଲେ ଆପଣ ସବୁ କିଛି ଜାଣିଥିବେ।' ଏହି ପ୍ରଶ୍ନ ଶୁଣି ପଣ୍ଡିତ ଅତ୍ୟନ୍ତ ଆଶ୍ଚର୍ଯ୍ୟ ହୋଇଗଲେ। ସେ ଯେତେବେଳେ ବାଳକର ସେହି ଶବ୍ଦ ଗୁଡ଼ିକ ବିଷୟରେ ଚିନ୍ତା କଲେ, ନିଜର ମିଥ୍ୟା ଅହଙ୍କାର ଓ ଦମ୍ଭକୁ ସେ ସ୍ପଷ୍ଟ ଭାବରେ ଦେଖିବାକୁ ପାଇଲେ। ସେ ବାଳକ ପରାଶରଙ୍କୁ କୋଳରେ ଉଠାଇ ତାଙ୍କର ମଥାକୁ ଚୁମ୍ବନ କଲେ ଓ କହିଲେ, 'ମୋର ପୁତ୍ର ! ତୁମେ ବାସ୍ତବରେ ମୋର ଗୁରୁ ଅଟ। ତୁମର ପ୍ରଶ୍ନ ପ୍ରକୃତରେ ମୋତେ ଦେଖାଇ ଦେଇଛି ଯେ ଅଳ୍ପ କିଛି ଜ୍ଞାନ ଅର୍ଜନ କରି ମୁଁ କିପରି ଅହଙ୍କାର ଦ୍ୱାରା କବଳିତ ହୋଇଯାଇଥିଲି ଏବଂ ମୂର୍ଖତା ପୂର୍ଣ୍ଣ ବ୍ୟବହାର କରି ଚାଲିଥିଲି ।' ପରାଶର ଓ ବ୍ୟାସ, ସେହି ଦୁହିଁଙ୍କର ଧୀରେ ଧୀରେ ବୟସ ବୃଦ୍ଧି ପାଇବା ସହିତ ସେମାନେ ଶ୍ରୀ ନାରାୟଣଙ୍କ ମହାନ୍

ଭକ୍ତରେ ପରିଣତ ହେଲେ ଏବଂ ରାମାନୁଜଙ୍କ ସେବାରେ ନିଜକୁ ନିୟୋଜିତ କଲେ। ରାମାନୁଜଙ୍କ ନିର୍ଦ୍ଦେଶ କ୍ରମେ ପରେ ପରାଶର ଶ୍ରୀ ମହାପୂର୍ଣ୍ଣଙ୍କ ପରିବାରର ଦୁଇ ଜଣ କନ୍ୟାଙ୍କୁ ବିବାହ କରିଥିଲେ।

ମୋହଗ୍ରସ୍ତ ଧନୁର୍ଦ୍ଦାସ

ଦିନେ ଶ୍ରୀରଙ୍ଗମ୍ ସହରରେ ଗରୁଡ଼ ଉତ୍ସବ ଅନୁଷ୍ଠିତ ହେବା ସମୟରେ ସହସ୍ର ସହସ୍ର ଲୋକ ପ୍ରଭୁ ରଙ୍ଗନାଥଙ୍କର ଉତ୍ସବ ବିଗ୍ରହଙ୍କ ଶୋଭାଯାତ୍ରା ଦର୍ଶନ କରିବାକୁ ଆସିଥିଲେ। ସେଠାରେ ବିଭିନ୍ନ ବାଦ୍ୟଯନ୍ତ୍ରର ଶବ୍ଦ ଗୁଞ୍ଜରିତ ହେଉଥିଲା ଏବଂ ପତାକାମାନଙ୍କ ଶୋଭା ଓ ବ୍ରାହ୍ମଣମାନଙ୍କ ବେଦ ଉଚ୍ଚାରଣ ଦ୍ୱାରା ସେହି ଶୋଭାଯାତ୍ରା ପଥରେ ଅପୂର୍ବ ଭକ୍ତିଭାବପୂର୍ଣ୍ଣ ବାତାବରଣ ସୃଷ୍ଟି ହୋଇଥିଲା। ବ୍ରାହ୍ମଣମାନଙ୍କ ପଛେ ପଛେ ଧାଡ଼ି ହୋଇ ବିବିଧ ଅଳଙ୍କାରରେ ସଜ୍ଜିତ ହସ୍ତୀ, ବଳଦ ଓ ଅଶ୍ୱମାନଙ୍କ ପଟୁଆର ଚାଲୁଥିଲେ ଏବଂ ସେମାନଙ୍କ ପଛରେ ପ୍ରଭୁ ରଙ୍ଗନାଥ ମାତା ମହାଲକ୍ଷ୍ମୀଙ୍କ ସହିତ ଗରୁଡ଼ ବାହନ ଆରୋହଣ କରିଥିଲେ। ଅନେକ ଭକ୍ତମାନେ ପ୍ରଭୁଙ୍କ ପାଲିଙ୍କି ବହନ କରୁଥିଲେ। ପୂଜାରୀମାନେ ପ୍ରଭୁଙ୍କ ଚାମର ସେବା କରୁଥିଲେ ଏବଂ ଦକ୍ଷ ଗାୟକମାନେ ସୁନ୍ଦର କୀର୍ତ୍ତନ ଗାନ କରୁଥିଲେ। ସମସ୍ତ ନରନାରୀ ଶ୍ରୀ ଲକ୍ଷ୍ମୀ ନାରାୟଣଙ୍କ ଦର୍ଶନ କରିବାରେ ମଗ୍ନ ହୋଇଯାଇଥିଲେ। କିନ୍ତୁ ସେହି ଜନସମୂହଙ୍କ ମଧ୍ୟରେ ଏପରି ଜଣେ ବ୍ୟକ୍ତି ଥିଲେ, ଯେ କି ସମ୍ପୂର୍ଣ୍ଣ ଭାବେ ସମସ୍ତଙ୍କଠାରୁ ବିପରୀତ ବ୍ୟବହାର କରୁଥିଲେ। ଉଚ୍ଚ ଶରୀର ଓ ପ୍ରଶସ୍ତ ସ୍କନ୍ଧଯୁକ୍ତ ସେହି ବ୍ୟକ୍ତି ଜଣକ ତାଙ୍କର ବାମ ହାତରେ ଏକ ସୁସଜ୍ଜିତ ଛତ୍ର ଧରିଥଲେ ଯାହା ଦ୍ୱାରା ସେ ଜଣେ ଅତି ସୁନ୍ଦରୀ ଯୁବତୀଙ୍କୁ ସୂର୍ଯ୍ୟକିରଣରୁ ରକ୍ଷା କରୁଥିଲେ। ନିଜର ଡାହାଣ ହାତରେ ସେ ଏକ ପଙ୍ଖାକୁ ହଲାଇ ସେହି ନାରୀଙ୍କୁ ଶୀତଳତା ପ୍ରଦାନ କରୁଥିଲେ। ଯୁବତୀଙ୍କ ସୋନ୍ଦର୍ଯ୍ୟରେ ସେ ଏତେ ମୋହିତ ହୋଇଯାଇଥିଲେ ଯେ, ବାହ୍ୟ ଜଗତରୁ ସେ ବିଚ୍ଛିନ୍ନ ହେଲାପରି ଜଣା ପଡୁଥିଲେ। ଲୋକମାନେ ତାଙ୍କର ଏପରି ବ୍ୟବହାର ଦ୍ୱାରା ଆଶ୍ଚର୍ଯ୍ୟ ହେଉଥିଲେ ମଧ୍ୟ ସେମାନଙ୍କୁ ଖାତିର ନ କରି ସେ କେବଳ ସେହି ଯୁବତୀଙ୍କ ସୁନ୍ଦର ମୁଖକୁ ହିଁ ଚାହିଁ ରହିଥିଲେ। ସେହି ସମୟରେ କାବେରୀ ନଦୀରେ ସ୍ନାନ କରିବା ପରେ ଶ୍ରୀ ରଙ୍ଗନାଥଙ୍କୁ ଦର୍ଶନ କରି ରାମାନୁଜ ନିଜ ଶିଷ୍ୟମାନଙ୍କ ସହିତ ଆଶ୍ରମକୁ ଫେରୁଥିଲେ। ସେ ଯେତେବେଳେ ମାର୍ଗର ଅପର ପାର୍ଶ୍ୱରେ

ଏହି ବ୍ୟକ୍ତିଙ୍କ ଅଦ୍ଭୁତ ବ୍ୟବହାର ଦେଖିଲେ, ସେ ଶିଷ୍ୟ ଦାଶରଥିଙ୍କୁ କହିଲେ, 'ଦାଶରଥି ! ଯାଅ ଏବଂ ସେହି ଲଜ୍ଜା ବିହୀନ ବ୍ୟକ୍ତିଙ୍କୁ ମୋ ନିକଟକୁ ଆସିବା ପାଇଁ କୁହ।' ଦାଶରଥି ଶୀଘ୍ର ସେହି ବ୍ୟକ୍ତିଙ୍କ ନିକଟକୁ ଗଲେ ଏବଂ ସେ ଅନେକ ଥର ଡାକିବା ପରେ ଯାଇ ବ୍ୟକ୍ତି ଜଣକ ବାହ୍ୟ ଜଗତ ବିଷୟରେ ସଚେତନ ହେଲେ। ରାମାନୁଜଙ୍କ ବିଷୟରେ ଶୁଣି ସେ ଦାଶରଥିଙ୍କ ସହିତ ତାଙ୍କ ନିକଟକୁ ଗଲେ ଏବଂ ତାଙ୍କୁ ପ୍ରଣାମ କଲେ। ରାମାନୁଜ ତାଙ୍କୁ ପଚାରିଲେ, 'ସେହି ଯୁବତୀଙ୍କଠାରେ ତୁମେ କି ଅମୃତ ଲକ୍ଷ୍ୟ କରିଛ ଯେ ସମସ୍ତ ଲଜ୍ଜା ଓ ଭୟକୁ ତ୍ୟାଗ କରି ସାରା ଶ୍ରୀରଙ୍ଗମ୍ ସହରରେ ଲୋକହସା ହେଲା ଭଳି କାର୍ଯ୍ୟ କରୁଛ ?' ଯୁବକ ଜଣଙ୍କ କହିଲେ, 'ହେ ମହାତ୍ମା ! ମୁଁ ଏ ପୃଥିବୀରେ ଅନେକ ସୁନ୍ଦର ଦୃଶ୍ୟ ଦେଖିଛି। କିନ୍ତୁ କୌଣସି ସୌନ୍ଦର୍ଯ୍ୟ ସେହି ଯୁବତୀଙ୍କ ସୁନ୍ଦର ନେତ୍ର ଦୁଇଟିର ଅପୂର୍ବ ଶୋଭା ସହିତ ସମକକ୍ଷ ନୁହେଁ। ସେହି ନୟନ ଯୁଗଳକୁ ଦର୍ଶନ କରିବା ସମୟରେ ମୁଁ ଏତେ ମୁଗ୍ଧ ହୋଇଯାଉଛି ଯେ ମୋ ଦୃଷ୍ଟିକୁ ସେଠାରୁ ଫେରାଇ ଆଣି ପାରୁନାହିଁ।' ରାମାନୁଜ ପଚାରିଲେ, 'ସେ କଣ ତୁମର ପତ୍ନୀ ଅଟନ୍ତି ?' ଯୁବକ ଉତ୍ତର ଦେଲେ, 'ନା, ସେ ମୋତେ ବିବାହ କରି ନାହାଁନ୍ତି। ସେ ମୋର ପତ୍ନୀ ନ ହେଲେ ମଧ୍ୟ ଏହା ନିଶ୍ଚିତ ଯେ, ମୁଁ ତାଙ୍କ ବ୍ୟତୀତ ଅନ୍ୟ କୌଣସି ନାରୀଙ୍କୁ କେବେ ହେଲେ ଭଲ ପାଇବି ନାହିଁ।' ରାମାନୁଜ ପଚାରିଲେ, 'ତୁମର ନାମ କଣ ?' ଯୁବକ ଉତ୍ତର ଦେଲେ, 'ମୋର ନାମ ଧନୁର୍ଦାସ। ମୁଁ ନିଚୁଲନଗର ସହରରେ ବାସ କରେ, ଯେଉଁଠାରେ ଜଣେ ନିପୁଣ ମଲ୍ଲଯୋଦ୍ଧା ରୂପରେ ମୁଁ ପ୍ରସିଦ୍ଧି ଲାଭ କରିଛି। ସେହି ଯୁବତୀଙ୍କ ନାମ ହେଉଛି ହେମାମ୍ବା।' ରାମାନୁଜ କହିଲେ, 'ଧନୁର୍ଦାସ ! ଯଦି ମୁଁ ତୁମକୁ ସେହି ଯୁବତୀଙ୍କ ନେତ୍ରଠାରୁ ଅଧିକ ସୁନ୍ଦର ନେତ୍ର ଦେଖାଇ ଦେବି, ତାହାହେଲେ କଣ ତୁମେ ଯୁବତୀଙ୍କୁ ତ୍ୟାଗ କରି ମୋ ଦ୍ୱାରା ପ୍ରଦର୍ଶିତ ନେତ୍ରଯୁଗଳକୁ ଭଲ ପାଇ ପାରିବ ?' ଧନୁର୍ଦାସ କହିଲେ, 'ହେ ମହାତ୍ମା ! ଯଦି ଆଉ କାହାର ନେତ୍ର ମୋ ହେମାମ୍ବାଙ୍କ ସୁନ୍ଦର ନେତ୍ରଠାରୁ ଅଧିକ ଆକର୍ଷକ ହେବା ସମ୍ଭବ ହୁଏ, ତେବେ ମୁଁ ହେମାମ୍ବାଙ୍କୁ ପରିତ୍ୟାଗ କରି ତାଙ୍କୁ ହିଁ ପୂଜା କରିବି।' ରାମାନୁଜ କହିଲେ, 'ତାହାହେଲେ ଆଜି ସନ୍ଧ୍ୟାରେ ମୋର ଆଶ୍ରମରେ ପହଞ୍ଚି ମୋ ନିକଟକୁ ଆସ। ବୋଧ ହୁଏ ଆମେ ଏହି ପ୍ରଶ୍ନର ସମାଧାନ କରି ପାରିବା।' ଧନୁର୍ଦାସ କହିଲେ, 'ଯାହା ଆପଣଙ୍କ ଇଚ୍ଛା !' ଏହା କହି ସେ ସେହି ଯୁବତୀଙ୍କ ପାଖକୁ ଯାଇ ପୂର୍ବ ପରି ଛତ୍ର ଧରି ତାଙ୍କ ସହିତ ଚାଲିବାକୁ ଲାଗିଲେ।

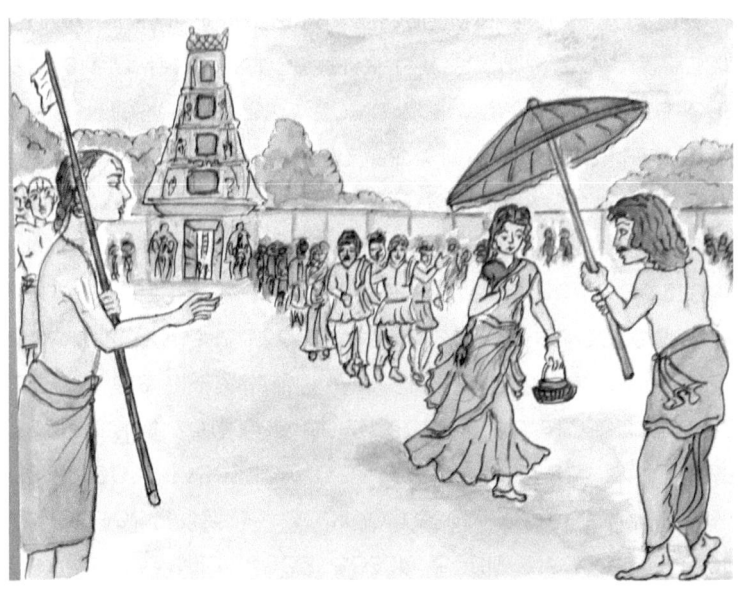

ଧର୍ନୁଦାସ ଓ ରାମାନୁଜାଚାର୍ଯ୍ୟ

ଧନୁର୍ଦାସଙ୍କ ଉଦ୍ଧାର

ସେହିଦିନ ସନ୍ଧ୍ୟା ସମୟରେ କେବଳ ଧନୁର୍ଦାସଙ୍କୁ ସାଙ୍ଗରେ ନେଇ ରାମାନୁଜ ତାଙ୍କ ଆଶ୍ରମରୁ ଶ୍ରୀ ରଙ୍ଗନାଥଙ୍କ ମନ୍ଦିର ଆଡ଼କୁ ଚାଲିବାକୁ ଲାଗିଲେ। ମନ୍ଦିରର ସମସ୍ତ ଦ୍ୱାର ଅତିକ୍ରମ କଲାପରେ ଶେଷରେ ସେମାନେ ଭଗବାନଙ୍କ ବିଗ୍ରହଙ୍କ ସମ୍ମୁଖରେ ଉପସ୍ଥିତ ହେଲେ। ଠିକ୍ ସେହି ସମୟରେ ସନ୍ଧ୍ୟା ଆଳତୀ ଆରମ୍ଭ ହେଉଥାଏ ଏବଂ ପ୍ରଭୁ ରଙ୍ଗନାଥ ଓ ମାତା ଲକ୍ଷ୍ମୀଙ୍କୁ ମନ୍ଦିରର ଅର୍ଚ୍ଚକ ସୁବାସିତ କର୍ପୂରଦୀପ ଅର୍ପଣ କରୁଥାଆନ୍ତି। ସେହି ଗର୍ଭଗୃହଟି ଅନ୍ଧକାରମୟ ହୋଇଥିଲେ ମଧ୍ୟ ଆଳତୀଦୀପର ଆଲୋକରେ ପ୍ରଭୁଙ୍କ ଦିବ୍ୟ ମୁଖମଣ୍ଡଳ ଝଲସି ଉଠୁଥିଲା। ଭଗବାନଙ୍କ ସୁବର୍ଣ୍ଣମୟ ସୁନ୍ଦର କମଳନୟନ ଦ୍ୱୟ ଅଲୌକିକ କାନ୍ତିରେ ଚମକିବାରେ ଲାଗିଲା। ପ୍ରଭୁଙ୍କର ପରାତ୍ପର ଦିବ୍ୟରୂପର ଦର୍ଶନ ଲାଭ କରି ଧନୁର୍ଦାସ ମନ୍ତ୍ରମୁଗ୍ଧ ହୋଇ ଦଣ୍ଡାୟମାନ ହୋଇ ରହିଲେ ଏବଂ ଅରବିନ୍ଦାକ୍ଷ ନାମରେ ପରିଚିତ ଶ୍ରୀ ମହାବିଷ୍ଣୁଙ୍କର ସେହି ନୟନଯୁଗଳଙ୍କୁ ଅପଲକ ନେତ୍ରରେ ଦେଖିବାକୁ ଲାଗିଲେ। ସେହି କ୍ଷଣରେ ସେ ଏକ ଅଦ୍ଭୁତ ଆନନ୍ଦ ଅନୁଭବ କଲେ, ଯାହା କେବଳ ଭଗବାନଙ୍କର ଶ୍ରୀ ବୈକୁଣ୍ଠ ଧାମରେ ହିଁ ଅନୁଭୂତ ହୋଇଥାଏ। ଧନୁର୍ଦାସଙ୍କ ଚକ୍ଷୁରୁ ଭଗବଦ୍ ପ୍ରେମର ଅଶ୍ରୁ ନିର୍ଗତ ହୋଇଚାଲିଲା। ସୂର୍ଯ୍ୟୋଦୟ ସମୟରେ ତାରକା ମାନଙ୍କର ଜ୍ୟୋତି କ୍ଷୀଣ ହୋଇଯିବା ପରି ସେହି କ୍ଷଣରେ ହିଁ ତାଙ୍କର ସମସ୍ତ ସାଂସାରିକ ସୁଖର ଆକର୍ଷଣ ଗୁଡ଼ିକ ଅପସରି ଯିବାକୁ ଲାଗିଲା। କିଛି ସମୟ ପରେ ସେ ନିଜର ବାହ୍ୟ ଚେତନାକୁ ଫେରି ଆସିଲେ ଏବଂ ରାମାନୁଜଙ୍କ ଆଡ଼କୁ ଚାହିଁଲେ। ରାମାନୁଜଙ୍କ ଚରଣରେ ଧନୁର୍ଦାସ ସାଷ୍ଟାଙ୍ଗ ପ୍ରଣାମ କରି କହିଲେ, 'ଆପଣଙ୍କ ଅହେତୁକ ଅନୁକମ୍ପା ଦ୍ୱାରା ମୋ ପରି ଜଣେ ଘୋର କାମନା ଓ ବାସନାଗ୍ରସ୍ତ ମନୁଷ୍ୟକୁ ଆପଣ ସେହି ସୁଖ ଓ ଆନନ୍ଦ ପ୍ରଦାନ କରିଛନ୍ତି, ଯାହାକୁ ପାଇବା ପାଇଁ ସ୍ୱର୍ଗର ଦେବତାମାନେ ମଧ୍ୟ ଲାଳାୟିତ ହୋଇଥାନ୍ତି। ମୁଁ ଚିରଦିନ ପାଇଁ ଆପଣଙ୍କର ଦାସ ହୋଇଗଲି। ରାତ୍ରିରେ ବିଚରଣ କରୁଥିବା ଏକ ପେଚା ପରି ମୁଁ ସୂର୍ଯ୍ୟଙ୍କଠାରୁ ମୁଖକୁ ଫେରେଇନେଇ ଜୁଳୁଜୁଳିଆ ପୋକ ପ୍ରତି ଆସକ୍ତ ହୋଇ ପଡ଼ିଥିଲି। ଆପଣ ମୋର ଚକ୍ଷୁ ଖୋଲି ଦେଇଛନ୍ତି। କେବଳ ଆପଣ ହିଁ ମୋର ସ୍ୱାମୀ ଅଟନ୍ତି।' ରାମାନୁଜ ଧନୁର୍ଦାସଙ୍କୁ ଭୂମିରୁ ଉଠାଇ ଆଲିଙ୍ଗନ କଲେ। ସେହି ମୁହୂର୍ତ୍ତରୁ ହିଁ ଧନୁର୍ଦାସ ସମସ୍ତ ଭୌତିକ ବନ୍ଧନ ତ୍ୟାଗ କରି ପ୍ରଭୁ ନାରାୟଣଙ୍କର ଏକ ଶୁଦ୍ଧ ଭକ୍ତରେ ପରିଣତ ହେଲେ। ଯଦିଓ ହେମାମ୍ବା ବୃତ୍ତିରେ ଜଣେ ଗଣିକା ଥିଲେ, ଦୀର୍ଘ ସମୟରୁ ଧନୁର୍ଦାସଙ୍କୁ ସେ ମନରେ ନିଜର ପତି ବୋଲି ବିବେଚନା କରୁଥିଲେ।

ନିଜର ପାପପୂର୍ଣ୍ଣ କାର୍ଯ୍ୟକଳାପ ସତ୍ତ୍ୱେ ହେମାମ୍ବା ଅନ୍ତରରୁ ଭଗବାନଙ୍କର ଜଣେ ଭକ୍ତ ମଧ୍ୟ ଥିଲେ। ତେଣୁ ଧନୁର୍ଦାସଙ୍କର ଏପରି ମହାନ୍ ପରିବର୍ତ୍ତନ ବିଷୟରେ ଶୁଣି ସେ ଅତ୍ୟନ୍ତ ଆନନ୍ଦିତା ହେଲେ ଏବଂ ସେ ମଧ୍ୟ କରୁଣାମୟ ରାମାନୁଜଙ୍କ ଚରଣର ଆଶ୍ରୟରେ ନିଜକୁ ସମର୍ପଣ କଲେ। ଏହା ପରେ ରାମାନୁଜ ଧନୁର୍ଦାସ ଓ ହେମାମ୍ବାଙ୍କ ମଧ୍ୟରେ ବିବାହର ଆୟୋଜନ କରାଇଲେ ଏବଂ ସେମାନଙ୍କୁ ନିଜର ବିଶୁଦ୍ଧ ଉପଦେଶ ପ୍ରଦାନ କରି ସେମାନଙ୍କ ହୃଦୟକୁ କାମନାର ଅଶୁଦ୍ଧିରୁ ମୁକ୍ତ କରାଇଲେ। ସେମାନେ ନିଚୁଲନଗର ସହରକୁ ତ୍ୟାଗ କଲେ ଓ ଶ୍ରୀରଙ୍ଗମ୍ କ୍ଷେତ୍ରକୁ ଆସି ରାମାନୁଜଙ୍କ ଆଶ୍ରମ ନିକଟବର୍ତ୍ତୀ ଏକ ଗୃହରେ ବାସ କଲେ। ଏହିପରି ଭାବରେ ସେମାନେ ନିଜ ଗୁରୁଙ୍କର ସାନ୍ନିଧ୍ୟ ଲାଭ କରି ପାରିଲେ ଏବଂ ତାଙ୍କ ମୁଖରୁ ବୈଷ୍ଣବ ତତ୍ତ୍ୱ ସମୂହ ଶ୍ରବଣ କରିବାକୁ ଲାଗିଲେ।

ବ୍ରାହ୍ମଣ ଶିଷ୍ୟମାନଙ୍କ ଈର୍ଷା

ଧନୁର୍ଦାସଙ୍କ ଗୁରୁଭକ୍ତି, ବିନମ୍ରତା, ସାଧୁତା ଓ ମଧୁର ବଚନ ପାଇଁ ଲୋକମାନେ ତାଙ୍କୁ ସମ୍ମାନ ଜଣାଇବାକୁ ଲାଗିଲେ। ମନୁଷ୍ୟର ଜନ୍ମ ଓ କୂଳ ପରିବର୍ତ୍ତେ ତାହାର ବ୍ୟବହାର ହିଁ ଗ୍ରହଣୀୟ, ଏହା ପ୍ରଦର୍ଶନ କରିବା ନିମନ୍ତେ ରାମାନୁଜ ପ୍ରତିଦିନ କାବେରୀ ନଦୀକୁ ସ୍ନାନ କରିବାକୁ ଯିବା ସମୟରେ ବ୍ରାହ୍ମଣ କୂଳରେ ଜନ୍ମିତ ଦାଶରଥିଙ୍କର ଏବଂ ନଦୀରୁ ଫେରିବା ସମୟରେ ଧନୁର୍ଦାସଙ୍କର ବାହୁ ଧରି ଚାଲୁଥିଲେ। ରାମାନୁଜଙ୍କ ଯୁବ ବ୍ରାହ୍ମଣ ଶିଷ୍ୟମାନେ ଯେତେବେଳେ ନୀଚ କୂଳରେ ଜନ୍ମିତ ଧନୁର୍ଦାସଙ୍କ ସହିତ ଗୁରୁଙ୍କର ଘନିଷ୍ଠତା ଲକ୍ଷ୍ୟ କଲେ, ସେମାନେ ବ୍ୟଥିତ ହୋଇପଡ଼ିଲେ। ଏପରିକି କିଛି ଶିଷ୍ୟ ସାହସ କରି ଗୁରୁଙ୍କର ଏହି ବ୍ୟବହାରକୁ ଦୋଷପୂର୍ଣ୍ଣ ବୋଲି ମଧ୍ୟ କହିବାକୁ ଆରମ୍ଭ କଲେ। ରାମାନୁଜ ନିଜ ଶିଷ୍ୟମାନଙ୍କର ହୃଦୟର ଅଜ୍ଞାନତା ବିଷୟରେ ଜାଣିପାରିଲେ। ସେମାନଙ୍କ ଅନ୍ତର ମଧ୍ୟରେ ପ୍ରକୃତ ବୈଷ୍ଣବର ଚରିତ୍ର ସୃଷ୍ଟି କରାଇବା ଉଦ୍ଦେଶ୍ୟରେ ସେମାନଙ୍କୁ ଏକ ଶିକ୍ଷା ଦେବା ପାଇଁ ସେ ସ୍ଥିର କଲେ। ଥରେ ରାତ୍ରି ସମୟରେ ଯେତେବେଳେ ସମସ୍ତେ ଶୟନ କରୁଥିଲେ, ରାମାନୁଜ ଶଯ୍ୟାରୁ ଉଠିଲେ ଏବଂ ଶିଷ୍ୟମାନଙ୍କର ଝୁଲୁଥିବା ସମସ୍ତ ଧୋତି ଗୁଡ଼ିକୁ ଚିରି ପକାଇଲେ, ଯାହାକୁ ସେମାନେ ପୂର୍ବରୁ ଶୁଖାଇବା ପାଇଁ ଝୁଲାଇ ଥିଲେ। ପରଦିନ ପ୍ରଭାତରେ ନିଜ ନିଜର ଧୋତିର ଅବସ୍ଥା ଦେଖିବା ପରେ ଶିଷ୍ୟମାନଙ୍କ ମଧ୍ୟରେ ଏକ ବିରାଟ କଳହ ସୃଷ୍ଟି ହୋଇଗଲା। ସେମାନେ ପରସ୍ପରକୁ ଦୋଷାରୋପ କରି କଠୋର ବଚନ କହିବାକୁ ଲାଗିଲେ।

ଶେଷରେ ଏପରି ପରିସ୍ଥିତିକୁ ଆୟତ୍ତ କରିବାକୁ ରାମାନୁଜଙ୍କୁ ହିଁ ହସ୍ତକ୍ଷେପ କରିବାକୁ ପଡ଼ିଲା । ସେଦିନ ସନ୍ଧ୍ୟାରେ ସେ ବ୍ରାହ୍ମଣ ଶିଷ୍ୟମାନଙ୍କୁ ଡକାଇ କହିଲେ, 'ମୋର ଶିଷ୍ୟ ଧନୁର୍ଦ୍ଦାସ ଜଣେ ଆସକ୍ତ ଗୃହସ୍ଥ ହୋଇଥିବା ସତ୍ତ୍ୱେ କିପରି ସେ ନିଜକୁ ଏକ ମହାନ୍ ଭକ୍ତ ରୂପେ ପ୍ରଦର୍ଶନ କରୁଛନ୍ତି, ତାହା ନିଶ୍ଚୟ ତୁମେମାନେ ଜାଣି ପାରୁଥିବ । ସବୁଦିନ ପରି ଆଜି ରାତ୍ରିରେ ମଧ୍ୟ ସେ ମୋ ସହିତ ବାର୍ତ୍ତାଳାପ କରିବାକୁ ଆସିବେ । ମୁଁ ତାଙ୍କ ସହିତ ଶାସ୍ତ୍ର ଆଲୋଚନା କରିବା ଆଳରେ ତାଙ୍କୁ ଅଟକାଇ ରଖିବି । ଠିକ୍ ସେହି ସମୟରେ ତୁମେମାନେ ତାଙ୍କ ଗୃହକୁ ଯାଇ ତାଙ୍କର ସମସ୍ତ ଅଳଙ୍କାର ଚୋରି କରି ଆଣିବ, ଯାହାଦ୍ୱାରା ସେ ନିଜ ପତ୍ନୀଙ୍କୁ ସଜାଇବାକୁ ଭାରି ଭଲ ପାଆନ୍ତି । ଏହାପରେ ଯାଇ ତାଙ୍କର ଆସକ୍ତିର ସୀମା କେତେ, ତାହା ଆମମାନଙ୍କ ସମ୍ମୁଖରେ ପୂର୍ଣ୍ଣ ମାତ୍ରାରେ ପ୍ରକାଶିତ ହେବ ।' ରାମାନୁଜଙ୍କ ନିର୍ଦ୍ଦେଶ ଅନୁସାରେ ଧନୁର୍ଦ୍ଦାସ ଆଶ୍ରମରେ ପହଞ୍ଚିବା ପରେ ରାତ୍ରି ସମୟରେ ସେହି ଶିଷ୍ୟମାନେ ଧନୁର୍ଦ୍ଦାସଙ୍କ ଗୃହକୁ ଗଲେ । ଗୃହ ମଧ୍ୟରେ ସେମାନେ ହେମାମ୍ବାଙ୍କୁ ଶୟନ କରୁଥିବାର ଦେଖିଲେ ଏବଂ ସେ ଧାରଣ କରିଥିବା ସ୍ୱର୍ଣ୍ଣ ଅଳଙ୍କାର ଗୁଡ଼ିକୁ ସେମାନେ ଶୀଘ୍ର କାଢ଼ିବାକୁ ଲାଗିଲେ । କିନ୍ତୁ ହେମାମ୍ବା ବାସ୍ତବରେ ନିଦ୍ରାଗ୍ରସ୍ତ ହୋଇ ନ ଥିଲେ ଏବଂ ବ୍ରାହ୍ମଣ ଶିଷ୍ୟମାନଙ୍କ ଅଭିପ୍ରାୟକୁ ବିରୋଧ ନ କରି ସେ ଗଭୀର ନିଦ୍ରାରେ ଶୟନ କରିବା ପରି ଅଭିନୟ କରୁଥିଲେ । ଯେତେବେଳେ ଶିଷ୍ୟମାନେ ତାଙ୍କର ଏକ ପାର୍ଶ୍ୱର ସମସ୍ତ ଅଳଙ୍କାର କାଢ଼ି ନେଲେ, ସେ ତାଙ୍କର ପାର୍ଶ୍ୱ ଲେଉଟାଇଲେ, ଯେପରିକି ସେମାନେ ଅପର ପାର୍ଶ୍ୱର ଅଳଙ୍କାର ଗୁଡ଼ିକୁ ମଧ୍ୟ କାଢ଼ି ପାରିବେ । କିନ୍ତୁ ହେମାମ୍ବା ଜାଗ୍ରତ ହୋଇଯିବା ଭୟରେ ଶିଷ୍ୟମାନେ ସେଠାରୁ ଆଶ୍ରମକୁ ପଳାଇଗଲେ । ସେମାନେ ଆଶ୍ରମରେ ପହଞ୍ଚିବା ପରେ ରାମାନୁଜ ଧନୁର୍ଦ୍ଦାସଙ୍କୁ ଗୃହକୁ ଯିବା ପାଇଁ ନିର୍ଦ୍ଦେଶ ଦେଲେ ଏବଂ ଏହାପରେ ଶିଷ୍ୟମାନଙ୍କୁ ଡକାଇ କହିଲେ, 'ବର୍ତ୍ତମାନ ତୁମେମାନେ ଧନୁର୍ଦ୍ଦାସଙ୍କ ପଛେ ପଛେ ତାଙ୍କ ଗୃହକୁ ଯାଅ ଏବଂ ସ୍ୱର୍ଣ୍ଣ ଅଳଙ୍କାର ଗୁଡ଼ିକ ଚୋରି ହୋଇଥିବା ବିଷୟ ଜାଣିବା ପରେ ତାଙ୍କ ମଧ୍ୟରେ କିପରି ପ୍ରତିକ୍ରିୟା ସୃଷ୍ଟି ହେଉଛି, ତାହାକୁ ଲକ୍ଷ୍ୟ କର ।' ଗୁରୁଙ୍କ ଆଦେଶ ପାଳନ କରି ସେମାନେ ଧନୁର୍ଦ୍ଦାସଙ୍କ ପଛେ ପଛେ ଯାଇ ତାଙ୍କ ଗୃହ ନିକଟରେ ଲୁଚି ରହିଲେ ଓ ସେହି ଦମ୍ପତିଙ୍କ ବାର୍ତ୍ତାଳାପ ଶୁଣିବାକୁ ଲାଗିଲେ । ଯେତେବେଳେ ଧନୁର୍ଦ୍ଦାସ ହେମାମ୍ବାଙ୍କ ଅର୍ଦ୍ଧେକ ଆଭୂଷଣ ନ ଥିବାର ଦେଖିଲେ ଏବଂ ଏହାର କାରଣ ଜିଜ୍ଞାସା କଲେ, ହେମାମ୍ବା ସମସ୍ତ ଘଟଣା ବର୍ଣ୍ଣନା କଲେ ଓ କହିଲେ, 'ଆମ ଗୁରୁଙ୍କ ଶିଷ୍ୟମାନେ ନିଶ୍ଚୟ ଅଭାବଗ୍ରସ୍ତ ହୋଇ ଚୋରି କରିବାକୁ ବାଧ୍ୟ ହୋଇ ପଡ଼ିଛନ୍ତି । ମୁଁ ଗଭୀର ନିଦ୍ରାରେ ଶୟନ କରିବା ପରି ଅଭିନୟ କଲି ଏବଂ ସେମାନଙ୍କୁ ମୋର ଅଳଙ୍କାର

କାଢ଼ିବାରେ ସାହାଯ୍ୟ କରିବା ପାଇଁ ମୁଁ ପାର୍ଶ୍ୱ ଲେଉଟାଇଥିଲି। କିନ୍ତୁ ଏଥିରେ ଭୟଭୀତ ହୋଇ ସେମାନେ ପଳାଇଗଲେ।' ଏହା ଶୁଣି ଧନୁର୍ଦାସ କହିଲେ, 'ଏହା ତୁମର ହିଁ ତ୍ରୁଟି ଅଟେ। ତୁମେ 'ମୋର ଅଳଙ୍କାର' ଓ 'ମୁଁ ସାହାଯ୍ୟ କରିବି' ବୋଲି କହିବା ଏହା ଦର୍ଶାଉ ଅଛି ଯେ, ତୁମେ ଏ ପର୍ଯ୍ୟନ୍ତ ମାୟାରୁ ସମ୍ପୂର୍ଣ୍ଣ ମୁକ୍ତି ପାଇନାହଁ। ଶ୍ରୀ ନାରାୟଣ ହିଁ ସମସ୍ତ ପଦାର୍ଥର ପ୍ରକୃତ ଅଧିକାରୀ ଅଟନ୍ତି। ତୁମେ ସ୍ଥିର ଭାବରେ ଶୟନ କରିବା ଉଚିତ୍ ଥିଲା। ତାହା ହୋଇଥିଲେ, ସେହି ବ୍ରାହ୍ମଣମାନେ ସମସ୍ତ ଅଳଙ୍କାରଗୁଡ଼ିକୁ ନେବାରେ ସଫଳ ହୋଇ ପାରିଥାନ୍ତେ।' ହେମାମ୍ବା ନିଜର ତ୍ରୁଟି ଜାଣିପାରିଲେ ଏବଂ ସ୍ୱାମୀଙ୍କୁ କହିଲେ, 'କୃପା କରି ମୋତେ ଆଶୀର୍ବାଦ କରନ୍ତୁ, ଯେପରି ମୁଁ ମାୟାରୁ ମୁକ୍ତ ହୋଇ ପାରିବି।' ଏହି ବାର୍ତ୍ତାଳାପ ଶୁଣିବା ପରେ ବ୍ରାହ୍ମଣ ଶିଷ୍ୟମାନେ ଆଶ୍ରମକୁ ଫେରି ରାମାନୁଜଙ୍କ ସମ୍ମୁଖରେ ସେହି ଭକ୍ତ ଦମ୍ପତିଙ୍କ ବ୍ୟବହାର ବିଷୟରେ ବର୍ଣ୍ଣନା କଲେ। ପରଦିନ ରାମାନୁଜ ସମସ୍ତ ଶିଷ୍ୟମାନଙ୍କୁ ଡକାଇ କହିଲେ, 'ତୁମେମାନେ ସମସ୍ତେ ଜ୍ଞାନୀଗଣ ଅଟ। କିନ୍ତୁ, ବ୍ରାହ୍ମଣ ଜନ୍ମ ଲାଭ କରି ତୁମେମାନେ ଅତ୍ୟନ୍ତ ଅହଙ୍କାରୀ ହୋଇପଡ଼ିଛ। ଏବେ ମୋତେ କୁହ, କାହାର ବ୍ୟବହାର ଅଧିକ ବ୍ରାହ୍ମଣତୁଲ୍ୟ ଅଟେ; ତୁମମାନଙ୍କର, ଯେଉଁମାନେ ପୂର୍ବଦିନ ପ୍ରଭାତରେ ନିଜର ଧୋତି ଚିରି ଯାଇଥିବାର ଦେଖିଲେ, ନା ଧନୁର୍ଦାସ ଓ ତାଙ୍କ ପତ୍ନୀଙ୍କର, ଯେଉଁମାନେ କିଛି ସମୟ ପୂର୍ବରୁ ନିଜର ସ୍ୱର୍ଣ୍ଣ ଅଳଙ୍କାର ଚୋରି ହୋଇଯାଇଥିବାର ଜାଣିଲେ ?' ଶିଷ୍ୟମାନେ ଲଜ୍ଜାରେ ମୁଖ ତଳକୁ କରି କହିଲେ, 'ଗୁରୁଦେବ ! ଧନୁର୍ଦାସ ହିଁ ବ୍ରାହ୍ମଣ ପଦବାଚ୍ୟ ଅଟନ୍ତି। ଆମମାନଙ୍କର ବ୍ୟବହାର ଅତ୍ୟନ୍ତ ଘୃଣ୍ୟ ଅଟେ।' ରାମାନୁଜ କହିଲେ, 'ତେଣୁ ତୁମେମାନେ ବୁଝିବା ଉଚିତ୍ ଯେ ଜନ୍ମ ଓ ଜାତି ଗୁରୁତ୍ୱପୂର୍ଣ୍ଣ ନୁହେଁ। ସାମାଜିକ ପ୍ରତିଷ୍ଠା ପରିବର୍ତ୍ତେ ମନୁଷ୍ୟର ଗୁଣ ଓ କର୍ମ ହିଁ ତାହାର ପ୍ରକୃତ ସ୍ଥିତିକୁ ଦର୍ଶାଇ ଥାଏ। ଏବେଠାରୁ ତୁମେମାନେ ନିଜର ବ୍ରାହ୍ମଣ ଜନ୍ମର ସମସ୍ତ ଅହଙ୍କାର ତ୍ୟାଗ କରି ବିଶୁଦ୍ଧ ହୃଦୟରେ ପ୍ରଭୁ ନାରାୟଣଙ୍କ ସେବା କରିବା ପାଇଁ ପ୍ରୟାସ କର। ଏହା ହିଁ ପୂର୍ଣ୍ଣତା ପ୍ରାପ୍ତିର ପନ୍ଥା ଅଟେ।'

ମହାପୂର୍ଣ୍ଣଙ୍କ ଉଦାରତା

କିଛିଦିନ ପରେ ଗୁରୁ ମହାପୂର୍ଣ୍ଣ ଜଣେ ଶୁଦ୍ରର ଅନ୍ତିମ ସଂସ୍କାର କ୍ରିୟା ସମ୍ପାଦନ କଲେ, ଯାହା ବ୍ରାହ୍ମଣତ୍ୱ ନିୟମର ଉଲ୍ଲଂଘନ ବୋଲି କହି ଅନେକ ଲୋକ ତାଙ୍କୁ ସମାଲୋଚନା କରିବାକୁ ଲାଗିଲେ। ଏହି ସମ୍ବାଦ ପାଇ ରାମାନୁଜ ସଙ୍ଗେସଙ୍ଗେ ମହାପୂର୍ଣ୍ଣଙ୍କ ଗୃହକୁ ଗଲେ। ସେଠାରେ ପହଞ୍ଚି ସେ ଜାଣିବାକୁ ପାଇଲେ ଯେ ମହାପୂର୍ଣ୍ଣଙ୍କ

ସମ୍ପର୍କୀୟମାନେ ତାଙ୍କୁ ତ୍ୟାଗ କରିଦେଇଛନ୍ତି ଏବଂ କେବଳ ତାଙ୍କ କନ୍ୟା ଅତୁଲାଇ ତାଙ୍କର ଯତ୍ନ ନେଉଛନ୍ତି। ଯେତେବେଳେ ରାମାନୁଜ ତାଙ୍କୁ ସେହି ଅନ୍ତ୍ୟେଷ୍ଟି କ୍ରିୟା ବିଷୟରେ ପଚାରିଲେ, ମହାପୂର୍ଣ୍ଣ କହିଲେ, 'ହଁ। ଏହା ସତ୍ୟ ଯେ ମୋର ବ୍ୟବହାର ଶାସ୍ତ୍ରସଙ୍ଗତ ନୁହେଁ। କିନ୍ତୁ ପ୍ରକୃତ ଧର୍ମ କଣ ? ମହାଭାରତ ଶାସ୍ତ୍ର ଅନୁସାରେ ମହାପୁରୁଷ ମାନଙ୍କର ପଦାଙ୍କ ଅନୁସରଣ କରିବା ହିଁ ପ୍ରକୃତ ଧର୍ମ ଅଟେ। ଏବେ ଶ୍ରୀ ରାମଚନ୍ଦ୍ରଙ୍କର ଉଦାହରଣ ବିଷୟରେ ଚିନ୍ତା କର। ସେ ଜଟାୟୁଙ୍କର ଅନ୍ତିମ ସଂସ୍କାର କରିଥିଲେ, ଯେ କି କେବଳ ପକ୍ଷୀଟିଏ ଥିଲେ। ରାଜା ଯୁଧିଷ୍ଠିର ମଧ୍ୟ ଶୁଦ୍ର କୂଳରେ ଜନ୍ମିତ ବିଦୁରଙ୍କୁ ପୂଜା କରିଥିଲେ। ସେମାନେ ଏପରି କାର୍ଯ୍ୟ କାହିଁକି କରିଥିଲେ ? ଏହାର ଉତ୍ତର ହେଉଛି, ଭଗବାନଙ୍କର ଭକ୍ତଟିଏ ଏହି ସଂସାରରେ ଥାଇ ମଧ୍ୟ ବନ୍ଧନରୁ ମୁକ୍ତ ଥାଏ ଏବଂ ପରିବାର ଓ ଜାତି ଇତ୍ୟାଦିର ବିଚାରରୁ ଊର୍ଦ୍ଧ୍ୱରେ ସ୍ଥିତ ହୋଇଥାଏ। ଶ୍ରୀରାମ ଓ ରାଜା ଯୁଧିଷ୍ଠିର ଅଧର୍ମ କାର୍ଯ୍ୟ କରିବା ଅସମ୍ଭବ ଅଟେ। ମୁଁ ଯେଉଁ ବ୍ୟକ୍ତିଙ୍କର ଅନ୍ତିମ ସଂସ୍କାର କରିଥିଲି, ସେ ହୃଦୟରୁ ଜଣେ ଶୁଦ୍ଧ ଭକ୍ତ ଓ ଭଗବାନଙ୍କର ସେବକ ଥିଲେ। ତାଙ୍କ ପାଇଁ କିଛି ସେବା କରି ପାରିଥିବାରୁ ମୁଁ ନିଜକୁ ଧନ୍ୟ ମନେ କରୁଛି।' ମହାପୂର୍ଣ୍ଣଙ୍କ ଏହି ବଚନ ଶୁଣି ରାମାନୁଜ ଅତି ପ୍ରସନ୍ନ ହେଲେ। ତାଙ୍କ ଚରଣରେ ନତମସ୍ତକ ହୋଇ ସେ ପ୍ରଣାମ କଲେ ଏବଂ ଗୁରୁଙ୍କର କାର୍ଯ୍ୟକଳାପ ବିଷୟରେ ପ୍ରଶ୍ନ କରିଥିବାରୁ ସେ ମହାପୂର୍ଣ୍ଣଙ୍କୁ କ୍ଷମା ପ୍ରାର୍ଥନା କଲେ। ଦିନେ ମହାପୂର୍ଣ୍ଣ ରାମାନୁଜଙ୍କ ନିକଟକୁ ଆସି ତାଙ୍କ ଚରଣରେ ପ୍ରଣାମ କଲେ। କିନ୍ତୁ ନିଜ ଗୁରୁଙ୍କର ଏପରି ବ୍ୟବହାର ଦେଖି ମଧ୍ୟ ରାମାନୁଜ ଲଜ୍ଜା ଅନୁଭବ ନ କରି ସେଠାରେ ବସି ରହିଲେ। ଏହି ଦୃଶ୍ୟ ଦେଖି ସେଠାରେ ଥିବା ଭକ୍ତମାନେ ଆଶ୍ଚର୍ଯ୍ୟ ହୋଇଗଲେ। ପରେ ସେମାନେ ରାମାନୁଜଙ୍କୁ ପଚାରିଲେ, 'ହେ ରାମାନୁଜ ! ଆପଣ ନିଜ ଗୁରୁଙ୍କୁ ପ୍ରତିରୋଧ ନ କରି ଆପଣଙ୍କ ସମ୍ମୁଖରେ ତାଙ୍କୁ ନତମସ୍ତକ ହୋଇ ପ୍ରଣାମ କରିବାକୁ ଦେଲେ କାହିଁକି ?' ରାମାନୁଜ ଉତ୍ତର ଦେଲେ, 'ଜଣେ ଉତ୍ତମ ଶିଷ୍ୟ ନିଜ ଗୁରୁଙ୍କ ସମ୍ମୁଖରେ କିପରି ବ୍ୟବହାର କରିବା ଉଚିତ୍, ତାହା ପ୍ରଦର୍ଶନ କରିବା ପାଇଁ ମୋ ଗୁରୁଦେବ ଏପରି କରିଛନ୍ତି। ଯଦି ଏପରି ବ୍ୟବହାର ଦ୍ୱାରା ଗୁରୁ ମହାପୂର୍ଣ୍ଣ ତାଙ୍କର କୌଣସି ଉଦ୍ଦେଶ୍ୟ ପୂରଣ କରିବାକୁ ଚାହୁଁଥାନ୍ତି, ତେବେ ତାଙ୍କର ଇଚ୍ଛା ଓ କାର୍ଯ୍ୟରେ ହସ୍ତକ୍ଷେପ କରିବାର ଯୋଗ୍ୟତା ମୋର ନାହିଁ।' ପରେ ସେହି ଭକ୍ତମାନେ ଯେତେବେଳେ ମହାପୂର୍ଣ୍ଣଙ୍କୁ ନିଜ ଶିଷ୍ୟଙ୍କୁ ପ୍ରଣାମ କରିବାର କାରଣ କଣ ବୋଲି ପଚାରିଲେ, ମହାପୂର୍ଣ୍ଣ କହିଲେ, 'ମୁଁ ରାମାନୁଜଙ୍କ ମଧ୍ୟରେ ମୋର ନିଜ ଗୁରୁ ଶ୍ରୀ ଯମୁନାଚାର୍ଯ୍ୟଙ୍କ ଆଭାସ ଦେଖିବାକୁ ପାଉଛି। ତେଣୁ ମୁଁ ତାଙ୍କ ସମ୍ମୁଖରେ ନତମସ୍ତକ ନ ହୋଇ ରହି ପାରୁନାହିଁ।' ଏହା ଶୁଣିବା ପରେ ସେମାନେ

ସମସ୍ତେ ରାମାନୁଜଙ୍କ ମହାନତାକୁ ଅନୁଭବ କରି ଆନନ୍ଦିତ ହେଲେ। ଥରେ ରାମାନୁଜ ଦେଖିଲେ ଯେ, ଗୁରୁ ଗୋଷ୍ଠୀପୂର୍ଣ୍ଣ ଅନେକ ସମୟ ପର୍ଯ୍ୟନ୍ତ ଏକ ବନ୍ଦ କୋଠରୀ ମଧ୍ୟରେ ଧ୍ୟାନ କରୁଛନ୍ତି। ପରେ ସେ ଗୋଷ୍ଠୀପୂର୍ଣ୍ଣଙ୍କୁ ପଚାରିଲେ, 'ହେ ଗୁରୁଦେବ ! ଭଗବାନଙ୍କର କେଉଁ ରୂପକୁ ଆପଣ ଧ୍ୟାନ କରୁଥିଲେ ଏବଂ କେଉଁ ମନ୍ତ୍ର ଦ୍ୱାରା ଆପଣ ପ୍ରଭୁଙ୍କର ଉପାସନା କରୁଥିଲେ ?' ଏହାର ଉତ୍ତରରେ ଗୋଷ୍ଠୀପୂର୍ଣ୍ଣ କହିଲେ, 'ମୁଁ କେବଳ ମୋର ଗୁରୁ ଶ୍ରୀ ଯମୁନାଚାର୍ଯ୍ୟଙ୍କ ପାଦପଦ୍ମକୁ ଆରାଧନା କରେ ଏବଂ କେବଳ ତାଙ୍କର ପବିତ୍ର ନାମକୁ ମନ୍ତ୍ର ରୂପରେ ଜପ କରେ। ଏହା ହିଁ ସକଳ ଦୁଃଖ ଓ କଷ୍ଟକୁ ଉପଶମ କରିଥାଏ।' ଏହି ବାକ୍ୟ ଶୁଣି ରାମାନୁଜ ଭଗବାନଙ୍କ ଭକ୍ତମାନଙ୍କୁ ଉପାସନା କରିବାର ମହତ୍ତ୍ୱକୁ ହୃଦୟଙ୍ଗମ କଲେ।

ଶ୍ରୀରଙ୍ଗମ୍ କ୍ଷେତ୍ରରୁ ପ୍ରସ୍ଥାନ

ସେହି ସମୟରେ ଶ୍ରୀରଙ୍ଗମ୍ ସହରଟି ରାଜା କୋଲୁତ୍ତୁଙ୍ଗଙ୍କ ଅଧୀନସ୍ଥ ଚୋଳ ରାଜ୍ୟର ଅଂଶ ଥିଲା। କାଞ୍ଚିପୁରମ୍ ସେହି ରାଜ୍ୟର ରାଜଧାନୀ ଥିଲା। ଯଦିଓ ପୂର୍ବରୁ ଶ୍ରୀ ଯମୁନାଚାର୍ଯ୍ୟଙ୍କ ସମୟରେ ଚୋଳ ରାଜାମାନେ ଶ୍ରୀ ନାରାୟଣଙ୍କୁ ଭକ୍ତି କରୁଥିଲେ, ରାଜା କୋଲୁତ୍ତୁଙ୍ଗ ଶ୍ରୀ ଶିବଙ୍କର ଜଣେ ଦୃଢ଼ ଭକ୍ତ ଥିଲେ ଏବଂ ସେ ବୈଷ୍ଣବମାନଙ୍କୁ ଅତ୍ୟନ୍ତ ଦ୍ରୋହ କରୁଥିଲେ। ସେ ଇଚ୍ଛା କରୁଥିଲେ ଯେ, ଭଗବାନ ବିଷ୍ଣୁଙ୍କ ସମସ୍ତ ଭକ୍ତମାନେ ବିଷ୍ଣୁଭକ୍ତି ତ୍ୟାଗ କରି କେବଳ ପ୍ରଭୁ ଶିବଙ୍କ ଶରଣାପନ୍ନ ହୁଅନ୍ତୁ। କୋଲୁତ୍ତୁଙ୍ଗ ଭଲ ଭାବରେ ଜାଣିଥିଲେ ଯେ ରାମାନୁଜ ହିଁ ସମଗ୍ର ଭାରତରେ ସର୍ବଶ୍ରେଷ୍ଠ ବୈଷ୍ଣବଗୁରୁ ଅଟନ୍ତି। ସେ ଚିନ୍ତା କଲେ ଯେ, ଯଦି ସେ ରାମାନୁଜଙ୍କୁ ଶିବଙ୍କ ଉପାସକ କରାଇ ପାରିବେ, ତେବେ ଅନ୍ୟ ସମସ୍ତ ବୈଷ୍ଣବଗଣ ମଧ୍ୟ ବିଷ୍ଣୁଭକ୍ତି ତ୍ୟାଗ କରିଦେବେ ଏବଂ ଯଦି ରାମାନୁଜ ନାରାୟଣଙ୍କ ଆରାଧନା ତ୍ୟାଗ କରି ଶିବଙ୍କୁ ଭଗବାନ ବୋଲି ସ୍ୱୀକାର ନ କରନ୍ତି, ତେବେ ସେ ତାଙ୍କୁ ହତ୍ୟା କରିଦେବେ। ଏହା ଦ୍ୱାରା ହିଁ ଶୈବ ମାନଙ୍କର ଆଧିପତ୍ୟ ପ୍ରତିଷ୍ଠା ଲାଭ କରିବ। ଏପରି ଚିନ୍ତା କରି କୋଲୁତ୍ତୁଙ୍ଗ ରାମାନୁଜ ଓ ତାଙ୍କ ଗୁରୁ ମହାପୂର୍ଣ୍ଣଙ୍କୁ ତାଙ୍କ ସମ୍ମୁଖକୁ ଆଣିବା ପାଇଁ ନିଜର ଦୂତମାନଙ୍କୁ ଶ୍ରୀରଙ୍ଗମ୍ ପଠାଇଲେ। ସେହି ଦୂତମାନେ ଯେତେବେଳେ ରାମାନୁଜଙ୍କ ଆଶ୍ରମ ନିକଟରେ ପହଞ୍ଚିଲେ, କୁରେଶ କିଛି ସମୟ ଚିନ୍ତା କରି ରାମାନୁଜଙ୍କୁ କହିଲେ, 'ଗୁରୁଦେବ ! ମୋତେ ସନ୍ଦେହ ହେଉଛି ଯେ ଆପଣଙ୍କ ଜୀବନର ଅନ୍ତ କରିବାକୁ ହିଁ ସେହି ରାଜା ଆପଣଙ୍କୁ କାଞ୍ଚିକୁ ଡକାଇଛନ୍ତି। ଦୟାକରି ସେଠାକୁ ଯାଆନ୍ତୁ ନାହିଁ। ଆପଣଙ୍କଠାରୁ

ଭଗବାନଙ୍କ ପ୍ରତି ପ୍ରକୃତ ଭକ୍ତିଧର୍ମର ଶିକ୍ଷା ଲାଭ କରି ସମଗ୍ର ବିଶ୍ୱ ଲାଭାନ୍ୱିତ ହେଉଅଛି। ମୋ ପରି ପତିତ ଲୋକମାନେ, ଯେଉଁମାନେ ସାଂସାରିକ କ୍ଲେଶ ଦ୍ୱାରା ଦଗ୍ଧିଭୂତ ହେଉଛନ୍ତି, ସେମାନଙ୍କ ପାଇଁ ଆପଣ ହିଁ ଏକମାତ୍ର ଆଶ୍ରୟ ଅଟନ୍ତି। ଆପଣଙ୍କ ବଦଳରେ ମୋତେ ଯିବାକୁ ଦିଅନ୍ତୁ। ଗୃହସ୍ଥମାନେ ପରିଧାନ କରୁଥିବା ଏହି ଶ୍ୱେତ ବସ୍ତ୍ରକୁ ଆପଣ ଧାରଣ କରନ୍ତୁ ଏବଂ ମୋତେ ସନ୍ନ୍ୟାସୀଙ୍କ ବସ୍ତ୍ର ପିନ୍ଧି ସେହି ରାଜାଙ୍କ ଦୂତମାନଙ୍କ ସହିତ ଯିବାକୁ ଅନୁମତି ଦିଅନ୍ତୁ। ଏପରି କଲେ ଆପଣ ସେମାନଙ୍କ କବଳରେ ପଡ଼ିବେ ନାହିଁ।' କିଛି ସମୟ ଚିନ୍ତା କରିବା ପରେ ରାମାନୁଜ କୁରେଶଙ୍କ ପରାମର୍ଶ ସ୍ୱୀକାର କଲେ ଏବଂ ନିଜ ଶିଷ୍ୟର ସେହି ବସ୍ତ୍ର ପରିଧାନ କରି ଲୋକମାନଙ୍କ ଅଗୋଚରରେ ସହରର ପଶ୍ଚିମପଟେ ଥିବା ଅରଣ୍ୟ ମଧ୍ୟ ଦେଇ ପ୍ରସ୍ଥାନ କଲେ। ଗୋବିନ୍ଦ ଓ ଅନ୍ୟ ଶିଷ୍ୟମାନେ ମଧ୍ୟ ତାଙ୍କୁ ଅନୁସରଣ କରି ଅରଣ୍ୟରେ ତାଙ୍କ ସହିତ ସମ୍ମିଳିତ ହେଲେ। ଆଶ୍ରମରେ କୁରେଶ ସନ୍ୟାସୀଙ୍କ ବସ୍ତ୍ର ଓ ଦଣ୍ଡ ଧାରଣ କରି ରାଜାଙ୍କ ଦୂତମାନଙ୍କ ସମ୍ମୁଖରେ ନିଜକୁ ରାମାନୁଜ ବୋଲି ପରିଚୟ ଦେଲେ ଏବଂ ସେମାନଙ୍କ ସହିତ ମହାପୂର୍ଣ୍ଣଙ୍କୁ ସାଙ୍ଗରେ ନେଇ କାଞ୍ଚିପୁରମ୍ ଅଭିମୁଖେ ଯାତ୍ରା କଲେ। ସେହି ରାଜାଙ୍କ ନିକଟକୁ ଯିବାର ପରିଣାମ ଜାଣିଥିଲେ ମଧ୍ୟ ମହାପୂର୍ଣ୍ଣ ବୃଦ୍ଧାବସ୍ଥା ଯୋଗୁଁ ରାମାନୁଜ ଓ ଅନ୍ୟ ଶିଷ୍ୟମାନଙ୍କ ସହିତ ଅରଣ୍ୟ ମାର୍ଗରେ ନ ଯାଇ କୁରେଶଙ୍କ ସହିତ ରାଜାଙ୍କ ନିକଟକୁ ଯିବା ପାଇଁ ନିଷ୍ପତ୍ତି ନେଲେ। ରାଜମହଲରେ ପହଞ୍ଚିବା ପରେ କୁରେଶ ଓ ମହାପୂର୍ଣ୍ଣଙ୍କୁ ରାଜା ସ୍ୱାଗତ ଜଣାଇଲେ ଓ ସେମାନଙ୍କ ଅବସ୍ଥାନ ପାଇଁ ବନ୍ଦୋବସ୍ତ କରାଇଲେ। ବାଲ୍ୟକାଳରେ ଯେତେବେଳେ ରାଜା କୋଲୁତ୍ତୁଙ୍ଗ ଆଠ ବର୍ଷ ବୟସର ହୋଇଥିଲେ, ସେତେବେଳେ ତାଙ୍କର ଭଗିନୀଙ୍କୁ ରାମାନୁଜ ଏକ ଭୟଙ୍କର ପ୍ରେତାତ୍ମା କବଳରୁ ମୁକ୍ତ କରିଥିଲେ। କିନ୍ତୁ ବାଲ୍ୟକାଳର ଏହି ସ୍ମୃତିକୁ ସେହି ରାଜା ଗୁରୁତ୍ୱ ଦେଲେ ନାହିଁ। ତାଙ୍କର ବୟସ ବୃଦ୍ଧି ହେବା ସହିତ ତାଙ୍କର ମନୋବୃତ୍ତିରେ ପରିବର୍ତ୍ତନ ଦେଖା ଦେଲା ଏବଂ ସେ ନିଷ୍ପତ୍ତି ନେଲେ ଯେ, ଯଦି ରାମାନୁଜ ବିଷ୍ଣୁଭକ୍ତି ତ୍ୟାଗ ନ କରନ୍ତି, ତେବେ ସେ ରାମାନୁଜଙ୍କୁ ହତ୍ୟା କରିଦେବେ।

ରାଜା କୋଲୁତ୍ତୁଙ୍ଗଙ୍କ ଦରବାର

କିଛିଦିନ ପରେ ରାଜା କୋଲୁତ୍ତୁଙ୍ଗ ଶୈବ ପଣ୍ଡିତମାନଙ୍କର ଏକ ସଭାର ଆୟୋଜନ କରାଇ ସେଠାକୁ କୁରେଶ ଓ ମହାପୂର୍ଣ୍ଣଙ୍କୁ ଡକାଇଲେ। କୁରେଶଙ୍କୁ ସେ ସ୍ୱାମୀ ରାମାନୁଜ ବୋଲି ମନେ କରୁଥିଲେ। କୁରେଶ ଓ ମହାପୂର୍ଣ୍ଣଙ୍କୁ ରାଜା କହିଲେ,

'ହେ ମହାତ୍ମାଗଣ ! ଦୟାକରି ଆସନ ଗ୍ରହଣ କରନ୍ତୁ। ଆଧ୍ୟାତ୍ମିକ ବିଷୟବସ୍ତୁ ମାନଙ୍କ ସମ୍ବନ୍ଧରେ ମଙ୍ଗଳମୟ କଥା ଶ୍ରବଣ କରିବା ପାଇଁ ଆମେ ଆପଣଙ୍କୁ ଏହି ପବିତ୍ର ସହରକୁ ଆମନ୍ତ୍ରଣ କରିଛୁ। ଆପଣଙ୍କ ଖ୍ୟାତି ଚତୁର୍ଦ୍ଦିଗରେ ଦୂର ଦୂରାନ୍ତ ପର୍ଯ୍ୟନ୍ତ ବିସ୍ତାର ଲାଭ କରିଛି। ତେଣୁ ଆପଣଙ୍କ ସହିତ ଆଲୋଚନା କରିବାକୁ ମୋର ଦରବାରର ସମସ୍ତ ପଣ୍ଡିତଗଣ ଏଠାରେ ଏକତ୍ରିତ ହୋଇଛନ୍ତି। ଏବେ ଦୟାକରି ଆମକୁ କୁହନ୍ତୁ, ଆମମାନଙ୍କ ଭଳି ମନୁଷ୍ୟମାନଙ୍କର କର୍ତ୍ତବ୍ୟ କଣ ?' କୁରେଶ ଉତ୍ତର ଦେଲେ , 'ହେ ରାଜା ଓ ପଣ୍ଡିତଗଣ ! ସମ୍ପୂର୍ଣ୍ଣ ସୃଷ୍ଟିର ଏକ ମାତ୍ର ରକ୍ଷକ ଭଗବାନ ବିଷ୍ଣୁ ହିଁ ପରମେଶ୍ୱର ଓ ସମସ୍ତଙ୍କର ସ୍ୱାମୀ ଅଟନ୍ତି। ତେଣୁ ପ୍ରେମ ଓ ଭକ୍ତିର ସହିତ ତାଙ୍କର ଆରାଧନା କରିବା ପ୍ରତ୍ୟେକ ମନୁଷ୍ୟର କର୍ତ୍ତବ୍ୟ ଅଟେ। ଏହାଠାରୁ ଅଧିକ କୌଣସି କର୍ତ୍ତବ୍ୟ ନାହିଁ।' ଏହା ଶୁଣି କୋଲୁତ୍ତୁଙ୍ଗ ଅତ୍ୟନ୍ତ କ୍ରୋଧିତ ହୋଇ କୁରେଶଙ୍କୁ କହିଲେ, 'ମୁଁ ଶୁଣିଥିଲି ଯେ ଆପଣ ଜଣେ ମହାନ୍ ଜ୍ଞାନୀ ଓ ପୁଣ୍ୟାତ୍ମା ଅଟନ୍ତି। କିନ୍ତୁ ଏବେ ମୁଁ ଦେଖି ପାରୁଛି ଯେ ଆପଣ ଜଣେ ଛଳନାକାରୀ ଅଟନ୍ତି। ସର୍ବ ଲୋକର ପ୍ରଭୁ ଓ ବିନାଶକର୍ତ୍ତା ଭଗବାନ ଶିବଙ୍କ ପରିବର୍ତ୍ତେ ଆପଣ ବିଷ୍ଣୁଙ୍କ ପୂଜା କରୁଛନ୍ତି ! ଏବେ ଆପଣ ନିଜର ମୂର୍ଖତାକୁ ତ୍ୟାଗ କରନ୍ତୁ। ଏଠାରେ ଉପସ୍ଥିତ ପଣ୍ଡିତଗଣଙ୍କଠାରୁ ଶାସ୍ତ୍ରମାନଙ୍କର ପ୍ରକୃତ ସାରାଂଶ ଶ୍ରବଣ କରନ୍ତୁ ଏବଂ ଶିବଙ୍କର ଜଣେ ଭକ୍ତ ହୋଇଯାଆନ୍ତୁ। କିନ୍ତୁ ଆପଣ ଯଦି ଜିଦ୍ ଧରି ଏମାନଙ୍କର ଶୁଦ୍ଧ ଜ୍ଞାନକୁ ଗ୍ରହଣ ନ କରିବେ, ତେବେ ଆପଣ ଦୁଇଜଣଙ୍କ ମଧ୍ୟରୁ କେହି ହେଲେ ପରବର୍ତ୍ତୀ ସୂର୍ଯ୍ୟୋଦୟ ଦେଖିବାକୁ ଜୀବିତ ରହିବେ ନାହିଁ।' ଏହାପରେ ସଙ୍ଗେସଙ୍ଗେ ଦରବାରର ପଣ୍ଡିତମାନେ ଶିବଙ୍କୁ ପରମେଶ୍ୱର ବୋଲି ପ୍ରମାଣ କରିବା ପାଇଁ ବିଭିନ୍ନ ଭ୍ରମାତ୍ମକ ତଥ୍ୟ ଓ ଯୁକ୍ତି ଉପସ୍ଥାପନ କରିବାକୁ ଲାଗିଲେ। କିନ୍ତୁ ନିଜର ଅଗାଧ ଶାସ୍ତ୍ରଜ୍ଞାନ ପ୍ରଦର୍ଶନ କରି କୁରେଶ ଓ ମହାପୂର୍ଣ୍ଣ ଅତି ସହଜରେ ସେମାନଙ୍କର ସମସ୍ତ ଯୁକ୍ତିକୁ ଖଣ୍ଡନ କରିଦେଲେ। ଏହା ଦେଖି ରାଜା ସମ୍ପୂର୍ଣ୍ଣ ହତାଶ ହୋଇଗଲେ ଓ ଚିତ୍କାର କରି କୁରେଶ ଓ ମହାପୂର୍ଣ୍ଣଙ୍କୁ କହିଲେ, 'ବନ୍ଦ କରନ୍ତୁ ଏହି ଯୁକ୍ତିତର୍କ ! ଯଦି ଆପଣମାନେ ନିଜର ଜୀବନ ବଞ୍ଚାଇବାକୁ ଚାହାଁନ୍ତି, ତେବେ ଏହା ଗ୍ରହଣ କରନ୍ତୁ ଯେ ଶିବଙ୍କଠାରୁ କେହି ବୃହତ୍ତର ନୁହଁନ୍ତି।' ଏହାର ଉତ୍ତରରେ କୁରେଶ ଉପହାସ କରି କହିଲେ, 'ଦ୍ରୋଣ ମଧ୍ୟ ଶିବଙ୍କଠାରୁ ବୃହତ୍ତର ନୁହଁନ୍ତି କି ?' ଏହି ବାକ୍ୟରେ ଥିବା 'ଦ୍ରୋଣ' ଓ 'ଶିବ' ଶବ୍ଦ ଦୁଇଟି ସେ ସମୟରେ କୌଣସି ବସ୍ତୁର ଓଜନର ମାପ କରିବା ପାଇଁ ମଧ୍ୟ ବ୍ୟବହାର କରାଯାଉଥିଲା ଏବଂ ସେ ଦୁଇଟି ମଧ୍ୟରୁ ଦ୍ରୋଣ ଶବ୍ଦଟି ଅଧିକ ଓଜନକୁ ସୂଚିତ କରୁଥିଲା। କୁରେଶ ଭଲ ଭାବରେ ଜାଣିଥିଲେ ଯେ, ଏହି ବାକ୍ୟ କହିବା ଦ୍ୱାରା ସେ ନିଜ ମୃତ୍ୟୁର ନିକଟତର ହେବାକୁ ଯାଉଛନ୍ତି। କିନ୍ତୁ ଗୁରୁଙ୍କର

ଜୀବନ ବଞ୍ଚାଇବାକୁ ନିଜ ଜୀବନର ବଳିଦାନ ଦେବାକୁ ସେ ତାଙ୍କର ସୌଭାଗ୍ୟ ବୋଲି ମନେ କଲେ। ସେ ମନରେ ଭଗବାନଙ୍କୁ ପ୍ରାର୍ଥନା କଲେ, 'ହେ ଶ୍ରୀହରି ! ଆପଣ କୃପାର ସାଗର ଅଟନ୍ତି। ଆପଣଙ୍କ କରୁଣାରୁ ଗୁରୁ ରାମାନୁଜଙ୍କ ସେବା କରିବାକୁ ମୁଁ ସୁଯୋଗ ପାଇଛି। ଏହି କ୍ଷମତାଶାଳୀ ରାଜା ଓ ତାଙ୍କର ଅହଙ୍କାରୀ ପଣ୍ଡିତମାନେ ଆପଣଙ୍କ ଅସୀମ ମହିମା ବିଷୟରେ କିଛି ଜାଣନ୍ତି ନାହିଁ। କିନ୍ତୁ ମୋ ପରି ଜଣେ ତୁଚ୍ଛ ବ୍ୟକ୍ତିର ବିନମ୍ରତା ଓ ଶରଣାଗତିକୁ ବୃଦ୍ଧି କରିବା ପାଇଁ ହିଁ ଆପଣ ସେମାନଙ୍କ ସହିତ ମୋର ସାକ୍ଷାତ କରାଇଛନ୍ତି। ଏହାଠାରୁ ଅଧିକ ସୌଭାଗ୍ୟ କେବେହେଲେ ମୁଁ ଆଶା କରିପାରିବି ନାହିଁ।'

କୋଲୁତ୍ତୁଙ୍ଗଙ୍କ ନିଷ୍ଠୁରତା

କୁରେଶଙ୍କ ଉପହାସପୂର୍ଣ୍ଣ ଉତ୍ତର ଶୁଣି ରାଜା କୋଲୁତ୍ତୁଙ୍ଗ ଓ ତାଙ୍କ ପଣ୍ଡିତମାନେ ଅତ୍ୟନ୍ତ କ୍ରୋଧିତ ହୋଇଗଲେ। କୁରେଶ ଓ ମହାପୂର୍ଣ୍ଣଙ୍କୁ ସଙ୍ଗେସଙ୍ଗେ ବନ୍ଦୀ କରିବାକୁ ରାଜା ଆଦେଶ ଦେଲେ। ଏହାପରେ ସେ ନିଜର ଦରବାରୀମାନଙ୍କୁ କହିଲେ, 'ଏହି ଦୁଇ ଘୋର ଅପରାଧୀଙ୍କୁ ମୋ ସମ୍ମୁଖରୁ ନେଇଯାଅ ଏବଂ ସେମାନଙ୍କର ନେତ୍ରକୁ ତାଡ଼ି ବାହାର କରିଦିଅ। ମୋ ସମ୍ମୁଖରେ କହିଥିବା ବାକ୍ୟ ପାଇଁ ସେମାନେ ମୃତ୍ୟୁଲାଭ କରିବା ପାଇଁ ଯୋଗ୍ୟ ଅଟନ୍ତି। କିନ୍ତୁ ରାମାନୁଜ ଅତୀତରେ ମୋର ଭଗିନୀକୁ ପ୍ରେତାତ୍ମା କବଳରୁ ରକ୍ଷା କରିଥିବାରୁ ମୁଁ ସେମାନଙ୍କୁ ମୃତ୍ୟୁଦଣ୍ଡ ଦେଉନାହିଁ।' ଏହି ଆଦେଶ ଶୁଣି ରଜାଙ୍କ ପରିକରମାନେ କୁରେଶ ଓ ମହାପୂର୍ଣ୍ଣଙ୍କୁ ଏକ ନିର୍ଜନ ସ୍ଥାନକୁ ନେଇଗଲେ ଏବଂ ସେମାନଙ୍କୁ ଅନେକ ନିର୍ଯାତନା ଦେଲା ପରେ ସେମାନଙ୍କ ନେତ୍ରକୁ କାଢ଼ି ଦେଲେ। ଭୀଷଣ ଯନ୍ତ୍ରଣା ପାଇବା ସତ୍ତ୍ୱେ କୁରେଶ ବିଚଳିତ ହେଲେ ନାହିଁ ଏବଂ ଅନ୍ତରରେ ପ୍ରଭୁ ନାରାୟଣଙ୍କୁ ସେହି ନିର୍ଯାତନାକାରୀ ମାନଙ୍କୁ କ୍ଷମା କରିବାକୁ ପ୍ରାର୍ଥନା କଲେ। ନିଜ ଗୁରୁଙ୍କ ସେବା ପାଇଁ ଏପରି ଯାତନା ସହ୍ୟ କରି ପାରିଥିବାରୁ ସେ ଆନନ୍ଦିତ ହେଲେ। ରାଜାଙ୍କ ଲୋକମାନେ ଯେତେବେଳେ ତାଙ୍କୁ ଦଣ୍ଡ ଦେବା କାର୍ଯ୍ୟ ସମାପ୍ତ କଲେ, କୁରେଶ ସେମାନଙ୍କୁ ହାତ ଯୋଡ଼ି କହିଲେ, 'ଆପଣମାନେ ମୋତେ ମୋର ଗୁରୁଙ୍କ ପାଇଁ ଏପରି ସେବା କରିବାକୁ ସୁଯୋଗ ଦେଇଛନ୍ତି। ଭଗବାନ ନାରାୟଣ ଆପଣମାନଙ୍କୁ କୃପା କରନ୍ତୁ।' ସେମାନଙ୍କ ଦ୍ୱାରା ଏପରି ଭୟଙ୍କର ନିର୍ଯାତନା ପାଇ ମଧ୍ୟ କୁରେଶଙ୍କଠାରୁ ଏହି ବଚନ ଶୁଣି ଓ ତାଙ୍କର ପ୍ରଶାନ୍ତ ଆଚରଣ ଦେଖି ରାଜାଙ୍କର ସେହି କ୍ରୁର ଲୋକମାନେ ବିସ୍ମିତ ହୋଇଗଲେ। କିଛି ଦୂରରେ ବସିଥିବା ଜଣେ

ଭିକ୍ଷୁକକୁ ସେମାନେ ଡାକି ତାକୁ କିଛି ଅର୍ଥ ଦେଲେ ଏବଂ କୁରେଶ ଓ ମହାପୂର୍ଣ୍ଣଙ୍କୁ ଶ୍ରୀରଙ୍ଗମ୍ ପର୍ଯ୍ୟନ୍ତ ନେଇ ଯିବାକୁ ନିର୍ଦ୍ଦେଶ ଦେଲେ। କିନ୍ତୁ ମହାପୂର୍ଣ୍ଣଙ୍କ ଜରାଜୀର୍ଣ୍ଣ ଶରୀର କୋଲୁତ୍ତୁଙ୍ଗଙ୍କ ଲୋକମାନଙ୍କ ଦ୍ୱାରା ଦିଆଯାଇଥିବା ଅତ୍ୟଧିକ ଯାତନାକୁ ସହ୍ୟ କରି ପାରିଲା ନାହିଁ। ମାର୍ଗ ଉପରେ ପଡ଼ି ରହି ସେ କୁରେଶଙ୍କ କୋଳରେ ନିଜ ମସ୍ତକକୁ ରଖିଲେ ଓ କହିଲେ, 'ମୋର ଏହି ସଂସାରକୁ ତ୍ୟାଗ କରିବାର ସମୟ ଆସି ଯାଇଛି। ତେଣୁ ତୁମକୁ ଏକାକୀ ଶ୍ରୀରଙ୍ଗମ୍ ଯିବାକୁ ହେବ। ଏଥିରେ ଦୁଃଖ କରିବାର କିଛି କାରଣ ନାହିଁ। ମୋର ମନ ଶ୍ରୀ ଯମୁନାଚାର୍ଯ୍ୟଙ୍କଠାରେ ସ୍ଥିର ହୋଇଯାଇଛି। ମୁଁ ସେହି ମହାନ୍ ଆତ୍ମାଙ୍କ ସହିତ ମିଳିତ ହେବାକୁ ଯାଉଛି। ଯେତେବେଳେ ମୋର ପ୍ରିୟ ଶିଷ୍ୟ ରାମାନୁଜଙ୍କ ସହିତ ତୁମର ସାକ୍ଷାତ ହେବ, ତାଙ୍କ ଚରଣରେ ମୋ ତରଫରୁ ତୁମେ କୋଟି କୋଟି ପ୍ରଣାମ ଅର୍ପଣ କରିବ।' ଏହା କହି ମହାପୂର୍ଣ୍ଣ ନିଜ ଗୁରୁଙ୍କ ପାଦପଦ୍ମକୁ ଧ୍ୟାନ କରି ଦେହ ତ୍ୟାଗ କଲେ। କୁରେଶ ଓ ମହାପୂର୍ଣ୍ଣଙ୍କ ପ୍ରତି ଏପରି ନିଷ୍ଠୁର ଆଚରଣ କରିବାର ଅଳ୍ପ କିଛି ଦିନ ପରେ ରାଜା କୋଲୁତ୍ତୁଙ୍ଗ ଏକ ଭୟଙ୍କର ରୋଗ ଦ୍ୱାରା ଆକ୍ରାନ୍ତ ହୋଇଗଲେ, ଯାହା ଫଳରେ ତାଙ୍କର ଗଳା ମଧ୍ୟରୁ ଅନବରତ କୀଟ ନିର୍ଗତ ହେବାକୁ ଲାଗିଲେ ଏବଂ ଲୋକମାନେ ତାଙ୍କୁ 'କୃମିକଣ୍ଠ' ବୋଲି କହିଲେ। ଏହି ରୋଗରେ ପୀଡିତ ହୋଇ ସେ ଅନେକ କଷ୍ଟ ଭୋଗିଲେ ଏବଂ ଶେଷରେ ମୃତ୍ୟୁବରଣ କଲେ। ଯିଏ ଭଗବାନଙ୍କ ଭକ୍ତମାନଙ୍କୁ ଅତ୍ୟାଚାର କରେ, ତାହାର ସର୍ବଦା ଅମଙ୍ଗଳ ହିଁ ହୋଇଥାଏ। କୋଲୁତ୍ତୁଙ୍ଗଙ୍କ ଦେହାନ୍ତ ପରେ ତାଙ୍କ ପୁତ୍ର ବିକ୍ରମ ସେହି ଚୋଳ ରାଜ୍ୟର ରାଜା ହେଲେ। ଯଦିଓ ପିତା କୋଲୁତ୍ତୁଙ୍ଗ ଜଣେ ଦୃଢ଼ ଶୈବ ଥିଲେ, ବିକ୍ରମ ଚୋଳ କିନ୍ତୁ ପରେ ରାମାନୁଜଙ୍କ ଶିଷ୍ୟ ହେଲେ ଏବଂ ତାଙ୍କଠାରୁ ବିଷ୍ଣୁଭକ୍ତିର ଉପାୟ ବିଷୟରେ ଶିକ୍ଷାଲାଭ କଲେ।

ଅରଣ୍ୟ ମଧ୍ୟସ୍ଥ ମାର୍ଗ

ଶିଷ୍ୟ କୁରେଶ ଯେଉଁ ସମୟରେ କୋଲୁତ୍ତୁଙ୍ଗଙ୍କ ଆଦେଶରେ ଯାତନା ଭୋଗୁଥିଲେ, ସେତେବେଳେ ରାମାନୁଜ ଓ ଅନ୍ୟ ଶିଷ୍ୟମାନେ ଶ୍ରୀରଙ୍ଗମ୍ କ୍ଷେତ୍ରରୁ ପ୍ରସ୍ଥାନ କରି ଅରଣ୍ୟ ପଥରେ ଯାତ୍ରା କରୁଥିଲେ। ସେମାନେ ଦୁଇ ଦିନ ଓ ଦୁଇ ରାତ୍ରି ପର୍ଯ୍ୟନ୍ତ କିଛି ଖାଦ୍ୟ ଗ୍ରହଣ ନ କରି ପଶ୍ଚିମ ଦିଗକୁ ଶୀଘ୍ର ଗତି କରିବାକୁ ଲାଗିଲେ। ଅତ୍ୟନ୍ତ କ୍ଳାନ୍ତ ହୋଇଯିବାରୁ ଏକ ପର୍ବତର ପାଦଦେଶରେ ସେମାନେ ବସି ପଡ଼ିଲେ। ସେମାନଙ୍କ ପାଦ ତଳେ ଫୋଟକା ହୋଇଯାଇଥିଲା ଏବଂ କଣ୍ଟକପୂର୍ଣ୍ଣ ମାର୍ଗ ଦ୍ୱାରା

ଶରୀର କ୍ଷତାକ୍ତ ହୋଇ ପଡ଼ିଥିଲା। କିଛି ସମୟ ମଧ୍ୟରେ ସେମାନେ ସମସ୍ତେ ଶୋଇ ପଡ଼ିଲେ। ସେହି ସ୍ଥାନର ନିକଟରେ ନୀଚ କୂଳର ଚଣ୍ଡାଳମାନଙ୍କର ଏକ ଗ୍ରାମ ଥିଲା। ଯେତେବେଳେ ଗ୍ରାମବାସୀମାନେ ସେହି ବୈଷ୍ଣବମାନଙ୍କୁ ଶୋଇଥିବାର ଦେଖିଲେ, ସେମାନେ ନିଜର ସାମର୍ଥ୍ୟ ଅନୁସାରେ ବୈଷ୍ଣବମାନଙ୍କ ସେବା କରିବାକୁ ଆଗେଇ ଆସିଲେ। ବୈଷ୍ଣବମାନଙ୍କ ନିଦ୍ରା ଭଙ୍ଗ ନ କରି ସେମାନେ ଅରଣ୍ୟରୁ ବହୁ ପରିମାଣର ଫଳ ସଂଗ୍ରହ କରି ବୈଷ୍ଣବମାନଙ୍କ ଚତୁର୍ପାର୍ଶ୍ୱରେ ରଖିଦେଲେ। ନିକଟରେ ଅଗ୍ନି ଜଳାଇ ସେଠାରେ ସେମାନେ ବୈଷ୍ଣବମାନଙ୍କ ଜାଗ୍ରତ ହେବା ପର୍ଯ୍ୟନ୍ତ ଅପେକ୍ଷା କରିବାକୁ ଲାଗିଲେ। କିଛି ସମୟ ପରେ ରାମାନୁଜ ଓ ତାଙ୍କ ଶିଷ୍ୟମାନେ ନିଦ୍ରାରୁ ଜାଗ୍ରତ ହୋଇ ନିକଟରେ ସେହି ଫଳଗୁଡ଼ିକୁ, ପ୍ରଜ୍ୱଳିତ ଅଗ୍ନିକୁ ଓ ସେବା ପରାୟଣ ଗ୍ରାମବାସୀମାନଙ୍କୁ ଦେଖିବାକୁ ପାଇଲେ। ଏହା ଦେଖି ସେମାନେ ଜାଣି ପାରିଲେ ଯେ, ପ୍ରଭୁ ନାରାୟଣ ହିଁ ସେହି ଘଞ୍ଚ ଅରଣ୍ୟରେ ସେମାନଙ୍କୁ ସୁରକ୍ଷା ପ୍ରଦାନ କରିଛନ୍ତି। ନିକଟରେ ଥିବା ଏକ ନଦୀରେ ଶୀଘ୍ର ସ୍ନାନ କରି ସେମାନେ ଫଳଗୁଡ଼ିକୁ ଭଗବାନଙ୍କୁ ଅର୍ପଣ କଲେ ଓ ପ୍ରସାଦ ରୂପେ ତାହାକୁ ଗ୍ରହଣ କଲେ। ଗ୍ରାମବାସୀଙ୍କ ସହିତ ବାର୍ତ୍ତାଳାପ କରି ରାମାନୁଜ ଜାଣିପାରିଲେ ଯେ, ଚୋଳ ରାଜ୍ୟର ସୀମା ଅତିକ୍ରମ କରି ସେମାନେ ଅନ୍ୟ ରାଜ୍ୟରେ ପହଞ୍ଚି ଯାଇଛନ୍ତି, ଯାହା ଫଳରେ ସେମାନେ କୋଲତ୍ତୁଙ୍ଗଙ୍କ ଲୋକମାନଙ୍କ କବଳରୁ ବର୍ତ୍ତି ଯାଇଛନ୍ତି। କିଛି ସମୟ ବିଶ୍ରାମ ନେବା ପରେ ରାମାନୁଜ ସେହି ଚଣ୍ଡାଳମାନଙ୍କୁ ଆଶୀର୍ବାଦ କଲେ ଓ ପଶ୍ଚିମ ଦିଗକୁ ଯାତ୍ରା ଜାରି ରଖିଲେ। ଅପରାହ୍ନରେ ସେମାନେ ଏକ ଗ୍ରାମରେ ପହଞ୍ଚିଲେ ଓ ଶ୍ରୀରଙ୍ଗ ଦାସ ନାମରେ ଜଣେ ବ୍ରାହ୍ମଣଙ୍କ ଗୃହକୁ ଗଲେ। ସେତେବେଳେ ବ୍ରାହ୍ମଣ ଭିକ୍ଷା କରିବାକୁ ଗୃହରୁ ବାହାରକୁ ଯାଇଥିଲେ। ତାଙ୍କ ପତ୍ନୀ ଚେଲାନ୍ଚଲମ୍ମା ଆଗନ୍ତୁକ ବୈଷ୍ଣବମାନଙ୍କ ସେବା କରିବାକୁ ନିଜର ସୌଭାଗ୍ୟ ମନେ କଲେ। ସେ ଅତିଥିମାନଙ୍କୁ ଗୃହକୁ ଆମନ୍ତ୍ରଣ କଲେ, ସେମାନଙ୍କୁ ଆସନ ଅର୍ପଣ କଲେ ଓ ସଙ୍ଗେସଙ୍ଗେ ବୈଷ୍ଣବମାନଙ୍କ ପାଇଁ ପ୍ରସାଦ ପ୍ରସ୍ତୁତ କରିବାକୁ ଲାଗିଲେ। କିଛି ସମୟ ପରେ ଶ୍ରୀରଙ୍ଗ ଦାସ ଗୃହକୁ ଫେରିଲେ ଏବଂ ପ୍ରସିଦ୍ଧ ଗୁରୁ ରାମାନୁଜଙ୍କ ସହିତ ଅନ୍ୟ ବୈଷ୍ଣବମାନଙ୍କୁ ଦର୍ଶନ କରି ଆନନ୍ଦିତ ହୋଇଗଲେ। ରାମାନୁଜ ଦୁଇ ଦିନ ପର୍ଯ୍ୟନ୍ତ ଶ୍ରୀରଙ୍ଗ ଦାସଙ୍କ ଗୃହରେ ଅବସ୍ଥାନ କଲେ ଏବଂ ପ୍ରସ୍ଥାନ କରିବା ପୂର୍ବରୁ ସେହି ଦମ୍ପତ୍ତିଙ୍କୁ ଦୀକ୍ଷା ପ୍ରଦାନ କଲେ। ଶ୍ରୀରଙ୍ଗ ଦାସ ମଧ୍ୟ ସେହି ବୈଷ୍ଣବ ମାନଙ୍କ ସହିତ ଯାତ୍ରା କଲେ। ସନ୍ଧ୍ୟା ସମୟରେ ସେମାନେ ବନ୍‌ହିପୁଷ୍କରିଣୀ ନାମକ ସ୍ଥାନରେ ପହଞ୍ଚିଲେ ଓ ସେଠାରେ ଦୁଇଦିନ ଅବସ୍ଥାନ କଲେ। ଏହା ପରେ ଶ୍ରୀରଙ୍ଗ ଦାସଙ୍କ ଠାରୁ ବିଦାୟ ନେଇ ସେମାନେ ଶାଳଗ୍ରାମ ନାମକ ଗ୍ରାମକୁ ଗଲେ, ଯେଉଁଠାରେ

ସେମାନେ ଆନ୍ଧ୍ରପୂର୍ଣ୍ଣ ନାମରେ ଜଣେ ବ୍ରାହ୍ମଣଙ୍କ ଗୃହରେ ଅବସ୍ଥାନ କଲେ । ଆନ୍ଧ୍ରପୂର୍ଣ୍ଣ ଜଣେ ଶୁଦ୍ଧ ଭକ୍ତ ଥିଲେ । ତାଙ୍କର ଉତ୍ତମ ଗୁଣ ଦେଖି ରାମାନୁଜ ତାଙ୍କୁ ଦୀକ୍ଷା ପ୍ରଦାନ କଲେ । ସେବେଠାରୁ ଆନ୍ଧ୍ରପୂର୍ଣ୍ଣ ଜଣେ ଆଦର୍ଶ ଶିଷ୍ୟ ଭାବରେ ସର୍ବଦା ଗୁରୁ ରାମାନୁଜଙ୍କ ସାଙ୍ଗରେ ରହି ତାଙ୍କର ସେବା କରିବାକୁ ଲାଗିଲେ । ଆନ୍ଧ୍ରପୂର୍ଣ୍ଣ ରାମାନୁଜଙ୍କୁ ପୂର୍ଣ୍ଣ ନାମରେ ଜଣେ ମହାନ୍ ଭକ୍ତଙ୍କ ବିଷୟରେ ସୂଚନା ଦେଲେ, ଯେ କି ନିକଟରେ ଥିବା ଭକ୍ତଗ୍ରାମ ନାମକ ସ୍ଥାନରେ ବାସ କରୁଥିଲେ । ନୃସିଂହ କ୍ଷେତ୍ର ମଧ୍ୟ ଦେଇ ଯାତ୍ରା କରି ସେମାନେ ସମସ୍ତେ ଭକ୍ତଗ୍ରାମରେ ପହଞ୍ଚିଲେ ଏବଂ ସେଠାରେ ଶ୍ରୀ ପୂର୍ଣ୍ଣଙ୍କ ସଙ୍ଗଲାଭ କରି କିଛି ସମୟ ପର୍ଯ୍ୟନ୍ତ ଅବସ୍ଥାନ କଲେ ।

ରାଜା ବିଠଲଦେବଙ୍କ ପରିବର୍ତ୍ତନ

ରାମାନୁଜ ଯେଉଁ ରାଜ୍ୟରେ ପହଞ୍ଚିଥିଲେ, ବିଠଲଦେବ ସେଠାକାର ରାଜା ଥିଲେ, ଯେ କି ଜୈନ ଧର୍ମାବଲମ୍ବୀ ଥିଲେ । ତାଙ୍କର କନ୍ୟା ଅନେକ ବର୍ଷ ଧରି ଏକ ପ୍ରେତାତ୍ମାର କବଳରେ ପଡ଼ିଥିଲେ । ଜୈନ ପୂଜାରୀମାନେ ଅନେକ ଚେଷ୍ଟା କରିବା ପରେ ମଧ୍ୟ ସେହି ପ୍ରେତାତ୍ମାକୁ ଦୂର କରିବାକୁ ବିଫଳ ହୋଇଥିଲେ । ଯେତେବେଳେ ରାଜା ସମ୍ବାଦ ପାଇଲେ ଯେ, ପୂର୍ବ ଦିଗରୁ କିଛି ବୈଷ୍ଣବମାନେ ଆସି ତାଙ୍କ ରାଜ୍ୟରେ ପହଞ୍ଚିଛନ୍ତି ଏବଂ ସେମାନେ ଭକ୍ତଗ୍ରାମରେ ପୂର୍ଣ୍ଣଙ୍କ ଗୃହରେ ଅବସ୍ଥାନ କରୁଛନ୍ତି, ସେ ସେମାନଙ୍କୁ ନିଜ ରାଜପ୍ରାସାଦକୁ ଆମନ୍ତ୍ରଣ କଲେ । ରାଜା ଆଶା କଲେ ଯେ, ହୁଏତ ସେହି ବୈଷ୍ଣବମାନେ ରାଜକନ୍ୟାଙ୍କୁ ସୁସ୍ଥ କରିବାକୁ ସଫଳ ହେବେ । ରାଜାଙ୍କ ନିମନ୍ତ୍ରଣ ସ୍ୱୀକାର କରି ରାମାନୁଜ ରାଜପ୍ରାସାଦକୁ ଗଲେ । ସେଠାରେ ପହଞ୍ଚି ସେ ଯେତେବେଳେ ରାଜକନ୍ୟାଙ୍କ ମୁଖକୁ ନିଜର କୃପାପୂର୍ଣ୍ଣ ଓ ଦୈବୀ ଦୃଷ୍ଟିରେ ଦେଖିଲେ, ତତକ୍ଷଣାତ୍ ସେହି ପ୍ରେତାତ୍ମା ରାଜକନ୍ୟାଙ୍କୁ ଛାଡ଼ି ଚାଲିଗଲା ଏବଂ ସେ ସମ୍ପୂର୍ଣ୍ଣ ସୁସ୍ଥ ହୋଇଗଲେ । ଏହା ଦେଖି ରାଜା ଅତ୍ୟନ୍ତ ଆନନ୍ଦିତ ହୋଇଗଲେ ଏବଂ ସଙ୍ଗେସଙ୍ଗେ ରାମାନୁଜଙ୍କ ଚରଣରେ ଶରଣ ନେଲେ । ବୈଷ୍ଣବ ସିଦ୍ଧାନ୍ତ ଓ ବେଦର ସାରତତ୍ତ୍ୱ ବିଷୟରେ ତାଙ୍କୁ ଶିକ୍ଷା ପ୍ରଦାନ କରିବା ପାଇଁ ସେ ରାମାନୁଜଙ୍କୁ ପ୍ରାର୍ଥନା କଲେ । ରାଜାଙ୍କ ସମ୍ମୁଖରେ ରାମାନୁଜ ଭଗବାନଙ୍କ ପ୍ରତି ପ୍ରେମ ଓ ଭକ୍ତିପୂର୍ଣ୍ଣ ସେବାର ମହିମା ବର୍ଣ୍ଣନା କଲେ । ଏହାକୁ ଶ୍ରବଣ କରି ରାଜାଙ୍କ ହୃଦୟରେ ମହାନ୍ ପରିବର୍ତ୍ତନ ସୃଷ୍ଟି ହେଲା । ସେ ପୂର୍ବରୁ ଏକ ଭଗବଦ୍ ପ୍ରେମଭକ୍ତି ବିହୀନ ମାର୍ଗ ଅନୁସରଣ କରିଥିବାରୁ ଅନୁତାପ କଲେ । ଏହା ପରେ ସେ ସମସ୍ତ ଜୈନ ପୂଜାରୀ ଓ ପଣ୍ଡିତମାନଙ୍କର ଏକ ସଭାର ଆୟୋଜନ

କରାଇଲେ, ଯେପରିକି ସେମାନେ ମହାନ୍ ବିଷ୍ଣୁଭକ୍ତ ରାମାନୁଜଙ୍କଠାରୁ ତତ୍ତ୍ୱ ଶ୍ରବଣ କରି ପାରିବେ। ରାମାନୁଜ ସେହି ସଭାରେ ପରମେଶ୍ୱର ନାରାୟଣଙ୍କ ମହିମା ବିଷୟରେ ଉଦବୋଧନ ଦେଲେ। ଏହାକୁ ଶ୍ରବଣ କରି କିଛି ପଣ୍ଡିତମାନେ କ୍ରୋଧିତ ହୋଇ କୋଳାହଳ କଲେ। ସେମାନଙ୍କୁ ରାଜାଙ୍କ ଆଦେଶରେ ସଭାରୁ ବାହାର କରି ଦିଆଗଲା। ରାମାନୁଜଙ୍କ ବକ୍ତବ୍ୟ ଶେଷ ହେଲା ପରେ ଜୈନମାନଙ୍କର ମୁଖ୍ୟ ରାମାନୁଜଙ୍କ ତତ୍ତ୍ୱକୁ ଖଣ୍ଡନ କରିବାକୁ ଅନେକ ଚେଷ୍ଟା କଲେ, କିନ୍ତୁ ସେଥିରେ ସେ ବିଫଳ ହେଲେ। ଏହାପରେ ସେହି ଜୈନପନ୍ଥୀ ଜଣକ ସନାତନ ଧର୍ମକୁ ବିରୋଧ କରି ନାନା ପ୍ରକାରର ଆକ୍ଷେପ କଲେ। ଏହା ଶୁଣି ରାଜା ବିଠଲଦେବ କହିଲେ, 'ଅନ୍ୟକୁ ଦୋଷ ଦେବା ଅତି ସହଜ କାର୍ଯ୍ୟ ଅଟେ। ଆପଣ ଜଣେ ଜ୍ଞାନୀ ପଣ୍ଡିତ ଅଟନ୍ତି। ଯଦି ଆପଣଙ୍କର କ୍ଷମତା ଅଛି, ତେବେ ସଠିକ୍ ଯୁକ୍ତି ଦ୍ୱାରା ଅପର ପକ୍ଷର ତତ୍ତ୍ୱକୁ ଖଣ୍ଡନ କରନ୍ତୁ। ନଚେତ୍ ଆପଣ ନିଜର ଭ୍ରମପୂର୍ଣ୍ଣ ସିଦ୍ଧାନ୍ତକୁ ତ୍ୟାଗ କରି ବୈଷ୍ଣବ ଦୀକ୍ଷା ଗ୍ରହଣ କରନ୍ତୁ।' ରାମାନୁଜଙ୍କ ଶାସ୍ତ୍ରସମ୍ମତ ତତ୍ତ୍ୱ ଗୁଡ଼ିକୁ କୌଣସି ଜୈନ ପଣ୍ଡିତ ଖଣ୍ଡନ କରିପାରିଲେ ନାହିଁ। ଏହାପରେ ରାଜା କହିଲେ, 'ଆଜି ଆପଣମାନେ ସମସ୍ତେ ଆମର ଜୈନ ପଣ୍ଡିତମାନଙ୍କୁ ଏହି ବୈଷ୍ଣବ ଆଚାର୍ଯ୍ୟଙ୍କଠାରୁ ପରାସ୍ତ ହେବାର ଦେଖିଲେ। ତେବେ ବର୍ତ୍ତମାନ ଆମର କର୍ତ୍ତବ୍ୟ କଣ ? ଆମେମାନେ ଜିଦ୍ ଧରି ସେହି ସିଦ୍ଧାନ୍ତକୁ ବିଶ୍ୱାସ କରିବା, ଯାହା ମିଥ୍ୟା ବୋଲି ପ୍ରମାଣିତ ହୋଇଛି, ନା ସୁନ୍ଦର ଭାବରେ ବର୍ଣ୍ଣିତ ହୋଇଥିବା ଏହି ଭଗବଦ୍ ଭକ୍ତି ଓ ଶରଣାଗତିର ପନ୍ଥାକୁ ଆଲିଙ୍ଗନ କରିବା ? ଯେ କୌଣସି ସୁସ୍ଥ ମସ୍ତିଷ୍କଧାରୀ ବ୍ୟକ୍ତି ଏହା ଗ୍ରହଣ କରିବ ଯେ, ଯାତନାଠାରୁ ଆନନ୍ଦ ଏବଂ ଅଜ୍ଞାନଠାରୁ ଜ୍ଞାନ ଉତ୍ତମ ଅଟେ। ତେଣୁ ଚାଲନ୍ତୁ, ଆଜି ଆମେ ସମସ୍ତେ ବିଶ୍ୱାସର ସହିତ ଏହି ମହାନ୍ ଭକ୍ତଙ୍କଠାରୁ ଦୀକ୍ଷା ନେଇ ନିଜକୁ ଧନ୍ୟ କରିବା।' ଅଳ୍ପ କିଛି ଜୈନଙ୍କୁ ଛାଡ଼ି ଅନ୍ୟ ସମସ୍ତେ ରାଜାଙ୍କର ଏହି ପ୍ରସ୍ତାବରେ ରାଜି ହୋଇଗଲେ ଏବଂ ରାମାନୁଜଙ୍କଠାରୁ ଦୀକ୍ଷା ଗ୍ରହଣ କଲେ। ରାଜା ମଧ୍ୟ ରାମାନୁଜଙ୍କୁ ଗୁରୁ ରୂପେ ଗ୍ରହଣ କଲେ। ରାମାନୁଜ ତାଙ୍କୁ ବିଷ୍ଣୁବର୍ଦ୍ଧନ ନାମ ପ୍ରଦାନ କଲେ ଏବଂ ସେହି ସମୟଠାରୁ ସେ ରାଜା ବିଷ୍ଣୁବର୍ଦ୍ଧନ ନାମରେ ପରିଚୟ ଲାଭ କଲେ।

ଶ୍ରୀ ଯାଦବାଦ୍ରି ପତିଙ୍କୁ ଆବିଷ୍କାର

ବିଷ୍ଣୁବର୍ଦ୍ଧନ ଓ ତାଙ୍କ ପୂଜାରୀମାନଙ୍କୁ ଦୀକ୍ଷା ପ୍ରଦାନ କରିବା ପରେ ରାମାନୁଜ ସେହି ନୂତନ ଶିଷ୍ୟମାନଙ୍କୁ କିଛି ଅଧିକ ତତ୍ତ୍ୱଜ୍ଞାନ ଶିକ୍ଷା ଦେବା ଉଦ୍ଦେଶ୍ୟରେ ସେହି

ସହରରେ ଆଉ କିଛି ମାସ ଅବସ୍ଥାନ କଲେ। ଏହାପରେ ସେ ଶ୍ରୀରଙ୍ଗମ୍ କ୍ଷେତ୍ରରୁ ତାଙ୍କ ସହିତ ଆସିଥିବା ଶିଷ୍ୟମାନଙ୍କୁ ସାଙ୍ଗରେ ନେଇ ଯାଦବାଦ୍ରି ନାମକ ସହରକୁ ଯାତ୍ରା କଲେ। ସେଠାରେ ପହଞ୍ଚିବାର କିଛିଦିନ ପରେ, ଦିନେ ପ୍ରଭାତ ସମୟରେ ରାମାନୁଜ ଏକ ତୁଳସୀ ବନ ମଧ୍ୟ ଦେଇ ଚାଲିଚାଲି ଯାଉଥିଲେ। ହଠାତ୍ ନିକଟରେ ଥିବା ଏକ ଉଇ ହୁଙ୍କା ମଧ୍ୟରୁ କୌଣସି ଅଦ୍ଭୁତ ବସ୍ତୁର ଉପର ଭାଗ ବାହାରି ରହିଥିବାର ସେ ଦେଖିଲେ। ନିଜ ଅନୁଯାୟୀମାନଙ୍କୁ ଡକାଇ ଯେତେବେଳେ ସେ ସେହି ସ୍ଥାନରେ ମାଟି ଖୋଳାଇଲେ, ସମସ୍ତେ ଦେଖିବାକୁ ପାଇଲେ ଯେ, ରାମାନୁଜ ଆବିଷ୍କାର କରିଥିବା ସେହି ବସ୍ତୁଟି ଭଗବାନ ନାରାୟଣଙ୍କର ଏକ ଅତି ସୁନ୍ଦର ବିଗ୍ରହ ଅଟନ୍ତି। ଏହାପରେ ସେହି ବିଗ୍ରହଙ୍କୁ ସ୍ନାନ କରାଇ ପରିଷ୍କାର କରାଗଲା ଏବଂ ତାଙ୍କୁ ଏକ ବେଦୀ ଉପରେ ସ୍ଥାପନ କରାଗଲା। ସେହି ସହରର ବୟସ୍କ ବାସିନ୍ଦାମାନେ ସ୍ମରଣ କରି ରାମାନୁଜଙ୍କୁ କହିଲେ, 'ଆମମାନଙ୍କର ପୂର୍ବପୁରୁଷମାନେ ସେହି ସ୍ଥାନରେ ପୂଜା ପାଉଥିବା ଭଗବାନଙ୍କର ଏକ ବିଗ୍ରହଙ୍କ ବିଷୟରେ ଜାଣିଥିଲେ, ଯାହାଙ୍କ ନାମ ଥିଲା ଶ୍ରୀ ଯାଦବାଦ୍ରି ପତି। ଯେତେବେଳେ କିଛି ଦୁର୍ଦ୍ଧାନ୍ତ ମୁସଲମାନ ସଦଳବଳେ ଏହି ପ୍ରଦେଶକୁ ଆକ୍ରମଣ କଲେ, ଏହି ସହରର ସମସ୍ତ ବାସିନ୍ଦା ଭୟଭୀତ ହୋଇ ଏଠାରୁ ପଳାୟନ କଲେ। ସେହି ଆକ୍ରମଣକାରୀମାନଙ୍କ କବଳରୁ ରକ୍ଷା କରିବା ପାଇଁ କିଛି ବ୍ରାହ୍ମଣମାନେ ଶ୍ରୀ ଯାଦବାଦ୍ରି ପତିଙ୍କ ବିଗ୍ରହଙ୍କୁ କୌଣସି ସ୍ଥାନରେ ଲୁଚାଇ ଦେଇଥିଲେ। ସେହି ସମୟଠାରୁ କେହି ହେଲେ ପ୍ରଭୁଙ୍କୁ ଦର୍ଶନ କରି ନାହାଁନ୍ତି। ମନେହୁଏ ଆପଣଙ୍କ ଭକ୍ତିର ମହାନତା ପାଇଁ ହିଁ ପ୍ରଭୁ ପୁଣି ଥରେ ସମସ୍ତଙ୍କୁ ଦର୍ଶନ ଦେବା ପାଇଁ ସଂକଳ୍ପ କରିଛନ୍ତି।' ରାମାନୁଜ ସେମାନଙ୍କୁ କହିଲେ, 'ଏହି ବିଗ୍ରହ ଶ୍ରୀ ଯାଦବାଦ୍ରି ପତି ହିଁ ଅଟନ୍ତି। ଗତ ରାତ୍ରିରେ ସେ ମୋତେ ସ୍ୱପ୍ନରେ ଦର୍ଶନ ଦେଲେ ଏବଂ ଏହି ସ୍ଥାନରେ ତାଙ୍କର ନିତ୍ୟ ପୂଜାର୍ଚ୍ଚନା ପୁଣି ଥରେ ଆରମ୍ଭ କରିବାକୁ କହିଲେ। ଏବେ ଆପଣମାନେ ସମସ୍ତେ ଏକତ୍ରିତ ହୋଇ ପ୍ରଭୁଙ୍କ ପୂଜା ପାଇଁ ଏକ ଭବ୍ୟ ମନ୍ଦିର ନିର୍ମାଣ କରିବା ଉଚିତ୍।' ରାମାନୁଜଙ୍କ ନିର୍ଦ୍ଦେଶ ଅନୁସାରେ ତାଙ୍କର ଶିଷ୍ୟମାନେ ଓ ସେହି ସହରବାସୀମାନେ ସମସ୍ତେ ମିଶି ମନ୍ଦିର ନିର୍ମାଣ କାର୍ଯ୍ୟରେ ଲାଗି ପଡ଼ିଲେ। ପ୍ରଭୁ ଯାଦବାଦ୍ରି ପତିଙ୍କୁ ସେମାନେ ପ୍ରଥମେ ଏକ ଅସ୍ଥାୟୀ କୁଟୀରରେ ସ୍ଥାପନ କରାଇ ସେଠାରେ ପ୍ରଭୁଙ୍କ ପୂଜାର୍ଚ୍ଚନା ଆରମ୍ଭ କଲେ। ଏକ ବର୍ଷ ସମୟ ପୂରିବା ପୂର୍ବରୁ ହିଁ ଯାଦବାଦ୍ରି ସହରରେ ଭକ୍ତମାନଙ୍କ ସେବା ଓ ସମର୍ପଣ ଦ୍ୱାରା ଶ୍ରୀ ଯାଦବାଦ୍ରି ପତିଙ୍କର ଏକ ସୁନ୍ଦର, ପ୍ରସ୍ତରଶିଳ୍ପ କଳା ଦ୍ୱାରା ସୁଶୋଭିତ ମନ୍ଦିରର ନିର୍ମାଣ କାର୍ଯ୍ୟ ସମ୍ପନ୍ନ ହୋଇଗଲା। ଏହାପରେ ଅତି ଆଡ଼ମ୍ବର ସହକାରେ ଭଗବାନଙ୍କୁ ସେହି ମନ୍ଦିରରେ ସ୍ଥାପିତ କରାଗଲା। ମନ୍ଦିରର ନିକଟରେ ଏକ ସୁନ୍ଦର

ପୁଷ୍କରିଣୀ ମଧ୍ୟ ନିର୍ମିତ ହେଲା ଏବଂ ତାହାର ଜଳକୁ ପ୍ରତିଦିନ ପ୍ରଭୁଙ୍କ ସ୍ନାନ ନିମନ୍ତେ ବ୍ୟବହାର କରାଗଲା। ସେହି ପୁଷ୍କରିଣୀର ଖନନ ସମୟରେ ତାହାର କୂଳରେ ଥିବା ଭୂମିରେ ବୈଷ୍ଣବମାନଙ୍କ ତିଳକ ପାଇଁ ଆବଶ୍ୟକ ହେଉଥିବା ଶ୍ୱେତ ରଙ୍ଗର ଚିକିଟା ମାଟି ଆବିଷ୍କୃତ ହେଲା, ଯାହା ଫଳରେ ସେମାନେ ଉପକୃତ ଓ ଆନନ୍ଦିତ ହେଲେ। ଆଜି ପର୍ଯ୍ୟନ୍ତ ସେହି ସ୍ଥାନର ମାଟି ବୈଷ୍ଣବ ତିଳକ ରୂପେ ବ୍ୟବହୃତ ହୋଇ ଆସୁଛି।

ଶ୍ରୀ ରାମପ୍ରିୟଙ୍କୁ ଦର୍ଶନ

ଦକ୍ଷିଣ ଭାରତର ପ୍ରତ୍ୟେକ ମନ୍ଦିରରେ ଦୁଇଟି ବିଗ୍ରହଙ୍କୁ ପୂଜା କରାଯାଇ ଥାଏ। ସେଥି ମଧ୍ୟରୁ ମୂଳ ବିଗ୍ରହଙ୍କୁ ମନ୍ଦିରର ପୂଜାରୀମାନେ ପୂଜା କରିଥାନ୍ତି। କୌଣସି ଉତ୍ସବର ଅବସରରେ ଦ୍ୱିତୀୟ ବିଗ୍ରହ ମନ୍ଦିରର ବାହାରକୁ ଶୋଭାଯାତ୍ରାରେ ଯାଇଥାନ୍ତି। ଏହି ବିଗ୍ରହଙ୍କୁ 'ଉତ୍ସବ ବିଗ୍ରହ' ଅଥବା 'ବିଜୟ ବିଗ୍ରହ' ବୋଲି କୁହାଯାଏ। ଶ୍ରୀ ଯାଦବାଦ୍ରି ପତିଙ୍କର ନୂତନ ମନ୍ଦିର ନିର୍ମାଣ ହେବାର ଅଳ୍ପ କିଛିଦିନ ପରେ, ଦିନେ ରାତ୍ରି ସମୟରେ ପ୍ରଭୁ ଯାଦବାଦ୍ରି ପତି ରାମାନୁଜଙ୍କୁ ସ୍ୱପ୍ନରେ ଦର୍ଶନ ଦେଇ କହିଲେ, 'ରାମାନୁଜ ! ତୁମର ସେବା ଦ୍ୱାରା ମୁଁ ଅତ୍ୟନ୍ତ ପ୍ରସନ୍ନ ହୋଇଛି। କିନ୍ତୁ ଏଠାରେ ମୋର ଉତ୍ସବ ବିଗ୍ରହ ଉପସ୍ଥିତ ନ ଥିବାରୁ ମୁଁ ମନ୍ଦିରର ବାହାରକୁ ଯାଇ ପାରୁନାହିଁ। ଏହା ଫଳରେ, ମୋର ସମସ୍ତ ଭକ୍ତମାନଙ୍କ ଉପରେ ମୁଁ ମୋର କୃପା ବୃଷ୍ଟି କରି ପାରୁନାହିଁ। ମୋର ସେହି ଉତ୍ସବ ମୂର୍ତ୍ତି, ଯାହାଙ୍କ ନାମ ରାମପ୍ରିୟ ଅଟେ, ତୁମେ ତାଙ୍କୁ ଆଣି ମୋର ମନ୍ଦିରରେ ସ୍ଥାପନ କରିବାକୁ ଚେଷ୍ଟା କର। ପୂର୍ବରୁ ମୁସଲମାନ ଆକ୍ରମଣକାରୀମାନେ ତାଙ୍କୁ ଏଠାରୁ ଉତ୍ତର ଦିଗକୁ ନେଇ ଯାଇଛନ୍ତି। ବର୍ତ୍ତମାନ ଦିଲ୍ଲୀର ମୁସଲମାନ ସମ୍ରାଟ ତାଙ୍କୁ ନିଜ ପାଖରେ ରଖିଛନ୍ତି।' ଭଗବାନଙ୍କର ଏହି ଆଦେଶକୁ ନିଜ ପ୍ରାଣଠାରୁ ମଧ୍ୟ ଅଧିକ ଗୁରୁତ୍ୱପୂର୍ଣ୍ଣ ବୋଲି ଭାବି ରାମାନୁଜ ନିଜର କିଛି ଶିଷ୍ୟଙ୍କ ସହିତ ପରଦିନ ପ୍ରଭାତରେ ଦିଲ୍ଲୀ ଅଭିମୁଖେ ଯାତ୍ରା କଲେ। ଉତ୍ତର ଦିଗକୁ ଦୁଇ ମାସ ପର୍ଯ୍ୟନ୍ତ ଯାତ୍ରା କଲା ପରେ ସେମାନେ ଦିଲ୍ଲୀ ନଗରରେ ପହଞ୍ଚିଲେ। ସାରା ଭାରତରେ ରାମାନୁଜଙ୍କ ପ୍ରସିଦ୍ଧି ହେତୁ ନିଜ ରାଜପ୍ରାସାଦକୁ ତାଙ୍କର ଆଗମନର ସମ୍ବାଦ ପାଇ ଦିଲ୍ଲୀର ସମ୍ରାଟ ତାଙ୍କୁ ସ୍ୱାଗତ ଜଣାଇଲେ ଓ ତାଙ୍କର ନିର୍ମଳ ସ୍ୱଭାବ ଦେଖି ପ୍ରସନ୍ନ ହେଲେ। ସେ ରାମାନୁଜଙ୍କୁ ସେଠାକୁ ଆଗମନର କାରଣ ବିଷୟରେ ପଚାରିଲେ। ଯେତେବେଳେ ରାମାନୁଜ ଶ୍ରୀ ରାମପ୍ରିୟଙ୍କୁ ସମ୍ରାଟଙ୍କଠାରୁ ଦକ୍ଷିଣ ଭାରତକୁ ଫେରାଇ ନେବାକୁ ଆସିଛନ୍ତି ବୋଲି ଜଣାଇଲେ, ସମ୍ରାଟ ତାଙ୍କର ସେହି ଅନୁରୋଧକୁ ସ୍ୱୀକାର

କଲେ। ଏହାପରେ ସମ୍ରାଟଙ୍କ ସେବକମାନେ ବୈଷ୍ଣବମାନଙ୍କୁ ଏକ ବିଶାଳ କକ୍ଷ ଭିତରକୁ ନେଇଗଲେ, ଯେଉଁଠାରେ ବହୁ ସଂଖ୍ୟକ ବିଗ୍ରହମାନଙ୍କୁ ରଖା ଯାଇଥିଲା। ସେହି ବିଗ୍ରହମାନଙ୍କୁ ମୁସଲମାନ ଆକ୍ରମଣକାରୀମାନେ ଭାରତର ବିଭିନ୍ନ ପ୍ରଦେଶରୁ ବଳପୂର୍ବକ ନେଇ ଆସିଥିଲେ। କିନ୍ତୁ ଅନେକ ଖୋଜିଲା ପରେ ମଧ୍ୟ ରାମାନୁଜ ସେଠାରେ ଶ୍ରୀ ରାମପ୍ରିୟଙ୍କୁ ଦେଖିବାକୁ ପାଇଲେ ନାହିଁ। ସେ ସେଠାରୁ ଦୁଃଖୀ ହୋଇ ସମ୍ରାଟଙ୍କ ନିକଟକୁ ଫେରିଲେ। ଏହାପରେ ସମ୍ରାଟ ତାଙ୍କୁ କହିଲେ ଯେ, ତାଙ୍କ ପାଖରେ ଆଉ ଏକ ବିଗ୍ରହ ଅଛନ୍ତି, ଯେ କି ସମସ୍ତ ବିଗ୍ରହମାନଙ୍କ ମଧ୍ୟରେ ସବୁଠାରୁ ସୁନ୍ଦର ଅଟନ୍ତି। ଭଗବାନଙ୍କର ସେହି ବିଗ୍ରହ ଏତେ ଆକର୍ଷଣୀୟ ହୋଇଛନ୍ତି ଯେ, ସମ୍ରାଟଙ୍କ କନ୍ୟା ତାଙ୍କୁ ନିଜ ସହିତ ରାଜମହଲରେ ରଖିଛନ୍ତି। ଯେତେବେଳେ ରାମାନୁଜଙ୍କୁ ସେହି ବିଗ୍ରହଙ୍କ ଦର୍ଶନ କରିବାକୁ ଦିଆଗଲା, ସେ ତତକ୍ଷଣାତ୍ ସେହି ବିଗ୍ରହ ହିଁ ଶ୍ରୀ ରାମପ୍ରିୟ ବୋଲି ଚିହ୍ନି ପାରିଲେ ଓ ଭୂମିରେ ପଡ଼ି ପ୍ରଭୁଙ୍କୁ ସାଷ୍ଟାଙ୍ଗ ପ୍ରଣାମ କଲେ। ସମ୍ରାଟଙ୍କ ଅନୁମତି ନେଇ ସଙ୍ଗେସଙ୍ଗେ ବୈଷ୍ଣବମାନେ ଶ୍ରୀ ରାମପ୍ରିୟଙ୍କୁ ସାଙ୍ଗରେ ନେଲେ ଏବଂ ଶୀଘ୍ର ଦକ୍ଷିଣ ଭାରତ ଅଭିମୁଖେ ଯାତ୍ରା କଲେ। ସେମାନେ ଦିନରାତି ଅବିରତ ଚାଲିବାକୁ ଲାଗିଲେ। ରାମାନୁଜ ଭଲ ଭାବରେ ଜାଣିଥିଲେ ଯେ, ଯଦି ରାଜକନ୍ୟା ସେହି ବିଗ୍ରହଙ୍କୁ ବୈଷ୍ଣବ ମାନଙ୍କଠାରୁ ଫେରାଇ ନେବା ପାଇଁ ଇଚ୍ଛା କରିବେ, ତେବେ ରାଜକନ୍ୟାଙ୍କ ପ୍ରତି ନିଜର ବାତ୍ସଲ୍ୟ ହେତୁ ସମ୍ରାଟଙ୍କର ମନ ପରିବର୍ତ୍ତିତ ହୋଇଯାଇ ପାରେ।

ରାଜକନ୍ୟାଙ୍କ ଦୁଃଖ

ଦିଲ୍ଲୀର ସେହି ରାଜକନ୍ୟା, ଯାହାଙ୍କ ନାମ ଥିଲା ବିବି ଲଚିମାର, ଯେତେବେଳେ ଜାଣିବାକୁ ପାଇଲେ ଯେ କିଛି ବୈଷ୍ଣବମାନେ ତାଙ୍କର ପ୍ରିୟ ବିଗ୍ରହଙ୍କୁ ସାଙ୍ଗରେ ନେଇ ଚାଲି ଯାଇଛନ୍ତି, ସେ ଦୁଃଖରେ ମ୍ରିୟମାଣ ହୋଇପଡ଼ିଲେ। ତାଙ୍କର ପିତା ତାଙ୍କୁ ଅନେକ ବୁଝାଇବାକୁ ଚେଷ୍ଟା କରି ମଧ୍ୟ ସେଥିରେ ସଫଳ ହୋଇପାରିଲେ ନାହିଁ। ରାଜକନ୍ୟା ଦୁଃଖରେ ଭୋଜନ ତ୍ୟାଗ କରିଦେଲେ ଏବଂ ତାଙ୍କର ସ୍ୱାସ୍ଥ୍ୟ ଦିନକୁ ଦିନ କ୍ଷୀଣ ହେବାକୁ ଲାଗିଲା। ତାଙ୍କର ଅବସ୍ଥା ଏପରି ଗୁରୁତର ହେଲା ଯେ, ସତେ ଯେପରି ତାଙ୍କର ଦୁଃଖ ଦୂର ନ ହେଲେ ସେ ଆଉ ଦିନଟିଏ ମଧ୍ୟ ଜୀବିତ ରହିବେ ନାହିଁ। ଅତ୍ୟନ୍ତ ଚିନ୍ତିତ ହୋଇ ଶେଷରେ ସମ୍ରାଟ ସେହି ବିଗ୍ରହଙ୍କୁ ବୈଷ୍ଣବମାନଙ୍କଠାରୁ ଫେରାଇ ଆଣିବାକୁ ଏକ ସୈନ୍ୟଦଳକୁ ପ୍ରସ୍ତୁତ କଲେ, ଯେଉଁମାନେ ଆବଶ୍ୟକ ପଡ଼ିଲେ ବଳ ପ୍ରୟୋଗ କରିପାରିବେ। ଯେତେବେଳେ ବିବି

ଲଚିମାର ଏହା ଜାଣିବାକୁ ପାଇଲେ, ସେ ନିଜେ ସେହି ସୈନ୍ୟମାନଙ୍କ ସହିତ ଯାତ୍ରା କରିବା ପାଇଁ ସମ୍ରାଟଙ୍କୁ ଅନୁରୋଧ କଲେ। ସମ୍ରାଟ ତାଙ୍କର ଏହି ଅନୁରୋଧକୁ ପ୍ରତ୍ୟାଖ୍ୟାନ କରି ପାରିଲେ ନାହିଁ। ପରଦିନ ସେହି ସୈନ୍ୟବାହିନୀ ଓ ଅନେକ ଭୃତ୍ୟମାନଙ୍କ ଦ୍ୱାରା ପରିବେଷ୍ଟିତ ହୋଇ ରାଜକନ୍ୟା ଏକ ସୁସଜ୍ଜିତ ପାଲିଙ୍କିରେ ଆରୋହଣ କଲେ ଏବଂ ଦିଲ୍ଲୀରୁ ପ୍ରସ୍ଥାନ କରି ନିଜ ମନକୁ ହରଣ କରି ନେଇଥିବା ଭଗବାନଙ୍କର ସେହି ସୁନ୍ଦର ରୂପର ଅନ୍ୱେଷଣ କରିବାକୁ ବାହାରି ପଡ଼ିଲେ। କୁବେର ନାମକ ଜଣେ ଯୁବକ ବିବି ଲଚିମାରଙ୍କୁ ଭଲ ପାଉଥିଲେ ଏବଂ ତାଙ୍କୁ ବିବାହ କରିବାକୁ ଇଚ୍ଛା କରୁଥିଲେ। ରାଜକନ୍ୟାଙ୍କ ହୃଦୟକୁ ଜୟ କରିବା ଉଦ୍ଦେଶ୍ୟରେ ସେ ମଧ୍ୟ ତାଙ୍କ ସହିତ ଯାତ୍ରା କଲେ। ଏହା ମଧ୍ୟରେ ରାମାନୁଜ ଓ ତାଙ୍କ ଶିଷ୍ୟମାନେ ଶୀଘ୍ରତାର ସହିତ ଯାତ୍ରା କରି ବହୁତ ଦୂର ପର୍ଯ୍ୟନ୍ତ ଚାଲି ଯାଇଥିଲେ। ରାମାନୁଜଙ୍କ ଦଳକୁ ବନବାସୀ ଚଣ୍ଡାଳମାନେ ସାହାଯ୍ୟ କଲେ। ସେମାନେ ବୈଷ୍ଣବମାନଙ୍କୁ ଅରଣ୍ୟ ମଧ୍ୟ ଦେଇ ପୃଥକ୍ ମାର୍ଗରେ ନେଇଗଲେ ଯେପରିକି ସେମାନେ କମ୍ ସମୟରେ ସେମାନଙ୍କ ଗନ୍ତବ୍ୟ ସ୍ଥଳରେ ପହଞ୍ଚି ପାରିବେ। ଏପରି ସହାୟତା ପାଇବା ଦ୍ୱାରା ବୈଷ୍ଣବମାନେ ସେହି ମୁସଲମାନମାନଙ୍କ ଦଳଠାରୁ ଅନେକ ସମୟ ପୂର୍ବରୁ ଯାଦବାଦ୍ରିରେ ପହଞ୍ଚିଗଲେ। ତଥାପି ବିପଦର ଆଶଙ୍କା ରହିଛି ବୋଲି ଚିନ୍ତା କରି ରାମାନୁଜ ମନ୍ଦିରର ଏକ ନିବୁଜ କୋଠରୀ ମଧ୍ୟରେ ଶ୍ରୀ ରାମପ୍ରିୟଙ୍କୁ ପ୍ରତିଷ୍ଠା କରାଇଲେ ଏବଂ ସେଠାରେ ଗୁପ୍ତ ଭାବରେ ପ୍ରଭୁଙ୍କ ପୂଜାର୍ଚ୍ଚନା ଆରମ୍ଭ ହେଲା। ଖୁବ୍ କମ୍ ସଂଖ୍ୟକ ଭକ୍ତ ଶ୍ରୀ ରାମପ୍ରିୟଙ୍କ ବିଷୟରେ ଜାଣିଥିଲେ। ଏହା ମଧ୍ୟରେ ନିଜ ହୃଦୟର ସ୍ୱାମୀ, ସେହି ବିଗ୍ରହଙ୍କୁ ଫେରି ପାଇବାର ଦୃଢ଼ ସଂକଳ୍ପ ନେଇ ରାଜକନ୍ୟା ତାଙ୍କର ସୈନ୍ୟସାମନ୍ତଙ୍କ ସହିତ ଦକ୍ଷିଣ ଦିଗକୁ ଯାତ୍ରା ଜାରି ରଖିଥିଲେ। କିନ୍ତୁ ଯେତେବେଳେ ସେ ନିଜ ପିତାଙ୍କ ସାମ୍ରାଜ୍ୟର ସୀମାରେଖା ନିକଟରେ ପହଞ୍ଚିଲେ, ସେ ଦୁଃଖରେ ଭାଙ୍ଗି ପଡ଼ିଲେ। ସେ ଚିନ୍ତା କଲେ ଯେ, ବୋଧ ହୁଏ ସେ ନିଜର ଆରାଧ୍ୟ ପ୍ରଭୁଙ୍କୁ ଆଉ ଦର୍ଶନ କରିପାରିବେ ନାହିଁ। ଅତିଶୟ ବିଷାଦଗ୍ରସ୍ତ ହେବାରୁ ତାଙ୍କର ନେତ୍ରରୁ ଅଶ୍ରୁ ନିର୍ଗତ ହେବାକୁ ଲାଗିଲା। କୁବେର ତାଙ୍କୁ ବୁଝାଇବାକୁ ଅନେକ ଚେଷ୍ଟା କଲେ ମଧ୍ୟ ରାଜକନ୍ୟାଙ୍କ ଉପରେ ତାହାର କୌଣସି ପ୍ରଭାବ ପଡ଼ିଲା ନାହିଁ।

ବିବି ଲଚିମାରଙ୍କ ଶ୍ରୀ ରାମପ୍ରିୟଙ୍କୁ ଦର୍ଶନ

ଦିନେ ରାତ୍ରି ସମୟରେ ସମସ୍ତଙ୍କ ଅଜାଣତରେ ରାଜକନ୍ୟା ବିବି ଲଚିମାର ନିଜ ଅଙ୍ଗରକ୍ଷୀମାନଙ୍କଠାରୁ ଲୁଚି ଘନ ଅନ୍ଧକାରମୟ ଅରଣ୍ୟ ମଧ୍ୟକୁ ପଳାଇଗଲେ।

କେବଳ କୁବେର ରାଜକନ୍ୟାଙ୍କ ଅନୁପସ୍ଥିତିକୁ ଜାଣି ପାରିଲେ ଏବଂ ସେ ମଧ୍ୟ ଅରଣ୍ୟ ମାର୍ଗରେ ଯାଇ ରାଜକନ୍ୟାଙ୍କୁ ଯୋଗ ଦେଲେ। ଏହାପରେ ସେ ଦୁହେଁ ଦକ୍ଷିଣ ଦିଗକୁ ଯାତ୍ରା କରିବାକୁ ଲାଗିଲେ। ଯାତ୍ରା ପଥରେ ରାଜକନ୍ୟା କେବଳ ନିଜ ପ୍ରିୟ ଆରାଧ୍ୟଙ୍କ ବିଷୟରେ ହିଁ ଚିନ୍ତା କରୁଥାଆନ୍ତି। ରାଜକନ୍ୟାଙ୍କୁ ଜୀବିତ ରଖିବାକୁ କୁବେର ଏକ ସେବକ ଭାବରେ ଅରଣ୍ୟରୁ ଫଳ ସଂଗ୍ରହ କରି ରାଜକନ୍ୟାଙ୍କୁ ଅର୍ପଣ କରୁଥିଲେ। ଅନେକ ସପ୍ତାହ ପର୍ଯ୍ୟନ୍ତ ଯାତ୍ରା କଲା ପରେ ସେମାନେ ଯାଦବାଦ୍ରି ସହରରେ ପହଞ୍ଚିଲେ। ସେଠାକାର ବାସିନ୍ଦାମାନଙ୍କୁ ସେମାନେ ଶ୍ରୀ ଯାଦବାଦ୍ରି ପତିଙ୍କ ବିଷୟରେ ଜିଜ୍ଞାସା କଲେ ଏବଂ ସେମାନଙ୍କ ସହାୟତା ପାଇ ବିବି ଲଚିମାର ଶେଷରେ ପ୍ରଭୁଙ୍କ ମନ୍ଦିର ନିକଟରେ ଆସି ପହଞ୍ଚିଲେ। ସେଠାରେ ଥିବା ବୈଷ୍ଣବମାନଙ୍କ ଚରଣରେ ପଡ଼ି ସେମାନଙ୍କୁ ନିଜର ପ୍ରିୟ ପ୍ରଭୁ ଶ୍ରୀ ରାମପ୍ରିୟଙ୍କ ଦର୍ଶନ କରିବାକୁ ଅନୁମତି ଦେବା ପାଇଁ ସେ ବିନୀତ ପ୍ରାର୍ଥନା କଲେ। ଯେତେବେଳେ ରାମାନୁଜ ସେଠାରେ ଆସି ପହଞ୍ଚିଲେ, ସେ ଅବିଳମ୍ବେ ଦେଖି ପାରିଲେ ଯେ, ସେହି ରାଜକନ୍ୟାଙ୍କ ହୃଦୟଟି ବିଶୁଦ୍ଧ ଭଗବଦ୍ ଭକ୍ତି ଦ୍ୱାରା ପରିପୂର୍ଣ୍ଣ ହୋଇ ସାରିଛି। ବିବି ଲଚିମାର ଜନ୍ମରୁ ଜଣେ ମୁସଲମାନ ହୋଇଥିବା ସତ୍ତ୍ୱେ ରାମାନୁଜ ବୈଷ୍ଣବମାନଙ୍କୁ ନିର୍ଦ୍ଦେଶ ଦେଲେ ଯେ, ତାଙ୍କୁ ମନ୍ଦିର ଭିତରକୁ ପ୍ରବେଶ କରିବାକୁ ଏବଂ ଶ୍ରୀ ରାମପ୍ରିୟଙ୍କ ସୁନ୍ଦର ମନୋହର ରୂପକୁ ଦର୍ଶନ କରିବାକୁ ପୂର୍ଣ୍ଣ ଅଧିକାର ଦିଆଯିବ। ସେହି ଦିନଠାରୁ ହିଁ ବିବି ଲଚିମାର ଯାଦବାଦ୍ରିରେ ବାସ କରି ଭଗବାନଙ୍କ ସେବାରେ ନିୟୋଜିତ ହେଲେ ଏବଂ ଅବିରତ ଭାବରେ ପ୍ରଭୁଙ୍କ ଗୁଣ କୀର୍ତ୍ତନ କରିବାକୁ ଲାଗିଲେ। ଶ୍ରୀ ରାମପ୍ରିୟଙ୍କ ଚିନ୍ତନରେ ମଗ୍ନ ରହି କିଛି ଦିନ ପରେ ସେ ଦେହ ତ୍ୟାଗ କଲେ ଏବଂ ଭଗବାନଙ୍କର ଶାଶ୍ୱତ ଧାମ ଶ୍ରୀବୈକୁଣ୍ଠକୁ ପ୍ରାପ୍ତ ହେଲେ।

କୁବେରଙ୍କ ଭକ୍ତି

କୁବେର ଏକ ସେବକ ଭାବରେ ଏତେ ଦିନ ଧରି ଯାଦବାଦ୍ରିରେ ରହି ବିବି ଲଚିମାରଙ୍କ ସେବା କରି ଆସୁଥିଲେ। ବିବି ଲଚିମାର ଦେହ ତ୍ୟାଗ କରିବା ପରେ କୁବେର ଏତେ ଦୁଃଖୀ ହୋଇଗଲେ ଯେ, ସେ ସେଠାରେ ଆଉ ରହି ପାରିଲେ ନାହିଁ। ନିଜର ମୁସଲମାନ ପନ୍ଥା ତ୍ୟାଗ କରି ସେ ଶ୍ରୀରଙ୍ଗମ୍ କ୍ଷେତ୍ରକୁ ଗଲେ ଏବଂ ସେଠାରେ ପ୍ରଭୁ ରଙ୍ଗନାଥଙ୍କ ଶ୍ରୀଚରଣରେ ଆଶ୍ରୟ ନେଲେ। ଯଦିଓ ତାଙ୍କୁ ସେଠାରେ ମନ୍ଦିର ମଧ୍ୟକୁ ପ୍ରବେଶ କରିବାକୁ ଦିଆଗଲା ନାହିଁ, ତଥାପି ସେ ମନ୍ଦିରର ବାହାରେ ରହି ପ୍ରଭୁ

ନାରାୟଣଙ୍କ ଗୁଣ ଓ ନାମ ସଙ୍କୀର୍ତ୍ତନ କରିବାକୁ ଲାଗିଲେ। ମନ୍ଦିରକୁ ଆସୁଥିବା ଭକ୍ତମାନେ ତାଙ୍କୁ ଯାହା କିଛି ଭିକ୍ଷା ପ୍ରଦାନ କରୁଥିଲେ, ସେଥିରେ ସେ ଜୀବନ ଧାରଣ କରୁଥିଲେ ଏବଂ ସର୍ବତ୍ର ଭଗବାନଙ୍କ କୃପାକୁ ସେ ଅନୁଭବ କରୁଥିଲେ। ଦିନେ ସେ ଯେତେବେଳେ ପ୍ରଭୁଙ୍କ ଚିନ୍ତନରେ ନିମଗ୍ନ ଥିଲେ, ସେହି ସମୟରେ ସେ ଏକ ଦିବ୍ୟ ସ୍ୱର ଶୁଣିବାକୁ ପାଇଲେ, ଯେ ତାଙ୍କୁ କହିଲେ, 'ଯେହେତୁ ତୁମେ ମୋର ମନ୍ଦିର ଭିତରକୁ ପ୍ରବେଶ କରିବାକୁ ସମର୍ଥ ନୁହଁ, ମୁଁ ତୁମକୁ ମୋର ପୂର୍ଣ୍ଣ କୃପା ପ୍ରଦାନ କରି ପାରିବି ନାହିଁ। ତେଣୁ ତୁମେ ନୀଳାଚଳ କ୍ଷେତ୍ରକୁ ଯାଅ। ସେଠାରେ ପ୍ରଭୁ ଜଗନ୍ନାଥ ସକଳ ଜୀବଙ୍କୁ ଉଦ୍ଧାର କରନ୍ତି।' ଏହି ନିର୍ଦ୍ଦେଶ ଶୁଣି କୁବେର ଶ୍ରୀ ଜଗନ୍ନାଥଙ୍କ ପୁରୀ ଧାମକୁ ଯାତ୍ରା କଲେ। ସେଠାରେ ରଥଯାତ୍ରା ସମୟରେ ଯେତେବେଳେ ପ୍ରଭୁ ଜଗନ୍ନାଥ ରଥାରୂଢ଼ ହୋଇ ଗୁଣ୍ଡିଚା ମନ୍ଦିରକୁ ଯାତ୍ରା କରୁଥିଲେ, କୁବେର ଭଗବାନଙ୍କର ସେହି ଦିବ୍ୟ ରୂପକୁ ଦର୍ଶନ କରିବାକୁ ସକ୍ଷମ ହେଲେ। ଅନବରତ ଭାବରେ ପ୍ରଭୁଙ୍କର ସ୍ତୁତି ଗାନ କରି କୁବେର ତାଙ୍କର ଅବଶିଷ୍ଟ ଜୀବନ ଶ୍ରୀକ୍ଷେତ୍ର ପୁରୀ ଧାମରେ ହିଁ ବିତାଇଲେ। ବିଶୁଦ୍ଧ ଭକ୍ତିର ପ୍ରଭାବରୁ ତାଙ୍କର ହୃଦୟ ସମ୍ପୂର୍ଣ୍ଣ ନିର୍ମଳ ହୋଇଗଲା ଏବଂ ସମସ୍ତ ଭୌତିକ ଆସକ୍ତିରୁ ସେ ମୁକ୍ତ ହୋଇଗଲେ। ମୁସଲମାନ ପରିବାରରେ ଜନ୍ମ ଗ୍ରହଣ କରିବା ସତ୍ତ୍ୱେ ବିବି ଲଚିମାର ଓ କୁବେର ନିଜର ଭଗବଦ୍ ପ୍ରେମ ଓ ଭକ୍ତି ଦ୍ୱାରା ସେମାନଙ୍କ ମନୁଷ୍ୟ ଜନ୍ମର ପରିପୂର୍ଣ୍ଣତାକୁ ଲାଭ କରି ପାରିଥିଲେ। ଭକ୍ତି ବାସ୍ତବରେ ଜନ୍ମ, କୂଳ ଓ ଜାତି ଇତ୍ୟାଦିରୁ ଉର୍ଦ୍ଧ୍ୱରେ ସ୍ଥିତ ଅଟେ। ଆଜି ପର୍ଯ୍ୟନ୍ତ ପ୍ରଭୁ ରାମପ୍ରିୟଙ୍କ ମହାନ୍ ଭକ୍ତ ବିବି ଲଚିମାରଙ୍କ ବିଗ୍ରହ ଦକ୍ଷିଣ ଭାରତର ଅନେକ ବୈଷ୍ଣବ ମନ୍ଦିରରେ ପୂଜିତ ହେଉଛନ୍ତି।

ଦୟାବାନ୍ କୁରେଶ

ଅତ୍ୟାଚାରୀ ରାଜା କୋଲୁତ୍ତୁଙ୍ଗଙ୍କ ସେବକଙ୍କ ଦ୍ୱାରା ନିଜର ଚକ୍ଷୁ ହରାଇବା ପରେ ଭକ୍ତ କୁରେଶ ଶ୍ରୀରଙ୍ଗମ୍ କ୍ଷେତ୍ରରେ କିଛି ଦିନ ଅବସ୍ଥାନ କଲେ। ଏହାପରେ ସେ ତାଙ୍କର ପତ୍ନୀ ଓ ପୁତ୍ରମାନଙ୍କ ସହିତ କୃଷ୍ଣାଚଳ ନାମକ ସ୍ଥାନକୁ ଚାଲିଗଲେ। ସେଠାରେ ସେ ଶ୍ରୀ ସୁନ୍ଦରଭୁଜଙ୍କ ବିଗ୍ରହଙ୍କୁ ପୂଜା କଲେ ଏବଂ ଶ୍ରୀ ଲକ୍ଷ୍ମୀ ନାରାୟଣଙ୍କ ନିମନ୍ତେ ଅନେକ ସୁନ୍ଦର ଭଜନ ରଚନା କଲେ। ଯେତେବେଳେ ସେ ଜାଣିବାକୁ ପାଇଲେ ଯେ, ରାମାନୁଜ ଯାଦବାଦ୍ରିରେ ଅବସ୍ଥାନ କରୁଛନ୍ତି, ପୁଣିଥରେ ନିଜ ଗୁରୁଙ୍କ ପାଦପଦ୍ମର ଆଶ୍ରୟ ଲାଭ କରିବା ପାଇଁ ସେ ଯାଦବାଦ୍ରିକୁ ଗଲେ। ରାମାନୁଜଙ୍କ ସମ୍ମୁଖରେ

ପହଞ୍ଚି ସେ ତାଙ୍କୁ ସାଷ୍ଟାଙ୍ଗ ପ୍ରଣାମ କଲେ। ରାମାନୁଜ ତାଙ୍କୁ ଆଲିଙ୍ଗନ କରି କହିଲେ, 'ଆଜି ଏହି ମହାନ୍ ଆତ୍ମାଙ୍କ ସ୍ପର୍ଶ ପାଇ ମୁଁ ପବିତ୍ର ହୋଇଗଲି। ଆଜିର ଦିନଟି ମୋ ପାଇଁ ଏକ ମଙ୍ଗଳମୟ ଦିନ ଅଟେ।' କୁରେଶ ଆନନ୍ଦରେ ଭାବବିହ୍ୱଳ ହୋଇଗଲେ ଏବଂ ତାଙ୍କର କଣ୍ଠରୁଦ୍ଧ ହେବାରୁ ସେ କିଛି କହି ପାରିଲେ ନାହିଁ। କିଛି ଦିନ ପରେ ରାମାନୁଜ କୁରେଶଙ୍କୁ ନିର୍ଦ୍ଦେଶ ଦେଇ କହିଲେ, 'ତୁମେ କାଞ୍ଚିକୁ ଯାଇ ପ୍ରଭୁ ବରଦରାଜଙ୍କ ଆଶ୍ରୟ ନିଅ। ସେ ନିଶ୍ଚୟ ତୁମର ଅନ୍ଧତ୍ୱ ଦୂର କରିଦେବେ। ରାଜା କୋଲୁତ୍ତୁଙ୍ଗ ଏବେ ଜୀବିତ ନାହାଁନ୍ତି। ତେଣୁ ଭୟ କରିବାର କୌଣସି କାରଣ ନାହିଁ।' ଏହା ପରେ କୁରେଶ ସପରିବାର କାଞ୍ଚିକୁ ଯାଇ ସେଠାରେ ଶ୍ରୀ ବରଦରାଜଙ୍କ ପୂଜା କରିବାକୁ ଲାଗିଲେ। ଦିନ ସାରା ସେ ମନ୍ଦିରରେ ରହି ପ୍ରଭୁଙ୍କ ଭଜନ ଗାନ କରୁଥିଲେ। ଦିନେ ଭଗବାନ ପ୍ରସନ୍ନ ହୋଇ ତାଙ୍କୁ କହିଲେ, 'କୁରେଶ ! କଣ ତୁମର ଇଚ୍ଛା ? ତୁମେ ଯାହା ମାଗିବ, ମୁଁ ତୁମକୁ ତାହା ପ୍ରଦାନ କରିବି।' କୁରେଶ ଉତ୍ତର ଦେଲେ, 'ହେ ପ୍ରଭୁ ! ରାଜା କୋଲୁତ୍ତୁଙ୍ଗଙ୍କ ମନ୍ତ୍ରୀ ଚତୁର୍ଗ୍ରାମଙ୍କୁ ଆପଣ କୃପା କରନ୍ତୁ ଏବଂ ତାଙ୍କୁ ମୁକ୍ତି ପ୍ରଦାନ କରନ୍ତୁ। ଏହା ହିଁ ଆପଣଙ୍କୁ ମୋର ଏକ ମାତ୍ର ପ୍ରାର୍ଥନା ଅଟେ।' ଏପରି ପ୍ରାର୍ଥନା ଏକ ଶୁଦ୍ଧ ଭକ୍ତର ପ୍ରକୃତ ଗୁଣକୁ ସୁନ୍ଦର ଭାବରେ ପ୍ରକାଶିତ କରିଥାଏ। ସେହି ଚତୁର୍ଗ୍ରାମ ହିଁ କୁରେଶଙ୍କ ଦୁର୍ଦ୍ଦଶାର କାରଣ ଥିଲେ। ଅନେକ ବର୍ଷ ପୂର୍ବରୁ ସେ କୁରେଶଙ୍କ ଏକ ଶିଷ୍ୟ ଥିଲେ। କିନ୍ତୁ ପରେ ସେ କୁରେଶଙ୍କଠାରୁ ଦୂରେଇ ଗଲେ ଏବଂ ରାଜା କୋଲୁତ୍ତୁଙ୍ଗଙ୍କ ଦରବାରରେ ଏକ ମନ୍ତ୍ରୀ ରୂପେ କାର୍ଯ୍ୟ କରିବାକୁ ଲାଗିଲେ। ଯେତେବେଳେ ସେହି ରାଜା ଶ୍ରୀ ଶିବଙ୍କୁ ଈଶ୍ୱର ବୋଲି ଗ୍ରହଣ କରିବାକୁ ବିଭିନ୍ନ ବୈଷ୍ଣବମାନଙ୍କୁ ବାଧ୍ୟ କରୁଥିଲେ, ସେତେବେଳେ ଚତୁର୍ଗ୍ରାମ ରାଜାଙ୍କୁ ପରାମର୍ଶ ଦେଲେ ଯେ, କେବଳ ରାମାନୁଜଙ୍କୁ ଯଦି ବିଷ୍ଣୁଭକ୍ତି ପରିବର୍ତ୍ତେ ଶୈବ ପଥକୁ ଅଣାଯାଇ ପାରିବ, ତେବେ ସମ୍ପୂର୍ଣ୍ଣ ରାଜ୍ୟଟି ପରିବର୍ତ୍ତିତ ହୋଇଯିବ। ଅନେକ ବିଷ୍ଣୁଭକ୍ତମାନଙ୍କୁ ନିର୍ଯ୍ୟାତିତ କରିଥିବା ସେହି ଚତୁର୍ଗ୍ରାମ ଏକ ପାପୀ ବ୍ୟକ୍ତି ହୋଇଥିବା ସତ୍ତ୍ୱେ କୁରେଶ ତାଙ୍କର ଉଦ୍ଧାର ପାଇଁ ଶ୍ରୀ ବରଦରାଜଙ୍କୁ ପ୍ରାର୍ଥନା କଲେ। ପ୍ରଭୁ ବରଦରାଜ ତାଙ୍କର ଏହି ପ୍ରାର୍ଥନାକୁ ସ୍ୱୀକାର କଲେ ଏବଂ କୁରେଶ ଭଗବାନଙ୍କ ପାଇଁ ଭଜନ ଗାନ କରିବା ଜାରି ରଖିଲେ। କିଛି ଦିନ ପରେ ଶ୍ରୀ ବରଦରାଜ କୁରେଶଙ୍କୁ ପୁଣି ଥରେ ଏକ ବର ମାଗିବାକୁ କହିଲେ। ଏଥର କୁରେଶ ଭଗବାନଙ୍କୁ ପ୍ରାର୍ଥନା କଲେ, 'ହେ ପ୍ରଭୁ ! ରାଜା କୋଲୁତ୍ତୁଙ୍ଗ ଆପଣଙ୍କ କୃପା ଲାଭ କରିବାକୁ ସର୍ବୋଚ୍ଚ ପାତ୍ର ହୁଅନ୍ତୁ।' ଯେତେବେଳେ ଶ୍ରୀ ବରଦରାଜ ଏହି ପ୍ରାର୍ଥନାକୁ ମଧ୍ୟ ସ୍ୱୀକାର କଲେ, କୁରେଶ ଆନନ୍ଦରେ ବିଭୋର ହୋଇଗଲେ। ନିଜର ବ୍ୟକ୍ତିଗତ ସୁଖ ବିଷୟରେ କୌଣସି ଚିନ୍ତା ନ କରି ସେ ମନ୍ଦିରରୁ ପ୍ରସ୍ଥାନ କଲେ ଏବଂ ତାଙ୍କ ଆଶ୍ରମକୁ ଫେରିଗଲେ।

କୁରେଶ ଓ ପ୍ରଭୁ ବରଦରାଜ

ଯାଦବାଦ୍ରିରେ ଅବସ୍ଥାନ କରିବା ସମୟରେ ରାମାନୁଜ ସମ୍ବାଦ ପାଇଲେ ଯେ, କୁରେଶ ଶ୍ରୀ ବରଦରାଜଙ୍କଠାରୁ ନିଜର ଦୃଷ୍ଟିଶକ୍ତି ମାଗିବା ପରିବର୍ତ୍ତେ ପାପୀମାନଙ୍କ ଉଦ୍ଧାର ନିମନ୍ତେ ବର ମାଗି ଏକ ମହାନ୍ କାର୍ଯ୍ୟ କରିଛନ୍ତି । ଏହାପରେ ସେ କୁରେଶଙ୍କ ନିକଟକୁ ଏକ ବାର୍ତ୍ତା ପଠାଇଲେ, ଯାହା ଏପରି ଥିଲା, 'ମୋର ପ୍ରିୟ କୁରେଶ ! ମୁଁ ଏହା ଶୁଣି ଅତ୍ୟନ୍ତ ଆନନ୍ଦିତ ହୋଇଛି ଯେ, ଯେଉଁମାନେ ତୁମକୁ ଅନେକ କଷ୍ଟ ଦେଇଛନ୍ତି, ସେମାନଙ୍କୁ ଉଦ୍ଧାର କରି ତୁମେ ପରମ ସୁଖ ଅନୁଭବ କରୁଛ । କିନ୍ତୁ ଏହି ସୁଖକୁ କେବଳ ନିଜର ଅନ୍ତରରେ ହିଁ ସୀମିତ ରଖିବା ଦ୍ୱାରା ତୁମେ ବୃହତ୍ ସ୍ୱାର୍ଥପରତା ପ୍ରଦର୍ଶନ କରିଛ । ଏବେ ତୁମର ଦୃଷ୍ଟିଶକ୍ତି ଫେରି ପାଇବା ପାଇଁ ତୁମେ ପ୍ରଭୁ ବରଦରାଜଙ୍କୁ ପ୍ରାର୍ଥନା କରି ମୋତେ ମଧ୍ୟ ସୁଖ ପ୍ରଦାନ କରିବା ଉଚିତ୍ । ତୁମେ ଜାଣି ନାହଁ କି, ତୁମର ଶରୀର ଓ ମନ ମୋର ହିଁ ସମ୍ପତ୍ତି ଅଟନ୍ତି । ତେଣୁ ମୋ ପାଇଁ ସେ ଦୁହିଁଙ୍କର ଯତ୍ନ ନେବା ତୁମର କର୍ତ୍ତବ୍ୟ ଅଟେ ।' ଯେତେବେଳେ କୁରେଶ ଏହି ସନ୍ଦେଶ ପାଇଲେ, ସେ ଜାଣି ପାରିଲେ ଯେ, ରାମାନୁଜ ତାଙ୍କୁ ନିଜର ଏକ ସମର୍ପିତ ସେବକ ବୋଲି ଗ୍ରହଣ କରିଛନ୍ତି । ଏହା ଚିନ୍ତା କରି ତାଙ୍କର ହୃଦୟ ଉଲ୍ଲସିତ ହୋଇଗଲା । ସଙ୍ଗେସଙ୍ଗେ ସେ ମନ୍ଦିର ଆଡ଼କୁ ଅଗ୍ରସର ହେଲେ । ସେଠାରେ ପହଞ୍ଚି ସେ ଯୋଡ଼ ହସ୍ତରେ ଶ୍ରୀ ବରଦରାଜଙ୍କ ସମ୍ମୁଖରେ ଛିଡ଼ା ହେଲେ । କିଛି ସମୟ ପର୍ଯ୍ୟନ୍ତ ଭଗବାନଙ୍କ ଭଜନ ଗାନ କରିବା ପରେ ସେ ପୁଣି ଥରେ ଶ୍ରୀ ବରଦରାଜଙ୍କ ସ୍ୱର ଶୁଣିବାକୁ ପାଇଲେ । ପ୍ରଭୁ ତାଙ୍କୁ କହିଲେ, 'ମୋର ପ୍ରିୟ ଭକ୍ତ ! କଣ ତୁମର ଇଚ୍ଛା ? ତାହା ମୋତେ କୁହ ଏବଂ ମୁଁ ତୁମର ଇଚ୍ଛାକୁ ପୂରଣ କରିବି ।' କୁରେଶ ଉତ୍ତର ଦେଲେ, 'ହେ କରୁଣାମୟ ପ୍ରଭୁ ! ଅନେକ ଦିନ ପୂର୍ବରୁ ମୁଁ ମୋର ଗୁରୁଙ୍କର ଦୁଇଟି ମୂଲ୍ୟବାନ ସମ୍ପତ୍ତିକୁ ହରାଇ ଦେଇଛି । ଆପଣଙ୍କ କରୁଣା ଦ୍ୱାରା ସେ ଦୁଇଟିକୁ ମୁଁ ଆଜି ଫେରି ପାଇବାକୁ ଇଚ୍ଛା କରୁଛି ।' ଭଗବାନ କହିଲେ, 'ନିଶ୍ଚୟ ! ତୁମେ ଏବେ ଦୁଇଟି ନୂତନ ଚକ୍ଷୁ ଲାଭ କରିବ । ସେହି ଚକ୍ଷୁ ଦୁଇଟି ତୁମର ଗୁରୁଙ୍କ ପାଇଁ ଅସୀମିତ ଆନନ୍ଦ ଆଣି ଦିଅନ୍ତୁ । ଯେହେତୁ ମୋର ଭକ୍ତମାନେ କେବଳ ମୋର ହିଁ ସେବା କରିବାକୁ ଇଚ୍ଛା କରୁଥାନ୍ତି, ମୋର ଭକ୍ତମାନଙ୍କୁ କୃପା କରିବା ପାଇଁ ମୋତେ ମଧ୍ୟ ଅନେକ ଆନନ୍ଦ ମିଳିଥାଏ । ଏପରି ମଧୁର ଆଦାନ ପ୍ରଦାନ ଦ୍ୱାରା ମୋର ଓ ମୋର ଭକ୍ତମାନଙ୍କ ମଧ୍ୟରେ ଥିବା ସଂପର୍କ ଅଧିକ ଘନିଷ୍ଠ ହୋଇଥାଏ ।' ପ୍ରଭୁଙ୍କର ଏହି ବାକ୍ୟ ଶୁଣି କୁରେଶ ଆନନ୍ଦରେ ବିହ୍ୱଳିତ ହୋଇଗଲେ ଏବଂ ଅଚେତ ହୋଇ ଭୂମିରେ ପଡ଼ିଗଲେ । ଚେତା ଫେରି

ପାଇବା ପରେ ସେ ଜାଣି ପାରିଲେ ଯେ, ସେ ଦୃଷ୍ଟି ଶକ୍ତି ଲାଭ କରିଛନ୍ତି ଏବଂ ପୂର୍ବ ପରି ସେ ଦେଖି ପାରୁଛନ୍ତି। ଶ୍ରୀ ବରଦରାଜଙ୍କ ସମ୍ମୁଖରେ ନତମସ୍ତକ ହୋଇ ସେ ପ୍ରାର୍ଥନା କଲେ, 'ହେ ପ୍ରଭୁ ! ମୋର ଜୀବନର ଆରମ୍ଭ ସମୟରେ ଆପଣ ହିଁ ମୋତେ ଦୃଷ୍ଟି ଶକ୍ତି ପ୍ରଦାନ କରିଥିଲେ। ପୁଣି ଆପଣ ତାହାକୁ ମୋ ଠାରୁ ନେଇ ଯାଇଥିଲେ। ଏବେ ଆପଣ ହିଁ ତାହା ମୋତେ ଆଉ ଥରେ ପ୍ରଦାନ କରିଛନ୍ତି। ଆପଣଙ୍କ ଅଚିନ୍ତ୍ୟ ଲୀଳାକୁ କିଏ ବା ବୁଝି ପାରିବ ? ଆପଣଙ୍କ ସ୍ୱରୂପ ବିଶୁଦ୍ଧ ଦିବ୍ୟ ଆନନ୍ଦମୟ ଅଟେ। ଯେ କେହି ଆପଣଙ୍କ ସଂସ୍ପର୍ଶରେ ଆସେ, ସେ ମଧ୍ୟ ସେହି ଆନନ୍ଦକୁ ଅନୁଭବ କରିଥାଏ। ମୁଁ ଏହି ଜଗତକୁ ଏକ ଦୁଃଖ ଓ କଷ୍ଟ ପ୍ରଦାୟକ ସ୍ଥାନ ବୋଲି ଚିନ୍ତା କରି ଆସୁଥିଲି। କିନ୍ତୁ ଆପଣଙ୍କ ସ୍ୱରୂପକୁ ଦର୍ଶନ କଲାପରେ ମୁଁ ଚତୁର୍ଦ୍ଦିଗରେ କେବଳ ଆନନ୍ଦ ହିଁ ଦେଖି ପାରୁଛି। ମୋର ଭାଗ୍ୟ ଏବଂ ଆପଣଙ୍କର କରୁଣା କେତେ ଯେ ମହାନ୍, ତାହା ଅବର୍ଣ୍ଣନୀୟ ଅଟେ।' ଯେତେବେଳେ ଲୋକମାନେ କୁରେଶଙ୍କ ଦୃଷ୍ଟି ଶକ୍ତି ଫେରି ଆସିବାର ଅଲୌକିକ ଘଟଣା ବିଷୟରେ ଜାଣିଲେ, ସମସ୍ତେ ଆଶ୍ଚର୍ଯ୍ୟ ହୋଇଗଲେ। ଏହି ସମ୍ବାଦ ଅବିଳମ୍ବେ ଚତୁର୍ଦ୍ଦିଗରେ ଖେଳିଗଲା ଏବଂ ସର୍ବତ୍ର ଭଗବାନ ବିଷ୍ଣୁ ଓ ତାଙ୍କର ବୈଷ୍ଣବ ଭକ୍ତମାନଙ୍କର ସମ୍ମାନ ବୃଦ୍ଧି ପାଇବାକୁ ଲାଗିଲା। ଦକ୍ଷିଣ ଭାରତର ସମସ୍ତ ଜନ ସାଧାରଣଙ୍କ ମନରେ ସ୍ୱାମୀ ରାମାନୁଜଙ୍କ ଶିକ୍ଷା ଓ ତାଙ୍କର ଅନୁଯାୟୀମାନଙ୍କ ଉପରେ ପ୍ରଗାଢ଼ ବିଶ୍ୱାସ ସ୍ଥାପିତ ହେଲା।

ଶ୍ରୀରଙ୍ଗମ୍ କ୍ଷେତ୍ରକୁ ପ୍ରତ୍ୟାବର୍ତ୍ତନ

କୁରେଶଙ୍କ ଦୃଷ୍ଟିଶକ୍ତି ଫେରି ଆସିବାର କିଛି ଦିନ ପରେ ରାମାନୁଜ ଯାଦବାଦ୍ରିରୁ ଶ୍ରୀରଙ୍ଗମ୍ କ୍ଷେତ୍ରକୁ ପ୍ରତ୍ୟାବର୍ତ୍ତନ କରିବାକୁ ସ୍ଥିର କଲେ। ଫେରିବା ମାର୍ଗରେ ସେ ମଦୁରାଇ ନିକଟବର୍ତ୍ତୀ ବୃଷଭାଚଳରେ କିଛି ସମୟ ଅବସ୍ଥାନ କଲେ ଓ ସେଠାରେ ପ୍ରଭୁ ସୁନ୍ଦରବାହୁଙ୍କ ମନ୍ଦିରରେ ପୂଜା କଲେ। ପୂର୍ବ କାଳରେ ମହାନ୍ ଭକ୍ତ ଆଣ୍ଡାଲ ଯେ କି ଜଣେ ନାରୀ ଥିଲେ, ପ୍ରଭୁ ସୁନ୍ଦରବାହୁଙ୍କ ପାଇଁ ସେ ଏକ ଭଜନ ରଚନା କରିଥିଲେ। ସେଥିରେ ସେ ଉଲ୍ଲେଖ କରିଥିଲେ, 'ହେ ହରି ! ଆପଣ ଯଦି ମୋତେ ନିଜର ବୋଲି ଗ୍ରହଣ କରିବେ, ତେବେ ମୁଁ ଆପଣଙ୍କୁ ଏକ ଶହ କଳସ କ୍ଷୀରି ଓ ଏକ ଶହ କଳସ ଲହୁଣୀ ଅର୍ପଣ କରିବି।' ଏହି ଭଜନ ରଚନା କରିବାର କିଛି ଦିନ ପରେ ଆଣ୍ଡାଲ ସଂସାର ତ୍ୟାଗ କରି ଭଗବାନଙ୍କ ଧାମକୁ ଚାଲି ଯାଇଥିଲେ। ଆଣ୍ଡାଲଙ୍କର ସେହି ମନସ୍କାମନା ପୂରଣ କରିବା ପାଇଁ ରାମାନୁଜ ପ୍ରଭୁ ସୁନ୍ଦରବାହୁଙ୍କୁ ଏକ ଶହ

କଳସ କ୍ଷୀରି ଓ ଏକ ଶହ କଳସ ଲହୁଣୀ ଅର୍ପଣ କଲେ। ଏହି କାର୍ଯ୍ୟ ସମ୍ପନ୍ନ କରିବା ଦ୍ୱାରା ରାମାନୁଜ ଭକ୍ତ ଆଣ୍ଡାଲଙ୍କ ବଡ଼ ଭାଇ ଭାବେ ପରିଚିତ ହେଲେ। ଏହା ପରେ ରାମାନୁଜ ଓ ତାଙ୍କର ଶିଷ୍ୟ ମାନେ ବୃଷଭାଚଳରୁ ଆଣ୍ଡାଲଙ୍କ ଜନ୍ମସ୍ଥାନ ଶ୍ରୀ ଭିଲ୍ଲିପୁତୁରକୁ ଯାତ୍ରା କଲେ। ସେଠାରେ ସେ ଶେଷଶାୟୀ ନାରାୟଣଙ୍କ ବିଗ୍ରହଙ୍କୁ ଦର୍ଶନ କଲେ ଏବଂ ସେହି ମନ୍ଦିରରେ ଆଣ୍ଡାଲଙ୍କ ବିଗ୍ରହଙ୍କ ସମ୍ମୁଖରେ ପ୍ରାର୍ଥନା କଲେ। ଏହା ପରେ ସେ ଆଲଓ୍ୱାର ତିରୁନଗରୀ, ଶ୍ରୀ ବୈକୁଣ୍ଠ ଓ ଅନ୍ୟାନ୍ୟ ତୀର୍ଥସ୍ଥଳମାନଙ୍କୁ ଦର୍ଶନ କଲାପରେ ଶେଷରେ ଶ୍ରୀରଙ୍ଗମ୍ କ୍ଷେତ୍ରରେ ଆସି ପହଞ୍ଚିଲେ। ସେଠାରେ ପହଞ୍ଚି ବୈଷ୍ଣବମାନେ ସଙ୍ଗେ ସଙ୍ଗେ ସେମାନଙ୍କର ଆରାଧ୍ୟ ପ୍ରଭୁ ରଙ୍ଗନାଥଙ୍କୁ ଦର୍ଶନ କରିବାକୁ ମନ୍ଦିରକୁ ଦୌଡ଼ି ଗଲେ। ଯେତେବେଳେ ରାମାନୁଜ ଓ ତାଙ୍କର ଶିଷ୍ୟମାନେ ଫେରି ଆସିଛନ୍ତି ବୋଲି ସେହି ସହରର ଅଧିବାସୀମାନେ ଜାଣିଲେ, ସେମାନେ ମନେ କଲେ ସତେ ଯେପରି ସେମାନେ ସେମାନଙ୍କର ଜୀବନକୁ ଫେରି ପାଇଛନ୍ତି। ସେହି ସମୟରେ କୁରେଶ ମଧ୍ୟ ସେଠାରେ ଆସି ପହଞ୍ଚି ଥିଲେ। ସେ ରାମାନୁଜଙ୍କ ଚରଣରେ ପ୍ରଣାମ କଲେ। ଗୁରୁଙ୍କୁ ଦର୍ଶନ କରି ତାଙ୍କର ଚକ୍ଷୁ ଆନନ୍ଦର ଅଶ୍ରୁରେ ପରିପୂର୍ଣ୍ଣ ହୋଇଗଲା। ଦୁଇ ବର୍ଷ ପର୍ଯ୍ୟନ୍ତ ସମସ୍ତ ବୈଷ୍ଣବମାନେ ପୂର୍ବ ପରି ଶ୍ରୀରଙ୍ଗମ୍ କ୍ଷେତ୍ରରେ ବାସ କଲେ। ସେମାନେ ଭଗବାନ ନାରାୟଣଙ୍କ ପାଇଁ ଭଜନ ଗାନ କରିବା ସହିତ ଗୁରୁ ରାମାନୁଜଙ୍କ ମୁଖରୁ ଶାସ୍ତ୍ର ଜ୍ଞାନ ଶ୍ରବଣ କରିବାକୁ ଲାଗିଲେ।

କୁରେଶଙ୍କ ମହାପ୍ରୟାଣ

ବୃଦ୍ଧାବସ୍ଥା ଆସି ଯିବାରୁ କୁରେଶ ଧୀରେ ଧୀରେ ଦୁର୍ବଳ ହୋଇ ଯାଇଥିଲେ ଏବଂ ସେ ଶଯ୍ୟାରୁ ଉଠିବାକୁ ଆଉ ସମର୍ଥ ହେଲେ ନାହିଁ। ତେଣୁ ରାମାନୁଜ ଓ ଅନ୍ୟ ଭକ୍ତମାନେ ପ୍ରତିଦିନ ତାଙ୍କ ଗୃହକୁ ଆସି ଭଗବାନଙ୍କ ନାମ, ଗୁଣ ଓ ଲୀଳା କୀର୍ତ୍ତନ ତଥା ଆଲୋଚନା କରୁଥିଲେ। ଦିନେ ଯେତେବେଳେ ବୈଷ୍ଣବମାନେ ଭଜନ ଗାନ କରୁଥିଲେ, କୁରେଶଙ୍କ ନେତ୍ରରୁ ଆନନ୍ଦର ଅଶ୍ରୁ ପ୍ରବାହିତ ହେବାକୁ ଲାଗିଲା। ଗୁରୁଙ୍କ ପାଦପଦ୍ମକୁ ସେ ନିଜ ହୃଦୟରେ ଜାବୁଡ଼ି ଧରିଲେ ଏବଂ ସେହି ଅବସ୍ଥାରେ ସେ ପାର୍ଥିବ ଶରୀରକୁ ତ୍ୟାଗ କଲେ। ସମସ୍ତ ବୈଷ୍ଣବମାନେ ସେହି ମହାନ୍ ବିଷ୍ଣୁଭକ୍ତ କୁରେଶଙ୍କୁ ହରାଇ ଅତ୍ୟନ୍ତ ଶୋକଗ୍ରସ୍ତ ହୋଇଗଲେ। ନିଜର ପ୍ରିୟ ଶିଷ୍ୟର ବିୟୋଗରେ ଗୁରୁ ରାମାନୁଜଙ୍କ ନୟନରୁ ଅଶ୍ରୁ ପ୍ରବାହିତ ହେବାକୁ ଲାଗିଲା। କିଛି ସମୟ ପରେ ସେ ନିଜର ଭାବାବେଗକୁ ନିୟନ୍ତ୍ରଣ କଲେ ଓ ଅନ୍ୟ ସମସ୍ତଙ୍କୁ ସାନ୍ତ୍ୱନା ଦେଲେ। କୁରେଶ

ଏବେ ସ୍ୱୟଂ ଭଗବାନଙ୍କର ନିତ୍ୟ ସାନ୍ନିଧ ଲାଭ କରିଛନ୍ତି ବୋଲି କହି ସେ ଦୁଃଖଗ୍ରସ୍ତ ଭକ୍ତମାନଙ୍କୁ ଆଶ୍ୱାସନା ଦେଲେ। ଏହାପରେ ସେ କହିଲେ, 'କୁରେଶଙ୍କ ପୁତ୍ର ପରାଶର ହିଁ ସ୍ୱୟଂ ପ୍ରଭୁ ରଙ୍ଗନାଥଙ୍କର ପୁତ୍ର ପରି ଅଟନ୍ତି। ଆଜିଠାରୁ ତାଙ୍କୁ ତୁମେମାନେ ନିଜର ନେତା ଭାବରେ ଗ୍ରହଣ କର। ସେ ତାଙ୍କର ପିତା କୁରେଶଙ୍କ ପରି ଜଣେ ମହାନ୍ ଭକ୍ତ ଅଟନ୍ତି ଏବଂ ତାଙ୍କର ଜ୍ଞାନ ଅତୁଳନୀୟ ଅଟେ। ତେଣୁ ସେ ହିଁ ଆଚାର୍ଯ୍ୟ ପଦ ଗ୍ରହଣ କରିବା ପାଇଁ ସମ୍ପୂର୍ଣ୍ଣ ଭାବରେ ଯୋଗ୍ୟ ଅଟନ୍ତି।' ଏହାପରେ ସେ ପରାଶରଙ୍କୁ ବ୍ୟାସାସନରେ ବସାଇଲେ। ତାଙ୍କ ଗଳାରେ ପୁଷ୍ପମାଳା ପିନ୍ଧାଇ ଦେଇ ରାମାନୁଜ ତାଙ୍କୁ ଆଲିଙ୍ଗନ କଲେ ଏବଂ ଭଗବାନଙ୍କ ମହିମା ସର୍ବତ୍ର ପ୍ରସାରିତ କରିବା ପାଇଁ ସେ ପରାଶରଙ୍କୁ ଆଶୀର୍ବାଦ କଲେ। କାବେରୀ ନଦୀ କୂଳରେ କୁରେଶଙ୍କ ଶେଷକୃତ୍ୟ ସମ୍ପନ୍ନ କରାଗଲା। ସାରା ଦିନ ଭକ୍ତଗଣ ଭଗବଦ୍ ନାମ ସଙ୍କୀର୍ତ୍ତନ କଲେ। ସେମାନଙ୍କ ହୃଦୟରୁ ଶୋକ ଓ ସନ୍ତାପ ଅପସରି ଗଲା। କୁରେଶଙ୍କ ବୈକୁଣ୍ଠ ପ୍ରତ୍ୟାବର୍ତ୍ତନକୁ ପାଳନ କରିବା ଉଦ୍ଦେଶ୍ୟରେ ଏକ ମାସ ପର୍ଯ୍ୟନ୍ତ ପ୍ରତିଦିନ ଶ୍ରୀରଙ୍ଗମ୍ କ୍ଷେତ୍ରରେ ମହୋତ୍ସବମାନଙ୍କର ଆୟୋଜନ କରାଗଲା। ଦକ୍ଷିଣ ଭାରତର ବିଭିନ୍ନ ପ୍ରାନ୍ତରୁ ଅନେକ ବୈଷ୍ଣବମାନେ ଆସି ସେହି ଉତ୍ସବରେ ଅଂଶଗ୍ରହଣ କରିଥିଲେ। ଅନେକ ଦରିଦ୍ର, ଅନ୍ଧ ଓ ଭିନ୍ନକ୍ଷମ ଲୋକମାନେ ମଧ୍ୟ ସେଠାରେ ଆସି ପହଞ୍ଚିଥିଲେ ଏବଂ ସେମାନଙ୍କୁ ଶ୍ରୀ ରଙ୍ଗନାଥଙ୍କ ପ୍ରସାଦ ଅର୍ପଣ କରାଗଲା।

ଆନ୍ଧ୍ରପୂର୍ଣ୍ଣ ଓ ବ୍ରାହ୍ମଣଙ୍କ ନିର୍ମଳ ଭକ୍ତି

ରାମାନୁଜ ଶହେ ବର୍ଷ ବୟସରେ ପଦାର୍ପଣ କରି ସାରିଥିଲେ। ଏହାପରେ ତାଙ୍କର ଅବଶିଷ୍ଟ କୋଡ଼ିଏ ବର୍ଷ ଜୀବନ ଶ୍ରୀରଙ୍ଗମ୍ କ୍ଷେତ୍ରରେ ହିଁ ବ୍ୟତୀତ ହୋଇଥିଲା। ସେଠାରେ ଆନ୍ଧ୍ରପୂର୍ଣ୍ଣ ତାଙ୍କର ବ୍ୟକ୍ତିଗତ ସେବକ ଭାବରେ ନିୟୋଜିତ ଥିଲେ। ଗୁରୁଙ୍କର ଯାହା କିଛି ଆବଶ୍ୟକ ହେଉଥିଲା, ସେ ତାହାକୁ ଯୋଗାଇ ଦେଉଥିଲେ। ଦିନେ ପ୍ରଭୁ ରଙ୍ଗନାଥ ଏକ ଶୋଭାଯାତ୍ରାରେ ମନ୍ଦିର ବାହାରକୁ ଆସିଥିଲେ। ଆଶ୍ରମର ସମସ୍ତ ଭକ୍ତଗଣ ଆଶ୍ରମରୁ ବାହାରକୁ ଯାଇ ପ୍ରଭୁଙ୍କ ପୂଜାରେ ଯୋଗ ଦେଲେ। ରାମାନୁଜ ମଧ୍ୟ ପ୍ରଭୁଙ୍କ ଦର୍ଶନ କରି ଅତ୍ୟନ୍ତ ଆନନ୍ଦିତ ହେଲେ। କେବଳ ଆନ୍ଧ୍ରପୂର୍ଣ୍ଣ ସେହି ଉତ୍ସବରେ ଉପସ୍ଥିତ ନ ଥିଲେ। ସେ ଆଶ୍ରମରେ ରହି ଗୁରୁଙ୍କ ପାଇଁ ଦୁଗ୍ଧ ଗରମ କରୁଥିଲେ। ଯେତେବେଳେ ରାମାନୁଜ ତାଙ୍କୁ ଭଗବାନଙ୍କ ଦର୍ଶନ ଓ ପୂଜାରେ ଅବହେଳା କରିବାର କାରଣ ବିଷୟରେ ପଚାରିଲେ, ଆନ୍ଧ୍ରପୂର୍ଣ୍ଣ ଉତ୍ତର ଦେଲେ, 'ମୁଁ

ଯଦି ପ୍ରଭୁ ରଙ୍ଗନାଥଙ୍କ ପୂଜା କରିବାକୁ ଆଶ୍ରମ ବାହାରକୁ ଯାଇଥାନ୍ତି, ତେବେ ମୋର ଗୁରୁଙ୍କ ପ୍ରତି ସେବା କାର୍ଯ୍ୟରେ ବିଭ୍ରାଟ ହୋଇଥାନ୍ତା।' ଏହା ଶୁଣି ରାମାନୁଜ ଓ ସମସ୍ତ ଭକ୍ତମାନେ ଆଶ୍ଚର୍ଯ୍ୟ ତଥା ପ୍ରସନ୍ନ ହେଲେ। ଦିନେ ଜଣେ ବ୍ରାହ୍ମଣ ରାମାନୁଜଙ୍କ ନିକଟକୁ ଆସି କହିଲେ, 'ଆପଣ ଭକ୍ତମାନଙ୍କ ମଧ୍ୟରେ ସର୍ବୋତ୍ତମ ଅଟନ୍ତି। ମୁଁ ଆପଣଙ୍କ ସେବା କରି ନିଜକୁ ଧନ୍ୟ କରିବାକୁ ଇଚ୍ଛା କରୁଛି। ଆପଣଙ୍କ ସେବା କରିବା ଦ୍ୱାରା ହିଁ ମୁଁ ସଂସାରର ପ୍ରଭାବରୁ ମୁକ୍ତ ହୋଇ ପାରିବି।' ରାମାନୁଜ ଉତ୍ତର ଦେଲେ, 'ଆପଣ ଯାହା କହିଲେ, ତାହା ସତ୍ୟ ଅଟେ। ସେବା ଦ୍ୱାରା ହିଁ ଜଣେ ବ୍ୟକ୍ତି ମୁକ୍ତି ପାଇ ପାରେ। ଆପଣ ଯଦି ମୋର ସେବା କରିବାକୁ ଚାହାଁନ୍ତି, ତେବେ ଆପଣଙ୍କୁ ଏଠାରେ ରହି ମୋର ନିର୍ଦ୍ଦେଶ ଅନୁସାରେ କାର୍ଯ୍ୟ କରିବାକୁ ହେବ।' ଏହା ଶୁଣି ବ୍ରାହ୍ମଣ ଅତ୍ୟନ୍ତ ଆନନ୍ଦିତ ହୋଇ କହିଲେ, 'ହେ ସ୍ୱାମୀ! ମୋତେ ଆପଣଙ୍କ ଇଚ୍ଛା ଜଣାଇ ଦିଅନ୍ତୁ। ଆପଣ ଯାହା ନିର୍ଦ୍ଦେଶ ଦେବେ ମୁଁ ତାହାକୁ ନିଶ୍ଚୟ ପାଳନ କରିବି।' ବ୍ରାହ୍ମଣଙ୍କ ନିଷ୍କପଟତା ଦେଖି ରାମାନୁଜ କହିଲେ, 'ହେ ବ୍ରାହ୍ମଣ! ଏକ ଶୁଦ୍ଧ ହୃଦୟବାନ୍ ବ୍ରାହ୍ମଣଙ୍କ ଚରଣାମୃତ ଜଳକୁ ନିତ୍ୟ ଗ୍ରହଣ କରିବା ପାଇଁ ମୁଁ ପ୍ରଣ କରିଛି। ଭଗବାନଙ୍କ କୃପାରୁ ଆପଣ ଏବେ ଏଠାକୁ ଆସିଛନ୍ତି। ମୋର ଏହା ନିର୍ଦ୍ଦେଶ ଯେ, ଆପଣ ଏଠାରେ ଅବସ୍ଥାନ କରନ୍ତୁ ଏବଂ ମୋତେ ପ୍ରତିଦିନ ଆପଣଙ୍କ ଚରଣକୁ ଧୋଇଥିବା ଜଳ ପ୍ରଦାନ କରନ୍ତୁ। ଯଦି ଆପଣ କେବଳ ଏହି କାର୍ଯ୍ୟ କରି ପାରିବେ, ତେବେ ତାହା ହିଁ ମୋ ପ୍ରତି ଆପଣଙ୍କର ପ୍ରକୃତ ସେବା ହେବ।' ବିନମ୍ର ସ୍ୱଭାବର ସେହି ବ୍ରାହ୍ମଣ ରାମାନୁଜଙ୍କର ନିର୍ଦ୍ଦେଶକୁ ପ୍ରତ୍ୟାଖ୍ୟାନ କରି ପାରିଲେ ନାହିଁ। ସେହି ସମୟଠାରୁ ପ୍ରତିଦିନ ମଧ୍ୟାହ୍ନରେ ଯେତେବେଳେ ରାମାନୁଜ କାବେରୀ ନଦୀରେ ସ୍ନାନ କରି ଆଶ୍ରମକୁ ଫେରୁଥିଲେ, ସେହି ବ୍ରାହ୍ମଣଙ୍କ ଚରଣଜଳକୁ ସେ ନିଜ ମସ୍ତକରେ ସିଞ୍ଚନ କରୁଥିଲେ। ଦିନେ ଜଣେ ଗୃହସ୍ଥ ଶିଷ୍ୟ ରାମାନୁଜଙ୍କୁ ନିଜ ଗୃହକୁ ପ୍ରସାଦ ଗ୍ରହଣ କରିବାକୁ ଅନୁରୋଧ କଲେ। ନଦୀରେ ସ୍ନାନ କରିବା ପରେ ରାମାନୁଜ ସେହି ଶିଷ୍ୟଙ୍କ ଗୃହକୁ ଚାଲିଗଲେ। ସେଠାରେ ପ୍ରସାଦ ସେବନ ପରେ ସମସ୍ତ ଶିଷ୍ୟଗଣ ଶ୍ରୀ ନାରାୟଣଙ୍କ ମହିମା ଗାନ କରିବାକୁ ଲାଗିଲେ। ରାମାନୁଜଙ୍କୁ ସେହି ପ୍ରସଙ୍ଗରେ ସେମାନେ ଅନେକ ପ୍ରଶ୍ନ ପଚାରିଲେ ଏବଂ ତାଙ୍କଠାରୁ ସେହି ପ୍ରଶ୍ନ ଗୁଡ଼ିକର ଉତ୍ତର ଯତ୍ନର ସହିତ ଶ୍ରବଣ କଲେ। ସେହି ଆଲୋଚନା ଏତେ ରୁଚିକର ହୋଇଥିଲା ଯେ, ଶିଷ୍ୟମାନଙ୍କର ସମୟ ବିଷୟରେ ଧ୍ୟାନ ରହିଲା ନାହିଁ। ଯେତେବେଳେ ରାମାନୁଜ ସେଠାରୁ ଆଶ୍ରମକୁ ଫେରିବା ପାଇଁ ବାହାରିଲେ, ସେତେବେଳେ ରାତ୍ରି ସମୟ ଅନେକ ବିଳମ୍ବିତ ହୋଇ ଯାଇଥିଲା। ଯେତେବେଳେ ସମସ୍ତେ ଆଶ୍ରମରେ ଆସି ପହଞ୍ଚିଲେ, ସେମାନେ ଦେଖିଲେ ଯେ,

କେବଳ ସେହି ବ୍ରାହ୍ମଣ ହିଁ ଜାଗ୍ରତ ରହି ରାମାନୁଜଙ୍କ ପାଇଁ ଅପେକ୍ଷା କରିଥିଲେ। ରାମାନୁଜ ତାଙ୍କୁ ପଚାରିଲେ, 'ଆପଣ କାହିଁକି ଏତେ ସମୟ ଯାଏଁ ମୋ ପାଇଁ ଅପେକ୍ଷା କରିଛନ୍ତି ? ଆପଣ ଭୋଜନ କରିଛନ୍ତି ତ?' ବ୍ରାହ୍ମଣ ହସି ହସି ଉତ୍ତର ଦେଲେ, 'ଯେତେବେଳ ଯାଏଁ ମୁଁ ଆପଣଙ୍କ ସେବା ସମାପ୍ତ ନ କରିଛି, ସେତେବେଳ ପର୍ଯ୍ୟନ୍ତ ଭୋଜନ ବିଷୟରେ ମୁଁ କିପରି ଚିନ୍ତା କରି ପାରିବି?' ଏହା ଶୁଣି ରାମାନୁଜ ଅତି ପ୍ରସନ୍ନ ହୋଇ ବ୍ରାହ୍ମଣଙ୍କୁ ଆଲିଙ୍ଗନ କଲେ ଓ କହିଲେ, 'ଆପଣ ଜଣେ ମହାନ୍ ଭକ୍ତ ଏବଂ ଭଗବାନଙ୍କର ଜଣେ ଉତ୍ତମ ସେବକ ଅଟନ୍ତି। କେବଳ ନିଜର ସେବାଧର୍ମକୁ ହିଁ ଚିନ୍ତନ ଓ ପାଳନ କରିବା ଦ୍ୱାରା ଆପଣ ପୂର୍ଣ୍ଣତାକୁ ହାସଲ କରିଛନ୍ତି।' ଏହା କହି ସେ ବ୍ରାହ୍ମଣଙ୍କର ଚରଣାମୃତ ଜଳକୁ ଗ୍ରହଣ କଲେ ଏବଂ ତାହାକୁ ଅନ୍ୟ ସମସ୍ତ ଶିଷ୍ୟମାନଙ୍କୁ ଅର୍ପଣ କଲେ।

ଜୀବନର ସଫଳତା

ଯାଦବାଦ୍ରିରୁ ଶ୍ରୀରଙ୍ଗମ୍ କ୍ଷେତ୍ରକୁ ରାମାନୁଜଙ୍କ ପ୍ରତ୍ୟାବର୍ତ୍ତନ ପୂର୍ବରୁ ଯାଦବାଦ୍ରିରେ ଥିବା ଶିଷ୍ୟଗଣ ରାମାନୁଜଙ୍କଠାରୁ ବିଚ୍ଛେଦ ହେବା ବିଷୟରେ ଚିନ୍ତା କରି ଅତ୍ୟନ୍ତ ଦୁଃଖିତ ହୋଇପଡ଼ିଥିଲେ। ଯେତେବେଳେ ସେମାନେ ରାମାନୁଜଙ୍କୁ ସେମାନଙ୍କର ଦୁଃଖ ଜଣାଇଥିଲେ, ସେମାନଙ୍କୁ ରାମାନୁଜ ନିଜର ଏକ ପ୍ରସ୍ତର ମୂର୍ତ୍ତି ନିର୍ମାଣ କରିବାକୁ ଅନୁମତି ଦେଇଥିଲେ। ମୂର୍ତ୍ତି ନିର୍ମାଣ କାର୍ଯ୍ୟ ସମ୍ପନ୍ନ ହେବା ପରେ ସେ ଶିଷ୍ୟମାନଙ୍କୁ କହିଥିଲେ, 'ଯେତେବେଳେ ତୁମେମାନେ ମୋ ଠାରୁ ବିଚ୍ଛେଦ ହେବାର ଦୁଃଖ ଅନୁଭବ କରିବ, ସେତେବେଳେ ତୁମେମାନେ ମୋର ଏହି ମୂର୍ତ୍ତି ସମ୍ମୁଖକୁ ଆସିବ। ଏହାକୁ ଦର୍ଶନ କରିବା ମାତ୍ରେ ତୁମମାନଙ୍କ ସମସ୍ତ ଦୁଃଖ ଦୂର ହୋଇଯିବ।' କିଛି ଦିନ ପରେ ରାମାନୁଜଙ୍କ ଜନ୍ମସ୍ଥାନ ଭୂତପୁରୀରେ ବାସ କରୁଥିବା ଶିଷ୍ୟମାନେ ମଧ୍ୟ ରାମାନୁଜଙ୍କର ବିଗ୍ରହ ନିର୍ମାଣ କରି ତାହାକୁ ବୈଦିକ ରୀତିରେ ମନ୍ଦିରରେ ପ୍ରତିଷ୍ଠା କରାଇଲେ। ଏହି ସମ୍ବାଦ ପାଇ ରାମାନୁଜଙ୍କ ନୟନ ଅଶ୍ରୁରେ ପୂର୍ଣ୍ଣ ହୋଇଗଲା ଏବଂ ସେ ଶିଷ୍ୟମାନଙ୍କୁ କହିଲେ, 'ଭୂତପୁରୀର ଲୋକମାନେ ମୋ ପ୍ରତି ଥିବା ସେମାନଙ୍କ ସ୍ନେହ ଓ ଭକ୍ତି ଦ୍ୱାରା ମୋତେ ବାନ୍ଧି ଦେଇଛନ୍ତି।' ଶ୍ରୀରଙ୍ଗମ୍ କ୍ଷେତ୍ରରେ ବାସ କରୁଥିବା ଭକ୍ତମାନେ ନିରନ୍ତର ରାମାନୁଜଙ୍କୁ ଦର୍ଶନ କରି ତାଙ୍କ ମୁଖରୁ ପ୍ରତିଦିନ ପ୍ରଭୁ ନାରାୟଣଙ୍କ କଥାମୃତ ଶ୍ରବଣ କରୁଥିବାରୁ ସେମାନେ ସର୍ବାଧିକ ଭାଗ୍ୟଶାଳୀ ଥିଲେ। ଦୂର ଦୂରାନ୍ତରୁ ଲୋକେ ରାମାନୁଜଙ୍କୁ ଦର୍ଶନ କରିବାକୁ ଆସୁଥିଲେ ଏବଂ ତାଙ୍କ ଦ୍ୱାରା ପ୍ରଦର୍ଶିତ ଶରଣାଗତି

ମାର୍ଗକୁ ଆପଣାଇ ନେଉଥିଲେ। ଏହାପରେ ୧୨୦ ବର୍ଷ ବୟସରେ ପଦାର୍ପଣ କରିବା ପର୍ଯ୍ୟନ୍ତ ରାମାନୁଜ ଶ୍ରୀରଙ୍ଗମ୍ ଧାମରେ ବାସ କରିଥିଲେ। ତାଙ୍କର ଜୀବନ କାଳ ମଧ୍ୟରେ ସେ ଚଉସ୍ତରିଟି ଶ୍ରୀବୈଷ୍ଣବ କେନ୍ଦ୍ର ସ୍ଥାପନ କରିଥିଲେ। ବହୁ ସଂଖ୍ୟକ ରାଜା, ବିତ୍ତଶାଳୀ ବ୍ୟକ୍ତି ବିଶେଷ ତଥା ଅନେକ ସହସ୍ର ଅନୁଯାୟୀମାନେ ତାଙ୍କର ପଥ ଅବଲମ୍ବନ କରିଥିଲେ। ଗୃହସ୍ଥ ଶିଷ୍ୟମାନଙ୍କ ବ୍ୟତୀତ ୭୦୦ ସନ୍ୟାସୀ, ୧୨୦୦୦ ବ୍ରହ୍ମଚାରୀ ତଥା ୩୦୦ ସନ୍ୟାସୀନୀ ମାତାମାନେ ତାଙ୍କୁ ଗୁରୁ ରୂପେ ଗ୍ରହଣ କରିଥିଲେ। ରାମାନୁଜ ଧରା ପୃଷ୍ଠରେ ନିଜର ଆବିର୍ଭାବର ଉଦ୍ଦେଶ୍ୟ ସଫଳ ହୋଇ ସାରିଥିବା ଜାଣି ପାରିଲେ ଏବଂ ତାଙ୍କର ପାର୍ଥିବ ଶରୀରକୁ ତ୍ୟାଗ କରି ଭଗବାନଙ୍କ ଧାମକୁ ଫେରିବା ପାଇଁ ସେ ନିଷ୍ପତ୍ତି ନେଲେ। ନିଜର ଗୁରୁଙ୍କୁ ତୀବ୍ର ଭଗବଦ୍ ଭକ୍ତିରେ ମନୋନିବେଶ କରିବା ଦେଖି ରାମାନୁଜଙ୍କର ଅନେକ ଶିଷ୍ୟ ବିଚଳିତ ଓ ଶୋକଗ୍ରସ୍ତ ହେବାକୁ ଲାଗିଲେ।

ଶେଷ ଉପଦେଶ

ଶିଷ୍ୟମାନଙ୍କ କ୍ରନ୍ଦନର ଶବ୍ଦ ଶୁଣି ରାମାନୁଜ ସମାଧି ଅବସ୍ଥାରୁ ବାହ୍ୟ ଚେତନାକୁ ଫେରିଲେ ଏବଂ ସେମାନଙ୍କୁ କହିଲେ, 'ମୋର ପ୍ରିୟ ବତ୍ସଗଣ ! ତୁମେମାନେ ଅଜ୍ଞ ବ୍ୟକ୍ତିମାନଙ୍କ ପରି କ୍ରନ୍ଦନ କରୁଛ କାହିଁକି ? ତୁମେମାନେ କଣ ଭାବୁଛ ଯେ ଏହି ଶରୀରଟି ଚିର ଦିନ ପାଇଁ ଜୀବିତ ରହି ପାରିବ ? ମୁଁ କଣ ତୁମ ସମସ୍ତଙ୍କ ହୃଦୟରେ ସର୍ବଦା ବାସ କରୁ ନାହିଁ କି ? ତେଣୁ ତୁମେମାନେ ଏପରି ମୂଲ୍ୟହୀନ ବିଳାପକୁ ତ୍ୟାଗ କର ଏବଂ ଭଗବାନଙ୍କ ଇଚ୍ଛାକୁ ସ୍ୱୀକାର କର।' ଏହା ଶୁଣି ସମସ୍ତ ଶିଷ୍ୟମାନେ କହିଲେ, 'ହେ ଗୁରୁଦେବ ! ସର୍ବଦା ଆପଣଙ୍କ ନିର୍ଦ୍ଦେଶ ଅତ୍ୟନ୍ତ ଉତ୍ତମ ହୋଇଥାଏ। କିନ୍ତୁ, ଆପଣ ଯଦି ଆମମାନଙ୍କୁ ଛାଡ଼ି ଚାଲିଯିବେ, ତେବେ ଆମମାନଙ୍କ ପାଇଁ ଆପଣଙ୍କ ବିଚ୍ଛେଦର ଯନ୍ତ୍ରଣା ଅସହ୍ୟ ହୋଇ ପଡ଼ିବ। ଆମେମାନେ ଆପଣଙ୍କୁ ପ୍ରାର୍ଥନା କରୁଛୁ ଯେ, ଆପଣ ନିଜର ଏହି ସନ୍ତାନମାନଙ୍କୁ କୃପା କରନ୍ତୁ ଏବଂ ଆମମାନଙ୍କ ସହିତ ଆଉ କିଛି ସମୟ ପାଇଁ ଅବସ୍ଥାନ କରନ୍ତୁ।' ଏହି ପ୍ରାର୍ଥନାକୁ ସ୍ୱୀକାର କରି ରାମାନୁଜ ଆଉ ତିନି ଦିନ ପର୍ଯ୍ୟନ୍ତ ଶରୀର ଧାରଣ କରିବା ପାଇଁ ସ୍ଥିର କଲେ। ନିଜର ସମସ୍ତ ଶିଷ୍ୟମାନଙ୍କୁ ସେଠାକୁ ଆସିବା ପାଇଁ ସେ ନିର୍ଦ୍ଦେଶ ଦେଲେ। ଯେତେବେଳେ ସମସ୍ତ ଶିଷ୍ୟଗଣ ସେଠାରେ ଆସି ଏକତ୍ରିତ ହେଲେ, ରାମାନୁଜ ସେମାନଙ୍କୁ ଶେଷ ଥର ପାଇଁ ଉପଦେଶ ଦେଇ କହିଲେ, 'ତୁମେମାନେ ଯେପରି ନିଜ ଗୁରୁଙ୍କୁ ପୂଜା କରୁଛ,

ଠିକ୍ ସେହିପରି ସମସ୍ତ ବୈଷ୍ଣବମାନଙ୍କୁ ମଧ୍ୟ ପୂଜା କର। ପୂର୍ବ ଆଚାର୍ଯ୍ୟମାନଙ୍କ ଉପରେ ବିଶ୍ୱାସ ରଖ ଏବଂ କେବେହେଲେ ଇନ୍ଦ୍ରିୟମାନଙ୍କ ଦ୍ୱାରା ନିୟନ୍ତ୍ରିତ ହୁଅ ନାହିଁ। କେବଳ ଜାଗତିକ ଜ୍ଞାନ ଦ୍ୱାରା କଦାପି ତୃପ୍ତ ହୁଅ ନାହିଁ। ଭଗବାନଙ୍କ ମହିମା ଗାନ କରୁଥିବା ଶାସ୍ତ୍ରମାନଙ୍କୁ ଅଧ୍ୟୟନ କର। ଦିବ୍ୟ ଜ୍ଞାନ ଦ୍ୱାରା ହିଁ ତୁମେମାନେ ମନ ଓ ଇନ୍ଦ୍ରିୟମାନଙ୍କ ପ୍ରଭାବକୁ ଅତିକ୍ରମ କରିପାରିବ। ମନର ବ୍ୟାକୁଳତାକୁ ଧ୍ୟାନ ଦିଅ ନାହିଁ। ସର୍ବଦା ପ୍ରଭୁଙ୍କ ଦିବ୍ୟ ନାମ ଓ ଗୁଣମାନଙ୍କ ବିଷୟରେ ଚିନ୍ତନ କର। ଭଗବାନଙ୍କ ଭକ୍ତମାନଙ୍କର ସେବା କରିବା ହିଁ ପ୍ରଭୁଙ୍କର ସର୍ବଶ୍ରେଷ୍ଠ ସେବା ଅଟେ। କେବେହେଲେ ଭୌତିକ ସୁଖ ପ୍ରାପ୍ତି ଉଦ୍ଦେଶ୍ୟରେ ବୈଷ୍ଣବ ମାର୍ଗ ଅବଲମ୍ବନ କର ନାହିଁ। ସର୍ବଦା ଶୁଦ୍ଧତା ଲାଭ କରିବା ପାଇଁ ଚେଷ୍ଟାରତ ହୁଅ। ପ୍ରତିଦିନ କିଛି ସମୟ ନିଜର ଗୁରୁଙ୍କର ମହାନତା ବିଷୟରେ ଚିନ୍ତନ କରିବାରେ ଏବଂ ବୈଷ୍ଣବ ଆଚାର୍ଯ୍ୟମାନଙ୍କ ଦ୍ୱାରା ରଚିତ ଶାସ୍ତ୍ରମାନଙ୍କୁ ଅଧ୍ୟୟନ କରିବାରେ ଉପଯୋଗ କର। ଯେଉଁମାନେ ନିଜକୁ ପ୍ରଭୁଙ୍କ ନିକଟରେ ସମର୍ପିତ କରି ଦେଇଛନ୍ତି, ସର୍ବଦା ସେମାନଙ୍କ ସଙ୍ଗ ଲାଭ କର। ଯେଉଁମାନେ ଭଗବଦ୍ ଭକ୍ତିଠାରୁ ଭିନ୍ନ ପଥ ପ୍ରଦର୍ଶନ କରୁଛନ୍ତି ଏବଂ ଯେଉଁମାନେ ଇନ୍ଦ୍ରିୟତୃପ୍ତି ପାଇଁ ଅନୁରକ୍ତ, ସେମାନଙ୍କଠାରୁ ଦୂରେଇ ରୁହ। ଯିଏ ଭଗବଦ୍ ବିଗ୍ରହଙ୍କୁ ପ୍ରସ୍ତର, ଆଧ୍ୟାତ୍ମିକ ଗୁରୁଙ୍କୁ ସାମାନ୍ୟ ମନୁଷ୍ୟ, ଚରଣାମୃତକୁ ସାଧାରଣ ଜଳ, ପ୍ରଭୁଙ୍କ ଦିବ୍ୟ ନାମକୁ ଭୌତିକ ଶବ୍ଦ ଏବଂ ଭଗବାନଙ୍କୁ କେବଳ ଜଣେ ଦେବତା ବୋଲି ଭାବେ, ସେ ନିଶ୍ଚିତ ରୂପେ ନର୍କଗାମୀ ହେବାକୁ ଯୋଗ୍ୟ ଅଟେ।' ଏହାପରେ ଶିଷ୍ୟମାନେ ରାମାନୁଜଙ୍କୁ ପ୍ରଶ୍ନ କଲେ, 'ଗୁରୁଦେବ ! ଏହି ସଂସାରରେ ଆମେମାନେ କିପରି ଜୀବନ ଯାପନ କରିବୁ ?' ଏହାର ଉତ୍ତରରେ ରାମାନୁଜ କହିଲେ, 'ଯିଏ ପ୍ରଭୁ ନାରାୟଣଙ୍କ ଶରଣ ଗ୍ରହଣ କରିଛି, ସେ ନିଜର ଭବିଷ୍ୟତ ବିଷୟରେ ଚିନ୍ତିତ ହେବା ଉଚିତ୍ ନୁହେଁ। ସେ ସର୍ବଦା ପ୍ରଭୁଙ୍କ କୃପା ଉପରେ ନିର୍ଭର କରିବା ଉଚିତ୍। ସମସ୍ତ କର୍ମ ଭୌତିକ ଲାଭ ପରିବର୍ତ୍ତେ ପ୍ରଭୁଙ୍କ ଭକ୍ତି ସାଧନ ଉଦ୍ଦେଶ୍ୟରେ କରାଯିବା ଉଚିତ୍। 'ଶ୍ରୀ ଭାଷ୍ୟ'କୁ ଅଧ୍ୟୟନ କର ଏବଂ ଏହାକୁ ଅନ୍ୟମାନଙ୍କୁ ଶିକ୍ଷା ଦିଅ। ଏହି ସେବା ଦ୍ୱାରା ହିଁ ଭଗବାନ ଅତ୍ୟନ୍ତ ପ୍ରସନ୍ନ ହେବେ। ଯଦି ଏହି କାର୍ଯ୍ୟ ସମ୍ଭବ ନ ହୁଏ, ତେବେ ଅନ୍ୟ ଭକ୍ତମାନଙ୍କର ରଚନାଗୁଡ଼ିକୁ ଅଧ୍ୟୟନ କରି ତାହାକୁ କିଛି ଶିଷ୍ୟମାନଙ୍କୁ ଶିକ୍ଷା ଦିଅ। ଯଦି ତୁମେମାନେ ଏହା ମଧ୍ୟ କରିବାରେ ସମର୍ଥ ନ ହୁଅ, ତେବେ କୌଣସି ଏକ ପବିତ୍ର ତୀର୍ଥସ୍ଥାନକୁ ଯାଇ ସେଠାରେ ବାସ କର କିମ୍ବା ଯାଦବାଦ୍ରିକୁ ଯାଇ ସେଠାରେ ପ୍ରଭୁଙ୍କ ସେବା କର। ଯଦି ତୁମେମାନେ ଏହା ମଧ୍ୟ କରି ନ ପାର, ତେବେ ତୁମେମାନେ ଯେଉଁଠାରେ ଅଛ, ସେଠାରେ ହିଁ ଅବସ୍ଥାନ କରି ଗୁରୁଙ୍କ ପ୍ରତି

ସମର୍ପିତ ରୁହ ଏବଂ ବୈଷ୍ଣବ ମନ୍ତ୍ରଗୁଡ଼ିକୁ ଚିନ୍ତନ କର। ଏହି ସମସ୍ତ କାର୍ଯ୍ୟ ମଧ୍ୟରୁ କୌଣସିଟି ଯଦି ତୁମମାନଙ୍କ ପକ୍ଷରେ ସମ୍ଭବପର ନ ହୁଏ, ତେବେ ଜଣେ ଶୁଦ୍ଧ ହୃଦୟବାନ ବୈଷ୍ଣବଙ୍କୁ ଖୋଜ ଏବଂ ନିରନ୍ତର ତାଙ୍କର ସଙ୍ଗଲାଭ କର। ଯତ୍ନର ସହିତ ମିତ୍ର, ଶତ୍ରୁ ଓ ଉଦାସୀନ, ଏହି ତିନି ପ୍ରକାରର ବ୍ୟକ୍ତିମାନଙ୍କ ମଧ୍ୟରେ ଥିବା ପାର୍ଥକ୍ୟକୁ ଲକ୍ଷ୍ୟ କର। ବୈଷ୍ଣବମାନେ ହିଁ ତୁମର ପ୍ରକୃତ ମିତ୍ର ଅଟନ୍ତି। ନାସ୍ତିକ ଓ ନିନ୍ଦୁକମାନେ ତୁମମାନଙ୍କୁ ଘୃଣା କରିବେ ଏବଂ ଭୌତିକବାଦୀ ଲୋକମାନେ ତୁମମାନଙ୍କ ପ୍ରତି ଉଦାସୀନ ହେବେ। ଭକ୍ତମାନଙ୍କ ଗହଣରେ ଆନନ୍ଦରେ ଜୀବନ ଯାପନ କର, ନିନ୍ଦୁକମାନଙ୍କଠାରୁ ଦୂରେଇ ରୁହ ଏବଂ ଭୌତିକବାଦୀମାନଙ୍କର ସାଂସାରିକ ଯୋଜନା ଗୁଡ଼ିକ ଦ୍ୱାରା କଦାପି ପ୍ରଭାବିତ ହୁଅ ନାହିଁ। ଅର୍ଥ ଉପାର୍ଜନ କରିବା ପାଇଁ କେବେହେଲେ କୌଣସି ରାଜକୀୟ କିମ୍ବା ସାଂସାରିକ ବ୍ୟକ୍ତିଙ୍କର ଗୁଣ ଗାନ କରିବ ନାହିଁ। ପରମେଶ୍ୱର ସର୍ବଦା ତାଙ୍କର ଶରଣାଗତ ମାନଙ୍କର ଯତ୍ନ ନିଅନ୍ତି, ଏହା ମନେ ରଖିବ। କେବଳ ତାଙ୍କର ହିଁ ଶରଣ ନିଅ ଏବଂ ତାଙ୍କ ଉପରେ ହିଁ ବିଶ୍ୱାସ ରଖ। ତୁମେମାନେ ଯଦି ଏହି ନିର୍ଦ୍ଦେଶ ଗୁଡ଼ିକୁ ପାଳନ କରିବ, ତେବେ କେବେହେଲେ ମୋ ଠାରୁ ତୁମମାନଙ୍କର ବିଚ୍ଛେଦ ହେବ ନାହିଁ। ଅସ୍ଥାୟୀ ଶରୀରର ବିୟୋଗରେ ଶୋକ କରିବାର କି ଆବଶ୍ୟକତା ଅଛି ?'

ସ୍ୱାମୀ ରାମାନୁଜଙ୍କ ମହାପ୍ରୟାଣ

ରାମାନୁଜଙ୍କ ଉପଦେଶ ଶୁଣିଲା ପରେ ଦାଶରଥି, ଗୋବିନ୍ଦ, ଆନ୍ଧ୍ରପୂର୍ଣ୍ଣ ଓ ଅନ୍ୟ ବରିଷ୍ଠ ଶିଷ୍ୟମାନେ ରାମାନୁଜଙ୍କୁ ପ୍ରାର୍ଥନା କଲେ, 'ଭଗବାନଙ୍କର ନିତ୍ୟ ସେବାରେ ନିୟୋଜିତ ଥିବା ଆପଣଙ୍କର ଏହି ଶରୀରଟି କଦାପି ଏକ ଭୌତିକ ଶରୀର ହୋଇ ନ ପାରେ। ଆମମାନଙ୍କର ଶରୀର ନିଶ୍ଚିତ ରୂପେ ଅସ୍ଥାୟୀ ଅଟେ। କିନ୍ତୁ, ଆପଣ ତ ସର୍ବଦା ଆଧ୍ୟାତ୍ମିକ ସ୍ତରରେ ହିଁ ବିଦ୍ୟମାନ ଅଟନ୍ତି। ତେଣୁ ଆମେ ଆପଣଙ୍କୁ ଏହି ପ୍ରାର୍ଥନା କରୁଅଛୁ ଯେ, ଆପଣଙ୍କର ଏହି ଦିବ୍ୟ ରୂପର ଦର୍ଶନରୁ ଆମମାନଙ୍କୁ ବଞ୍ଚିତ କରନ୍ତୁ ନାହିଁ।' ଶିଷ୍ୟମାନଙ୍କ ଉପରେ କୃପା କରି ରାମାନୁଜ ସେମାନଙ୍କ ପ୍ରାର୍ଥନା ସ୍ୱୀକାର କଲେ ଏବଂ ନିଜର ଏକ ପ୍ରସ୍ତର ମୂର୍ତ୍ତି ନିର୍ମାଣ କରିବା ପାଇଁ ଜଣେ ଦକ୍ଷ ଶିଳ୍ପୀଙ୍କୁ ସେଠାକୁ ଆଣିବା ପାଇଁ ନିର୍ଦ୍ଦେଶ ଦେଲେ। ତିନି ଦିନ ପରେ ମୂର୍ତ୍ତି ନିର୍ମାଣ କାର୍ଯ୍ୟ ସମ୍ପନ୍ନ ହେଲା। ଏହାପରେ କାବେରୀ ନଦୀର ଜଳରେ ରାମାନୁଜଙ୍କ ବିଗ୍ରହଙ୍କର ସ୍ନାନ କରାଗଲା ଏବଂ ଏକ ବେଦୀ ନିର୍ମାଣ କରାଯାଇ ତାହା ଉପରେ ବିଗ୍ରହଙ୍କୁ ପ୍ରତିଷ୍ଠା କରାଗଲା। ଏହାପରେ ରାମାନୁଜ

ସେହି ବିଗ୍ରହଙ୍କ ସମ୍ମୁଖକୁ ଆସିଲେ ଏବଂ ତାଙ୍କ ମଧ୍ୟରେ ନିଜର ଆନ୍ତରିକ ଶକ୍ତିକୁ ସ୍ଥାପନ କଲେ। ସେ ଶିଷ୍ୟମାନଙ୍କୁ କହିଲେ, 'ଏହା ମୋର ଦ୍ୱିତୀୟ ସ୍ୱରୂପ ଅଟେ। ମୁଁ ଶରୀର ତ୍ୟାଗ କରିବା ପରେ ତୁମେମାନେ ମୋ ପରିବର୍ତ୍ତେ ମୋର ଏହି ବିଗ୍ରହଙ୍କୁ ପୂଜା କରି ପାରିବ।' ଏହା କହି ସେ ଗୋବିନ୍ଦଙ୍କ କୋଳରେ ନିଜର ମସ୍ତକ ଏବଂ ଆନ୍ଧ୍ରପୂର୍ଣ୍ଣଙ୍କ କୋଳରେ ନିଜର ପାଦଦ୍ୱୟକୁ ରଖି ଶୟନ କଲେ। ସେହି ସ୍ଥିତିରେ ରହି ସେ ନିକଟରେ ଥିବା ନିଜ ଗୁରୁଙ୍କ ପାଦୁକା ଦ୍ୱୟଙ୍କୁ ଚାହିଁ ରହିଲେ ଏବଂ ଶରୀର ତ୍ୟାଗ କରି ଶ୍ରୀ ବିଷ୍ଣୁଙ୍କ ଧାମକୁ ପ୍ରତ୍ୟାବର୍ତ୍ତନ କଲେ। ସେହି ସମୟଟି ୧୧୩୭ ଖ୍ରୀଷ୍ଟାବ୍ଦର ମାଘ ମାସ ଓ ଶୁକ୍ଳ ପକ୍ଷ ଦଶମୀ ତିଥିର ମଧ୍ୟାହ୍ନ ସମୟ ଥିଲା। ଏହାର କିଛି ଦିନ ପରେ ରାମାନୁଜଙ୍କ ଭ୍ରାତା ଗୋବିନ୍ଦ ମଧ୍ୟ ଶରୀର ତ୍ୟାଗ କଲେ। ଏହା ପରେ କୁରେଶଙ୍କ ପୁତ୍ର ପରାଶର ଭଟ୍ଟ ଆଶ୍ରମର ଓ ଶିଷ୍ୟମାନଙ୍କର ଦାୟିତ୍ୱ ଗ୍ରହଣ କଲେ। ପୂର୍ବ ଆଚାର୍ଯ୍ୟମାନଙ୍କର ପଦାଙ୍କ ଅନୁସରଣ କରି ସେ ପ୍ରଭୁ ନାରାୟଣଙ୍କର ନିରନ୍ତର ସେବା କଲେ। ଦୃଢ଼ ଭଗବଦ୍ ଭକ୍ତି ଓ ସେବା ଦ୍ୱାରା ହିଁ ସମସ୍ତ ବୈଷ୍ଣବଗଣ ସେମାନଙ୍କ ହୃଦୟରେ ଗୁରୁ ରାମାନୁଜଙ୍କୁ ଅନୁଭବ କରି ପାରିଲେ ଏବଂ ତାଙ୍କର ବିଚ୍ଛେଦକୁ ସହ୍ୟ କରିବାରେ ସକ୍ଷମ ହେଲେ। ରାମାନୁଜଙ୍କ ଶରୀର ତ୍ୟାଗ ବିଷୟରେ ସମ୍ବାଦ ପାଇ ତିରୁପତି ଧାମରେ ବାସ କରୁଥିବା ଶିଷ୍ୟ ଅନନ୍ତାଚାର୍ଯ୍ୟ ଓ ଅନ୍ୟ ଭକ୍ତମାନେ ଅତ୍ୟନ୍ତ ଶୋକଗ୍ରସ୍ତ ହୋଇ ପଡ଼ିଲେ। ସେମାନଙ୍କୁ ସାନ୍ତ୍ୱନା ଦେଇ ପ୍ରଭୁ ବାଲାଜୀ ନିଜ ବିଗ୍ରହଙ୍କର ବାମ ପାର୍ଶ୍ୱରେ ରାମାନୁଜଙ୍କ ବିଗ୍ରହ ସ୍ଥାପନ କରାଇବାକୁ ନିର୍ଦ୍ଦେଶ ଦେଲେ। ସେହି ବିଗ୍ରହ ଆଜି ପର୍ଯ୍ୟନ୍ତ ତିରୁପତି ମନ୍ଦିରରେ ପୂଜିତ ହେଉ ଅଛନ୍ତି। ରାମାନୁଜଙ୍କ ପ୍ରଦର୍ଶିତ ମାର୍ଗରେ ଅଗ୍ରଗତି କରି ପରାଶର ବୈଷ୍ଣବ ସିଦ୍ଧାନ୍ତ ଗୁଡ଼ିକୁ ଦୃଢ଼ ଭାବରେ ପ୍ରଚାର ପ୍ରସାର କଲେ। ଏକ ତର୍କସଭାରେ ସେ ନିରାକାରବାଦୀ ମାନଙ୍କ ମୁଖ୍ୟ ତଥା ଜଣେ ବେଦାନ୍ତୀ ମାଧବ ଦାସଙ୍କୁ ପରାଜିତ କରି ତାଙ୍କୁ ଏକ ବିଷ୍ଣୁଭକ୍ତରେ ପରିଣତ କରାଇଥିଲେ। କିଛି ବର୍ଷ ପରେ ପରାଶର ଦେହ ତ୍ୟାଗ କରିବା ପରେ ସେହି ମାଧବ ଦାସ ହିଁ ବୈଷ୍ଣବ ମାନଙ୍କର ଆଚାର୍ଯ୍ୟ ପଦ ଗ୍ରହଣ କରିଥିଲେ। ଏହିପରି ଭାବରେ ଶ୍ରୀ ଲକ୍ଷ୍ମୀ ନାରାୟଣଙ୍କ ସଂକଳ୍ପ କ୍ରମେ ପ୍ରାଚୀନ କାଳରୁ ଆରମ୍ଭ ହୋଇଥିବା 'ଶ୍ରୀ ବୈଷ୍ଣବ' ପରମ୍ପରା ଆଜି ମଧ୍ୟ ସାରା ବିଶ୍ୱରେ ପ୍ରସାର ଲାଭ କରୁଅଛି। ପରମେଶ୍ୱରଙ୍କ ଶ୍ରୀ ଚରଣରେ ଆଶ୍ରୟ ଗ୍ରହଣ କରି ଜନ୍ମମୃତ୍ୟୁର ଅସରନ୍ତି ଚକ୍ରରୁ ମୁକ୍ତି ଲାଭ କରିବା ପାଇଁ ମାନବ ସମାଜକୁ ପ୍ରେରଣା ଦେଇଥିବା ମହାନ୍ ବିଷ୍ଣୁଭକ୍ତ ତଥା ବୈଷ୍ଣବଗୁରୁ ସ୍ୱାମୀ ରାମାନୁଜାଚାର୍ଯ୍ୟଙ୍କର ଅବଦାନ ଅତୁଳନୀୟ ଅଟେ।

BLACK EAGLE BOOKS

www.blackeaglebooks.org
info@blackeaglebooks.org

Black Eagle Books, an independent publisher, was founded as a nonprofit organization in April, 2019. It is our mission to connect and engage the Indian diaspora and the world at large with the best of works of world literature published on a collaborative platform, with special emphasis on foregrounding Contemporary Classics and New Writing.

www.ingramcontent.com/pod-product-compliance
Lightning Source LLC
Chambersburg PA
CBHW020538080526
44583CB00013B/907
* 9 7 8 1 6 4 5 6 0 3 4 5 0 *